Handbuch zur beruflichen Weiterbildung

T0316479

Thieß Petersen

Handbuch zur beruflichen Weiterbildung

Leitfaden für das
Weiterbildungsmanagement
im Betrieb

PETER LANG

Frankfurt am Main · Berlin · Bern · Bruxelles · New York · Wien

Die Deutsche Bibliothek - CIP-Einheitsaufnahme

Petersen, Thieß:

Handbuch zur beruflichen Weiterbildung : Leitfaden für das
Weiterbildungsmanagement im Betrieb / Thieß Petersen. -
Frankfurt am Main ; Berlin ; Bern ; Bruxelles ; New York ;
Wien : Lang, 2000
ISBN 3-631-35827-X

Gedruckt auf alterungsbeständigem,
säurefreiem Papier.

ISBN 3-631-35827-X

© Peter Lang GmbH
Europäischer Verlag der Wissenschaften
Frankfurt am Main 2000
Alle Rechte vorbehalten.

Printed in Germany 1 2 4 5 6 7

5

Vorwort

Weiterbildung ist seit vielen Jahren ein Thema von zunehmender Bedeutung für Wirtschaft, Beschäftigte und ganze Volkswirtschaften. In jüngster Zeit verändert vor allem der Einsatz moderner Informations- und Kommunikationstechnologien die Anforderungen, die an Beschäftigte gestellt werden. Um dem dadurch entstehenden Qualifikationsbedarf gerecht zu werden, hat das DAG-Forum Schleswig-Holstein 1997 das Projekt "Neue Technologien und beruflicher Weiterbildungsbedarf" ins Leben gerufen. Im Kern ging es bei diesem Projekt um die Frage, wie den veränderten Qualifikationsanforderungen begegnet werden kann und wie betriebliche Innovationen von allen Beteiligten kompetent mitgestaltet werden können. Der vorliegende Leitfaden trägt dem Umstand Rechnung, daß die berufliche Weiterbildungspraxis viele Fragen beantworten muß. Um den hiervon betroffenen Personenkreisen - hierzu zählen vor allem Beschäftigte, Weiterbildner, Personalverantwortliche und Arbeitnehmervertreter - Hilfestellung zu leisten, entstand im Verlauf ein immer umfangreicher werdender Leitfaden, der nun in Form eines Buches vorliegt.

An dieser Stelle möchte ich all jenen Dank zu sagen, die an der Erstellung des vorliegenden Leitfadens maßgeblichen Anteil hatten und ohne deren Hilfe das Buch nicht entstanden wäre. Zu nennen sind an erster Stelle die zahlreichen Arbeitnehmervertreter, die durch ihre praktischen Erfahrungen mit der betrieblichen Weiterbildung wertvolle Anregungen beisteuern konnten. Namentlich sind hier Frau Tanja Bergau, Frau Marion Hilscher, Frau Silke Knuth, Herr Joachim Sauer und Herr Ulf Jungjohann hervorzuheben. Fachliche Unterstützung erhielt ich von Ralf Bartels (Bildungswerk der DAG in Nordrhein-Westfalen), Dr. Wolfgang Jütte (Bildungswissenschaftliche Hochschule - Universität Flensburg) und Prof. Dr. Burkhard Müller (Fachhochschule Westküste), denen ich ebenfalls danken möchte. Nicht zu vergessen ist die finanzielle Unterstützung des Projektes durch das Ministerium für Wirtschaft, Technologie und Verkehr des Landes Schleswig-Holstein. Mein ganz besonderer Dank gilt - last but not least - meinen bewährten Korrekturlesern Karin und Tyche Petersen, die durch ihre mühsame und zeitraubende Arbeit diverse Fehler und Unklarheiten beseitigt haben.

Kiel, Sommer 1999

Gliederung

Einleitung

Die Geschichte moderner, dynamischer Volkswirtschaften ist schon immer auch die Geschichte technologischer Veränderungen gewesen. Jede technische Neuerung stellt die davon betroffenen Menschen vor neue Anforderungen an deren Fähigkeiten sowie Kenntnisse und zwingt sie, sich an die gewandelten Rahmenbedingungen anzupassen, also sich weiterzuentwickeln, weiterzubilden und zu lernen. Gleiches gilt für arbeitsorganisatorische Veränderungen, die mit dem Einsatz neuer Technologien verbunden sind. Das Problem der **Weiterbildung** als Reaktion auf technisch-organisatorische Neuerungen ist daher ein 'altes' Thema.[1] Neu sind hingegen Ausmaß und Tempo, mit denen diese Veränderungen gegenwärtig ablaufen, die das Schlagwort "vom Zukunftsbild einer »lernenden Gesellschaft«"[2] prägen. Die **Globalisierung** der Märkte und die damit einhergehende weltweite Vernetzung aller wirtschaftlichen Aktivitäten verschärft den Anpassungsdruck. Sie zwingen die Unternehmen, sich mit den jeweils neusten und modernsten Technologien auseinanderzusetzen. Kein Betrieb kann sich diesem Druck entziehen, will er nicht durch seine Konkurrenten vom Markt verdrängt werden.

1. Warum Weiterbildung ?

Der technische Wandel verändert in immer schnellerem Tempo die Arbeitsbedingungen, denen Beschäftigte gegenüberstehen. Besonders betroffen von dieser weltweiten Entwicklung sind **hoch industrialisierte Volkswirtschaften** wie die Bundesrepublik Deutschland. Gerade hier sorgt der strukturelle Wandel der Wirtschaft für Produktionsverfahren, die einen ständigen Anstieg des Ausbildungsniveaus der Arbeitskräfte verlangen. In allen rohstoffarmen Industrienationen nimmt das Qualifikationsniveau der Beschäftigten eine immer größere Bedeutung ein. Dies hängt nicht zuletzt damit zusammen, daß die Berufstätigen zum "Transmissionsriemen zwischen Wissenschaft und Produktion" werden, also das technisch-wissenschaftliche Know-how einer Gesellschaft in die Produktions- und Arbeitsprozesse hineinbringen und dort zur praktischen Anwendung verhelfen.[3] Ohne entsprechend qualifizierte Arbeitskräfte aber kann die Übertragung des vorhandenen technisch-wissenschaftlichen Wissens nicht erfolgen, so daß dieses Wissen nicht für die täglichen Arbeitsvorgänge genutzt werden kann. Diese Entwicklung äußert sich eindrucksvoll in einem dauerhaft **steigenden Bedarf** der Wirtschaft **an höher qualifizierten Arbeitskräften**, während im gleichen Zuge ein Rückgang des Bedarfs an gering qualifizierten Beschäftigten festzustellen ist.[4]

---

[1] Vgl. Jarvis (1995), S. 215.
[2] Krug (1998), S. 97.
[3] Vgl. Siebert (1993), S. 37, 45.
[4] Vgl. Giarini/Liedtke (1998), S. 105; Lichtblau (1998), S. 4f.; Dostal (1998), S. 13-16.

12

Damit gilt offensichtlich, daß für "diejenigen, die im Arbeitsprozeß stehen, .. Weiterbildung immer wichtiger"[5] wird.

Im Zuge einer permanenten **Erhöhung des Qualifikationsniveaus** der Arbeitskräfte nimmt die berufliche Weiterbildung ein wachsendes Gewicht in der öffentlichen Diskussion ein. Vor allem die Reden des Bundespräsidenten *Roman Herzog* entfachen seit Mitte der 90er Jahre das öffentliche Interesse an der (Weiter)Bildung, denn diese Reden sehen die **Bildung als das Mega-Thema der Zukunft** an.[6] Auch politische Parteien und Gewerkschaften fordern vehement eine Weiterbildungs-Offensive, z. B. mit der "Allianz des Aufbruchs Plattform Weiterbildung" im März 1998. Ebenso fällt auf, daß die aktuellen Parteiprogramme der großen Parteien (CDU, SPD, FDP, Bündnis 90/Die Grünen) ein klares Bekenntnis zur Bedeutung der Weiterbildung für die Arbeitsplatzsicherheit und die Zukunftsfähigkeit des Wirtschaftsstandortes Deutschland beinhalten.[7] Die dramatischen und rasanten Veränderungen der technologischen Grundlagen moderner Volkswirtschaften führen insgesamt zu einem Konsens, der eine enorme - und zukünftig noch zunehmende - Bedeutung der Weiterbildung für das wirtschaftliche Überleben der Unternehmen in entwickelten Industriegesellschaften feststellt. Hinsichtlich der Relevanz der Weiterbildung für die Wettbewerbsfähigkeit von Unternehmen und ganzen Volkswirtschaften herrscht eine weitgehende Einmütigkeit, welche die Weiterbildung als entscheidenden Faktor der Standortsicherung anerkennt.[8] Gleiches gilt für die grobe Vorstellung über das, was von den Erwerbstätigen aufgrund des **technologischen Wandels** und der damit verbundenen **neuen Formen der Arbeitsorganisation** verlangt wird. Einige Schlagworte reichen vorerst aus, um einen ersten Eindruck vom gegenwärtigen und zukünftigen Anforderungsprofil an die Beschäftigten zu vermitteln. Verlangt werden unter anderem kommunikative und kooperative Fähigkeiten sowie Konfliktregelungsfertigkeiten und die Teamfähigkeit, das selbständige Denken in Zusammenhängen, die Fähigkeit zur Selbstorganisation und zur Übernahme von Verantwortung, Problemlösefähigkeiten und die Fähigkeit zum zeitgerechten Treffen von eigenen Entscheidungen. Genannt werden ferner die Eigeninitiative und die Befähigung zur Selbstkontrolle, die Flexibilität zur Übernahme rasch wechselnder Tätigkeiten, die Fähigkeit, selbständig auf Veränderungen zu reagieren, und schließlich die Lernfähigkeit, d. h. sowohl die Bereitschaft als auch die Befähigung zum lebenslangen Lernen. Auffällig ist dabei, daß gerade der Einsatz neuer Techniken von den betroffenen Menschen weit mehr als nur ein technisches Verständnis fordert. Statt dessen benötigen technische Neuerungen auch soziale

---

5 Lafontaine/Müller (1998), S. 238.

6 Vgl. die Textauszüge dieser Reden in Feuchthofen (1998a), S. 8-10.

7 Vgl. Krug (1998), S. 98; vgl. zur Bedeutung des Themas 'Weiterbildung' den verschiedenen Parteiprogrammen Beckers (1998), S. 7-12.

8 Vgl. statt vieler Ochs (1995), S. 139; Nienhüser/Rodehuth (1995), S. 110; Rüdemauer (1995), S. 152, Schweer (1995), S. 158f.; Brüggemann (1996), S. 121; Schweer (1996), S. 241f., 251f.

13

Orientierungen, Engagement und Wertvorstellungen - also den ganzen Menschen mit all seinen speziellen Fertigkeiten und Fähigkeiten. Bei den angedeuteten Anforderungen an die persönlichen Eigenschaften und sozialen Fähigkeiten verlieren die Ansprüche an die fachliche Ausbildung keinesfalls an Bedeutung. Sie werden vielfach als eine Selbstverständlichkeit angesehen.[9] Der Gründer und Mitinhaber der zweitgrößten Unternehmensberatung in Europa, *Roland Berger*, umschreibt die sich damit für Wirtschaft und Gesellschaft ergebenden Aufgaben mit den folgenden Worten: "Wir müssen unsere Menschen für die Wissens- und Dienstleistungsgesellschaft qualifizieren"[10], was neben der Qualifikation im Bereich der EDV vor allem die Schulung von Schlüsselqualifikationen umfaßt.[11]

Es gilt daher als unstrittig, daß die folgende Feststellung eine zutreffende Darstellung der Anforderungen an die Beschäftigten abgibt: "Die Bedeutung des Qualifikationsniveaus als Produktivkraft - neben Kapital, Arbeit, Technik - nimmt ständig zu, und innerhalb des Qualifikationsniveaus steigt die Bedeutung allgemeiner, arbeitsplatzunspezifischer Fähigkeiten und Motivationen".[12] Dies gilt vor allem deshalb, weil der rasche technologische Wandel im Verein mit der ständig wachsenden Informationsflut "von immer mehr Menschen immer höhere Qualifikationen"[13] verlangt. Besonders deutlich wird die Notwendigkeit der kontinuierlichen Fortbildung bei der Betrachtung der Geschwindigkeiten, mit denen angeeignetes Wissen veraltet und damit überholt ist. Die **Halbwertszeit des Wissens** gibt dabei an, wie lange es dauert, bis ein gegebener Stand des Wissens aufgrund neuer Erkenntnisse soweit überholt ist, daß er sich halbiert hat. Den Angaben einer IBM-Studie können gegenwärtig die folgenden Faustregeln entnommen werden:[14] Die Halbwertszeit beträgt

- beim schulischen Grundwissen etwa zwanzig Jahre
- beim Wissen aus dem Studium etwa zehn Jahre
- beim spezifischen Fachwissen der meisten Berufe etwa fünf Jahre
- beim Wissen der technischen Berufe etwa drei Jahre
- beim EDV-Wissen etwa ein Jahr.

Auch wenn die Vorteile einer konsequenten Weiterbildung nicht zuletzt vor dem Hintergrund dieser Resultate offensichtlich sind, so bedarf es dennoch einiger kurzer Ausführungen zum Nutzen von Qualifizierungsmaßnahmen. Die Lücke zwi-

---

[9]   Vgl. statt vieler Meisel (1989), S. 96; Timpe/Schindler (1992), S. 15f.; Endres/Wehner (1993), S. 641; Then (1994), S. 328; Baethge (1994), S. 718-722; Löffler (1994), S. 1-3, 114; Hankel/ Müller/Schaarschuch (1994), S. 28f.; Härtel (1995), S. 99f.; Schlaffke (1995), S. 34f.; Kuhn (1996), S. 107-109; Bickenbach/Soltwedel (1996), S. 20, 29; Mandl/Reinmann-Rothmeier (1997), S. VI/1; Elter (1997), S. 208f.; Wolff (1997), S. 76f.

[10] Berger (1997), S. 110.

[11] Vgl. Littig (1998), S. 9.

[12] Siebert (1993), S. 37.

[13] Schneider (1995), S. 135.

[14] Vgl. Giarini/Liedtke (1998), S. 104; Merk (1998), S. 223.

schen der Notwendigkeit der beruflichen Weiterbildung und den tatsächlichen Qualifizierungsanstrengungen läßt befürchten, daß der Nutzen von weiterbildenden Maßnahmen noch nicht hinreichend bekannt ist. Im folgenden sollen deshalb die wichtigsten Vorteile einer umfassenden Qualifikation von Beschäftigten dargestellt werden.

2. Vorteile der Weiterbildung aus Sicht der Unternehmen

Unternehmen müssen gegenwärtig und in Zukunft den sich schnell ändernden neuen Anforderungen der Produktions- und Marktprozesse entsprechen können. Dies betrifft nicht nur die Entwicklungen im Bereich der technologischen Produktionsprozesse, sondern auch die Veränderungen im Bereich der Unternehmensorganisation und der arbeitsorganisatorischen Strukturen. Schon aus diesem Grund ist eine **Anpassungsqualifikation** der Beschäftigten für ein Bestehen im internationalen Wettbewerb unumgänglich. Hinzu kommt, daß eine vermehrte Weiterbildung Voraussetzung dafür ist, daß die erforderlichen Produktinnovationen von seiten des Qualifikationsbedarfs überhaupt realisiert werden können.[15] Alle Vorteile, die sich aus Sicht eines Unternehmens aufgrund des Einsatzes neuer Technologien sowie arbeitsorganisatorischer Umstrukturierungen ergeben können - also die Reduktion der Produktionskosten, schnellere Durchlaufzeiten, höhere Anpassungsfähigkeit an sich ändernde ökonomische Rahmenbedingungen, erhöhte Produktivität, verbesserte Produktqualität, verringerte Reklamationsquoten, größere Transparenz betrieblicher Vorgänge und Datenflüsse und damit in letzter Instanz eine Verbesserung der Gewinnsituation und Wettbewerbsfähigkeit eines Unternehmens - sind in der Regel nur möglich, wenn derartige betriebliche Innovationen von entsprechend qualifizierten Mitarbeitern begleitet werden. Die modernsten Produktions-, Informations- und Kommunikationstechnologien können den erwarteten betrieblichen Erfolg nicht sichern, wenn der Betrieb nicht über Beschäftigte verfügt, welche die neuen **technischen Geräte reibungslos bedienen** können. Die Wertschöpfung eines Unternehmens wird zwar durch technische Hilfsmittel unterstützt, aber gesteuert werden diese Vorgänge nach wie vor von den involvierten Menschen.[16] Gleiches gilt für die erwarteten positiven Effekte einer Veränderung der organisatorischen Strukturen eines Unternehmens. Ohne eine entsprechende Schulung der Mitarbeiter können die Vorteile organisatorischer Veränderungen nicht oder zumindest nur in einem geringen Ausmaß realisiert werden. Aus diesem Grunde erweisen sich Qualifikationsdefizite der Beschäftigten häufig als ein schwerwiegendes Hemmnis beim Einsatz und bei der Verbreitung neuer arbeitsorganisatorischer Strukturen. Insgesamt besitzt die konsequente Weiterbildung der Arbeitnehmer für die Unternehmen die Funktion, im

---

[15] Vgl. Ehmann (1995), S. 129; Reutter (1995), S. 182; Brokmann-Nooren (1995), S. 196.
[16] Vgl. Elter (1997), S. 209; Bardeleben/Herget (1997), S. 51f.; Davids (1999), S. 18f.

15

wirtschaftlichen Wettbewerb durch Ideenreichtum, Produktvielfalt, eine hohe Qualität der Produkte, eine effiziente Produktion mit geringeren Produktionskosten und eine schnelle, möglichst reibungslose Anpassung an die sich ständig verändernden Rahmenbedingungen bestehen zu können.[17]

Die Notwendigkeit, im Zuge technisch-organisatorischer Veränderungen qualifizierte Mitarbeiter einzusetzen, dürfte daher offensichtlich sein. Wenn diese Mitarbeiter nicht im eigenen Betrieb vorhanden sind, sondern erst auf dem Arbeitsmarkt beschafft werden müssen, führt dies zu erheblichen Kosten auf seiten der Unternehmen. Zu nennen sind in diesem Zusammenhang die Kosten, die mit der Personalauswahl verbunden sind (Zeitungsinserate, Fahrkosten für Bewerber, Personalkosten für die an den Vorstellungsgesprächen beteiligten Mitarbeiter) und die Einarbeitungskosten. Hinzu kommen Kosten, die anfallen, wenn ein ausgewählter Bewerber letztlich doch nicht die in ihn gesetzten Erwartungen erfüllt und die gesamte Neubesetzung wiederholt werden muß. Die genannten Kosten lassen sich vermeiden, wenn nicht auf fremde Arbeitskräfte von außerhalb zurückgegriffen werden muß und statt dessen bewährte Unternehmensmitglieder durch eine adäquate Weiterbildung auf das erforderliche Qualifikationsniveau gebracht werden können. Schließlich ist auch der **Image-Gewinn**, den ein Unternehmen durch seine Weiterbildungsbemühungen verzeichnen kann, ein nicht zu unterschätzender Vorteil.[18] Ergänzt werden die Vorteile dadurch, daß qualifizierte Mitarbeiter sich in geringerem Ausmaß von den Anforderungen ihres Arbeitsplatzes überfordert fühlen. Dies

• erhöht die **Arbeitszufriedenheit**
• senkt die **Fluktuationsrate**
• reduziert die **Abwesenheitsrate** und
• führt damit insgesamt zu einer Reduktion der Personalkosten.

Letztendlich profitiert ein Unternehmen also auch aufgrund dieser positiven Konsequenzen von einer umfassenden Weiterbildung der Beschäftigten, so daß Bildung auch aus betriebswirtschaftlicher Sicht ein integraler Bestandteil der strategischen Personalentwicklung im Betrieb sein muß.[19] Die Tatsache, daß Unternehmen die Vorteile einer umfassenden Qualifizierung ihrer Mitarbeiter erkannt haben, wird anhand der Entwicklung der betrieblichen Ausgaben für Weiterbildungsveranstaltungen deutlich. Nach den Erhebungen einer Sachverständigenkommission des Deutschen Bundestages, der sogenannten *Edding-Kommission*, sowie des *Deutschen Instituts der Wirtschaft* gaben die deutschen Unternehmen folgende Geldsummen für die Weiterbildung ihrer Beschäftigten aus: zu Beginn der 70er Jahre

---

[17] Vgl. Derenbach (1995), S. 110; Bickenbach/Soltwedel (1996), S. 24, S. 30; Kühlwetter (1998), S. 16f.
[18] Vgl. Davids (1999), S. 19.
[19] Vgl. Bardeleben/Herget (1997), S. 51f.; Weiß (1999), S. 13.

rund 2,1 Milliarden DM, zu Beginn der 80er Jahre schon 8 Milliarden DM, Mitte der 80er Jahre etwa 14,7 Milliarden DM und im Jahre 1987 schließlich 26,7 Milliarden DM. Nach Schätzungen für das Jahr 1992 wuchs dieser Betrag sogar auf 43,2 Milliarden DM an. Werden alle Kosten der Aus- und Weiterbildung zusammengezählt, welche die deutsche Wirtschaft in das Humankapital investiert, so kommt gegenwärtig in etwa ein Betrag von 60 Milliarden DM zusammen. Dies scheint es zu rechtfertigen, den Betrieb als "Schule der Nation" zu bezeichnen.[20]

3. Vorteile der Weiterbildung aus Sicht der Arbeitnehmer

Weiterbildung kann von Beschäftigten sowohl zum Zwecke der Anpassungsqualifikation als auch zum Zwecke der Aufstiegsqualifikation verwendet werden. Als **Anpassungsqualifikation** hat sie den Vorteil, daß die Beschäftigten den Umgang mit neuen Technologien und neuen Managementformen erlernen. Dies senkt zunächst einmal die Unsicherheit hinsichtlich derartiger Veränderungen am Arbeitsplatz und erleichtert bzw. ermöglicht den Umgang mit neuen Technologien. Darüber hinaus besitzt die Anpassungsqualifikation den Vorteil, daß sie die Angst vor einem Arbeitsplatzverlust sowie den damit verbundenen Einschränkungen bezüglich der individuellen Lebensqualität senkt. Alles dies fördert zudem die Zufriedenheit am Arbeitsplatz.[21] Letztlich versetzt erst die Anpassungsbildung die daran teilnehmenden Personen in die Lage, den sich permanent ändernden Arbeitsplatzanforderungen gerecht zu werden, die sich aus dem schnellen Wandel der verwendeten Technologien und der sich daran anschließenden organisatorischen Neuerungen ergeben.[22] Eine **Aufstiegsfortbildung** ist ebenfalls ein geeignetes Mittel zur Erhöhung der Arbeitsplatzsicherheit.[23] Darüber hinaus kann sie die Chancen des beruflichen Fortkommens erhöhen und besitzt damit finanzielle Vorteile.[24] Weil höhere berufliche Stellungen in der Regel mit abwechslungsreicheren Tätigkeiten, mehr Verantwortung und mehr Entscheidungsspielräumen verknüpft sind, dient eine entsprechende Fortbildung zudem dem Ziel, die im Rahmen des Wertewandels auftretenden Bedürfnisse der Menschen nach vermehrter Autonomie und Verantwortung am Arbeitsplatz sowie nach vielfältigen Aufgaben zu befriedigen. Einschränkend muß allerdings hinzugefügt werden, daß der Abbau betrieblicher Hierarchiestufen Karrierechancen reduziert. Der Nutzen

---

[20] Vgl. Schlaffke (1995), S. 36; Bardeleben u. a. (1996), S. 8.
[21] Vgl. Alt (1995), S. 53f.; Derenbach (1995), S. 110; Bromann-Nooren (1995), S. 201.
[22] Vgl. Brüggemann (1996), S. 121.
[23] Und eine höhere Arbeitsplatzzufriedenheit erhöht in der Regel die Arbeitsmotivation der davon betroffenen Beschäftigten, was deren Arbeitsproduktivität positiv beinflußt, von der dann wiederum die Unternehmen profitieren - in Form gesunkener Produktionskosten, verbesserter Produktqualität, beschleunigten Durchlaufzeiten etc.
[24] Vgl. Alt (1995), S. 53f.; Derenbach (1995), S. 110; Brüggemann (1996), S. 121; Davids (1999), S. 18f.

der beruflichen Weiterbildung besteht deshalb immer häufiger nicht mehr in der Einkommenserhöhung, sondern im Erhalt der beruflichen Position.[25] Insgesamt erweist sich die Teilnahme an Weiterbildungsveranstaltungen somit als eine wichtige Voraussetzung, um auf dem Arbeitsmarkt eine aussichtsreiche und relativ sichere Stellung zu erreichen. Die konsequente berufliche Weiterbildung ist in der Lage, Arbeitnehmer auf die gegenwärtigen und zukünftigen Anforderungen des Arbeitslebens vorzubereiten. Dies erhöht ihre Chancen, dauerhaft in einem Beschäftigungsverhältnis zu verbleiben. Und selbst wenn trotz der eigenen Weiterbildung ein Arbeitsplatzverlust auftreten sollte, so erhöht eine umfassende und fundierte Ausbildung die Wahrscheinlichkeit, erneut in das Erwerbsleben integriert zu werden. Umgekehrt führt ein nur geringes Qualifikationsniveau auf seiten des davon Betroffenen dazu, daß der Wiedereintritt in das Berufsleben erheblich erschwert oder sogar gänzlich verhindert wird.[26]

Die vorgestellten Vorteile, die sich aus den eigenen Anstrengungen zu Weiterqualifikation ergeben, sind mittlerweile unter den Arbeitnehmern weitgehend bekannt. So stimmten 1991 in einer Umfrage der Frage "Ich habe auch ohne Weiterbildung ganz gute Chancen im Beruf" immerhin 50% der befragten Personen in den alten Bundesländern dieser Aussage **nicht** zu. In den neuen Bundesländern betrug der Anteil derer, die diese Aussage ablehnten, sogar 70%. Und die Aussage "Jeder sollte bereit sein, sich ständig weiterzubilden" wurden in den alten und neuen Bundesländern von 90% bis 95% der Befragten geteilt. Die zahlreichen Vorteile der eigenen Weiterbildung und die hohe Bedeutung, welche die Fortbildung deshalb besitzt, sind also in der Arbeitnehmerschaft erkannt worden.[27]

Zu fragen wäre schließlich noch, ob sich die mit der Weiterbildung verbundenen Hoffnungen auf die Erhöhung der Verdienstmöglichkeiten und der beruflichen Aufstiegschancen sowie die Reduzierung des Risikos, den Arbeitsplatz zu verlieren, für die Teilnehmer an entsprechenden Veranstaltungen erfüllt haben. Zur Lösung dieser Frage sollen zwei kurze Hinweise ausreichen, die zu einer positiven Beantwortung gelangen. Zum einen gibt eine Analyse der **Struktur der Arbeitslosen** einen Anhaltspunkt darüber, ob Qualifizierungsmaßnahmen geeignet sind, das individuelle Arbeitsplatzrisiko zu verringern. Bezüglich der Strukturelemente der Arbeitslosen fällt auf, daß gering qualifizierte Arbeitskräfte eine besondere Problemgruppe bilden, die in den Statistiken der Arbeitslosen überrepräsentiert ist. Vor allem die Gruppe der Langzeitarbeitslosen zeichnet sich durch geringe oder überholte Qualifikationen aus, was eine Eingliederung in die Arbeitswelt erheblich erschwert.[28] Untermauert werden diese Eindrücke durch eine genauere Betrachtung des **Zugangsrisikos** - also des Risikos, überhaupt arbeitslos zu werden -

---

[25] Vgl. Heimann (1999), S. 13-18.
[26] Vgl. Derenbach (1995), S. 110; Ehmann (1995), S. 127-129; Lichtblau (1998), S. 4f.
[27] Vgl. Derenbach (1995), S. 124.
[28] Vgl. Friedrich/Wiedemeyer (1994), S. 25-30; Dostal (1999), S. 4.

18

sowie des **Verbleibrisikos**, d. h. des Risikos, nach dem Verlust des Arbeitsplatzes arbeitslos zu bleiben. Sowohl hinsichtlich des Zugangsrisikos als auch in bezug auf das Verbleibrisiko stellen die gering Qualifizierten eine Personengruppe dar, die von den genannten Risiken im besonderen Maße betroffen ist. Umgekehrt ist gerade für qualifizierte Arbeitskräfte die Chance, aus der Arbeitslosigkeit wieder in das Berufsleben zu gelangen bzw. gar nicht erst vom Schicksal der Arbeitslosigkeit getroffen zu werden, überdurchschnittlich hoch.[29] Die Zahlen der Arbeitslosenstatistiken sprechen daher eindeutig für die folgende Einschätzung: "Gering qualifizierte Arbeitskräfte sind somit als »**die Problemgruppe**« des Arbeitsmarktes zu erkennen"[30].

Aufgrund dieser Einschätzung wird es unmittelbar einsichtig, daß jede Maßnahme zur Erhöhung der eigenen Qualifikation einen wirksamen Beitrag zur Verringerung des Arbeitsplatzverlustrisikos darstellt. Die Teilnahme an Weiterbildungsveranstaltungen ist daher ein geeignetes Mittel zur Erhöhung der Arbeitsplatzsicherheit. Zudem wird durch die Reduzierung des Risikos, den Arbeitsplatz zu verlieren, das Risiko der damit einhergehenden Einkommenseinbußen vermindert. Weiterbildungsmaßnahmen dienen folglich dem Interesse der individuellen Einkommenserzielung eines Beschäftigten. Noch etwas drastischer kann hinsichtlich des Zusammenhangs zwischen der eigenen Weiterbildung und dem beruflichen Werdegang folgende These aufgestellt werden: "Heute noch darauf zu vertrauen, ohne Berufsbildung und deren stetigen Ausbau im lebensbegleitenden Lernen sei der Lebensunterhalt dauerhaft zu sichern, ist pure Illusion und führt direkt ins Aus!"[31] Insgesamt deuten die Statistiken darauf hin, daß "höherqualifizierte Arbeitnehmerinnen und Arbeitnehmer über eine relativ hohe Beschäftigungssicherheit, ein höheres Einkommen und eine größere Arbeitszufriedenheit als ungelernte oder angelernte Arbeitskräfte" verfügen.[32]

Die Ausführungen zur Bedeutung der Weiterqualifikation für das Risiko des Arbeitsplatzverlustes und für die Chancen des beruflichen Aufstiegs mögen ausreichen, um zu belegen, daß die Erhöhung der eigenen Qualifikation für die Arbeitnehmer mit handfesten Vorteilen verbunden ist. Die von Wirtschaft und Politik immer wieder geforderte Fortbildung der Beschäftigten hat also auch für die davon direkt betroffenen Personen erhebliche Vorteile, die den teilweise immensen Aufwand an Zeit und Geld dafür rechtfertigen.

---

[29]   Vgl. Wilke (1990), S. 38, 42f., 139f.; Klauder (1994), S. 771; Lichtblau (1998), S. 4f.; Dostal (1998), S. 11f.; Davids (1999), S. 18f.
[30]   Wilke (1990), S. 42.
[31]   Vgl. Stooß (1997), S. 19.
[32]   Fischer/Wötzel (1998), S. 22f.

19

4. Vorteile der Weiterbildung aus Sicht der betroffenen Region und aus volkswirtschaftlicher Sicht

Die Vorteile, welche die Weiterbildung für eine ganze Region oder Volkswirtschaft besitzt, sind im wesentlichen jene, die auch für ein einzelnes Unternehmen genannt wurden. So wie die Konkurrenzfähigkeit eines Unternehmens maßgeblich von dem hohen Qualifikationsniveau der Arbeitnehmer abhängt, basiert auch die **Wettbewerbsfähigkeit einer Volkswirtschaft** im globalen wirtschaftlichen Konkurrenzkampf auf dem fundierten Ausbildungsstand des Humankapitals der Gesellschaft. Ob ein Land im internationalen Vergleich wettbewerbsfähig ist oder nicht, wird von den Produktionsfaktoren entschieden, die immobil sind. Die mobilen Produktionsfaktoren, also vor allem das international sehr mobile Kapital, wandern dorthin, wo die (relativ) unbeweglichen Produktionsfaktoren in einem qualitativ hochwertigen Zustand vorhanden sind. Zu den immobilen Produktionsfaktoren zählen neben der materiellen Infrastruktur (Verkehrswege, öffentliche Verwaltung, innere Sicherheit, Bildungseinrichtungen etc.) vor allem die Arbeitskräfte des Landes. Entscheidend für die internationale Wettbewerbsfähigkeit eines Landes und für die Fähigkeit, Investitionen anzuziehen, sind deshalb gut ausgebildete, hoch motivierte und dadurch produktiv arbeitende Menschen. Die Einsatzbereitschaft und Leistungsfähigkeit der Menschen eines Landes sind die ausschlaggebenden Elemente einer wettbewerbsfähigen Volkswirtschaft.[33]

Wenn Einigkeit darüber besteht, daß ein hoher Qualifikationsgrad der Menschen in einer Region als ein Standortvorteil für diese Region anzusehen ist, dann sollte ebenfalls Einigkeit darüber bestehen, daß die Weiterbildung ein besonders wichtiges Förderungsmittel für Regionen ist, das an der Stärkung des Humankapitals der Region ansetzt. Aus diesem Grund wird eine konsequente Weiterbildung heute als zentrales Element der **aktiven Strukturpolitik** angesehen. Weiterbildung stellt einen entscheidenden Faktor für die Unterstützung des regionalen strukturellen Wandels dar und ist zudem ein geeignetes Instrument zur Ingangsetzung lokaler bzw. kommunaler Entwicklungsprozesse. Insofern kann es mit Hilfe der regionalen Qualifizierungspolitik gelingen, die Beschäftigungschancen in einer Region zu verbessern. Der beschäftigungs- und strukturpolitische Aspekt der Weiterbildung wird in der aktuellen Diskussion häufig übersehen und nur selten problematisiert. Dies ändert allerdings nichts an dem Umstand, daß sich mehr und mehr die Erkenntnis durchsetzt, Weiterbildung als einen aktiven Beitrag zum Strukturwandel und zur Stärkung **regionaler** oder **kommunaler Entwicklungsprozesse** anzusehen.[34] Besonders für wirtschaftliche Problemregionen ist der beschäftigungs- und strukturpolitische Aspekt der Weiterbildung außerordentlich wichtig. Zukunftsträchtige Industrien und Technologien werden sich in diesen - von der Arbeitslosigkeit beson-

---

[33] Vgl. statt vieler Stooß (1997), S. 18; Lafontaine/Müller (1998), S. 201-237.
[34] Vgl. Nuissl (1995), S. 14; Alt (1995), S. 61-63; Schneider (1995), S. 148; Brokmann-Nooren (1995), S. 194-196, S. 202.

ders betroffenen - Regionen nur ansiedeln, wenn ein hoch qualifiziertes Arbeitskräftereservoir vorhanden ist. Hinzu kommt die Gefahr, daß durch die Abwanderung der qualifizierten Arbeitskräfte das gesamte Qualifikationsniveau der davon betroffenen Region erheblich reduziert wird, was wiederum die bestehenden Qualifikationen der zurückbleibenden Beschäftigten und Arbeitslosen entwertet. Auch aus diesem Grund besitzen Qualifizierungsmaßnahmen für Problemregionen eine außerordentlich hohe Bedeutung.[35]

Bei allen positiven Aspekten der Weiterbildung darf allerdings nicht übersehen werden, daß die Förderung von Qualifizierungsmaßnahmen **an Grenzen stößt**. So ist es illusorisch zu erwarten, daß Qualifizierungsmaßnahmen in der Lage sind, alle Menschen, die ohne eine abgeschlossene schulische oder berufliche Ausbildung arbeitslos sind, in ein dauerhaftes Beschäftigungsverhältnis des ersten Arbeitsmarktes zu bringen. Darüber hinaus schafft eine Weiterqualifizierung keine Arbeitsplätze, sondern setzt deren Existenz vielmehr voraus. Hochqualifizierte Facharbeiter, die durch eine Weiterbildungsmaßnahme auf den neusten Stand der Laserschweißtechnik gebracht werden, nützen wenig, wenn in der betreffenden Region Betriebe fehlen, die mit dieser Technik arbeiten. Auch eine breit angelegte Qualifizierungsoffensive kann daher nicht garantieren, daß es zur Sicherung bestehender und Schaffung neuer Erwerbsarbeitsplätze kommt.[36] Die Qualifizierung hilft bei der Lösung der Arbeitsplatzproblematik, sie darf allerdings nicht als das alleinige Instrument aufgefaßt werden, denn eine solche Sichtweise würde die Erwartungen und Ansprüche an die Weiterbildung überschätzen.

5. Fazit zu den Vorteilen der Weiterbildung

Die Vorteile einer Qualifizierung von Beschäftigten und Arbeitslosen sind, dies zeigten die vorangehenden Ausführungen, vielfältig und von allen Gesellschaftsschichten anerkannt. Weiterbildung dient sowohl den **ökonomischen Interessen der Betriebe** und ganzer Regionen als auch den **Interessen der Arbeitnehmer**. So konnten beispielsweise anläßlich der vom *Bundesinstitut für Berufsbildung* am 25. und 26. September 1997 durchgeführten Fachtagung zum Thema "Nutzen der beruflichen Bildung" die Referenten und Diskussionsteilnehmer fast einhellig das nachstehende Ergebnis teilen: "Der Nutzen der beruflichen Weiterbildung überwiegt wirklich für alle - für die Individuen, Betriebe, Gesellschaft und den Staat."[37] Die hohe Bedeutung, die der Weiterbildung aufgrund ihrer positiven Folgen zukommt, hat dafür gesorgt, daß die Weiterbildung heute vielfach schon als "vierte Säule" unseres Bildungssystems - neben der Schulausbildung, der Berufsausbildung

---

[35] Vgl. Brokmann-Nooren (1995), S. 198.
[36] Vgl. Nuissl (1995), S. 13; Ehmann (1995), S. 126-128; Brokmann-Nooren (1995), S. 206.
[37] Bardeleben/Herget (1997), S. 52.

und der Hochschulausbildung - angesehen wird.[38] Werden die positiven Konsequenzen von Bildung und Qualifikation nicht nur auf die rein ökonomischen Kriterien bezogen, so kann festgestellt werden, daß die konsequente Weiterbildung zusätzlich "für die Verbesserung der Lebens- und Arbeitsbedingungen, zur Erhaltung der Natur und zum Schutz der Umwelt als unerläßlich" anzusehen ist.[39] Trotz der Wahrnehmung der großen Bedeutung einer konsequenten Qualifizierung ist allerdings nach wie vor zu bemängeln, daß die unternommenen Weiterbildungsanstregungen - gemessen an den Bedürfnissen der Arbeitnehmer und der Unternehmen - noch immer zu gering ausfallen und daß deshalb von einer "Unterinvestition in das Humankapital"[40] zu sprechen ist.

6. Der Weiterbildungsaufwand von Erwerbstätigen

Dennoch ist auf den teilweise bemerkenswerten finanziellen und zeitlichen Aufwand hinzuweisen, der von den Beschäftigten in Kauf genommen wird, um sich weiterzubilden. Eine wichtige Untersuchung stellt in diesem Kontext eine 1996 vom *Bundesinstitut für Berufsbildung* herausgegebene Publikation dar, die sich mit den individuellen Kosten der beruflichen Weiterbildung beschäftigt. Auf der Grundlage einer repräsentativen Stichprobe von jeweils 800 Teilnehmern an Weiterbildungsmaßnahmen in den alten und den neuen Bundesländern ist die Publikation in der Lage, unter anderem Aussagen über die durchschnittlichen individuellen Kosten der Weiterbildung zu treffen, wobei sich die gewonnenen Ergebnisse auf das Jahr 1992 beziehen.[41] Der finanzielle und zeitliche Aufwand, der von den teilnehmenden Arbeitnehmern getragen wurde, nimmt dabei erhebliche Dimensionen an. Hinsichtlich der **anfallenden individuellen Kosten** erfaßt die Untersuchung zunächst einmal die **direkten Kosten**. Dazu zählen die Teilnahmegebühren, Kosten für Lernmittel, Fahrkosten, Kosten für die auswärtige Unterkunft und auswärtige Mahlzeiten, Kinderbetreuungskosten und sonstige Kosten, die unmittelbar durch die Teilnahme an einer Qualifizierungsmaßnahme entstanden. Hinzugezählt wurden die **indirekten Kosten**, die aus dem entgangenen Einkommen bestehen - z. B. aufgrund der Inanspruchnahme von unbezahltem Urlaub oder aufgrund einer Arbeitszeitverkürzung mit einer entsprechenden Verdienstreduktion. Ein weiterer denkbarer Aspekt der indirekt anfallenden Kosten besteht aus dem Wert der investierten Freizeit. Da die monetäre Bewertung von Freizeitstunden ein methodisch äußerst problematisches Unterfangen ist, verzichtet die Untersuchung auf eine Umrechnung der entgangenen Freizeit in Geldeinheiten. Statt dessen erfaßt die Untersuchung diese Form der individuellen Weiterbil-

---

[38] Vgl. Schneider (1995), S. 138.
[39] Vgl .Schmidt (1998), S. 16.
[40] Schneider (1995), S. 138.
[41] Vgl. Bardeleben u. a. (1996), S. 20, 28-30.

dungskosten in der Weise, daß sie den Stundenumfang dokumentiert.[42] Aufgrund der genannten Kosten ergaben sich für das Jahr 1992 die folgenden Zahlen als durchschnittliche Kosten pro Teilnehmer und pro Jahr:

	vor der Refinanzierung		nach der Refinanzierung	
	alte Länder	neue Länder	alte Länder	neue Länder
Gesamte Bildung (betriebliche und nichtbetriebliche), direkte Kosten	1.427 DM	1.928 DM	1.053 DM	848 DM
davon:				
• nichtbetriebliche Weiterbildung, direkte Kosten	1.372 DM	1.854 DM	997 DM	774 DM
• betriebliche Weiterbildung, direkte Kosten	55 DM	74 DM	56 DM	74 DM

Unter dem Begriff der Refinanzierung werden hier alle Erstattungsformen entstandener Kosten verstanden, die dem Weiterbildungsteilnehmer durch den Arbeitgeber, das Arbeitsamt oder andere Stellen zufließen.[43] Der **zeitliche Aufwand**, d. h. die eingesetzte Freizeit für Qualifizierungsveranstaltungen, die außerhalb der Arbeitszeit stattfinden, betrug im Durchschnitt für jeden Teilnehmer pro Jahr 225 Stunden in den alten und 574 Stunden in den neuen Bundesländern. Über die zeitlichen Aufwendungen und die Verteilung der Zeitopfer im Rahmen der betrieblichen Weiterbildung gibt die nachstehende Tabelle Auskunft:[44]

	alte Länder	neue Länder
Gesamter Zeitaufwand für betriebliche und nichtbetriebliche Weiterbildung	225 Stunden	574 Stunden
Gesamter Zeitaufwand für betriebliche Weiterbildung	59 Stunden	130 Stunden
davon:		
• Unterrichtsstunden in der Freizeit	37 %	39 %
• Vor- und Nachbereitung in der Freizeit	37 %	38 %
• zusätzliche Fahrzeit	20 %	21 %
• für die Weiterbildung verwendeter Urlaub	5 %	2 %

---

[42] Vgl. zur Berücksichtigung der verschiedenen Kostenelemente Bardeleben u. a. (1996), S. 21-27, 56f.

[43] Vgl. Bardeleben u. a. (1996), S. 24-26, 50-52.

[44] Vgl. Bardeleben u. a. (1996), S. 64-66.

Trotz der dargestellten finanziellen und zeitlichen Anstrengungen, die von den Beschäftigten in Kauf genommen werden, ist an die nach wie vor festzustellende **Unterinvestition in das Humankapital** zu erinnern. Noch immer gibt es viele Erwerbstätige, die selten oder gar nicht an weiterbildenden Veranstaltungen teilnehmen. Interessant ist deshalb eine nähere Analyse der Beweggründe, die Arbeitnehmer zur Teilnahme an einer Weiterbildungsveranstaltung motivieren.

7. Ursachen für die Teilnahme an Weiterbildungsangeboten

Die bereits erwähnte Untersuchung des *Bundesinstituts für Berufsbildung* unter Personen gibt zur Frage nach der Motivation zur Teilnahme an weiterbildenden Maßnahmen die folgenden Befragungsergebnisse an:[45]

	Das **wichtigste** Ziel der beruflichen Weiterbildung		Ziele der beruflichen Weiterbildung (bis zu drei Ziele genannt)	
	alte Länder	neue Länder	alte Länder	neue Länder
bessere berufliche Leistungsfähigkeit	38 %	20 %	62 %	47 %
interessantere oder anspruchsvollere Tätigkeit	15 %	7 %	50 %	40 %
bessere Aufstiegschancen	14 %	7 %	43 %	23 %
höherer Verdienst	8 %	4 %	48 %	46 %
höhere Arbeitszufriedenheit	6 %	2 %	32 %	15 %
überhaupt einen Arbeitsplatz erhalten	6 %	28 %	9 %	39 %
mehr Arbeitsplatzsicherheit	6 %	20 %	20 %	51 %
anderer Arbeitsplatz	3 %	11 %	13 %	30 %
mehr Anerkennung durch Vorgesetzte und Kollegen	2 %	0,1 %	14 %	3 %
sonstiger Grund	2 %	1 %	3 %	2 %

Ähnlich fallen die Ergebnisse einer Befragung des *DAG-Forums Schleswig-Holstein e. V.* aus dem Jahre 1997 aus. In dieser Befragung wandte sich das *DAG-Forum* an die Betriebs- und Personalräte der DAG in Schleswig-Holstein. Zur Frage nach den Bedingungen, die nach Ansicht der Arbeitnehmervertreter erfüllt sein müssen, damit Beschäftigte an weiterbildenden Maßnahmen teilnehmen, ergaben die Antworten das nachfolgende Bild:

---

[45] Vgl. Bardeleben u. a. (1996), S. 90f.

24

	trifft zu bzw. trifft eher zu	trifft nicht zu bzw. trifft eher nicht zu
für die tägliche Arbeit erforderlich	82,3 %	6,9 %
keine finanzielle Belastung	76,9 %	10,4 %
interessantes Thema	73,6 %	7,3 %
förderlich für den beruflichen Aufstieg	59,0 %	22,5 %
vereinbar mit der täglichen Arbeitsbelastung	55,9 %	15,3 %
führt zu höherem Verdienst	51,4 %	25,5 %
vereinbar mit der Familie	44,8 %	20,2 %
keine Freizeitbeschränkung	41,3 %	33,6 %

Schließlich ist es interessant zu wissen, welche Gründe die Beschäftigten von einem Engagement im Bereich der Weiterbildungsveranstaltungen abhalten würden bzw. was **gegen ein solches Engagement spricht**. Die Ergebnisse dieser vom *Bundesinstitut für Berufsbildung* gestellten Frage zeigt die folgende Tabelle:[46]

	alte Länder		neue Länder	
	stimme zu	stimme nicht zu	stimme zu	stimme nicht zu
zu große Belastung neben der täglichen Arbeit	29 %	61 %	36 %	52 %
führt nicht zu einer besonderen Veränderung der beruflichen Situation	19 %	75 %	19 %	70 %
verbessert Aufstiegschancen nicht	18 %	75 %	24 %	65 %
kostet zu viel Zeit, von der der Teilnehmer eigentlich nichts hat	18 %	75 %	15 %	78 %
zu hohe Kosten bzw. zu hoher Verdienstausfall	14 %	78 %	13 %	75 %

Auch das *DAG-Forum Schleswig-Holstein e. V.* fragte die Betriebs- und Personalräte nach ihrer Einschätzung hinsichtlich der Gründe, die Beschäftigte von der Teilnahme an Qualifizierungsmaßnahmen abhalten:

---

[46] Vgl. Bardeleben u. a. (1996), S. 85.

	Nennungen	Anteil aller Nennungen	Anteil aller Fälle
keine höheren Verdienstmöglichkeiten	100	17,9 %	57,8 %
keine höheren Aufstiegschancen	93	16,6 %	53,8 %
zu große Belastung neben der täglichen Arbeit	91	16,3 %	52,6 %
ungenügende Informationen über geeignete Maßnahmen	65	11,6 %	37,6 %
keine Erhöhung der Arbeitsplatzsicherheit	61	10,9 %	35,3 %
zu hoher Zeitaufwand zu Lasten der Freizeit	47	8,4 %	27,2 %
nicht vereinbar mit familiären Verpflichtungen	34	6,1 %	19,7 %
zu hohe Kosten bzw. zu hoher Verdienstausfall	29	5,2 %	16,8 %
keine interessanten Weiterbildungsangebote	25	4,5 %	14,5 %
zu großer Lernstreß	14	2,5 %	8,1 %

Insgesamt kann festgehalten werden, daß die kontinuierliche Erhöhung der Qualifikation von Arbeitnehmern ein Ziel ist, das von allen gesellschaftlichen Gruppen anerkannt wird. Mit der weitgehenden Einigkeit über den zu erreichenden Soll-Zustand des Qualifikationsniveaus von Mitarbeitern endet allerdings die Übereinstimmung, denn bei der Frage, wie das angestrebte Ziel realisiert werden soll, scheiden sich die Geister. Sobald es um die genaue Lösungsvorschläge geht, wer wann wie und von wem zu qualifizieren ist, herrscht große Uneinigkeit. **Klärungsbedarf** besteht unter anderem bei den folgenden Fragen:[47]
* Welche konkreten Weiterbildungsinhalte sollen angeboten werden, wie also können die anvisierten Fertigkeiten vermittelt werden? Schon heute muß aus einem nahezu unüberschaubaren Angebot ausgewählt werden, das von Veranstaltungen über Führungsverhalten, Teamfähigkeit und Konfliktmanagement, über Rhetorik, Verhandlungs-, Argumentations- und Diskussionstechniken, Kreativitäts- und Innovationstechniken, Entscheidungs- und Problemlösetechniken bis hin zur Streßbewältigung, zum Zeit- und Selbstmanagement und zum Thema 'Lernen wie man lernt' reicht - wobei die fachlichen Angebote ebenfalls noch zu berücksichtigen sind.
* Wer entscheidet über den Weiterbildungsbedarf - die einzelnen Mitarbeiter, der Betriebsrat, die Unternehmensführung bzw. die Weiterbildungsmanager oder

---

[47] Vgl. Ochs (1995), S. 139f.; Weiß (1995), S. 263; Nenninger (o. J.), S. 19-21.

externe Personengruppen wie z. B. externe Weiterbildungsanbieter, Kammern und Verbände?

- Wann findet die Weiterbildungsmaßnahme statt - in der Arbeitszeit oder während der Freizeit - und wer trägt deren Kosten?
- Wer wird weitergebildet - gut qualifizierte Beschäftigte und Führungskräfte oder wenig Qualifizierte? Wie werden die hinsichtlich der Weiterbildung vielfach benachteiligten Frauen, die kaum Qualifizierten und schließlich die älteren Mitarbeiter berücksichtigt?
- Wer führt die Weiterbildungsmaßnahmen durch - interne oder externe Weiterbildungsanbieter wie z. B. Bildungseinrichtungen der Verbände und Kammern, gemeinnützige oder gewerkschaftliche Anbieter, freiberufliche Trainer oder kommerzielle Anbieter?
- Wie werden die Qualifizierungsmaßnahmen durchgeführt - durch Referate, Vorträge, Seminare, Tagungen, Workshops, Firmenprojekte, Planspiele, Gruppenarbeit, Rollenspiele etc.?
- Wie werden abgelaufene Qualifizierungsmaßnahmen bewertet und evaluiert?

Der Ausgangspunkt zur Lösung dieser Fragen muß eine möglichst genaue Vorstellung über den bestehenden Qualifikationsbedarf sein. Nur wenn Klarheit über die beruflichen Anforderungen besteht, denen sich die Beschäftigten in der Gegenwart und der nahen Zukunft gegenübersehen, können adäquate Maßnahmen ergriffen werden, um existierende Qualifikationsdefizite zu beheben. Zu untersuchen ist deshalb als erstes, welche Faktoren einen neuen bzw. geänderten Qualifikationsbedarf hervorrufen und wie sich diese Einflußfaktoren im Zeitablauf entwickeln. Ausgelöst werden die Veränderungen hinsichtlich der Anforderungen an Arbeitnehmer in erster Linie durch **technologische Neuerungen**. Hinzu kommen **neue Formen der Arbeitsorganisation**, die ebenfalls einen Veränderungsdruck auf die beruflichen Qualifikationen ausüben.[48] Gleichzeitig ist zu beachten, daß auch die vorhandenen und noch zu bildenden Qualifikationen der Beschäftigten aktiv zur Gestaltung von arbeitsorganisatorischen und technischen Veränderungen einzusetzen sind. Damit derartige Änderungen nicht nur fernab der betrieblichen Realität konzipiert und dementsprechend realisiert werden, ist die aktive Mitgestaltung der Beschäftigten vor Ort notwendig. Die Mitarbeiter kennen die Arbeitsbedingungen am besten und sind deshalb in der Lage, geplante betriebliche Neuerungen an die konkreten Gegebenheiten anzupassen. Kosten- und zeitintensive Nachbesserungen können dadurch vermieden werden. Damit es zur aktiven Mitgestaltung von Arbeit und Technik durch die Beschäftigten kommt, ist es allerdings zwingend erforderlich, die Mitarbeiter bereits vor der Einführung solcher Neuerungen entsprechend zu qualifizieren. In letzter Konsequenz bedeutet dies, daß erst eine Erhöhung der beruflichen Kompetenzen bei den Beschäftigten die Voraussetzungen für den

---

[48] Vgl. Gärtner u. a. (1996), S. 49.

Strukturwandel im Betrieb schafft.[49] In der betrieblichen Praxis wird allerdings die "Interdependenz von Technik, Arbeitsorganisation und Qualifikation ... nicht - zumindest nicht angemessen - berücksichtigt."[50] Graphisch lassen sich die genannten Zusammenhänge wie folgt darstellen:

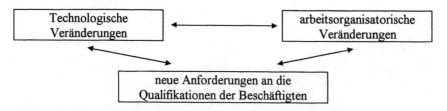

Die möglichen bzw. zu erwartenden Entwicklungen auf dem Gebiet der Technologie und der Arbeits- sowie Ablauforganisation von Produktionsprozessen müssen deshalb in einem vorbereitenden Schritt näher analysiert und vorgestellt werden.

[49] Vgl. Gerds (1992), S. 35-39; Dehnbostel/Hecker/Walter-Lezius (1992), S. 24; Euler (1997), S. 455; Heimann (1999), S. 12.
[50] Herpich/Krüger/Nagel (1992), S. 81.

Der technische Wandel der Zukunft

1. Die technischen Möglichkeiten der Zukunft

Eine Prognose über die Technologien der Zukunft sollte sich zunächst einmal mit den technischen Potentialen beschäftigen, die gegenwärtig bereits einsetzbar sind und von einigen Unternehmen seit geraumer Zeit angewendet werden. Schon heute nutzen Unternehmen die zahlreichen Möglichkeiten, die ihnen die neuen Informations- und Kommunikationstechnologien bieten. Durch den Einsatz des Intranets - einem unternehmensweiten Informations- und Kommunikationsnetz, das auf der Technologie des Internets basiert, aber nur von den Unternehmensangehörigen verwendet werden kann - und des Extranets - einer Erweiterung des Intranets, bei dem bestimmte externe Benutzer wie z. B. Händler oder Zulieferer einen beschränkten Zugriff auf Unternehmensdaten erhalten - sind diese Unternehmen in der Lage, Videokonferenzen abzuhalten und via E-mail bzw. Online den Einkauf, den Vertrieb, die Lagerbestandskontrollen oder auch Spesenabrechnungen und Reisebuchungen durchzuführen.[1] Ebenso realisiert sind gegenwärtig Arbeitsplätze im Bereich der Telearbeit und die virtuelle Organisation von Unternehmen bzw. **virtuelle Firmen**.[2] Gleiches gilt für die Einrichtung realer oder virtueller Call Center, bei denen eingehende Anrufe automatisch oder mit Hilfe von Supervisoren auf die sogenannten Agenten verteilt werden.[3] Im Bereich der Führungskräfte findet sich immer häufiger der Einsatz von Managementunterstützungssystemen bzw. von Entscheidungsunterstützungssystemen statt. Diese Hilfsmittel versorgen die Führungskräfte mit den notwendigen Informationen zur Entscheidungsfindung. Dies verbessert die Qualität der Entscheidungen und reduziert die zum Treffen der Entscheidungen notwendige Zeit.[4] Ein branchenspezifisches Beispiel für den Einsatz der Datenverarbeitungstechnik stellt das **Warenwirtschaftssystem** dar, das im Handel eingesetzt wird. Bei diesem System handelt es sich um ein computergestütztes Verfahren zur Erfassung und Verarbeitung der mengen- und wertmäßigen Daten von Warenbewegungen sowie zur Überwachung und Steuerung der Warenabflüsse. Die genannten Teilprozesse arbeiten dabei auf der Basis des europaweit genormten Strichcodes, dem System der Europäischen Artikelnummer (EAN).[5]

Schon diese kurzen Ausführungen zu den Veränderungen, die der Einsatz moderner Informations- und Kommunikationstechnologien bereits heute für die Inhalte

---

[1] Vgl. zu den genannten Begriffen und Anwendungsmöglichkeiten Palass/Preissner/Ricker (1997), S. 119, 126, 130.

[2] Vgl. Heuser (1997), S. 16.

[3] Vgl. BTQ Kassel Mainz (1997b), S. 1-3; Schierbaum (1997), S. 4-7; Menzler-Trott (1997), S. 9-13.

[4] Vgl. Abts/Mülder (1996), S. 220-236; Hansen (1996), S. 263-269.

[5] Vgl. Schwarzer/Krcmar (1996), S. 184-187.

und Organisation der täglichen Arbeit mit sich bringt, deuten den rasanten technikinduzierten Wandel der Berufsanforderungen an. Wie sich diese Entwicklung fortsetzen wird, kann vom gegenwärtigen Erkenntnisstand nur mit Ungewißheit prognostiziert werden. Zur Reduktion dieser Unsicherheit führte das Karlsruher *Frauenhofer-Institut für Systemtechnik und Innovationsforschung* im Auftrag des Bundesministeriums für Forschung und Technologie eine 1993 veröffentlichte Untersuchung durch, in der Experten eine bis in das Jahr 2020 reichende Vorausschau der technisch-wissenschaftlichen Entwicklung in Deutschland abgeben sollten.[6] Die außerordentlich umfangreiche Studie, die auf knapp 500 Seiten die nach verschiedenen Fachgebieten gegliederten Ergebnisse dokumentiert, bietet ein umfassendes, detailliertes Bild von den technischen Möglichkeiten, mit deren Realisierung die Experten bis zum Jahr 2020 rechnen. Bei ihren Prognosen konzentrierten sich die befragten Fachleute primär auf die naturwissenschaftlich-technischen Lösungen und achteten nur am Rande auf die gesellschaftlichen und ökonomischen Rahmenbedingungen, die ebenfalls einen erheblichen Einfluß auf die tatsächliche Realisierung technisch machbarer Konzepte besitzen.[7] Von den fast unüberschaubaren Detailantworten sollen an dieser Stelle nur einige wenige aus dem Bereich der Büroarbeit vorgestellt werden, um einen groben Eindruck von dem zu gewinnen, was in diesem Land **bis zum Jahr 2020** erwartet werden könnte:[8]

- Im Kontext der Automation beispielsweise erwarten die Experten, daß Roboter auch in Büros eingesetzt werden, wo sie den Menschen helfend zur Seite stehen. Dabei datiert der Untersuchungsbericht die wahrscheinliche Realisierung dieser technischen Entwicklung ungefähr auf das Jahr 2008.
- In der Informationsverarbeitung prognostiziert der Bericht die etwa zwischen 2002 und 2004 anzutreffende allgemeine Anwendung von Bürosystemen, "bei denen sämtliche Büroaktivitäten wie Gestaltung, Erstellung, Aufbewahrung und Recherchen von Unterlagen und Statistiken sowie Schriftverkehr zwischen Büros oder Konferenzen über elektronische Medien vermittelt werden". Hinzu kommen, etwa im Jahr 2003, TV-Telefone, Online-Computersysteme und Faxgeräte, die die Büroarbeit zu Hause möglich machen bzw. bestehende Möglichkeiten ausweiten.
- Ungefähr zur gleichen Zeit erwartet der Bericht die praktische Anwendung von individuellen, mobilen Kommunikationseinrichtungen, "die durch Realisierung personenbezogener Telefonnummern die Kommunikation beliebiger Personen überall auf der Welt ermöglichen". Darüber hinaus vermuten die Fachleute für diesen Zeitraum die Nutzung eines Kommunikationsnetzes, "bei dem Service-

---

6   Vgl. Bundesministerium für Forschung und Technologie (1993), vor allem S. 12-17, 25 sowie Kau (1995), S. 8-10.

7   Vgl. Bundesministerium für Forschung und Technologie (1993), S. XV.

8   Vgl. Bundesministerium für Forschung und Technologie (1993), vor allem S. 458-463 (Frage 42-61), S. 484 (Frage 5), S. 518-523 (Frage 31-37 und Frage 50-54), S. 638 (Frage 39-41).

Inhalte wie Sekretariatsfunktionen den Wünschen der Benutzer entsprechend beliebig bestimmt werden können".

• Noch früher, bereits im Zeitraum um das Jahr 2001, rechnen die Sachkenner mit der allgemeinen Anwendung eines TV-Konferenzsystems, das Desktop-Terminals verwendet.

• Für das Jahr 2005 spricht der Bericht davon, daß durch "die Entwicklung des Bildtelefons, von Online-EDV-Systemen und Telefax .. bis auf persönliche Gespräche und Verhandlungen im allgemeinen zu Hause erledigt" wird.

• Ergänzt werden diese Trends und Entwicklungen in der Büroarbeit dadurch, daß in Zukunft sämtliche Büroaktivitäten über elektronische Medien vermittelt werden. Zu nennen sind unter anderem der Einsatz von Schreibmaschinen, die auf Sprache reagieren, von Computern, die handgeschriebene Sätze lesen können, und von automatischen Übersetzungsgeräten für die Übersetzung von Schriftakten.

Die selektiv vorgestellten Ergebnisse der Delphi-Umfrage weisen bei aller Kritik und Ungewißheit, die mit der Studie verbunden sind, auf den **enormen Veränderungsdruck** hin, der die gesamte Struktur der Arbeitsabläufe sowie die qualifikatorischen Anforderungen an die Beschäftigten auf allen Ebenen des Unternehmens drastisch modifizieren wird. Bevor allerdings die letztgenannten Themenkomplexe analysiert werden können, ist es erforderlich, noch einen kurzen Blick auf die Bestimmungsfaktoren des technologischen Wandels zu werfen, die im erwähnten Delphi-Bericht kaum thematisiert wurden: die **ökonomischen** und gesellschaftlichen - hier vor allem der seit Jahren konstatierbare **Wertewandel** in der Gesellschaft - Druckfaktoren, die die Technikentscheidungen der Zukunft ebenfalls beeinflussen.

2. Der Einfluß der wirtschaftlichen Rahmenbedingungen auf die Technikwahl

Wie bereits erwähnt, entscheidet nicht das technisch Mögliche, welche technologischen Veränderungen im tatsächlichen Wirtschaftsleben stattfinden, so daß einige Bemerkungen zu den ökonomischen Rahmenbedingungen notwendig werden. Letztere üben über Rentabilitäts- sowie Kosten-Nutzen-Erwägungen einen erheblichen Einfluß auf die Entscheidung aus, ob ein technisch mögliches Verfahren in die Produktions- und Arbeitsabläufe integriert wird oder nicht. Zunächst soll in diesem Zusammenhang deutlich gemacht werden, inwieweit **wirtschaftliche Faktoren** die Technologiewahl eines Unternehmens determinieren. In einem zweiten Schritt ist dann näher zu hinterfragen, wie sich die ökonomischen Faktoren in Zukunft entwickeln werden.

Der wichtigste wirtschaftliche Druckfaktor besteht aus dem internationalen Wettbewerb, der durch die Globalisierung der Märkte und die damit einhergehende weltweite Vernetzung aller ökonomischen Aktivitäten jedes einzelne Unternehmen betrifft. Globalisierung bedeutet aus Sicht des Unternehmens die Orientierung an den Erfordernissen des Weltmarktes, wobei die damit verknüpfte Strategie sehr umfassend ausfällt und vor allem die Bereiche des Marketings, der Beschaffung, der Produktion, der Finanzierung und des Personals umfaßt.[9] Der hohe **Wettbewerbsdruck** zwingt Unternehmen permanent, ihre Kosten so weit wie möglich zu reduzieren, um auf den internationalen Märkten konkurrenzfähig zu bleiben. Eine der zahlreichen technischen Mittel zur Senkung der Kosten besteht aus dem Einsatz des **Intranets** bzw. des **Internets** als Kommunikationsmedium, was die Versand-, Verteil- und Papierkosten im Rahmen der betrieblichen Informationsverarbeitung vermindern kann. *Hewlett-Packard* beispielsweise nutzt seit knapp zwei Jahrzehnten das Internet als zentrales Kommunikationsmittel für interne Bestellungen, Reisekostenabrechnungen, Diskussionsforen oder Datenbankabfragen und spart dadurch nach internen Berechnungen jährlich etwa 200 Millionen Dollar. Des weiteren können die neuen Informations- und Kommunikationstechnologien zu erheblichen **Zeitersparnissen** auf seiten der Beschäftigten beitragen. Die Nutzung der somit freigewordenen Zeit für andere produktive Tätigkeiten kann ebenfalls als **Kosteneinsparung** angesehen werden. Der Einsatz des Internets reduziert unter anderem den Zeitaufwand zur Beschaffung von Informationen und deren Weitergabe. Auch kann die durch den Einsatz neuster Technologien hervorgerufene Beschleunigung von Standardprozessen als ein Weg zur Senkung betrieblicher Kosten aufgefaßt werden.[10] Das *Soziologische Forschungsinstitut Göttingen* nennt im Rahmen einer Mitte der 80er Jahre durchgeführten Untersuchung drei zentrale Gründe, die für den verstärkten Einsatz von Informations- und Kommunikationstechnologien verantwortlich zu machen sind:[11]

- Dazu zählen erstens die **Verbesserung der** erbrachten **Dienstqualität** - sowohl gegenüber anderen Betriebseinheiten als auch gegenüber den Kunden - in Form einer beschleunigten Bearbeitung von Vorgängen, einer **Reduktion von Bearbeitungsfehlern** und einer **höheren Transparenz** über zu bearbeitende Vorgänge und Handlungsalternativen.
- Zweitens spricht die verbesserte Steuerung interner Arbeitsabläufe für die Einführung der genannten Technologien. Zu den in diesem Kontext konkreten Vorteilen sind die erhöhte Transparenz über aktuelle geschäftspolitische Entwicklungen sowie über die zu verarbeitenden Daten und Informationen und schließlich die **Verbesserung der Kontrolle von Arbeitsabläufen** zu rechnen. Zu nennen ist in diesem Zusammenhang die Möglichkeit der Beschäftigten, dank der neuen Informations- und Kommunikationstechnologien jederzeit mit anderen Mitarbeitern des eigenen Unternehmens zu kommunizieren und auf wichtige Informationen zurückzugreifen.

---

9 Vgl. Bea (1997), S. 419f.
10 Vgl. Palass/Preissner/Ricker (1997), S. 120-122, 128-130.
11 Vgl. Baethge/Oberbeck (1986), S. 62; Müller (1995), S. 12f.; Mosdorf (1996), S. 22.

- Der dritte Grund, der für den Einsatz neuer Informations- und Kommunikationstechnologien spricht, besteht aus der dadurch möglichen **Reduktion von Personal- und Sachkosten** aufgrund einer besseren Nutzung der vorhandenen Arbeitskräfte sowie Büromaterialien und Bürotechniken. Hier erweist sich die Telearbeit als ein besonders effektives Instrument. *IBM* beispielsweise konnte in der Region Paris durch die Einführung der Telearbeit die Zahl der Niederlassungen von 18 auf 6 reduzieren und dadurch pro Jahr 200 Millionen Franc an Miete einsparen, da 85.000 qm Bürofläche nicht mehr benötigt wurden.

Insgesamt ist somit festzustellen, daß in vielen Bereichen der durch den internationalen Wettbewerbsdruck initiierte **Zwang zur Kostensenkung** für den Einsatz moderner Informations- und Kommunikationstechnologien mitverantwortlich zu machen ist. Eng zusammenhängend mit derartigen wettbewerbsorientierten Erwägungen sind Kostensenkungen und Qualitätserhöhungen **als Konsequenz des Einsatzes neuer Arbeitsorganisationsformen**. Während der Einfluß der technischen Entwicklung auf die Organisation von Arbeitsabläufen erst im folgenden Kapitel thematisiert wird, geht es an dieser Stelle um die Frage, wie die organisatorische Entwicklung einen bestimmenden Einfluß auf die technologische Entwicklung ausübt. Von der Vielzahl derartiger organisatorischer Innovationen sollen exemplarisch zwei herangezogen werden, um zu erläutern, wie neue Arbeitsorganisationen ihrerseits technologische Entwicklungen vorantreiben können. Graphisch geht es um den folgenden Zusammenhang:

Aus Gründen der **Kostenersparnis** sind viele Unternehmen, vor allem im computernahen Bereich, dazu übergegangen, Aufgaben an externe Dienstleister zu vergeben. Zu den Tätigkeiten, die nicht zum Kernbereich eines Unternehmens zählen und daher an Dritte übergeben werden, gehören beispielsweise die Dateneingabe - also die Übertragung von auf Papier erfaßten Daten in elektronische Daten -, Wartungs- und Programmierungstätigkeiten, das Aufstellen von Entwurfs- oder Konstruktionsplänen, das Ausstellen von Rechnungen oder auch Tätigkeiten im Bereich der Buchführung, des Personalwesens und der Reservierung von Flugreisen.[12] Die Auslagerung von Tätigkeiten wird unter anderem unter den Stichworten **'Outsourcing'**, **'Global Sourcing'** oder auch 'Off Shore Programmierung' erfaßt. Sie ist in der Lage, durch die Nutzung von Spezialwissen, durch eine höhere

---

[12] Vgl. Becker/Salamanca (1997), S. 31- 35.

Flexibilität oder durch das Ausweichen in billigere Länder den - vor allem in westlichen Industrieländern auftretenden - Kostendruck abzumildern. Gerade die Auslagerung in Billiglohnländer erweist sich dabei als ein besonders geeignetes Mittel zur Verbesserung der Wettbewerbsfähigkeit. Durch die Möglichkeit, beispielsweise Softwareentwickler zu erheblich geringeren Kosten in Anspruch nehmen zu können, wächst zugleich der Bedarf an leistungsfähigen Spezialtechniken, die eine störungsfreie, schnelle Informationsübertragung über große Distanzen zulassen. So baute Indien Mitte der 90er Jahre, als indische Softwareentwickler etwa 25 bis 30 % eines vergleichbaren deutschen Entwicklers kosteten, seinen Informationshighway für den Softwareexport aus.[13] Die durch den Zwang zur Internationalisierung der Erwerbsarbeit und damit auch zum Outsourcing geforderte räumliche und zeitliche Verkopplung der Menschen, also eine neue Form der Arbeitsorganisation, sorgte ihrerseits für die Entwicklung neuer Techniken in diesem Bereich, die den geänderten, gestiegenen Erfordernissen entsprachen.

Offensichtlich wird der Einfluß arbeitsorganisatorischer Innovationen auf die Fortentwicklung technologischer Möglichkeiten schließlich am Beispiel der **Telearbeit**. Telearbeit ist eine Form der Arbeitsteilung, bei der informationsbezogene Tätigkeiten von den übrigen Arbeitsaufgaben getrennt werden und zudem außerhalb des Unternehmens, häufig im Hause des Arbeitnehmers selbst, ausgeführt werden. Diese Form virtualisierter Arbeitsplätze erlaubt den so arbeitenden Personen ein effizienteres Arbeiten in der vertrauten Umgebung der eigenen Wohnung, die Vereinbarung von Familie und Beruf, ein **höheres Maß an zeitlicher Flexibilität** und eine individuelle Zeitersparnis durch eine Reduktion der Fahrzeiten. Im Ergebnis führt dies zu einer **erhöhten Arbeitszufriedenheit** auf seiten der Arbeitnehmer und damit zu einer größeren Arbeitsproduktivität, die letztlich den Unternehmen zugute kommt. Die größere Arbeitsproduktivität hat dabei vor allem die folgenden Ursachen:[14]

* Die Beschäftigten sparen die Fahrzeiten zwischen Wohnort und Arbeitsplatz ein und verfügen dadurch über mehr private Zeit, was ihre Arbeitszufriedenheit und Produktivität erhöht.
* Der Zugewinn an eigenverantwortlichen und selbstgesteuerten Tätigkeiten erhöht ebenfalls die Arbeitszufriedenheit und die Produktivität.
* Es finden weniger Ablenkungen durch Mitarbeiter oder Vorgesetzte statt, so daß konzentrierter und produktiver gearbeitet werden kann. So haben Studien gezeigt, daß Menschen in konventionellen Büros Ablenkungen unterworfen sind, die "durchschnittlich 70 Minuten an einem Achtstundentag" betragen.
* Während in den traditionell voneinander getrennten Einzelbüros die Kommunikation erschwert werden kann, ermöglicht die Telearbeit über den Einsatz der neuen Informations- und Kommunikationstechnologien eine verbesserte Kom-

---

[13] Vgl. zum Outsourcing in der Computerbranche Dostal (1995), S. 533-535; Schütte (1996), S. 28; Becker/Salamanca (1997), S. 31- 38; Rohde (1997), S. 198-201.

[14] Vgl. Apgar (1998), S. 54, 60.

munikation. Der schnellere und effektivere Austausch von Informationen ist gleichbedeutend mit einem Produktivitätsgewinn.

• Schließlich ist zu beachten, daß die Erreichbarkeit von Mitarbeitern auch für die Kunden vereinfacht und erleichtert wird, so daß die Kundenzufriedenheit zunimmt.

Die Tele(heim)arbeit stellt dadurch für Betriebe und Unternehmen ein hohes Potential zur **Produktivitätserhöhung** und Kosteneinsparung dar, so daß Experten bis zum Jahr 2000 alleine in Deutschland ein Potential von bis zu 4 Millionen Telearbeitsplätzen sehen. Notwendig für die - in Deutschland bisher nur ansatzweise erfolgende - erfolgreiche Einführung der Telearbeit sind neben geeigneten organisatorischen Rahmenbedingungen vor allem die technischen Gegebenheiten. Gerade von den multimedialen Systemen wird erwartet, daß sie die Telearbeit produktiver und komfortabler machen und damit die technischen Erfordernisse für die erfolgreiche Implementation der Telearbeit bereitstellen. Erneut liegt somit ein Beispiel dafür vor, daß eine bereits etablierte neue Arbeitsform einen erheblichen Druck auf die Weiterentwicklung der Technologie, in diesem Falle der Informations- und Kommunikationstechnik, ausübt.[15]
Zusammenfassend kann konstatiert werden, daß wirtschaftliche Druckfaktoren auch indirekt - über die Einführung neuer arbeitsorganisatorischer Formen als Resultat des Zwangs zur Kosteneinsparung und Qualitätsverbesserung - einen Veränderungsdruck auf die bestehenden Techniken ausüben und dadurch die technische Entwicklung mitbestimmen.

Ergänzt wird diese Entwicklung durch einen zweiten Aspekt der Globalisierung der Märkte, der mit der **Sättigung vieler Märkte** zusammenhängt: die Notwendigkeit der Unternehmen, sich stärker als bisher an den Kundenwünschen zu orientieren. Immer mehr Märkte entwickeln sich zu gesättigten Märkten, auf denen die angebotene Menge an Produkten größer ist als die von den Konsumenten nachgefragte Gütermenge. Bei den somit bestehenden Angebotsüberschüssen können einzelne Unternehmen ihre Waren und Dienstleistungen nur noch absetzen, wenn sie den Bedürfnissen und Ansprüchen der Kunden entsprechen. Die Angebotsvielfalt, die aus der Globalisierung der Märkte resultiert, macht ihrerseits die Konsumenten wählerischer, so daß sie komplexe und differenzierte Produkte verlangen und sich nicht mehr mit 'Produkten von der Stange' zufriedengeben. An die Stelle der im Rahmen der Massenproduktion hergestellten Waren müssen Produkte treten, die den **Differenzierungsbedürfnissen der Konsumenten** entsprechen. Die marktnahe Produktion muß sowohl die differenzierten Konsumentenwünsche be-

---

[15] Vgl. zur Telearbeit statt vieler Dostal (1995), S. 536-541; Dostal (1999), S. 11-19. Neuere Publikationen sind hinsichtlich der Arbeitsplatzeffekte und der damit verbundenen ökologischen Erwartungen pessimistischer, vgl. dazu Dostal (1998), S. 22; Briefs (1999), S. 31f.

rücksichtigen als auch auf die sich heute sehr schnell wechselnden Kundenwünsche reagieren. Beides hat zur Folge, daß die Produktvarianten eines Unternehmens zunehmen, die Stückzahlen der Fertigung geringer werden und zudem stark schwanken. Außerdem sind die Unternehmen gezwungen, die Qualität ihrer Erzeugnisse permanent zu verbessern und immer wieder neue Produktvarianten auf dem Markt anzubieten. Alles dies verlangt **Produktionsverfahren**, d. h. sowohl technische Verfahren als auch arbeitsorganisatorische Regelungen, die **schnell und flexibel reagieren** können. Verstärkt werden diese Anforderungen an die Produktion moderner Unternehmen noch durch die ständig variierenden Kapazitätsanforderungen der Produktionstätigkeiten infolge konjunktureller oder saisonaler Nachfrageschwankungen.[16]

Eine derart kunden- bzw. **marktorientierte Produktion** ist wiederum nur möglich, wenn die verwendeten technischen Verfahren die dafür erforderliche **Flexibilität** besitzen, so daß die Einführung flexibler Technologien für alle Unternehmen, die dem weltweiten Konkurrenzdruck ausgesetzt sind, unumgänglich wird. Gleichzeitig aber ist darauf hinzuweisen, daß der Einsatz neuer Techniken nicht nur die Konsequenz einer ökonomisch verursachten stärkeren Bedeutung der Kundenorientierung ist, sondern daß der technische Fortschritt zugleich auch eine Ursache der zunehmenden Notwendigkeit eines kundenorientierten Verhaltens der Unternehmen ist. Der Einsatz neuer Technologien führt über die räumliche Zusammenlegung der Märkte zu einem härter werdenden Wettbewerb unter den weltweit agierenden Unternehmen, so daß sich die Märkte nun immer mehr zu Käufermärkten entwickeln, auf denen die Käufer der Waren eine stärkere Machtposition erhalten. Dies zwingt die Unternehmen, stärker auf die Wünsche der Konsumenten einzugehen als bisher, so daß unternehmerische Entscheidungen in zunehmendem Maße kunden- und absatzorientiert ausgelegt sein müssen.[17] Insgesamt führen ökonomische Rahmenbedingungen über den Wettbewerbsdruck und den damit einhergehenden Zwang zur Kostenreduzierung sowie zur stärkeren Kundenorientierung dazu, daß Unternehmen verstärkt solche Technologien einsetzen müssen, die sich auszeichnen durch eine hohe Flexibilität, eine hohe Produktionsqualität, eine Produktionsgenauigkeit und eine extreme Schnelligkeit.

Solange der beschriebene wirtschaftliche Druck besteht - und davon ist in einer Welt, in der die ökonomischen Aktivitäten immer schneller miteinander vernetzt werden, auszugehen -, wird sich auch der Trend zum Einsatz der Technologien mit den dargestellten Eigenschaften fortsetzen. Folglich ist davon auszugehen, daß die ökonomischen Einflußfaktoren für eine technische Entwicklung sorgen werden, die sich durch immer komplexere und anspruchsvollere Technologien auszeichnen

---

[16] Vgl. statt vieler Kern/Schumann (1984), S. 42; Herpich/Krüger/Nagel (1992), S. 48; Schumann u. a. (1994), S. 623-627; Then (1994), S. 93-95; Matthies (1994), S. 155; Müller-Jentsch/ Sperling (1996), S. 41, 43; Kuhn (1996), S. 107; Bickenbach/Soltwedel (1996), S. 4, 6.

[17] Vgl. Bockshecker/Klotzbücher (1997), S. 136.

wird. Gleichzeitig kann davon ausgegangen werden, daß das Tempo des technischen Fortschritts beschleunigt wird, weil der Wettbewerbsdruck die einzelnen Unternehmen dazu drängt, stets neue und effizientere Verfahren zu entwickeln und
einzusetzen, um nicht der technischen Entwicklung der Konkurrenten hinterher-
zuhinken und damit Verluste oder sogar den Konkurs zu erleiden.
Alles in allem muß gerade für hochentwickelte Industrienationen - und die Bundesrepublik Deutschland ist unbestritten eine solche - festgestellt werden, daß
diese Länder ohne permanente Produkt- und Prozeßinnovationen ihre internationale Wettbewerbsfähigkeit verlieren würden. Die konsequente Förderung neuer
Technologien und deren Einsatz in der Arbeitswelt sind folglich eine zwingende
Notwendigkeit, zu der es keine Alternative gibt.[18] Als Folge davon ist mit tiefgreifenden Veränderungen der Organisation von Unternehmens- und Arbeitsabläufen
zu rechnen, die ihrerseits weitreichende Modifikationen bei den Anforderungen an
die Arbeitnehmerinnen und Arbeitnehmer hervorrufen werden.

3. Der Einfluß der Arbeitnehmerbedürfnisse auf die Technikwahl

Die Vorstellung, daß ein arbeitender Mensch nicht ausschließlich durch die Zahlung eines Entgelts zur Arbeit motiviert wird, besitzt eine lange Tradition, auf die
hier nicht weiter eingegangen werden soll. Nur beispielhaft sei auf die Verwurze-
lung dieses Prinzips im Humanismus und auf die Bedeutung dieser Idee bei den
frühen Vertretern der Arbeiterbewegung hingewiesen. Was bei den damit angesprochenen Autoren in erster Linie ein bloß philosophisches Konzept war, erlangte
in Deutschland spätestens mit den Arbeiten von *Horst Kern* und *Michael
Schumann* eine empirische Dimension. Beide setzten sich in den 70er Jahren intensiv mit der 'Humanisierung der Arbeit' auseinander. Sie stellten dabei fest, daß
für viele europäische Arbeitnehmer bereits gegen Ende der 60er Jahre die Bedürfnisse nach **Entfaltung, Kreativität** und **Selbstverwirklichung am Arbeitsplatz** sowie der Wunsch nach **qualifizierten Tätigkeiten** und **anspruchsvollen
Arbeitsinhalten** festzustellen waren.[19] Diese nicht-materiellen Merkmale des
Arbeitslebens stellten einen wichtigen Aspekt der Arbeitszufriedenheit dar. Dadurch waren sie zugleich ein entscheidender Einflußfaktor für die Arbeitsleistun-
gen, die Arbeitsproduktivität und letztlich die Rentabilität. Außerdem kam es im
genannten Zeitraum zu zahlreichen Abwehrreaktionen seitens der Arbeitnehmer in
den Fällen, in denen die oben beschriebenen Bedürfnisse im Arbeitsprozeß nicht
berücksichtigt wurden. Zu diesen Reaktionen gehörten die häufige Abwesenheit
vom Arbeitsplatz, der Wechsel der Arbeitsstelle und alle Formen des Streiks. Zur

---

[18] Vgl. Alex (1997), S. 86f.
[19] Vgl. Kern (1974), S. 123; Kern (1975), S. 169f.; Kern/Kern (1975), S. 30-34; Kern/Schauer
(1978), S. 66, 75 (Anmerkung 16); Kern/Schumann (1971), S. 96-98 und Kern/Schumann
(1984), S. 49-51).

38

Reduktion der damit verknüpften **Absentismus-, Fluktuations-** und **Streikkosten** boten sich zwei Strategien für die Unternehmensleitung an. Diese konnte entweder das bestehende Arbeitsleid durch die Zahlung höherer Löhne und Gehälter kompensieren oder die Arbeitsinhalte und Arbeitsbedingungen im Sinne der Arbeitnehmer verändern. Letzteres wurde praktisch vor allem dann durchgeführt, wenn die Kosten der Arbeitsleidkompensation zu hoch wurden.[20] Trotz der relativ frühen Berücksichtigung nicht-materieller Aspekte der Arbeitsmotivation und Produktivität mußte *Horst Kern* noch 1974 konstatieren, daß sich die Einsicht in die Berücksichtigung derartiger Aspekte "bis heute gewiß noch nicht durchgesetzt" hatten und daß diese Gesichtspunkte der Produktionsbedingungen zudem von den deutschen Gewerkschaften lange Zeit als nicht kampffähig angesehen wurden.[21] Heute - und dies gilt im besonderen Maße für junge Menschen - kann in Deutschland allerdings eine massive Veränderung der Einstellung zur Arbeit beobachtet werden. Von den zahlreichen neueren Untersuchungen zur Thematik dieses **Wertewandels** sollen nur einige wenige Autoren zu Wort kommen. *Klauder* erkennt bei den arbeitenden Menschen vermehrt Wünsche nach **Eigenständigkeit, Selbstverwirklichung** und **Ungebundenheit**, nach der **Verwirklichung** der eigenen Fähigkeiten und Interessen durch die Arbeit sowie nach **Zeitsouveränität** und zeitlicher Flexibilität. Die neuen Vorstellungen von einer sinnstiftenden Lebensweise gehen sogar so weit, daß Arbeitszeitverkürzungen mit entsprechenden Einkommenseinbußen akzeptiert werden.[22] Zum letztgenannten Punkt stellt beispielsweise das *Deutsche Institut für Wirtschaftsforschung* für das Jahr 1993 fest, daß "etwa ein Viertel der Männer und die Hälfte der vollzeiterwerbstätigen Frauen ihre Arbeitszeit gerne um einige Stunden verkürzen" wollten - und dies sogar "unter Inkaufnahme entsprechender Verdiensteinbußen"[23]. Ebenso sieht *Baethge* den zentralen Stellenwert, den die Arbeit im Leben der Menschen einnimmt, so daß diese Menschen hohe Anforderungen an die Inhalte ihrer Tätigkeit stellen. Zu diesen Forderungen gehören unter anderem die **Übernahme von Verantwortung**, die **Einbindung in Planungs- und Entwicklungsprozesse** sowie die **Beteiligung an Unternehmensentscheidungen**. Zu nennen sind ferner der Wunsch nach der Weiterentwicklung der eigenen Fähigkeiten sowie deren Anwendung im Arbeitsprozeß und ein **gutes Kommunikationsklima**.[24] Nach *Matthies* hat der gesellschaftliche Wertewandel dazu geführt, daß die Arbeit Spaß machen soll und dem tätigen Menschen "persönlich etwas bringen" muß. Hinzu kommen Wünsche nach mehr **persönlicher Entfaltung**, nach vermehrter **Selbstbestimmung** und mehr **Partizipationsmöglichkeiten**, nach abwechselnden, selbstverantworteten und selbstbestimmten Handlungen sowie nach einer **selbstbe-**

---

[20] Vgl. Kern (1974), S. 127, 130; Kern (1975), S. 169f.; Kern (1976), S. 195f., 201; Kern/Kern (1975), S. 33f., 36 und Kern/Schumann (1971), S. 88-91.
[21] Vgl. Kern (1974), S. 132, 136.
[22] Vgl. Klauder (1994), S. 767-769.
[23] Holst/Schupp (1994), S. 626.
[24] Vgl. Baethge (1994), S. 715-717.

stimmten Zeiteinteilung.[25] Bestätigt werden diese Feststellungen durch die Untersuchungen von *Rosenstiel*, der in Anlehnung an den von *Klages* in die wissenschaftliche Diskussion gebrachten Wertewandel ebenfalls ein Anwachsen der Wichtigkeit von Werten wie **Partizipation, Autonomie,** Ausleben von emotionalen Bedürfnissen, **Kreativität, Abwechslung** oder **Eigenständigkeit** registrieren kann.[26] Insgesamt werden damit auf seiten der Beschäftigten ein verstärkter Ruf nach mehr **Arbeitsfreude** und **Selbstentfaltung** sowie ein tiefgreifender Wandel der Bedeutung des Karrierebegriffs erkennbar.[27] So überrascht es dann auch wenig, daß bei Umfragen und Erhebungen der Spaß an der Arbeit, vielseitige Tätigkeiten, eigenständiges Arbeiten, Freiräume für eigene Ideen und ein kooperativer Führungsstil vor den materiellen Elementen wie Einkommen, Sozialleistungen und Arbeitsplatzsicherheit rangieren. Insgesamt ist eine erhebliche Veränderung sowohl der Einstellung zur Arbeit als auch der Anforderungen an den eigenen Arbeitsplatz inklusive der Arbeitsinhalte und Arbeitsbedingungen erkennbar.[28] Insgesamt setzt sich in allen gesellschaftspolitischen Lagern immer mehr die Überzeugung durch, daß Einschätzungen, die Arbeitnehmer "interessierten sich für nichts als ihre Lohntüte, jedenfalls in dieser Allgemeinheit arroganter Unfug, von weltfremder Anthropologie gespeiste Vor-Urteile sind"[29].

Für die hier interessierende Fragestellung sind diese Erkenntnisse in zweifacher Hinsicht von Relevanz. **Erstens** sorgen die veränderten Einstellungen der Arbeitnehmer zu ihrer Arbeit dafür, daß Druck auf die Produktions- und Arbeitsstrukturen ausgeübt wird. Dieser Druck verläuft über zwei Schienen:

• Einerseits verlangen die Arbeitnehmer zur Befriedigung ihrer Bedürfnisse Arbeitsstrukturen, die ihren neuen Einstellungen entgegenkommen.

• Andererseits können Unternehmensleitungen zur Erhöhung der Arbeitsmotivation und der Arbeitsproduktivität nicht mehr umhin, aus Rentabilitätserwägungen eine den geänderten Mitarbeiterinteressen entsprechende Organisation der Arbeitsabläufe einzuführen. Wenn beispielsweise die Möglichkeit, Einfluß und Kontrolle ausüben zu können, motivierend wirkt; der Umstand, ein einflußloses Objekt der produktionstechnologischen Bedingungen zu sein, aber demotivierend ist, dann ist es für ein Unternehmen sinnvoll, solche Arbeitsverfahren einzuführen, die die Ausübung von Kontrolle und Einfluß von seiten der Beschäftigten zulassen. Diesem Umstand trägt unter anderem die Management-

---

[25] Vgl. Matthies (1994), vor allem S. 51-55, 63, 85, 221, 231, 324-337.

[26] Vgl. Klages (1984), S. 17ff.; Hepp (1989), S. 15-21; Rosenstiel (1996), S. 73-75.

[27] Vgl. Schneider (1995), S. 153f.

[28] Vgl. statt vieler die Zustimmungen von Lafontaine (1988), S. 261-267; Endres/Wehner (1993), S. 640-643; Müller/Lohmann (1994), S. 533f.; Schulte (1994), S. 758, 761-763; Scholz (1995), S. 28f.; Härtel (1995), S. 99; Neubauer (1995), S. 74, 81; Schusser (1995), S. 127; Heidack (1995), S. 97, 101, 110; Müller-Jentsch/Sperling (1996), S. 42f.; Stoß (1997), S. 18.

[29] Matthies (1994), S. 425.

Methode des sogenannten "Management by Motivation" Rechnung. Ziel dieses Führungsstils ist es, die Wünsche der individuellen Mitarbeiter zu erkennen und die Arbeit dann so zu gestalten, daß sich der individuelle Mitarbeiter mit den Zielen der betrieblichen Organisation identifizieren kann, denn nur so ist eine hohe Arbeitsproduktivität erreichbar. In immer mehr Unternehmen wird deshalb die gesamte Kultur des Unternehmens auf die Bedürfnisse der Beschäftigten ausgerichtet.[30] Im Ergebnis sorgt der durch das Verhalten der Beschäftigten ausgeübte Veränderungsdruck also zur Etablierung neuer Formen der Arbeitsorganisation, die dann wiederum neue Anforderungen an die Qualifikationen der davon betroffenen Arbeitnehmer stellen.

Zweitens ist zu erwarten, daß sich die geänderten Einstellungen zur Arbeit auch dahingehend bemerkbar machen, daß die Mitarbeiter ihre Anforderungen an das ihnen angebotene Weiterbildungs- und Qualifikationsprogramm ebenfalls verändern. Es ist nicht unplausibel, daß Beschäftigte ein verstärktes Interesse an dem Erlernen von Qualifikationen äußern, die sie zur Realisierung ihrer geänderten Wertvorstellungen brauchen, selbst wenn sie diese für ihren aktuellen Arbeitsplatz noch nicht unmittelbar benötigen.

Der Eindruck, daß der geschilderte Wertewandel auch im praktischen Arbeitsleben bedeutsam ist, wird beispielsweise durch eine 1992 durchgeführte und 1996 veröffentlichte Untersuchung zu den individuellen Kosten und dem Nutzen der beruflichen Weiterbildung unterstützt. Im Rahmen der Studie, die aus einer repräsentativen Stichprobe unter deutschen Erwerbspersonen in West- und Ostdeutschland besteht, wurden 808 Interviews mit westdeutschen und 799 mit ostdeutschen Erwerbspersonen durchgeführt. Alle Befragten hatten in den zwölf Monaten vor dem Interview an mindestens einer beruflichen Weiterbildungsmaßnahme teilgenommen. Befragt nach dem wichtigsten **Ziel der beruflichen Weiterbildung**, nannten die Interviewten aus Westdeutschland als zweit wichtigstes Ziel eine 'interessantere oder anspruchsvollere Tätigkeit' sowie als fünft wichtigstes Ziel eine 'höhere Arbeitszufriedenheit'. Damit rangierte das Weiterbildungsziel einer interessanten Tätigkeit noch vor den materiellen Zielen 'Verbesserung der Aufstiegschancen' und 'höherer Verdienst'. Und bei der Frage nach den Zielen der Weiterbildung überhaupt - hier durften bis zu drei Ziele genannt werden - nahm das Ziel 'höhere Arbeitszufriedenheit' mit 50% bei den Befragten aus Westdeutschland erneut den zweiten Platz in der Rangfolge der Weiterbildungsziele ein, während in Ostdeutschland immerhin 40% dieses Ziel nannten. Insgesamt lassen sich die Befragungsergebnisse wie folgt darstellen:[31]

---

[30] Vgl. Hentze/Müller/Schlicksupp (1989), S. 33; Schlaffke (1992), S. 58; Bergmann/Skell (1996), S. 211.
[31] Vgl. dazu Bardeleben u. a. (1996), S. 28-30, 90f.

	Das **wichtigste** Ziel der beruflichen Weiterbildung		Ziele der beruflichen Weiterbildung (bis zu drei Ziele genannt)	
	alte Länder	neue Länder	alte Länder	neue Länder
bessere berufliche Leistungsfähigkeit	38 %	20 %	62 %	47 %
interessantere oder anspruchsvollere Tätigkeit	15 %	7 %	50 %	40 %
bessere Aufstiegschancen	14 %	7 %	43 %	23 %
höherer Verdienst	8 %	4 %	48 %	46 %
höhere Arbeitszufriedenheit	6 %	2 %	32 %	15 %
überhaupt einen Arbeitsplatz erhalten	6 %	28 %	9 %	39 %
mehr Arbeitsplatzsicherheit	6 %	20 %	20 %	51 %
anderer Arbeitsplatz	3 %	11 %	13 %	30 %
mehr Anerkennung durch Vorgesetzte und Kollegen	2 %	0,1 %	14 %	3 %
sonstiger Grund	2 %	1 %	3 %	2 %

Alles in allem ist zu erwarten, daß es - aufgrund des seit langem stattfindenden Wertewandels und der damit verknüpften neuen Einstellung zur Arbeit von seiten der Beschäftigten - ein verstärktes Interesse der Arbeitnehmerschaft an Qualifizierungsmaßnahmen gibt, welche kommunikative, kooperative, kognitive und soziale Fähigkeiten in einem weitaus stärkeren Maß als bisher vermitteln.

4. Zusammenfassende Bemerkungen

Schon die technischen Gegebenheiten der Gegenwart haben einen rasanten Wandel der Produktionsverfahren bewirkt, wodurch umfangreiche Änderungen bei der Struktur und Organisation von betrieblichen Arbeitsabläufen aufgetreten sind. Es ist allerdings damit zu rechnen, daß die modernsten technischen Verfahren und Möglichkeiten in absehbarer Zukunft von immer mehr Betrieben angewendet werden. Damit werden die technikinduzierten arbeitsorganisatorischen Neuerungen noch viel größere Ausmaße annehmen, als gegenwärtig beobachtbar ist. Verstärkt wird der Veränderungsdruck auf die Arbeitsorganisation durch den angedeuteten Wertewandel, der ebenfalls gravierende Auswirkungen auf den arbeitsorganisatorischen Wandel hat. Den Veränderungen der arbeitsorganisatorischen Strukturen ist daher das folgende Kapitel gewidmet.

Der arbeitsorganisatorische Wandel der Zukunft

Die in der Gegenwart feststellbaren Trends bezüglich der Neuorganisation von Arbeitsabläufen und die in Zukunft zu erwartenden arbeitsorganistorischen Strukturen sind das Thema dieses Kapitels. Dabei soll zunächst auf die organisatorischen Innovationen eingegangen werden, die sich direkt aus dem Einsatz neuer Technologien ergeben. Im weiteren Verlauf werden dann Organisationsformen thematisiert, die das Resultat der Kundenansprüche an die erbrachten Produkte und Dienstleistungen sind sowie das Ergebnis der sich ändernden Anforderungen der Mitarbeiter an ihren Arbeitsplatz, als Folge des voranschreitenden Wertewandels in der Gesellschaft. Einschränkend ist darauf hinzuweisen, daß die hier vorgenommene Trennung der verschiedenen organisatorischen Formen eine 'künstliche' Separation darstellt, da konkrete arbeitsorganisatorische Lösungen stets die Kombination verschiedener Organisationselemente sind. Die im folgenden noch anzusprechende Telekooperation beispielsweise ist eine Arbeitsform, die Elemente der Gruppenarbeit enthält, eine Zusammenfügung von Arbeitsinhalten und Aspekte der virtuellen Unternehmen.

1. Wichtige organisatorische Neuerungen

Telearbeit

Eine der offensichtlichsten Innovationen bei der Organisation von Arbeitsabläufen ist die Telearbeit. Hierbei handelt es sich um die telekommunikationstechnisch unterstützte räumliche Auslagerung von einzelnen Leistungen aus den bestehenden Produktionstätigkeiten eines Unternehmens. Telearbeit kann dabei mit alternierenden Arbeitsorten verbunden sein und zunehmend auch am Wohnort des Beschäftigten ausgeführt werden, in diesem Fall liegt die Teleheimarbeit vor. Schließlich ist zu beachten, daß neben der räumlichen Trennung die arbeitsteilige Erstellung von Leistungen im Rahmen der Telearbeit auch zeitlich entkoppelt werden kann. Beispiele für Telearbeit sind aus dem Unternehmen ausgelagerte Erfassungsarbeiten, Übersetzungsarbeiten, Tätigkeiten der Datenverarbeitung oder die Auslagerung von angestellten Programmierern, die in Satellitenbüros oder zu Hause tätig werden. Teleheimarbeit wird dabei häufig für Aufgaben eingesetzt, die eine hohe Konzentration und Störungsfreiheit erfordern.[1] Telearbeit ist somit eine neue Form der Organisation von arbeitsteilig vollzogenen Tätigkeiten, denn an die Stelle der Arbeitsteilung in den Räumen eines Unternehmens oder Betriebes kommt es durch die Telearbeit zur räumlich getrennten und zeitlich entkoppelten Erstellung einer Leistung durch mehrere Personen. Die **Vorteile** der Telearbeit, die zu ihrer

---

1   Vgl. statt vieler Bullinger u. a. (1995), S. 379; Dostal (1995), S. 536-541; Schütte (1996), S. 25f., 28; Dostal (1998), S. 21f.; Dostal (1999), S. 16.

Einführung führten - ein effizientes und flexibleres Arbeiten, gegebenenfalls in der vertrauten Umgebung der eigenen Wohnung, das somit den geänderten Arbeitszeit- und Flexibilitätspräferenzen der Beschäftigten entgegenkommt und über eine Erhöhung der Arbeitszufriedenheit auch die Arbeitsproduktivität erhöht - , konnten allerdings erst mit dem Aufkommen leistungsfähiger und preislich günstiger mulitimedialer Systeme genutzt werden, so daß die praktische Nutzung dieser neuen arbeitsorganisatorischen Innovation eindeutig das Resultat technischer Entwicklungen ist.[2]

Eine besondere Form der Telearbeit besteht aus der Einrichtung realer oder sogar virtueller 'Call Center'. Hierbei handelt es sich um Telefonanlagen, bei denen eingehende Anrufe automatisch an die Ansprechpartner verteilt werden. Die dafür verwendete Technologie besteht aus den ACD-Systemen, wobei ACD für 'Automatic Call Distribution', also für die automatische Anrufverteilung, steht.[3] Der Arbeitsplatz eines ACD-Mitarbeiters besteht in der Regel aus einem Telefonapparat und einem Bildschirmgerät, das die erforderlichen Kundendaten und Produktinformationen anzeigt. Die Besonderheit des Call Centers besteht aus dem Umstand, daß Anrufe sofort an die richtigen Ansprechpartner - in einem Call Center heißen diese Personen 'Agenten' - geleitet werden und nicht erst weiter verbunden werden müssen. Durch entsprechende Fragen bzw. Angaben kann der Anrufer sein Anliegen bereits soweit vorstrukturieren, daß er umgehend an einen Experten weitergeleitet wird. Praktisch könnte dieses Vorgehen darin bestehen, daß ein Anrufer eine bestimmte Produktgruppe, für die er sich interessiert, angibt und sofort mit dem zuständigen Fachspezialisten im Call Center verbunden wird. Thematisch nehmen die Beschäftigten des Call Centers in erster Linie Aufgaben im Bereich des Kundenservice wahr, d. h. die Agenten werden für die folgenden Aufgaben eingesetzt: Produktberatung, Informationen bzw. Hotlines, Bestellannahme, Auftragsabwicklung, Terminvereinbarungen sowie Reklamationen und Beschwerden. Außerdem werden die Agenten ihrerseits zu Anrufern, was beispielsweise im Fall des Telefonmarketings geschieht, bei dem ausgewählte Kunden angerufen werden. Die nach außen gehenden Telefonate, die über automatische Wählsysteme die entsprechenden Kunden auswählen und verteilen, zählen zum sogenannten "Outbound-Betrieb", während die Bearbeitung der eingehenden Anrufe mit dem Begriff "Inbound-Betrieb" belegt ist. Der Unterschied zwischen einem realen und einem virtuellen Call Center besteht schließlich darin, daß das virtuelle Call Center Arbeitsplätze, die sich an verschiedenen Orten befinden, technisch zusammenfügt. Der Anrufer weiß in diesem Fall nicht, wo sich sein Ge-

---

[2] Vgl. Dostal (1995), S. 536; Herholtz (1998), S. 14f.; Dostal (1999), S. 11-19.
[3] Vgl. Schierbaum (1997), S. 4; Morschheuser (1998), S. 477; Herholtz (1998), S. 15.

sprächspartner befindet, was allerdings für sein konkretes Anliegen an das Unternehmen auch nicht von Bedeutung ist.[4]

Telekooperation

Bei der Telekooperation handelt es sich ebenfalls um eine durch telekommunikationstechnische Mittel unterstützte Kooperation von Personen, die sich an verschiedenen Standorten aufhalten, an einer gemeinsamen Aufgabe arbeiten und über den Einsatz der Telekommunikation Informationen austauschen. Gegenwärtig zählen zu den verwendeten Kommunikationsmitteln auch die Formen, die eine Text- und Bildübertragung nutzen.[5] Beispiele für die Telekooperation sind die Elektronische Post (E-Mail), das Voice Mail System (Sprachboxsystem) und verschiedene Formen der Telefonkonferenz. Bei der **Elektronischen Post** werden Mitteilungen am Bildschirm eingegeben und an einen oder mehrere Empfänger verschickt. Dadurch findet eine Unterstützung arbeitsteiliger Prozesse statt, was die Kommunikation unter der Mitarbeitern verbessert. Vorteil dieses Instruments ist die ständige Erreichbarkeit der Teilnehmer, die einen weltweiten asynchronen, also zeitversetzten Nachrichtenaustausch möglich macht. Beim **Voice Mail System** wird eine Nachricht über das Telefon eingegeben, gespeichert und bei Bedarf vom Empfänger telefonisch abgerufen. Anders als beim Telefonieren besteht also kein direkter Kontakt zwischen den Gesprächsteilnehmern. Zu den **Telefonkonferenzen** zählen schließlich die Audiokonferenzen - dies sind Ferngesprächskonferenzen, bei denen sich die Teilnehmer nur hören, nicht aber sehen können -, und die verschiedenen Formen der **Bildkonferenzen**. Zu letzteren gehören erstens die Videokonferenzen, bei denen sich die teilnehmenden Personen hören und sehen können; zweitens die Dokumenten-Konferenzen, bei denen die Teilnehmer gleichzeitig ein gemeinsames Dokument betrachten und bearbeiten können, und drittens die Computer-Konferenzen, in deren Ablauf die partizipierenden Mitarbeiter gleichzeitig dieselbe Anwendung benutzen.[6]

Virtuelle Unternehmen

Von virtuellen Unternehmen bzw. virtuellen Gruppen wird gesprochen, wenn die damit bezeichneten Objekte nicht real existieren. Bei virtuellen Unternehmen werden dementsprechend Arbeitsplätze, die sich an unterschiedlichen Orten befinden,

---

[4]   Vgl. BTQ Kassel Mainz (1997b), S. 1-5; Schierbaum (1997), S. 4-7; Morschheuser (1998), S. 477-479; Herholtz (1998), S. 12-24 sowie Menzler-Trott (1997), S. 9-13, der vier Beispiele aus der Praxis präsentiert, in denen Call Center eingesetzt werden.
[5]   Vgl. Bullinger u. a. (1995), S. 379; Dostal (1995), S. 537.
[6]   Vgl. Schwarzer/Krcmar (1996), S. 143-145.

technisch zusammengeführt, um so ein real nicht existierendes Unternehmen zu bilden.[7] Virtuelle Unternehmen zeichnen sich im Kern dadurch aus, daß organisatorische Grenzen zwischen einzelnen Abteilungen oder auch zwischen rechtlich selbständigen Unternehmen aufgrund einer Kooperation durchlässig werden. In erster Linie werden virtuelle Unternehmen dann ins Leben gerufen, wenn es um die Erledigung temporärer Aufgaben geht, für die auf die zeitraubende Gründung einer neuen Einrichtung verzichtet wird. Die Lösung von selten oder sogar nur einmalig auftretenden Aufgaben - z. B. die Einführung eines neuen EDV-Programms zur Abwicklung der Finanzbuchhaltung oder die Entwicklung eines Provisionssytems - verlangt ganz bestimmte Fähigkeiten der damit beauftragten Abteilungen und Mitarbeiter. Ein virtuelles Unternehmen greift zu diesem Zwecke auf verschiedene Abteilungen oder Filialen zurück, in denen es die benötigten Kompetenzen bei den dort beschäftigten Personen antrifft. Die betreffenden Personen, Abteilungen oder Filialen werden mit Hilfe der modernen Informations- und Kommunikationstechnologien miteinander verbunden. Sie bilden dadurch eine Art "All-star-team", das die erforderlichen Kenntnisse und das notwendige Expertenwissen nutzt.[8] Durch die Neukombination von verschiedenen Arbeitsinhalten und Expertenwissen zu einem komplexen Arbeitsprozeß mit flachen Hierarchien und verkürzten Kommunikationswegen sind virtuelle Unternehmen in der Lage, schnell und flexibel auf neuartige Problemlagen zu reagieren. Die Existenz der multimedialen Informationstechniken ermöglicht darüber hinaus die Durchführung von Arbeitskooperationen ohne eine räumliche Integration. Durch den Einsatz von **Audio- und Videokonferenzen** ist es möglich, kooperative Arbeitsformen an verschiedenen Orten durchzuführen. Mit Hilfe der modernen Informations- und Kommunikationstechnologien sind sogar Arbeitskooperationen durchführbar, die weder am gleichen Ort noch zur gleichen Zeit stattfinden. Eine zeitversetzte Kooperation ist z. B. durch den Einsatz von **Online-Konferenzen** oder elektronischen schwarzen Brettern zu bewerkstelligen.[9]

Das virtuelle Unternehmen besteht dabei sowohl aus unternehmensinternen Gruppen als auch aus Mitgliedern, die nicht zum eigenen Unternehmen gehören. Die Teams, die zur Erfüllung einer ganz bestimmten Aufgabe gebildet werden, bestehen aus Experten, die über das Wissen verfügen, das zur Aufgabenerfüllung notwendig ist. Je nach Aufgabenstellung bilden deshalb andere Personen eine virtuelle Gruppe. Bei dem Automobilkonzern *Ford* beispielsweise bestehen keine nationalen Forschungs- und Entwicklungsteams mehr. Statt dessen bilden Konstrukteure, Designer, Marketingexperten und andere Spezialisten ein weltweites Forschungs- und Entwicklungsteam, das über den Einsatz moderner Informations- und Kommunikationstechnologien miteinander kommuniziert. Gleichzeitig werden durch diese Form der Organisation dezentrale Informationen nutzbar und dezentral

---

[7] Vgl. BTQ Kassel Mainz (1997b), S. 5; Bund (1997), S. 247.
[8] Vgl. Kern (1998), S. 6.
[9] Vgl. Bullinger u. a. (1995), S. 384; Dostal (1995), S. 533f.

verteilte Informationen aufgabenbezogen zusammengeführt. Der Vorteil einer solchen Organisation besteht primär aus der hohen Flexibilität, die eine schnelle Anpassung an sich permanent ändernde Markt- und Wettbewerbsbedingungen ermöglicht, und aus kürzeren Durchlaufzeiten. Die Zusammenarbeit von weltweit verstreuten Mitarbeitern an einem gemeinsamen Projekt im Rahmen eines virtuellen Unternehmens stellt somit schon heute eine reale Alternative von großer Bedeutung für die Organisation moderner Arbeitsprozesse dar.[10] Insgesamt, so die Einschätzung von *Dostal*, ist bezüglich virtueller Unternehmen die folgende Entwicklung als realistisch anzusehen: "Virtuelle Unternehmen werden zukünftig eine große Rolle in der Wirtschaft spielen, weil sie die gewünschten Synergieeffekte ohne die Nachteile großer unbeweglicher Organisationen ermöglichen."[11]

Outsourcing und Global Sourcing

Der Begriff 'Outsourcing' beschreibt die Auslagerung aller Aktivitäten eines Unternehmens, die nicht zu dessen Kernaktivitäten zählen. Ein Unternehmen stellt sich dabei stets die Frage, ob eine spezifische Tätigkeit im eigenen Unternehmen oder besser, d. h. vor allem kostengünstiger, von einem externen Anbieter ausgeführt werden kann. Die Kriterien, die in diesem Zusammenhang eine Rolle spielen und vielfach für die Auslagerung bestimmter Tätigkeiten spechen, sind die folgenden:[12]

- der Zugang zu qualifizierten Experten und zum neuesten Know-how
- niedrigere (Arbeits)Kosten
- die flexiblere Anpassung an die sich rasch ändernde Produktionsbedingungen

Betroffen vom Outsourcing sind sowohl einfache als auch sehr qualifizierte Arbeiten. Zu nennen sind in diesem Kontext unter anderem die nachfolgenden Aktivitäten: die Übertragung von Daten in den Computer, qualifizierte Informationsverarbeitungen und Programmierungen, Finanzdienstleistungen wie beispielsweise die Bearbeitung von Versicherungsansprüchen, die Flugschein-Abrechnung und Flugschein-Ausgabe und die Gestaltung von Zeitungen und Zeitschriften. Besonders verbreitet ist dabei die Auslagerung von Arbeiten, die mit Hilfe der neuen Informationstechnologien durchgeführt werden können, so daß die Grenzen zwischen dem Outsourcing und der Telearbeit vielfach fließend sind. Nicht übersehen werden dürfen allerdings die Gefahren, die mit dem Outsourcing verbunden sein können. Zu ihnen zählen vor allem die übermäßige Abhängigkeit von Lieferanten inklusive die Gefahr einer möglichen Kostenexplosion, die eventuell nur unzureichende Qualität der erbrachten Dienstleistungen und der Umstand, technologische Innovationen aufgrund mangelnder eigener Aktivitäten auf diesem Gebiet zu verpassen.

---

[10] Vgl. Bund (1997), S. 247-249, 252; Fischer/Wötzel (1998), S. 69.
[11] Dostal (1995), S. 534.
[12] Vgl. Rohde (1997), S. 198.

48

Eine Form des Outsourcings besteht aus dem sogenannten 'Global Sourcing'. Dieser Begriff beschreibt den Umstand, daß die zur Erstellung einer unternehmerischen Leistung erforderlichen Ressourcen von einem Unternehmen auch auf internationaler Ebene erschlossen werden. Neben den **Kostenüberlegungen** spielen weitere Argumente und Erwägungen eine Rolle für das 'Global Sourcing':[13]
- die Verringerung der Abhängigkeit von den Lieferanten
- die Teilnahme am weltweiten Transfer von Know-How durch die Präsenz auf den internationalen Märkten
- die Überwindung eventuell bestehender Marktzutrittsschranken bei der angestrebten Erschließung neuer Absatzmärkte
- die Vorbereitung einer Globalisierung der Produktion durch die Gründung von Niederlassungen im Ausland
- die Ausnutzung von Zeitzonenvorteilen

Wie die bereits genannten organisatorischen Veränderungen, so ist auch die Erschließung international verfügbarer Ressourcen erst durch die Existenz leistungsfähiger Kommunikationsinfrastrukturen ermöglicht worden. Ohne die tiefgreifenden Entwicklungen auf dem Gebiet der Informations- und Kommunikationstechnologien wäre das 'Global Sourcing' undenkbar, denn erst dadurch kam es zu den notwendigen Reduktionen der Transport- und Informationsübertragungskosten.[14]

Teamwork

Die Gruppenarbeit gilt seit dem Beginn der 90er Jahre für viele "als eine Art ökonomisches Patentrezept in Deutschland"[15]. Die vielen Spielarten dieses organisatorischen Instruments zeichnen sich trotz der im Detail bestehenden Unterschiede durch die folgenden gemeinsamen Eigenschaften und **Merkmale** aus:[16]
- Eine Gruppe besteht aus etwa fünf bis zwölf Personen, zu denen auch ein selbstgewählter Gruppensprecher zählt, der allerdings ohne Disziplinarfunktionen ist.
- Die Gruppe handelt selbstbestimmt und selbstverantwortlich hinsichtlich der Arbeitseinteilung, der Urlaubsplanung und Überstundenregelung sowie der Materialplanung und des Materialabrufs.
- Auch die Planung von Qualifizierungsmaßnahmen geht von der Gruppe aus.

[13] Vgl. Bea (1997), S. 420; Rohde (1997), S. 198.
[14] Vgl. Bullinger u. a. (1995), S. 383f.; vgl. zum Outsourcing in der Computerbranche Dostal (1995), S. 533-535.
[15] Bender (1996), S. 113.
[16] Vgl. Severing (1994), S. 196f.; Bender (1996), S. 115f.

- Aufgrund der hohen Selbständigkeit der Arbeitsgruppe hinsichtlich der Organisation der konkreten Arbeitsabläufe wird in diesem Zusammenhang auch von 'teilautonomen Arbeitsgruppen' gesprochen.

Ebenso vielfältig wie die einzelnen Ausgestaltungsformen der Gruppenarbeit sind die Gründe für deren Einführung. Bei der Gruppenarbeit handelt es sich um eine Organisationsform, die partiell das Ergebnis technologischer Fortschritte ist. Schon die Ausführungen zur Telearbeit bzw. zur Telekooperation und zum 'Global Sourcing' machten deutlich, daß die Arbeit in Gruppen wachsende Bedeutung erlangt, denn die genannten Organisationsformen sind ohne eine Kooperation der beteiligten Personen nicht möglich. Ergänzt wird der Zwang zur vermehrten Gruppenarbeit durch die zunehmende **Komplexität technischer Systeme** und Verfahren. Gerade die informations- und kommunikationstechnologischen Systeme der Gegenwart haben die Tendenz, immer komplexer, abstrakter und damit auch undurchschaubarer zu werden.[17] Diese Komplexität macht es nahezu unmöglich, daß die technischen Systeme von einer einzigen Person vollständig durchschaut und beherrscht werden. Zur Bewältigung der modernen Techniken ist es vielmehr erforderlich, mehrere Spezialisten zusammenzuführen und mit der Steuerung, Wartung und Kontrolle der technischen Systeme zu betrauen - also die Gruppenarbeit in diesem Bereich einzuführen. Hinzu kommt, daß Gruppen schneller und flexibler als eine Einzelperson sind, wenn es darum geht, auf Veränderungen zu reagieren.[18] Die sich stets verkürzenden Innovationszyklen im Bereich moderner Technologien, die im Hardware-Bereich der Informations- und Kommunikationstechnologie besonders offensichtlich sind,[19] führen zu vielfältigen technischen Veränderungen, auf die sich die Beschäftigten einstellen müssen. Da die Anpassung an neue Gegebenheiten mit Hilfe der Gruppenarbeit schneller, effizienter und effektiver möglich ist als durch einzelne Mitarbeiter, ist Teamarbeit ein adäquates Mittel zur Anpassung an sich schnell ändernde technische Rahmenbedingungen, denn es gilt: "Das teamorientierte Modell ist viel effizienter, weil es vielseitig ausgebildete Arbeitskräfte hervorbringt. Die Arbeiter sind in der Lage, eine ganze Reihe von Aufgaben zu übernehmen, und können so den Gesamtablauf der Produktion besser einschätzen; auf diese Weise können sie mit ihrem Wissen innerhalb eines Teams optimal zur Lösung von Problemen beitragen und Verbesserungsvorschläge machen."[20]

Schließlich ist zu beachten, daß die gegenwärtig ablaufende technische Revolution mit ihren Technologien insgesamt interdisziplinär angelegt ist.[21] So führt jede technische Innovation in einem Unternehmen in der Regel auch zur Veränderung der

---

[17] Vgl. Löffler (1994), S. 113.
[18] Vgl. Dehnbostel/Hecker/Walter-Lezius (1992), S. 22; Endres/Wehner (1993), S. 642.
[19] Vgl. Löffler (1994), S. 6.
[20] Rifkin (1996), S. 70.
[21] Vgl. Klauder (1994), S. 764.

50

hergestellten Güter- und Dienstleistungen, also zu einer **Produktinnovation**, die ihrerseits neue Rahmenbedingungen für die Vertriebs- und Marketingabteilungen darstellt. Auch die Beschaffungsabteilungen sind von der technischen Entwicklung in ihrem Unternehmen betroffen, wenn dadurch die Anforderungen an die Zwischenprodukte oder Rohstoffe einem Wandel unterworfen werden. Des weiteren sind mit technischen Neuerungen häufig organisatorische Veränderungen verbunden, was wiederum die Personalabteilungen betrifft. Schon diese wenigen Bemerkungen verdeutlichen die Notwendigkeit einer abteilungsübergreifenden Kooperation zur Bewältigung der sich aus einer unternehmensinternen technischen Neuerung ergebenden Aufgaben. Diese Kooperation bedeutet aber nichts anderes als die gemeinsame Bewältigung einer anstehenden Aufgabe mit anderen Personen, also Gruppenarbeit.

Darüber hinaus wird die Gruppenarbeit aufgrund **nicht-technischer Vorteile** zu einer sich mehr und mehr durchsetzenden Form der Erstellung von Gütern und Dienstleistungen. Gruppenarbeit zeichnet sich im allgemeinen dadurch aus, daß sie - aufgrund der höheren Flexibilität einer Gruppe im Vergleich zu Einzelpersonen - eine **größere Produktionsflexibilität** erlaubt, was wiederum aufgrund der im 1. Kapitel geschilderten internationalen Wettbewerbsbedingungen und geänderten Kundenwünsche zu einem entscheidenden Aspekt der Wettbewerbsfähigkeit eines Unternehmens geworden ist. Ganz allgemein gelten gruppenorientierte Produktionsverfahren als besonders geeignet für die Ausschöpfung der Qualifikations- und Flexibilitätspotentiale der Beschäftigten. Zudem senkt Gruppenarbeit die **Auftragsbearbeitungszeiten** sowie die **Durchlaufzeiten**. Dies senkt die Kosten und erhöht die von den Kunden geforderte zeitliche Flexibilität eines Unternehmens. Hinzu kommen die **Rationalisierungspotentiale** der Gruppenarbeit, zu denen beispielsweise die Verschlankung des Managements aufgrund der Delegation von Entscheidungsbefugnissen und Verantwortung zählen oder auch die Einsparung von Kontrolleuren und Mechanikern, da deren Aufgaben nun von den verschiedenen Gruppenmitgliedern übernommen werden. Auch für die Arbeitnehmer ergeben sich aus der Gruppenarbeit zahlreiche Vorteile. Gruppenarbeit **reduziert** in der Regel den Umfang **monotoner Tätigkeiten**, erhöht die sozialen Kontakte sowie die sozialen Kompetenzen und vergrößert - durch die Übernahme von verschiedenen Tätigkeiten und Verantwortung sowie die damit einhergehende Mehrfachqualifikation - die Verdienstmöglichkeiten und Aufstiegschancen der Mitarbeiter. Im Gesamtergebnis **erhöht** dies die **Arbeitszufriedenheit** der Beschäftigten, von der die Unternehmensleitung profitiert - in Form geringerer Fehlzeiten, weniger Fluktuation, erhöhter Arbeitsproduktivität oder einer verstärkten Identifikation der Beschäftigten mit dem eigenen Unternehmen, was wiederum zu einem erhöhten Bewußtsein für die Qualität der erbrachten Produkte und Dienstleistungen führen kann. Aufgrund der genannten Vorteile herrscht Einigkeit darüber, daß die Gruppenarbeit zu einem entscheidenden Faktor des Erfolgs von Unternehmen geworden ist.[22] Die neuen Informations- und Kommunikationstechnologien ermöglichen eine Vielzahl vollkommen neuer Formen der Kooperation und damit auch der Gruppenarbeit, unter anderem die Gruppenarbeit über Video- bzw. Telekonferenzen oder das schon angesprochene virtuelle Unternehmen.[23] Eine spezielle Form der computerunterstützten Gruppenarbeit ist beispielsweise das sogenannte "**Workgroup Computing**". Hiervon wird gesprochen, wenn eine Gruppe von Personen gemeinschaftlich eine computerbasierte Umgebung nutzt. Dies ist z. B. der Fall, wenn jedes Gruppenmitglied auf seinem Bildschirm die Kopie eines gemeinsamen Textdokuments bearbeitet, wobei die Koordination zwischen den Einzelbeiträgen der Teilnehmer von der Software übernommen wird. Neben der schon behandelten Telekooperation zählen zum "Workgroup Computing" das "Informations Sharing" und die computerunterstützte Sitzung. Das "**Informations Sharing**" basiert auf dem Einsatz einer Datenbank, so daß alle dort vorhandenen Informationen von allen Mitarbeitern genutzt werden können. Bei den **computerunterstützten Sitzungen** stellt der Computer den Sitzungsteilnehmern ein gemeinsames Material zur Verfügung - Textdokumente, Zeichnungen, statistisches Datenmaterial, Graphiken etc. -, das alle Personen nutzen können.[24]

Schließlich ist auf eine weitere spezielle Form der Gruppenarbeit hinzuweisen, die unter anderem bei der Umsetzung von betriebswirtschaftlichem Fachwissen in ein betriebliches Informationssystem - also in die Hard- und Software - erforderlich wird: die **Projektarbeit**. Unter einem Projekt wird eine temporäre Organisationseinheit - die Projektgruppe - verstanden, die aus mehreren Mitarbeitern besteht. Diese Projektgruppe existiert unabhängig von der betrieblichen Aufbauorganisation und hat die Aufgabe, ein nicht routinemäßiges - meist sogar ein einmaliges - Vorhaben zu realisieren, das hinsichtlich seiner Ziele, der einzusetzenden Mittel und seiner Terminierung abgegrenzt vom alltäglichen Tagesablauf ist.[25] Die Umsetzung betriebswirtschaftlicher Kenntnisse in ein Informationssystem, auch Implementierung genannt, ist ein solches Vorhaben. Deshalb, und weil zur Lösung einer derartigen Aufgabe der Einsatz eines interdisziplinären Know-Hows erforderlich ist, kommt es für den Fall, daß eine derartige Aufgabe ansteht, zur Bildung einer Projektgruppe mit einem entsprechenden Projektmanager.[26]

---

[22] Vgl. zu dieser Einschätzung sowie zu den Vorteilen der Gruppenarbeit statt vieler Herpich/ Krüger/Nagel (1992), S. 79; Endres/Wehner (1993), S. 632, 642f.; Schusser (1995), S. 127-129; Kuhn (1996), S. 105-107; Bickenbach/Soltwedel (1996), S. 19; Bender (1996), S. 116f.

[23] Vgl. Kern (1998), S. 9.

[24] Vgl. Schwarzer/Krcmar (1996), S. 137-140.

[25] Vgl. Hansen (1996), S. 131.

[26] Vgl. Abts/Mülder (1996), S. 1-4.

52

Zusammenfügung von Arbeitsinhalten

Diese organisatorische Neuerung betrifft die Aufhebung der extremen Arbeitsteilung im Sinne einer Zersplitterung des Gesamtvorgangs in einzelne Teiltätigkeiten
und die Aufhebung der anschließenden Arbeitsübertragung auf verschiedene Beschäftigte. Der Trend hin zur Zusammenfügung verschiedener Tätigkeiten ist eine
arbeitsorganisatorische Neuerung, die sowohl in der Produktion als auch im admi-
nistrativen Bereich der Unternehmen anzutreffen ist. Für den einzelnen Arbeitnehmer bedeutet dies eine Ausweitung des Tätigkeitsfeldes.

Der Beginn einer Abkehr vom Taylorismus mit dessen extremer Arbeitsteilung
wurde bereits 1984 von *Kern* und *Schumann* in der deutschen Industrie untersucht
und eindrucksvoll dokumentiert. Spätestens seit dieser Untersuchung hat sich die
Überzeugung durchgesetzt, daß Arbeitsteilung und Spezialisierung an die Grenzen
der produktiven Wertschöpfung gestoßen sind und daher durch neue Formen der
Arbeitsorganisation zu ersetzten sind.[27] *Kern* und *Schumann* stellten in ihren Untersuchungen fest, daß vor allem die Wünsche der Arbeitnehmer hinsichtlich der
Gestaltung des eigenen Arbeitsplatzes dazu führten, daß eine Erhöhung von Motivation, Arbeitszufriedenheit und damit letztlich auch die Steigerung der Arbeitsproduktivität nur möglich sind, wenn den Beschäftigten ein breiteres Spektrum an
beruflichen und sozialen Kompetenzen zugestanden wird, wenn also Spezialisierung und Arbeitsteilung aufgehoben und ersetzt werden durch einen ganzheitlichen
Aufgabenzuschnitt. Beide sprachen in diesem Kontext von der
"Reprofessionalisierung der Produktionsarbeit" sowie vom "**Ende der Arbeitsteilung**".[28]

Die von *Kern* und *Schumann* angestellten Untersuchungen und daraus gezogenen
Resultate bezogen sich seinerzeit nur auf den Bereich der industriellen Produktion.
Heute sind die von ihnen vorgestellten Entwicklungen hinsichtlich des ganzheitli-
chen Aufgabenzuschnitts aber ebenfalls im Bereich administrativer Aufgaben anzu-
treffen. Auch dort unterstützt vor allem die Existenz moderner Informations- und
Kommunikationstechnologien den Ausbau von Arbeitsplätzen, an denen verschie-
dene Tätigkeiten zusammengefaßt und von einer Person ausgeführt werden.
Gerade im Banken- und Versicherungsgewerbe sorgt der Einsatz moderner
Computertechnologien für den Ausbau der **integrierten Sachbearbeitung**. Diese
Form der Arbeitsorganisation bedeutet, daß der Einsatz der Computertechniken die
Zuarbeiten von anderen so sehr vereinfacht, daß diese Tätigkeiten dem
Sachbearbeiter gleich überlassen werden. Die integrierte Sachbearbeitung erlaubt
es aufgrund des Einsatzes der Computertechnologien, daß die Betreuung von z. B.
Versicherungskunden von der ersten Antragsstellung bis zur Auszahlung im
Schadensfall von einer Person durchgeführt werden kann und diese Person alle
anfallenden Tätigkeiten selbst erledigt. Für die Sachbearbeiter bedeutet dies einen

---

[27] Vgl. Heidack (1995), S. 94.
[28] Vgl. dazu Kern/Schumann (1984), vor allem S. 322f.

Zuwachs der zu erfüllenden Aufgaben, was auch die Entscheidungsbefugnisse erweitert. Eine ähnliche Entwicklung ist im Kreditgewerbe festzustellen. Dort führte der Einsatz moderner Computer schon in den 70er Jahren zu einer **integrierten Kundenbetreuung**, bei der ein Sachbearbeiter mit der Unterstützung des Computers den Kunden hinsichtlich aller Bankgeschäfte betreute. Gerade der Einsatz der Informations- und Kommunikationstechnologien ermöglicht seit nunmehr über 20 Jahren die computergestützte Sachbearbeitung, die den Tätigkeitsbereich der einzelnen Sachbearbeiter erheblich ausweitet und zu einem ganzheitlichen Aufgabenzuschnitt mit erweiterten Arbeitsfeldern führt.[29] Ganz allgemein führt die wachsende 'Informatisierung' der Arbeitswelt zu einer Verringerung der Trennung zwischen der Kopf- und der Handarbeit. Durch die Verlagerung des beispielsweise in der Produktion zu erbringenden Arbeitsvolumens von der produzierenden Tätigkeit weg und statt dessen hin zum vorbereitenden und begleitenden Informationsprozeß werden manuelle Betätigungen mehr und mehr angereichert durch geistige Tätigkeiten. Diese Anreicherung der individuellen Arbeitsinhalte löst die traditionelle Trennung von Kopf- und Handarbeit kontinuierlich auf.[30] Ergänzt wird die Zusammenfassung von Tätigkeiten im Zuge einer Verkopplung ehemals getrennter Tätigkeitsbereiche durch die Integration neuer Geschäftsbereiche und die Neuschneidung von Betätigungsfeldern, die als Konsequenz arbeitsorganisatorischer Neuerungen auftreten.[31]

Mitbestimmung, Partizipation

Der Ausbau direkt-partizipativer Elemente in der Führung moderner Unternehmen hat im Grundsatz zwei Beweggründe. Zum einen stellt diese Entwicklung einen Beitrag zur Entfaltung der Arbeitnehmer dar, zum anderen - und dies hängt in hohem Maße mit dem ersten Beweggrund zusammen - geht es bei der Stärkung partizipativer Elemente um die Erhöhung der Produktivität.

Hinsichtlich des ersten Motiv Seitens der Unternehmensleitungen ist an die Ausführungen über die geänderten Ansprüche der Arbeitnehmer an ihre Arbeitsplätze zu erinnern. Die dort genannten, empirisch vielfach belegten Konsequenzen des gesellschaftlichen **Wertewandels** führen bei vielen Arbeitnehmern unter anderem zu dem Wunsch nach selbstbestimmten und selbstverantworteten Tätigkeiten. Dies beinhaltet den Wunsch nach Einflußnahme auf die unternehmensinternen Arbeitsabläufe und damit letztendlich nach Mitbestimmung. Gleichzeitig reagieren Mitarbeiter, die über diese Anforderungen an ihre eigene Arbeit verfügen, mit Wider-

---

[29] Vgl. zur integrierten Sachbearbeitung Baethge/Oberbeck (1986), S. 87-99, 110-123, 182-199; DAG-Bundesvorstand (1991), S. 18-20; vgl. zur Erweiterung der Arbeitsfelder auch Bickenbach/Soltwedel (1996), S. 10.
[30] Vgl. Dostal (1997), S. 40.
[31] Vgl. Lennartz (1997), S. 14.

54

ständen, Leistungsverweigerung bzw. Leistungszurückhaltung, wenn die Führung eines Unternehmens ihre Wünsche nach mehr Einflußnahme und Mitbestimmung ignoriert. Zur Steigerung von Motivation und Leistungsbereitschaft der Arbeitnehmerschaft, und damit zur Ausschöpfung der in den Arbeitnehmern vorhandenen Leistungspotentiale, wird es somit erforderlich, an den Bedürfnissen und Interessen der Beschäftigten anzusetzen. Zukunftsorientierte Unternehmen räumen ihren Mitarbeitern folglich größere Handlungs- und Entscheidungsspielräume ein, um sie dadurch an den Handlungsabläufen in einem Unternehmen stärker zu beteiligen. Ganz allgemein kann das volle Produktionspotential moderner Technologien nur dann voll ausgeschöpft werden, wenn - neben anderen notwendigen Voraussetzungen - die Einflußmöglichkeiten der Arbeitnehmer auf unternehmerische Entscheidungen vergrößert werden. Der Ausbau partizipativer Führungselemente führt folglich zu einer **besseren Ausnutzung der Belegschaftsqualifikationen** und ist daher als ein produktiver Faktor anzusehen, weil dies die Zufriedenheit der Beschäftigten erhöht und erst dadurch eine höhere Produktivität der Mitarbeiter hervorrufen wird.[32] Besonders wichtig für den unternehmerischen Erfolg ist die Beteiligung der Belegschaft bei innovativen Veränderungen im Unternehmen, denn eine Beteiligung der Mitarbeiter an solchen Prozessen kann die Qualität und Güte der erreichten Veränderungen positiv beeinflussen.[33]

Die damit angesprochenen produktivitätserhöhenden Aspekte der Mitbestimmung können durch weitere Argumente untermauert werden. Hierbei ist zuerst an die langen, zeitintensiven Informationswege in hierarchisch angelegten Unternehmen zu denken. Die Weiterleitung von Handlungsanweisungen über mehrere Hierarchiestufen nimmt Zeit in Anspruch, die mit den **Flexibilitätsanforderungen** der Gegenwart unvereinbar ist. Lange, zeitintensive Kommunikationswege sind nicht geeignet, die erforderlichen schnellen Anpassungen an veränderte Rahmenbedingungen hervorzubringen. Zur Erhöhung der unternehmerischen Flexibilität ist es somit notwendig, die Entscheidungsbefugnisse der Mitarbeiter zu erweitern und die Beschäftigten an unternehmensrelevanten Entscheidungen mitbestimmen zu lassen. Des weiteren führen hierarchisch strukturierte Unternehmen mit ihren langen Kommunikationswegen zu hohen **Transaktionskosten**, die sich negativ auf die Kostenstruktur und die Wettbewerbsfähigkeit auswirken. Diese beiden Aspekte - höhere Flexibilität eines Unternehmens und Reduktion der Transaktionskosten - sprechen ebenfalls für einen Ausbau der individuellen Mitbestimmung der Mitarbeiter in modernen Unternehmen.[34]

Zudem ist auf die **zahlreichen Unternehmensbeispiele** hinzuweisen, die die motivations- und leistungsbereitschaftserhöhenden Konsequenzen einer stärkeren individuellen Mitbestimmung eindrucksvoll belegen und damit die Bedeutung der

---

[32] Vgl. Hentze/Müller/Schlicksupp (1989), S. 23; Matthies (1994), S. 338-341; Fischer (1994), S. 11f.; Lecher (1995), S. 75-78; Leminsky (1996), S. 48f.
[33] Vgl. Hübner (1997), S. 15.
[34] Vgl. Matthies (1994), S. 341.

55

partizipativen Unternehmensführung für die Produktivität und Wettbewerbsfähigkeit eines Unternehmens hervorheben. Dabei ist vor allem an die skandinavischen, japanischen und US-amerikanischen Betriebe zu denken, in denen sich die Bedeutung des "sozialen Modells der Produktivität"[35] bewiesen hat. Als Einzelfälle aus Deutschland können die positiven Erfahrungen von *Mettler-Toledo, Hewlett Packard, Dräger - Lübeck* oder auch *Fa. Wiedmüller* herangezogen werden.[36] Besonders wichtig wird die Stärkung der Mitbestimmung im Fall umfangreicher Veränderungen im Betrieb. Unternehmerische Entwicklungen, die im Zusammenhang mit innovativen betrieblichen Prozessen stattfinden, können durch die Beteiligung breiter Mitarbeiterschichten eine höhere Qualität erreichen.[37] Außerdem ist zu erwarten, daß derart weitreichende Entscheidungen samt ihrer Folgeerscheinungen auf weniger Widerstand seitens der Belegschaft führen, wenn vorher eine umfassende Beteiligung der Beschäftigten an der Planung der betrieblichen Innovationen stattfindet.

Insgesamt führt der Ausbau der individuellen Mitbestimmungselemente aufgrund der damit verbundenen Flexibilitäts- und Produktivitätsgewinne zu einer **Stärkung der Wettbewerbsfähigkeit** von Unternehmen sowie zu einer Verbesserung der Gewinn- und Rentabilitätssituation. Effizienzbewußte Führungskräfte stärken aus diesen Gründen partizipative Formen der Unternehmensführung und vergrößern die Entscheidungsbefugnisse, die Mitbestimmungsmöglichkeiten und die Chancen zur individuellen Einflußnahme auf Arbeitsabläufe.[38]

Lean Management

Die Vorstellungen zum 'lean management' bzw. zur 'schlanken Firma' fassen im wesentlichen die bereits dargestellten Veränderungen der Arbeits- und Organisationsstrukturen zusammen. Ein einheitliches, klar umrissenes Konzept des Begriffs des 'lean managements' existiert allerdings nicht, dennoch läßt sich die Philosophie des 'lean management' wie folgt umschreiben: Im Kern geht es um die **Dezentralisation** mit relativ autonomen Produktions- und Verwaltungszentren und mit Gruppenarbeitskonzepten, um die Dezentralisation und Delegation von Entscheidungskompetenzen und Verantwortung, also um eine **hohe Eigeninitiative** der Beschäftigten, sowie schließlich um die Etablierung von **flachen Hierarchien** mit nur wenigen Hierarchiestufen und **kurzen Informationswegen**.[39] Trotz der

---

35 Lecher (1995), S. 76.
36 Vgl. Matthies (1994), S. 339 sowie die dort in Fußnote 13 angegebene Literatur.
37 Vgl. Hübner (1997), S. 13.
38 Vgl. Matthies (1994), S. 341; Leminsky (1996), S. 48f.; Bickenbach/Soltwedel (1996), S. 5, 10, 29.
39 Vgl. Kern/Schumann (1984), S. 48; Herz (1992), S. 87; Klauder (1994), S. 765; Severing (1994), S. 194; Heidack (1995), S. 96, 112; Bickenbach/Soltwedel (1996), S. 10, 29; Rifkin (1996), S. 67-77.

verschiedenen Spielarten, die im Zusammenhang mit dem Konzept des 'lean managements' existieren, zeichnet sich diese Konzeption durch die folgenden Eigenschaften aus: Kernelement sind **Gruppen**, die aus acht bis zwölf Mitarbeitern bestehen, einen Teamsprecher - aber keinen Vorgesetzten - besitzen und die Organisation der Arbeit weitgehend selbständig durchführen. Das Team ist für einen bestimmten Arbeitsbereich verantwortlich und nimmt in diesem Zusammenhang Kontrollaufgaben, Maßnahmen zur Qualitätssicherung sowie Reparaturtätigkeiten oder Materialbeschaffungstätigkeiten wahr.[40] Damit wird die traditionelle Trennung zwischen den Produktionstätigkeiten einerseits und den produktionsvorbereitenden bzw. -begleitenden Tätigkeiten andererseits aufgehoben. Gerade die Dezentralisation und Delegation von Entscheidungskompetenzen und Verantwortungen ist Ausdruck der gewachsenen Bedeutung von partizipativen, kooperativen Elementen der Unternehmensführung, also der aktiven Einbindung der Beschäftigten in die Produktion.[41] So wie bei anderen arbeitsorganisatorischen Veränderungen ist auch die Einführung des Konzepts vom 'lean management' auf geänderte ökonomische und technische Rahmenbedingungen zurückzuführen. Die am häufigsten genannten Ziele sind:[42]

- die Verringerung der Durchlaufzeiten in der Produktion und Verwaltung
- eine Flexibilisierung der Arbeitsabläufe
- eine Reduzierung der Stückkosten in der Produktion
- eine höhere Qualität der Lösungsvorschläge bei Problemen durch die Verlagerung dieser Lösungen an die Stellen, wo die Probleme auftreten
- eine Förderung des Verantwortungsbewußtseins und der Arbeitsmotivation der Beschäftigten.

Entscheidend für die Funktionsfähigkeit des Konzepts vom 'lean management' ist ein tiefgreifender Wandel der Führungskultur im betroffenen Unternehmen. Die Delegation von Verantwortung und Entscheidungsbefugnissen ist unvereinbar mit einem Führungsverhältnis, in dem Vorgesetzte und Führungskräfte strikte Anweisungen erteilen, die von den Beschäftigten als Befehle aufgenommen und ausgeführt werden. Erforderlich ist mithin eine einschneidende Veränderung, die sowohl die Führungskräfte und deren Führungsstil betrifft als auch die untergebenen Mitarbeiter. Zur delegativen Führung, die integraler Bestandteil einer schlanken Unternehmensstruktur ist, gehören unter anderem die folgenden Elemente:[43]

---

[40] Diese Form der Gruppenarbeit, bei der die gesamte Gruppe umfassende Arbeitsaufträge erhält, die eine Vielzahl von Arbeitsschritten enthalten, und bei der die Gruppe dann selbständig die entsprechenden Arbeiten an einzelne Arbeitsplätze zuweist, wird auch unter dem Schlagwort der 'autonomen Arbeitsgruppen' erfaßt, vgl. dazu Severing (1994), S. 196f.

[41] Vgl. dazu und zu weiteren Merkmalen der 'lean production' Frieling (1992), S. 50f.; Schäfer (1995), S. 1-10; Fischer/Wötzel (1998), S. 42-45.

[42] Vgl. Severing (1994), S. 195-197.

[43] Vgl. zu den folgenden Ausführungen das Schaubild bei Fischer (1994), S. 10.

57

- Notwendig ist zunächst einmal eine **klare Definition der Ziele**, die von einem Unternehmen verfolgt werden, sowie eine möglichst detaillierte Information aller Mitarbeiter über diese Zielvorstellungen. Nur wenn alle Mitarbeiter die in ihrem Unternehmen angestrebten Ziele kennen, sind sie auch in der Lage, diese in ihrer täglichen Arbeit zu berücksichtigen und zu befolgen.

- Weiterhin sind klare **Regelungen** und Abgrenzungen hinsichtlich der Verteilung von **Aufgaben-, Entscheidungs-, Weisungs-** und **Verantwortungskompetenzen** erforderlich, damit es nicht zu Kompetenzstreitigkeiten zwischen den einzelnen Mitarbeitern kommt.

- Neben den Regelungen zur Zuständigkeit bezüglich der genannten Kompetenzen ist die Etablierung eines Kontrollsystems von nöten. Ein solches System ist mit der Dezentralisierung von Entscheidungen und Verantwortungen allerdings nur kompatibel, wenn es den Beschäftigten hinreichend große **Spielräume bei der Selbstkontrolle** einräumt. Sofern eine Kontrolle seitens der Vorgesetzten und Führungskräfte stattfindet, sollte diese ergebnisorientiert sein, in einer **offenen Atmosphäre** erfolgen und vertrauensorientiert ausfallen.

- Mit dem letztgenannten Element eines Kontrollsystems ist zugleich ein weiterer wichtiger Punkt delegativer Führungskonzeption angesprochen: das in einem Unternehmen herrschende System der Beziehungen zwischen den Mitarbeitern. Wenn es zur Übertragung von Entscheidungsbefugnissen kommt, so muß zwischen den beteiligten Personen ein Verhältnis des gegenseitigen **Vertrauens**, des Respekts und der wechselseitigen **Loyalität** herrschen. Unterstützt werden kann dieses Beziehungssystem durch ein Anreiz- und Fördersystem, das die Wahrscheinlichkeit einer zufriedenstellenden Ausführung der übertragenen Aufgaben erhöht. Ein solches Anreizsystem zeichnet sich unter anderem dadurch aus, daß es den Individuen eine große Handlungsfreiheit sowie Spielräume zur Selbstorganisation einräumt und ergebnisorientierte Belohnungen enthält. Flankierend wirkt dabei die Unterstützung und Förderung eines Wertesystems, in dem die Beschäftigten eine gemeinsame Freude an der eigenen Arbeit, an dem Nutzen ihrer Arbeit für andere und am Wettbewerb sowie am Fortschritt empfinden.

Insgesamt verlangt das Konzept des 'lean managements' daher eine weitreichende Veränderung der Führungsstile, wozu unter anderem ein neues Verständnis der (Industrie)Meister zählt. Weil die bereits erwähnten Arbeitsgruppen vermehrt Aufgaben wahrnehmen, die ursprünglich in den Bereich des traditionellen Meisters gehörten, wandelt sich die **Rolle des Meisters** dahingehend, daß dieser eher koordinierende Aufgaben erfüllt anstelle der klassischen Aufgaben der Anweisung und Kontrolle. Außerdem wird der Meister durch diese Entwicklung zunehmend "als Lernberater und Lehrer für eine anforderungsgerechte Weiterbildung der Gruppenmitglieder"[44] verantwortlich. Nur wenn die hier genannten Elemente der

---

Severing (1994), S. 197.

delegativen Führung beherzigt werden, ist damit zu rechnen, daß ein Unternehmen die erwarteten positiven Konsequenzen, die sich aus dem Konzept der schlanken Firma ergeben sollen, auch tatsächlich realisieren kann.

Total Quality Management

Spätestens seit den sichtbaren Erfolgen japanischer Unternehmen auf dem Weltmarkt ist allgemein anerkannt, daß die Qualität von Produkten und Dienstleistungen als ein entscheidender Wettbewerbsfaktor anzusehen ist. Das in diesem Kontext bedeutsame und in Japan zuerst angewandte "Total Quality Management"-Konzept arbeitet mit einem weit gefaßten Qualitätsbegriff. Er orientiert sich weniger an objektiv meßbaren Kriterien, sondern berücksichtigt vor allem die subjektiven Qualitätsanforderungen der Kunden. Oberstes **Ziel** des Total Quality Management ist die **optimale Bedürfnisbefriedigung der Kunden.** Erreicht werden soll dieses Ziel durch das Bestreben, die Produkt- und Dienstleistungsqualität über alle Hierarchiestufen hinweg und unter Einbeziehung aller Beschäftigten kontinuierlich zu den geringst möglichen Kosten zu erhalten und zudem zu verbessern. Charakteristisch für dieses Managementkonzept sind dessen ganzheitlicher, prozeßorientierter Ansatz sowie die langfristige Kundenorientierung.[45] Erreicht werden soll dieses Ziel durch ein **partizipatives** und **gruppenorientiertes Personalführungskonzept**, das die Handlungsvollmachten der Mitarbeiter drastisch erweitert. Bei der damit einhergehenden Dezentralisierung von Entscheidungskompetenzen und Verantwortungen werden restriktive Verhaltensvorschriften weitgehend abgebaut. Damit ändert sich die Rolle der Führungskräfte, die nunmehr als Coach und Teamleiter agieren und versuchen, alle Kreativitäts- und Problemlösepotentiale der einzelnen Mitarbeiter zu aktivieren bzw. zu erkennen und zu fördern. Ebenso ist das Rollenverständnis der einzelnen Mitarbeiter einem erheblichen Wandel unterworfen. Sie werden als ein - zumindest teilweise - selbständig handelndes Glied des gesamten Produktionsprozesses angesehen. Damit wird es für sie notwendig, den gesamten Arbeitsprozeß, in dem sie involviert sind, zu verstehen und sich über die Konsequenzen des eigenen Handelns für die nachfolgenden Prozesse bewußt zu sein. Ihre Tätigkeit entwickelt sich somit zu einem mitdenkenden und vorausschauenden Agieren, das mit dem Einsatz von detaillierten Anweisungen unvereinbar ist.[46]

Eine ähnliche Variante stellen die ursprünglich aus Japan stammenden **Qualitätszirkel** dar. Hierbei handelt es sich um Gesprächsrunden, die in regelmäßigen Abständen stattfinden und an denen fünf bis zehn Beschäftigte aus einem Arbeitsbereich freiwillig teilnehmen. Unter der Leitung eines Moderators geht es bei diesen

---

[45] Vgl. Gardini (1995), S. 140; Elter (1997), S. 207f.
[46] Vgl. Gardini (1995), S. 140f.; Elter (1997), S. 208-210.

Treffen um die Besprechung arbeitsbezogener Probleme, um die Suche nach eigenverantwortlichen Lösungen und um die Entwicklung von Verbesserungsvorschlägen. Ziele dieser speziellen Form der Teamarbeit sind unter anderem die Verbesserung und Optimierung von Arbeitsabläufen, die Verbesserung von Produktqualität und Produktivität, die Mobilisierung der Wissenspotentiale der Mitarbeiter sowie die Nutzung dieser Potentiale zur Lösung von Alltagsproblemen vor Ort, die Steigerung von Kreativität, Motivation und persönlichem Engagement und die Verbesserung der Arbeitsbedingungen.[47]

Arbeitszeitflexibilisierung

Von den vielfältigen Modellen zur Flexibilisierung der Arbeitszeit sollen einige dieser Konzeptionen vorgestellt werden, die für moderne Unternehmen eine zunehmende Bedeutung erlangen. Unter dem Begriff der Arbeitszeitflexibilisierung sind grundsätzlich alle Formen der Arbeitszeitregelung zu verstehen, die eine Abweichung von der traditionellen Arbeitszeit darstellen. Letztere ist zu verstehen als die "Normalarbeitszeit oder Vierzigstundenwoche ohne jeden Gestaltungsspielraum"[48]. Flexibilisierung bedeutet dann eine Variation der **Arbeitszeitdauer** - z. B. als Arbeitszeitverkürzung mit und ohne vollen Lohnausgleich, als Teilzeitarbeit oder als befristete Auflösung des Arbeitsvertrages - oder die Variation der **Lage der Arbeitszeit** - z. B. als einfache Gleitzeit, als Arbeitszeitkonto, als Schicht-, Nacht- und Wochenendarbeit sowie als Sabbatical - oder schließlich eine Kombination dieser beiden Variationsarten - z. B. als qualifizierte Gleitzeit, als flexible Arbeitszeit, als Job Sharing oder als 'Kapazitätsorientierte variable Arbeitszeit' (KAPOVAZ).[49]
Eine wichtige Spielart von flexiblen Beschäftigungsformen ist die **Teilzeitarbeit**. Dabei wird unter dem Begriff der Teilzeitarbeit - zumindest in den Ländern der Europäischen Union - eine Tätigkeit verstanden, bei der die individuelle Arbeitszeit "unter der durch Gesetz oder Tarifvertrag geregelten Vollzeitbeschäftigung liegt"[50]. Während in der öffentlichen und wissenschaftlichen Diskussion primär auf die gesamtwirtschaftlichen Beschäftigungseffekte des Ausbaus von Teilzeitarbeitsplätzen abgezielt wird,[51] soll es hier um die betrieblichen und individuellen Konsequenzen und Ursachen der Einführung dieser Beschäftigungsform gehen. Teilzeitarbeit bietet sowohl für die Unternehmen als auch für die davon betroffenen Beschäftigten erhebliche **Vorteile**. Aus Sicht der **Unternehmen** besitzt die Teilzeitar-

---

47 Vgl. zum Wesen und zu den Zielsetzungen der Qualitätszirkel Severing (1994), S. 126-128; Reinmann-Rothmeier/Mandl (1995a), S. 67.
48 Schwarz/Rother (1997), S. 7.
49 Vgl. zu dieser Einteilung Schwarz/Rother (1997), S. 8-11; Fischer/Wötzel (1998), S. 62-64.
50 Walwei (1995), S. 16.
51 Vgl. dazu statt vieler Walwei (1995), vor allem S. 15-17; Pohl/Volz (1997), S. 261, 263; Arbeitsgruppe Alternative Wirtschaftspolitik (1997), S. 38f., 208f.

beit den positiven Effekt, daß Teilzeitbeschäftigte in der Regel eine höhere Arbeitsintensität, sowie "eine höhere Stundenleistung, eine bessere Arbeitsqualität
und auch geringere Fehlzeiten" aufweisen. Des weiteren ermöglicht die Teilzeitarbeit eine höhere betriebliche Flexibilität, beispielsweise bei der Anpassung des Ar-
beitskräfteeinsatzes an die Ladenöffnungszeiten oder an die Betriebsnutzungs-
bzw. Maschinenlaufzeiten. Hinzu kommt, daß diese Erhöhung der betrieblichen
Flexibilität mit geringeren Flexibilisierungskosten verknüpft ist, da z. B. Überstun-
denzuschläge entfallen. Alles dies erhöht die Produktivität, senkt die Produktionskosten und verbessert damit die Wettbewerbsfähigkeit eines Unternehmens.[52]
Der Zuwachs der Produktivität bzw. die Reduktion der Produktionskosten, die
dem Unternehmen zugute kommen, sind zum Teil auf die **Vorteile**, die die **Arbeitnehmer** aus der Teilzeitbeschäftigung ziehen, zurückzuführen. Zu diesen Vorteilen
zählt zunächst die Möglichkeit für die Beschäftigten, Beruf und Familie bzw. Beruf
und Aus- sowie Weiterbildung besser zu vereinbaren. Außerdem erlaubt die Teilzeitarbeit einen Zuwachs an Freizeit, der von vielen Arbeitnehmern aufgrund ihrer
geänderten Wertvorstellungen selbst dann gewünscht wird, wenn die Ausweitung
der Freizeit mit Einkommenseinbußen verbunden ist.[53] So zeigt beispielsweise eine
Untersuchung des *Deutschen Instituts für Wirtschaftsforschung* für das Jahr 1993,
daß etwa 25% der befragten Männer und die Hälfte der vollzeitarbeitenden Frauen
selbst unter der Inkaufnahme von Einkommenseinbußen gerne bereit waren, ihre
Arbeitszeit um einige Stunden zu reduzieren.[54] Alle diese Vorteile, die der Einsatz
der Teilzeitbeschäftigung aus Sicht der Arbeitnehmer besitzt, äußern sich in einer
höheren Arbeitszufriedenheit, einer erhöhten Arbeitsmotivation und somit in geringeren Fehlzeiten und einem kleineren Umfang der Fluktuation. Über die Erhöhung
der Arbeitsproduktivität führt dies wiederum zu einer Verbesserung der Kostensi-
tuation sowie der Wettbewerbsfähigkeit, so daß die Unternehmen die schon erwähnten Vorteile aus der Teilzeitbeschäftigung ziehen können. Die genannten
Vorteile und die steigende gesellschaftliche Akzeptanz der Teilzeitarbeit sprechen
dafür, daß diese Beschäftigungsform in Zukunft verstärkt eingesetzt werden wird.

Eine Kombination aus einer Variation der Dauer und der Lage der Arbeitszeit ist
die **gleitende Arbeitszeit** in Form der qualifizierten Gleitzeit, die von der **einfa-
chen Gleitzeit** zu unterscheiden ist. Letztere erlaubt den Beschäftigten lediglich
einen gewissen Gestaltungsspielraum bei der Wahl des Arbeitsbeginns. Es besteht
allerdings keine Möglichkeit zur individuellen Variation der Länge der Arbeitszeit,
denn diese ist von den Beschäftigten strikt einzuhalten. Der Aufbau von
Zeitguthaben oder die Inanspruchnahme von Arbeitszeitkrediten ist somit nicht
möglich. Im Gegensatz dazu können bei der **qualifizierten Gleitzeit** nicht nur der

---

[52] Vgl. zu den Produktivitätsgewinnen statt vieler McKinsey und Company (1994), S. 10;
Holst/Schupp (1994), S. 624f.; Walwei (1995), S. 15f., 24; Fischer/Wötzel (1998), S. 61f.
[53] Vgl. Walwei (1995), S. 16, 21.
[54] Vgl. Holst/Schupp (1994), vor allem S. 626.

Beginn, sondern auch die Länge - und damit zugleich das Ende des Arbeitstages - individuell festgelegt werden. Mit Ausnahme genau definierter Kernarbeitszeiten, in denen alle Beschäftigten anwesend sein müssen, bleibt es den Mitarbeitern selbst überlassen, wann sie ihre Arbeit beginnen und enden lassen. Bei diesem Modell der Gleitzeitarbeit können die Beschäftigten Arbeitszeitguthaben aufbauen und ihre Arbeit besser auf die individuellen bzw. familiären Bedürfnisse abstimmen. Die somit erreichte Flexibilität steht allerdings nur den Arbeitnehmern zu und erhöht deren Motivation sowie Produktivität, wovon letztlich auch die Unternehmen profitieren. Gleichzeitig ist darauf hinzuweisen, daß diese Form der individuellen Arbeitszeitgestaltung ein erhebliches Koordinationsproblem darstellen kann, weil jetzt die Mitarbeiter aus verschiedenen Abteilungen über unterschiedliche Anwesenheitszeiten verfügen, was die betrieblichen Handlungsspielräume eventuell beschränken kann.[55] Eine andere Form der variablen Arbeitszeitgestaltung, die sowohl die Dauer als auch die Lage der Arbeitszeit betrifft, ist die **'Kapazitätsorientierte variable Arbeitszeit'** (KAPOVAZ). Anders als bei der qualifizierten Gleitzeit liegt die Verfügung über die damit verknüpften Flexibilisierungspotentiale auf seiten des Arbeitgebers. Er kann - entsprechend den betrieblichen Erfordernissen - die Länge und Lage der Arbeitszeit beeinflussen und damit die Gestaltungsspielräume der Arbeitnehmer reduzieren.[56] Die KAPOVAZ stellt insofern das Pendant zur qualifizierten Gleitzeit dar, weil die KAPOVAZ einseitig die Flexibilität des Betriebes erhöht, während die qualifizierte Gleitzeit ein Modell ist, das diese Flexibilität lediglich auf seiten der Arbeitnehmer erhöht.

2. Zusammenfassende Bemerkungen

Sowohl die technischen Fortschritte als auch die organisatorischen Entwicklungen der vergangenen Jahre haben gegenwärtig Arbeitsformen etabliert, die zu sich **permanent und massiv ändernden Anforderungen** an die Arbeitnehmerinnen und Arbeitnehmer führen. Verursacht wurde dieser Trend einerseits durch die Automatisierung von vielen anspruchslosen Tätigkeiten, die zum Wegfall der Tätigkeiten mit nur geringen Qualifikationsanforderungen führt, und andererseits durch die Abschaffung der qualifikationssparenden Arbeitsorganisationen, d. h. vor allem durch das Verschwinden des Taylorismus und des Fordismus im Produktionsbereich.[57] Letzteres ist primär damit zu begründen, daß sich die Nachteile einer extrem arbeitsteiligen Arbeitsorganisation negativ auf die Motivation, Produktivität, Produktqualität auswirken und somit auch die betriebswirtschaftlichen Größen wie Produktionskosten oder Gewinn ungünstig beeinflussen. Damit aber ergibt sich eine Situation, in der umfangreiche und neue Anforderungen an die Qualifikationen

---

[55] Vgl. Schwarz/Rother (1997), S. 9f.
[56] Vgl. Schwarz/Rother (1997), S. 10f. sowie die dort angegebene Literatur.
[57] Vgl. Dostal (1997), S. 52f.

der Beschäftigten gestellt werden. Welche dies im einzelnen sind, soll das Thema des nachfolgenden Kapitels sein.

Die zukünftigen Anforderungen an die Mitarbeiter

1. Begriffliche Klärungen

In diesem Kapitel sollen die Anforderungen an die Qualifikationsprofile der Beschäftigten dargestellt werden, die sich aus dem Einsatz neuer Technologien sowie den damit einhergehenden neuen Formen der Arbeitsorganisation ergeben. Vorab ist eine kurze Begriffsklärung erforderlich, um Verwirrungen im Sprachgebrauch von 'Kenntnissen', 'Fertigkeiten', 'Qualifikationen' und 'Kompetenzen' zu verhindern. Ohne auf weitere Details einzugehen, lassen sich die genannten Begriffe wie folgt auseinanderhalten:[1]

Fertigkeiten betreffen das Wissen, wie etwas gemacht wird (to know how), während es bei den **Kenntnissen** darum geht, zu wissen, was zu machen ist (to know what). Beides zusammen, das Wissen und die Kenntnisse bzw. Fähigkeiten, machen wiederum den Begriff der Qualifikation aus. Der Begriff **Qualifikation** beschreibt folglich die Summe der Fertigkeiten und Fähigkeiten, die erforderlich sind, um Anforderungen - z. B. am Arbeitsplatz - gerecht zu werden. Qualifikation hat daher etwas mit 'Können' zu tun. Eine **Kompetenz** ist schließlich ein Bündel von Qualifikationen, so daß beispielsweise mehrere verschiedene fachliche Qualifikationen eines Menschen dessen Fachkompetenz ausmachen. Darüber hinaus zeichnet sich die Kompetenz dadurch aus, daß sie nicht ausschließlich den Aspekt des 'Könnens' (Qualifikation) umfaßt. Von Kompetenz wird erst dann gesprochen, wenn neben dem 'Können' auch noch das 'Wollen' hinzukommt. Erst wenn ein Mensch über die Motivation verfügt, das, was er kann, auch tatsächlich durchzuführen, verfügt er über die entsprechende Kompetenz. Der Begriff der Kompetenz ist daher umfangreicher als alle anderen hier verwendeten Termini und läßt sich kurz gefaßt wie folgt umschreiben: "Kompetenzen sind also diejenigen Fähigkeiten, Fertigkeiten und Wissensbestände, über die ein Individuum zur Bewältigung von Situationen verfügt."[2] Die Kompetenz einer Person zur Erfüllung einer bestimmten Aufgabe oder einer bestimmten Handlung umfaßt insgesamt drei Aspekte:[3]

- Das Wissen und die Fertigkeiten, so daß die Person über die notwendige Handlungsfähigkeit verfügt. Dieser Aspekt betrifft das **Können**.
- Die Motivation oder Handlungsbereitschaft zur Ausübung einer bestimmten Handlung. Dieser Aspekt bezieht sich auf das **Wollen**.
- Die arbeitsorganisatorisch definierte Zuständigkeit zur Durchführung einer bestimmten Handlung. Hiermit ist das **Dürfen** angesprochen.

Das Wissen besteht dabei aus geordneten Aussagen über Fakten und des weiteren aus den Erfahrungen eines Menschen. Die Fertigkeiten sind dann "ein konkretes

---

[1] Vgl. Müller (1995), S. 37-41; Siebert (1997a), S. 327, 330; Alten (1997), S. 28-30.

[2] Kaiser (1998), S. 199.

[3] Vgl. Staudt/Meier (1998), S. 72; Schreuder (1998), S. 188.

64

und inhaltlich bestimmbares Können .., das durch Übung so weit automatisiert ist, daß eng umgrenzte Verhaltensweisen routinisiert vollzogen werden können, ohne daß es einer bewußten Zuwendung bedarf."[4] Graphisch läßt sich dieses Zusammenwirken wie folgt darstellen:[5]

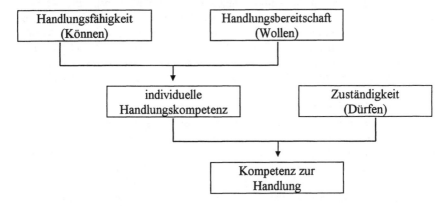

Bei dem Begriff der Qualifikation wird unterschieden zwischen **funktionalen** Qualifikationen (fachliche, arbeitsplatzspezifische Qualifikationen) und **extrafunktionalen** Qualifikationen (überfachliche Qualifikationen, die nicht die Anforderungen eines ganz bestimmten Arbeitsplatzes betreffen). Die Trennung zwischen fachlichen und außerfachlichen Qualifikationen wird ebenfalls auf den Begriff der Kompetenzen übertragen, wobei allerdings bei den außerfachlichen Kompetenzen eine weitere Unterteilung stattfindet. Eine gängige Unterteilung der Kompetenzen besteht aus der nachfolgenden:[6]

(a) Die **Fachkompetenz**: Zu ihr zählen aktuelle Fertigkeiten bzw. aktuelles Fachwissen wie z. B. die Fähigkeit zu buchen, Arbeitsmittel zu bedienen und zu überwachen, Datenbanken zu verwalten oder bestimmte Computerprogramme zu bedienen. Auch Kenntnisse über die Fertigungs- und Arbeitsplanung, über das Vertragsrecht und die eigene Organisationsumwelt zählen zur Fachkompetenz.

Staudt/Meier (1998), S. 74.

[5] In Anlehnung - mit leichten Veränderungen - an Staudt/Meier (1998), S. 73.

[6] Von den zahlreichen in der Fachliteratur diskutierten Gliederungen der einzelnen Kompetenzen orientieren wir uns hier - ohne eine weitere Diskussion anderer Differenzierungen - in Anlehnung an Müller (1995) an einer der gängigen Differenzierungen. Vgl. zur Diskussion derartiger Gruppierungsvorschläge Müller (1995), S. 37-41 und die dort angegebene Literatur sowie vieler Sauter (1991), S. 7-9; Bootz/Ebemeyer (1995), S. 19-21; BTQ Kassel Mainz (1997b), S. 5.

65

(b) Die **Methodenkompetenz**: Zu ihr gehören prozeßunabhängige, berufsüber-greifende Methoden wie beispielsweise die Fähigkeit zur Problemanalyse und -lösung, zur selbständigen Störungsdiagnose und Störungsbehebung, die Befä-higung zum Projektmanagement oder die Lernfähigkeit. Zu nennen sind wei-terhin die Entscheidungsfähigkeit, das Beherrschen von Kreativitätstechniken und das Selbst- und Zeitmanagement.

(c) Die **Sozialkompetenz**: Dazu zählen unter anderem die Teamfähigkeit, die Kommunikationsfähigkeit, die Überzeugungs- und Führungsfähigkeit und die Konfliktregelungsbefähigung bzw. die Konfliktfähigkeit.

Damit besteht der folgende Zusammenhang zwischen Qualifikationen und Kom-petenzen:[7]

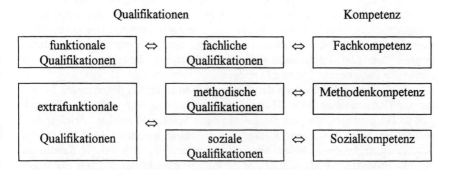

Werden schließlich alle Elemente der Fachkompetenz, der Sozialkompetenz und der Methodenkompetenz, die für die Erfüllung der beruflichen Anforderungen be-nötigt werden, vereinigt, so ergibt die Summe dieser Kompetenzen die **berufliche Handlungskompetenz**. Dieser Zusammenhang kann graphisch wie folgt verdeut-licht werden:

---

7 In Anlehnung - mit leichten Veränderungen - an Müller (1995), S. 41.

66

Die berufliche Handlungskompetenz, deren Erhöhung das Ziel der beruflichen Weiterbildung ist, setzt sich folglich aus drei Arten von Kompetenzen zusammen: die Fachkompetenz, die Methodenkompetenz und die Sozialkompetenz Die beiden zuletzt genannten Arten der Kompetenzen bzw. Qualifikationen werden in der Regel unter dem Begriff der **Schlüsselqualifikation** zusammengefaßt. Schlüsselqualifikationen sind arbeitsplatzunspezifische Qualifikationen. Sie umfassen "als übergreifende Qualifikationen neben fachlichen vor allem auch methodische und soziale Kompetenzen und zielen damit gleichermaßen auf eine Förderung der Persönlichkeit ab"[8]. Diese Qualifikationen werden als Schlüsselqualifikationen bezeichnet, weil sie den "Schlüssel zur raschen und reibungslosen Erschließung von wechselnden Spezialwissen bilden".[9] Schlüsselqualifikationen sind also all jene Fertigkeiten und Fähigkeiten, die nicht zur Ausübung einer ganz speziellen beruflichen Aufgabe gehören, sondern für zahlreiche Berufe und Tätigkeiten verwendbar sind. Die Liste der einzelnen Fähigkeiten, die zu dieser Rubrik gehören, reicht von rhetorischen Fähigkeiten über Entscheidungs- und Problemlösungskompetenzen bis hin zu kreativen Fertigkeiten. Nach Angaben des *Bundesinstituts für Berufsbildung* in Berlin können "über 650 .. Schlüsselqualifikationen im Bereich kognitiver, sozialer und personaler Fähigkeiten"[10] genannt werden.

Die oben genannte **Dreiteilung der Kompetenzen** ist eine in der aktuellen Literatur und Diskussion zu dieser Thematik weit verbreitete Strukturierung. Dennoch gibt es Gliederungen, die von diesem gängigen Schema abweichen. *Frieling* beispielsweise nennt mit einem Rückgriff auf *Schleef* insgesamt **fünf** Arten von Schlüsselqualifikationen. Neben der Fachkompetenz, die sich auf die Kenntnisse über die Produkte, die Materialien und die Fertigungsverfahren inklusive der eingesetzten technischen Hilfsmittel bezieht, sowie der Methodenkompetenz und der Sozialkompetenz nennt er zusätzlich noch die Informationskompetenz. Sie betrifft die Anwendung und Wartung von computergesteuerten Anlagen. Die fünfte Form der Schlüsselqualifikationen besteht schließlich aus der Flexibilität und der Lernbereitschaft, also der Fähigkeit, das eigene Wissen stets an die sich ändernden fachlichen Anforderungen anzupassen.[11] Eine andere Einteilung unterscheidet zwischen der Sachkompetenz (tätigkeitsbezogene Qualifikationen wie die Transferfähigkeit oder die Problemlösefähigkeit), der Selbstkompetenz (persön-

---

[8] Schweer (1995), S. 163; vgl. ebenso Meisel (1989), S. 96; Herpich/Krüger/Nagel (1992), S. 82 und Tietgens (1989), S. 34f. Schlüsselqualifikationen werden auch als "Metafähigkeiten" bezeichnet; vgl. Tietgens (1989), S. 35; oder als "extrafunktionale Qualifikationen"; vgl. Severing (1994), S. 70 und Siebert (1993), S. 47. Der Begriff der Schlüsselqualifikation geht auf *Dieter Mertens* zurück, der diesen Terminus Mitte der 70er Jahre in die wissenschaftliche Diskussion einführte, vgl. Meisel (1989), S. 97; Siebert (1993), S. 46f.; Severing (1994), S. 71.
[9] Vgl. Siebert (1993), S. 46f., der sich auf Mertens (1977), S. 100 bezieht.
[10] Feuchthofen (1998b), S. 2.
[11] Vgl. Frieling (1992), S. 51f.; ebenfalls fünf verschiedene Kompetenzen finden sich bei Reinmann-Rothmeier/Mandl (1997b), S. 98.

lichkeitsbezogene Grundfähigkeiten wie das lebenslange Lernen oder die kognitive Flexibilität) und der Sozialkompetenz (sozial ausgerichtete Fähigkeiten wie die Kommunikationsfähigkeit, die Konfliktfähigkeit oder die Integrationsfähigkeit).[12] Schließlich ist auf eine sich gegenwärtig mehr und mehr durchsetzende Gliederung der Kompetenzen hinzuweisen, die zwischen insgesamt vier Kompetenzbereichen unterscheidet. Zu ihnen zählen die folgenden:[13]

- Fachkompetenz (Faktenwissen)
- Methodenkompetenz (Problemlösung, Entscheidung, Strategiewissen, Kreativität)
- Soziale Kompetenzen (kommunikative und kooperative Verhaltensweisen)
- Selbstkompetenz (Selbstregulierung, Selbsteinschätzung der eigenen Kompetenzen)

Allerdings ergeben sich bei dieser Vierteilung "große Übereinstimmungen in der Zuordnung der Aussagen zur Selbst- und Methodenkompetenz"[14]. Deshalb wird im folgenden die gängige Dreiteilung der beruflichen Handlungskompetenz verwendet, die aus der eingangs beschriebenen fachlichen, sozialen und methodischen Kompetenz besteht. Dabei wird insgesamt - wie bereits erwähnt - ein Anstieg der Anforderungen an die Fähigkeiten der Beschäftigten in entwickelten Industrienationen erwartet. Dazu der *Präsident des Bundesinstituts für Berufsbildung*: "Die Entwicklung zur Informations- und Mediengesellschaft wird eine weitere Anhebung des durchschnittlichen Qualifikationsniveaus auch in den kommenden Jahren zur Folge haben."[15] Diese These scheint den gegenwärtigen Stand der Qualifikationsforschung am besten wiederzugeben, obwohl sie nicht unumstritten ist. Dennoch ist auch mit dieser These noch nicht geklärt, welche konkreten Veränderungen in bezug auf die Qualifikation von Arbeitnehmern als Konsequenz von technischen Neuerungen auftreten. Diese Lücke gilt es im folgenden zu füllen. Zur Klärung dieser Frage sollen zunächst einige Beispiele aufgeführt werden, die sich sowohl mit technisch bedingten Änderungen als auch mit arbeitsorganisatorisch bedingten Neuerungen der Anforderungsprofile an Beschäftigte auseinandersetzen. Einschränkend ist darauf hinzuweisen, daß Prognosen über den zukünftig zu erwartenden Qualifikationsbedarf mit Unsicherheiten behaftet sind und deshalb notwendigerweise unscharf bleiben müssen.[16] Die folgenden Ausführungen können daher nur eine grobe Richtungsweisung sein, nicht aber eine exakte Bedarfsprojektion für die Weiterbildungsorientierung der nahen Zukunft.

---

[12] Vgl. dazu sowie zu weiteren in der Literatur vorzufindenden Gliederungsvorschlägen Dewe/Sander (1996), S. 130-133.
[13] Vgl. Kauffeld (1998), S. 52-55.
[14] Kauffeld (1998), S. 55.
[15] Schmidt (1997), S. 16.
[16] Vgl. Alt (1995), S. 60.

68

2. Technologisch bedingte Qualifikationsanforderungen

Die **Bedeutung neuer Technologien** für die Qualifikationsanforderungen an die Beschäftigten kann besonders einprägsam anhand der Informations- und Kommunikationstechnologien verdeutlicht werden. Die Techniken in diesem Bereich stellen wie kaum eine andere Technik hohe Anforderungen an die intellektuellen und methodischen, aber auch sozialen Fähigkeiten von Arbeitnehmern. An erster Stelle verlangt der Einsatz der neuen Informationstechnologien umfangreiche Computerkenntnisse und den sicheren Umgang mit dem Werkzeug 'Computer', also das Vorliegen einer **Medienkompetenz.**[17] Zu den mit dem Einsatz der Informations- und Kommunikationstechnologien verknüpften Fertigkeiten und Kompetenzen zählen weiterhin ein **hohes Abstraktionsvermögen** sowie die Fähigkeit zum **Denken in Zusammenhängen.** Beide Anforderungen resultieren aus dem Umstand, daß die Informations- und Kommunikationstechnologien die Kommunikation zwischen den einzelnen Abteilungen eines Unternehmens intensivieren. Dadurch nimmt für jeden Beschäftigten die Notwendigkeit eines arbeitsplatz- und abteilungsübergreifenden Verständnisses zu. Von den Beschäftigten wird deshalb ein grundlegendes **Zusammenhangswissen** verlangt. Insgesamt nehmen die Anforderungen an die geistigen Fertigkeiten zu, da der Einsatz moderner Technologien manuelle Tätigkeiten in immer größerem Ausmaß von den technischen Systemen selbst ausführen läßt und die Menschen statt dessen vermehrt geistige Tätigkeiten ausüben. Die geistigen Arbeiten verlangen ihrerseits die Fähigkeit zum systematischen Vorgehen und damit auch zum systematischen und planvollen Denken sowie zum selbständigen **Lösen von Problemen.** Gleichzeitig nehmen die Anforderungen an die **Selbständigkeit** und **Eigeninitiative** zu, denn die sinnvolle Nutzung technischer Hilfsmittel und die Zeiteinsparungspotentiale würden drastisch reduziert werden, wenn Beschäftigte bei jeder Entscheidung auf Vorgesetzte zurückgreifen müßten. Die Befähigung, selbstverantwortlich und zeitgerecht Probleme zu lösen und **Entscheidungen zu treffen,** ist damit ein entscheidendes Merkmal für Beschäftigte, die mit den Technologien im Informations- und Kommunikationsbereich konfrontiert sind. Hinzu kommt die Fähigkeit zur **Flexibilität** und zur Anpassung an eine sich schnell verändernde High-Tech-Umgebung. Schließlich ist mit der Bereitschaft und Befähigung zur **Verantwortungsübernahme** die Notwendigkeit zur **kritischen Selbsteinschätzung** und Selbstüberprüfung verbunden. Hierzu gehört auch die Fähigkeit, auftretende Streßsituationen zu bewältigen. Streßsituationen treten vermehrt im Zusammenhang mit zunehmender Verantwortung, steigender Arbeitsintensität und vermehrtem Zeitdruck auf. Weil derartige Streßsituationen vor allem durch die neuen Informations- und Kommunikationstechnologien hervorgerufen werden, können sie auch als "High-Tech-Streß"[18] bezeichnet werden.[19] Insgesamt kann die Nutzung

---

[17] Vgl. Schmidt (1997), S. 17.
[18] Rifkin (1996), S. 128.

69

neuer Technologien nur dann optimal funktionieren, wenn die Anwender über berufsfeldübergreifende Qualifikationen verfügen, zu denen "Selbständigkeit, Ausdauer, Motivation, Aufmerksamkeit ... Kommunikation und Kooperation ... Entscheidungsfreude, ... vernetztes Denken, Fantasie und vieles ähnliche mehr" gehören.[20] Wichtig ist dabei, daß die genannten Fähigkeiten auch von Mitarbeitern gefordert werden, wenn deren Vorgesetzte mit den neuen Informations- und Kommunikationstechnologien arbeiten: "Wenn Vorgesetzte mit dem Computer umgehen, dann wird die reine Schreibkraft weniger benötigt. Vielmehr sind dann im Büro Fachkräfte gefragt, die nicht nur Texte fehlerfrei schreiben, sondern auch entsprechende Anfragen erledigen, informieren und beraten können."[21] Eine weitere, im Kontext neuer Computertechnologien zwingend geforderte Fähigkeit ist die Befähigung und Bereitschaft zum **lebenslangen Lernen**. Die sich ständig verkürzenden Innovationszyklen im Hard- und Softwarebereich zwingen Arbeitnehmer permanent zu einer Anpassung an die neuen technologischen Gegebenheiten. Dies bedeutet nichts anderes als den Zwang, sich immer wieder mit geänderten Arbeitsbedingungen auseinanderzusetzen und sich lernend an diese anzupassen. Die Befähigung zum selbstorganisierten Lernen stellt deshalb eine Schlüsselqualifikation dar, über die nahezu jeder Arbeitnehmer verfügen muß, der mit Informations- und Kommunikationstechnologien arbeitet.[22] Vollkommen zu Recht stellen *Reinmann-Rothmeier* und *Mandl* fest: "*lebenslanges Lernen* muß zur Selbstverständlichkeit werden"[23].

In die gleiche Richtung geht der Ansatz von *Tietgens*, der im Zusammenhang mit der Informationsverarbeitung die notwendigen Schlüsselqualifikationen zusammenfassend als **Erschließungskompetenz** beschreibt. Er versteht unter diesem Begriff die menschliche Fähigkeit, sich mit seiner Umwelt auseinanderzusetzen und sich dazu zu befähigen, mit einer veränderten Umwelt umgehen zu können. Konkret umfaßt die Erschließungskompetenz vor allem die folgenden Befähigungen: die Fähigkeit, über die eigenen Lebensbedingungen nachzudenken, den eigenen Horizont zu überschreiten und sich auf neue Umweltbedingungen einzustellen; Zusammenhänge sowie Wechselwirkungen bzw. Nebenwirkungen zu erkennen und entsprechende Relationen herzustellen. Genannt wird dann noch die Fähigkeit zur Abschätzung eventueller Technikfolgen und deren Berücksichtigung bei der eigenen Arbeitsplatzsituation.[24] Diese - vor allem mit der informationstechnischen Qualifizierung verbundene - Erschließungskompetenz besteht letztendlich aus der Fähigkeit, sich reflektierend und lernend an die veränderten Bedingungen der

[19] Vgl. Dehnbostel/Hecker/Walter-Lezius (1992), S. 18-20; Löffler (1994), S. 1-3, 113f.; Härtel (1995), S. 99f.; Schmidt (1995), S. 1; Kühlwetter (1998), S. 18f.; Apgar (1998), S. 57, 68.

[20] Vgl. Kraak (1992), S. 107f.

[21] Zedler (1998a), S. 19.

[22] Vgl. statt vieler Bergmann (1992), S. 66f.; Löffler (1994), S. 6, 31, 114; Härtel (1995), S. 100; Reinmann-Rothmeier/Mandl (1995b), S. 193; Kühlwetter (1998), S. 18f.

[23] Reinmann-Rothmeier/Mandl (1995b), S. 193.

[24] Vgl. Tietgens (1989), S. 35-40.

70

Arbeitswelt anzupassen. Auch die Erschließungskompetenz unterstreicht damit die Bedeutung des lebenslangen Lernens für die Beschäftigten der Gegenwart und Zukunft.

Neben den bisher genannten, primär zum Komplex der Methodenkompetenz zählenden Fertigkeiten erfordern die modernen Informations- und Kommunikationstechnologien zudem Qualifikationen auf der sozialen bzw. kommunikativen Ebene. Schon die Vernetzung von Arbeitsplätzen führt dazu, daß Aufgaben kollektiv erfüllt werden, was zwischen den Beteiligten eine **Kooperation** und **Kommunikation** verlangt.[25] Die Komplexität auftretender Probleme bei der Anwendung und Nutzung der Informations- und Kommunikationstechnologien zur arbeitsteiligen Aufgabenbewältigung verlangt außerdem den Rückgriff auf das Spezialwissen von zahlreichen Experten, so daß viele Probleme nur im Rahmen von Teamarbeit zu bewältigen sind. Außerdem führen die neuen Technologien bisher getrennte Arbeits- und Tätigkeitsbereiche zusammen. Auch damit rücken Qualifikationen wie die **Teamfähigkeit**, die Kooperationsbereitschaft, **kommunikative Fähigkeiten** sowie die Fähigkeit zur Lösung eventuell auftretender Konflikte in den Blickpunkt. Die bereichs- und abteilungsübergreifende Kooperation, die durch den Einsatz der Informations- und Kommunikationstechnologien sowohl möglich als auch nötig wird, stellt dadurch hohe Anforderungen an die zur effektiven Kooperation erforderlichen Fähigkeiten der Mitarbeiter.[26] So müssen beispielsweise bei der Einführung virtueller Büros Mitarbeiter aus mindestens drei Abteilungen (Personalabteilung, Abteilung für Immobilien und die für technische Entwicklungen zuständige Abteilung) zusammenarbeiten und über die Vorgänge bzw. Abläufe der jeweils anderen Abteilungen informiert sein. Hinzu kommt, daß die Einführung komplexer Technologien neben der erweiterten fachlichen Qualifikation auch auf eine höhere Arbeitsmotivation der Mitarbeiter sowie auf deren **Entscheidungskompetenzen** angewiesen ist. In diesem Zusammenhang ist mit Nachdruck darauf hinzuweisen, daß technologische und arbeitsorganisatorische Veränderungen im Betrieb einen Rückgriff auf die Fähigkeiten und das Fachwissen aller Beschäftigten nötig werden. Das Wissen und der Erfahrungsschatz der Mitarbeiter sind zwingend erforderlich, um die von der Unternehmensleitung konzipierten Neuerungen an die spezifischen Gegebenheiten vor Ort anzupassen. Die Befähigung der Mitarbeiter zur aktiven Mitgestaltung von Technik und arbeitsorganisatorischen Strukturen wird damit zu einem wichtigen Element betrieblicher Veränderungen.[27]

Schon diese wenigen Ausführungen über die informations- und kommunikationstechnologischen Entwicklungen sowie deren Konsequenzen für die Qualifikationsanforderungen verdeutlichen, daß die von den Beschäftigten geforderten Fer-

[25] Vgl. Lullies (1991), S. 1174; Kühlwetter (1998), S. 19; Zedler (1998a), S. 18.
[26] Vgl. statt vieler Löffler (1994), S. 2f.; Härtel (1995), S. 99f.; Reinmann-Rothmeier/Mandl (1995a), S. 65; Reinmann-Rothmeier/Mandl (1995b), S. 193f.
[27] Vgl. Gerds (1992), S. 34-39; Kraak (1992), S. 107; Severing (1994), S. 191.

71

tigkeiten bei weitem nicht nur die fachlichen Qualifikationen abdecken. Hinzu kommen erhebliche Anforderungen an die sozialen, intellektuellen und methodischen Fähigkeiten der Beschäftigten, so daß sich Qualifizierungsmaßnahmen im Zuge der Einführung neuer Informations- und Kommunikationstechnologien nicht nur auf den Umgang mit der EDV beschränken dürfen. Gerade die "Computerisierung der Arbeitswelt" erhöht daher die Bedeutung von Fähigkeiten "wie Sorgfalt, Verantwortungsbewußtsein, soziale Kompetenz sowie allgemeiner Fertigkeiten wie technischer Intelligenz, Menschenführung, Kommunikation."[28] Allerdings ist mit Nachdruck darauf hinzuweisen, daß trotz der hohen Bedeutung der Schlüsselqualifikationen die fachliche Kompetenz nach wie vor eine große Relevanz besitzt. Die sozialen und methodischen Fertigkeiten sind ohne eine breit angelegte Fachkompetenz nur von geringem Wert, d. h. die Schulung der Sozial- und der Methodenkompetenz darf nicht die Weiterbildung im Bereich der fachlichen Qualifikationen außer acht lassen.[29]

3. Arbeitsorganisatorisch bedingte Qualifikationsanforderungen

Neben diesen - durch technische Entwicklungen hervorgerufenen - Qualifikationsanforderungen ist an die Relevanz neuer Formen der Arbeitsorganisation zu denken. In diesem Zusammenhang muß beachtet werden, daß technologische Faktoren alleine keinesfalls die konkreten neuen Qualifikationsanforderungen bestimmen. Gerade weil der Einsatz von neuen Technologien ein hohes Maß an Flexibilität zuläßt, kann eine ganz bestimmte Technologie zu unterschiedlichen arbeitsorganisatorischen Regelungen führen. Weil aber mit den verschiedenen Arbeitsorganisationen jeweils andere Qualifikationen von den Beschäftigten verlangt werden, ist es nicht möglich, aus dem Einsatz eines bestimmten technologischen Verfahrens schon auf den konkreten Qualifikationsbedarf der davon betroffenen Mitarbeiter zu schließen.[30] Statt dessen müssen auch die arbeitsorganisatorischen Neuerungen beachtet werden, die ihrerseits ebenfalls erhöhte Anforderungen an die Fähigkeiten der Beschäftigten stellen.

Die Bedeutung neuer Managementkonzepte für die Qualifikationsanforderungen an Mitarbeiter wird unter anderem am Beispiel des beschriebenen **Total Quality Management** offensichtlich. Aufgrund der Dezentralisierung von Entscheidungs-, Verantwortungs- und Kontrollbefugnissen sind alle mit diesen Befugnissen verknüpften Fähigkeiten bei den Mitarbeitern erforderlich. Benötigt werden Beschäftigte, die über **Problemerkennungs-** und **Problemlösefähigkeiten** verfügen; die in der Lage sind, zeitgerecht die richtigen **Entscheidungen zu treffen** und die zudem über die zur Selbstprüfung und **Selbstkontrolle** notwendigen Fertigkeiten

[28] Oppermann (1998), S. 2.
[29] Vgl. Dehnbostel/Hecker/Walter-Lezius (1992), S. 19f.; Kröll (1997), S. 205.
[30] Vgl. Voigt (1996), S. 100f.

verfügen, also z. B. über die Fähigkeit zur Selbstreflexion. Im Zuge der Dezentralisierung und der Reduktion von Hierarchiestufen entfallen zahlreiche Anweisungen und Kontrollen durch Vorgesetzte. An die Stelle von Anweisungen und Kontrollen durch andere tritt die Notwendigkeit, entsprechende vor- und nachbereitende Handlungen selbständig durchzuführen. Dies verlangt von den Beschäftigten unter anderem die Befähigung zur Organisation der eigenen Arbeitsabläufe und stellt damit hohe Anforderungen an die Eigeninitiative sowie an die Befähigung zum Selbst- und Zeitmanagement. Die Prozeßorientierung dieser dezentralen Form der Personalführung hat außerdem zur Folge, daß jeder teilnehmende Mitarbeiter den Blick für den gesamten Produktions- und Arbeitsprozeß gewinnt. Gefordert ist die Fähigkeit zum Erkennen von Zusammenhängen und zum **Denken in Zusammenhängen**, denn nur so ist der einzelne Arbeitnehmer fähig, bei seinen Entscheidungen und Handlungen auch deren Konsequenzen für die folgenden Prozesse zu berücksichtigen. Die Teamorientierung des Total Quality Managements erfordert zudem die Fähigkeit zur **Kommunikation** und zur **eigenständigen Konfliktregelung** innerhalb einer Gruppe. Besondere Anforderungen an die kommunikativen, rhetorischen und sozialen Fähigkeiten werden in diesem Zusammenhang an die jeweiligen Führungskräfte gestellt, die als Coach bzw. Teamleiter tätig werden und dafür über die entsprechenden Coaching- und Koordinierungsfertigkeiten verfügen müssen.[31] Insgesamt sorgen die meisten neuen Managementkonzepte dafür, daß es zur Einsparung von Vorgesetzten und Beschäftigten kommt. Für die in den Betrieben und Verwaltungen verbleibenden Mitarbeiter bedeutet dies auf allen Ebenen "mehr Verantwortung ... mehr Bereitschaft zur Teamarbeit, mehr Durchsetzungsvermögen, Überzeugungskraft, Kreativität, ganzheitliches Denken und (Selbst-)Motivation".[32] Die kurze, jederzeit beliebig verlängerbare Liste der erforderlichen Fähigkeiten verdeutlicht, welche weitreichende Konsequenzen sich aus Neuerungen in der Organisation von betrieblichen Arbeitsabläufen ergeben können. Die in der betrieblichen Realität vielfältigen arbeitsorganisatorischen Neuerungen sowie der Einsatz neuer Technologien verkürzen diese Liste keinesfalls.

Als Beispiele für die Anforderungen, die sich aus einer Kombination von technologischen und organisatorischen Veränderungen ergeben, könnten virtuelle Unternehmen und Call Center genannt werden. Zu den Faktoren, die für den Erfolg einer **virtuellen Kooperation** zwingend erforderlich sind, zählen neben dem fachlichen Wissen unter anderem die sozialen Kompetenzen der beteiligten Mitarbeiter, deren Befähigung zur Selbstorganisation sowie deren Problemlösungs- und Handlungskompetenzen.[33] Ähnlich sehen die Anforderungen aus, die Unternehmen von den Beschäftigten in einem **Call Center** erwarten. Genannt werden in diesem Zusam-

---

31 Vgl. Gardini (1995), S. 141; Elter (1997), S. 208-210; Kühlwetter (1998), S. 18.
32 Schultz-Wild (1997), S. 8.
33 Vgl. Bund (1997), S. 250.

menhang ein kaufmännisches Wissen, gute EDV-Kenntnisse, Ausdrucksvermögen, Belastbarkeit, Flexibilität, Teamfähigkeit, eine freundliche Telefonstimme und eine Dienstleistungsmentalität. Um diesen neuen Anforderungen gerecht zu werden, bietet beispielsweise die *Deutsche Angestellten Akademie* in Hamburg eine halbjährige Ausbildung für Mitarbeiter in Call Centern (Agenten) an, die fachlich-methodische Kompetenzen vermittelt (z. B. die Befähigung zur selbständigen Problemanalyse und Aufgabenerfüllung), soziale Kompetenzen (z. B. kommunikative Fähigkeiten) und personale Kompetenzen (z. B. die Fähigkeit, kreativ, konzentriert und sorgfältig zu arbeiten).[34] Eine den Anforderungen eines Call Centers genügende Qualifizierung muß folglich die nachstehenden Elemente berücksichtigen:[35]

• Fachliches Wissen/Produktkenntnis: Dieser Aspekt umfaßt das Wissen um die Eigenschaften des Produktes, über welches die Call-Center-Agenten ihre Gesprächspartner informieren sollen. Das solide Produktwissen ist eine Grundvoraussetzung dafür, daß die Kunden kompetent informiert werden und klare Auskünfte erhalten.

• EDV-Anwenderwissen: Der sichere Umgang mit der Hard- und Software ist erforderlich, damit die Call-Center-Agenten ihre ganze Aufmerksamkeit dem Kunden widmen können und sich nicht von Fragen der EDV-Anwendung ablenken lassen.

• Telefontraining: Hierbei geht es um die Fähigkeit, zahlreiche Gesprächstechniken und Verhaltensweisen zu beherrschen, um jederzeit die Führung des Gespräches übernehmen zu können und auf die unterschiedlichsten Gesprächssituationen (informieren, Ärger und Beschwerden entgegennehmen, Unsicherheiten auf seiten des Kunden abbauen etc.) angemessen reagieren zu können.

• Sprach- und Stimmtraining: Ziel dieser Qualifizierungsbemühungen ist es, den Call-Center-Agenten erstens eine gute Aussprache zu vermitteln und zweitens Belastungen der Stimmbänder zu verhindern oder zumindest abzubauen.

• Persönlichkeitstraining: Dieser Aspekt betrifft vor allem den Umgang mit auftretenden psychischen Belastungen, z. B. mit geäußerter Wut, Belästigungen, Beschwerden oder Pöbeleien.

Nach dieser exemplarischen Aufzählung einzelner geforderter Kompetenzen und Fähigkeiten, die sich aus dem Einsatz bestimmter neuer Technologien und spezieller arbeitsorganisatorischer Strukturen ergeben, soll nun systematisch eine Liste der am häufigsten genannten Qualifikationsanforderungen erarbeitet werden. Dabei sollen hier lediglich die außerfachlichen Kompetenzen berücksichtigt werden. Zu den fachlichen Anforderungen an die Mitarbeiter moderner Unternehmen sei an diese Stelle nur soviel gesagt: Auch die **fachlichen Qualifikationsanforderungen** nehmen für die Mehrzahl der Arbeitskräfte erheblich zu. Die Fachqualifikation

---

[34] Vgl. BTQ Kassel Mainz (1997b), S. 5; Morschheuser (1998), S. 478; Fischer/Wötzel (1998), S. 73.

[35] Vgl. Herholtz (1998), S. 34f.

eines Beschäftigten reduziert sich heute nicht mehr auf das Beherrschen bestimmter Technologien und Arbeitsmittel. Sie umfaßt vielmehr die Befähigung zur Lösung komplexer Arbeitsaufgaben und erfordert unter anderem die Entscheidung über die Auswahl der richtigen Techniken und Arbeitsmittel, die zur Bewältigung konkreter Arbeitsaufgaben zur Verfügung stehen. Erst eine solche umfassende Technikschulung ermöglicht die reibungslose Anwendung neuer Technologien, die den betrieblichen Anforderungen entspricht. Insgesamt macht es die Flut von Informationen, der sich die Berufstätigen gegenüberstehen, erforderlich, daß Berufstätige über ein solides fachliches Zusammenhangswissen verfügen.[36] Für die Zukunft gilt deshalb: "Auch wenn überfachliche Qualifikationen für die Aktualisierung fachspezifischen Wissens in Zukunft eine wachsende Bedeutung erhalten, so wird damit dennoch nicht die Bedeutung der fachlichen Kompetenzen verringert. Sie bilden weiterhin das Fundament, auf dem produktiv gearbeitet wird, nur daß dieses Fundament immer häufiger und schneller durch den Erwerb neuen fachspezifischen Wissens haltbar gemacht werden muß."[37]

4. Notwendige außerfachliche Qualifikationen

Die in den Bereich der Methodenkompetenz fallenden Fertigkeiten beginnen mit der **Informationsverarbeitungsfähigkeit** im Sinne einer Fähigkeit, Informationen systematisch und eigenverantwortlich zu beschaffen und zu verarbeiten. Das in diesem Kontext relevante Problem des **Wissensmanagements** - also die Frage, wie der Mensch die von ihm wahrgenommene Umwelt sowie die erkannten Dinge selektieren, verarbeiten, bewerten und verknüpfen muß - ist dabei eine Aufgabe, die seit Beginn der Menschheit besteht. Neu ist die Frage, *wie* diese Selektion, Verarbeitung, Bewertung und Verknüpfung erfolgt, denn die Beantwortung dieser Frage hängt ab von den jeweils vorhandenen und angewendeten Technologien. Die Entwicklung der Informations- und Kommunikationstechnologien vergrößert die Masse der zu verarbeitenden Informationen erheblich und führt zu einer Informationsflut, die die Gefahr des "Information Overload" in sich birgt. Eliminiert werden kann diese Gefahr nur durch eine hohe Informationsverarbeitungsfähigkeit jedes einzelnen Arbeitnehmers.[38] Hinzu kommt die durch neue Arbeitsorganisationen und Managementstrukturen hervorgerufene Erweiterung der individuellen Aufgabenbereiche, die eine umfassende Information des Beschäftigten über zahlreiche unternehmensrelevante Vorgänge voraussetzt und dadurch ebenfalls eine entsprechende Informationsverarbeitungsfähigkeit verlangt.[39] Die Be-

---

[36] Vgl. Weilböck-Buck (1992), S. 204; Kraak (1992), S. 105f.; Reinmann-Rothmeier/Mandl (1997a), S. 56.

[37] Kuwan/Ulrich/Westkamp (1998), S. 8.

[38] Vgl. Palass/Preissner/Ricker (1997), S. 132; Kühlwetter (1998), S. 18; Kern (1998), S. 11.

[39] Vgl. Bickenbach/Soltwedel (1996), S. 20.

75

wältigung der enormen Informationsmengen und die sinnvolle Nutzung des dadurch gewonnenen Wissens - also ein **effektiver Umgang mit Informationen** - ist aufgrund des Einsatzes neuer Technologien im Informations- und Kommunikationsbereich nur möglich, wenn die betroffenen Beschäftigten über hohe Fähigkeiten im Bereich der Informationsverarbeitung verfügen. Insgesamt sorgt der technisch-organisatorische Fortschritt für den Übergang von der Industriegesellschaft zu einer neuen Gesellschaftsform - ob sie nun 'Informationsgesellschaft', 'Wissensgesellschaft' oder auch 'knowledge society' heißt, ist nur ein definitorisches Problem -, in welcher der Faktor Wissen zum entscheidenden unternehmerischen Erfolgsfaktor wird. Damit wird die Fähigkeit, aus dem riesigen Bestand an Wissen das relevante Wissen auswählen zu können, zu einer der wichtigsten Schlüsselqualifikationen dieser Wissensgesellschaft.[40]

Die planvolle Verarbeitung vorhandener Informationen stellt allerdings nur einen Teil der Anforderungen dar, die sich aus dem Einsatz von neuen Technologien und entsprechenden Neuerungen im Bereich der arbeitsorganisatorischen Strukturen ergeben. Die schon erwähnte Erweiterung des individuellen Aufgabenbereichs bedeutet insgesamt eine Bewegung hin zu einem Handeln der Arbeitnehmer, das mit der Informationssammlung und -verarbeitung beginnt, sich über die Planung, Entscheidung sowie Ausführung fortsetzt und mit der eigenständigen Kontrolle und Bewertung der Handlung sowie der Handlungsergebnisse endet. Dieses 'vollständige Handeln'[41] setzt seinerseits zahlreiche Kompetenzen voraus, die es im folgenden zu beschreiben gilt.

Neben der schon behandelten Fähigkeit zur Informationsverarbeitung verlangt das vollständige Handeln Grundkenntnisse im Bereich der Problemanalysetechniken und der Problemlösetechniken. Das für ein zielgerechtes Handeln zwingend erforderliche **Problemlösevermögen** der Mitarbeiter setzt sich zusammen aus den folgenden Fertigkeiten: die Beschreibung der Problemsituation, die klare und konkrete Zielbestimmung, die Erschließung aller für das eigentliche Problem relevanten Daten, das Erfassen der existierenden Veränderungsmöglichkeiten, die Überlegungen zu einer konkreten Vorgehensweise und schließlich die Antizipation der Folgewirkungen.[42]

Gerade der zuletzt genannte Aspekt verdeutlicht, daß problemlösendes Denken aufgrund der Komplexität der Zusammenhänge in der Arbeitswelt ein **Denken in Zusammenhängen** verlangt. Der Systemcharakter der meisten unternehmerischen

---

[40] Vgl. Friedrich/Ballstaedt (1995), S. 208; Krogh/Durisin (1997), S. 252f.; Siebert (1997b), S. 255; Mandl/Reinmann-Rothmeier (1997), S. VI/1; Reinmann-Rothmeier/Mandl (1997b), S. 106; Kuwan/Ulrich/Westkamp (1998), S. 4.
[41] Vgl. Hankel/Müller/Schaarschuch (1994), S. 30.
[42] Vgl. Löffler (1994), S. 36; Miller (1995), S. 198f.; Bickenbach/Soltwedel (1996), S. 20.

Probleme, also die Existenz von zahlreichen Interdependenzen und Wechselwirkungen, verlangt von den Problemlösern die Fähigkeit, sich von dem linearen Denken zu lösen. Statt dessen wird es notwendig, in komplexen Zusammenhängen zu
denken und mögliche Neben- sowie Wechselwirkungen des eigenen Handelns zu
beachten. Der Zwang, zum Zwecke eines entscheidungsorientierten Handelns in
Systemen und Zusammenhängen zu denken, wird durch die zunehmende Bedeutung der Gruppenarbeit verstärkt. Die Gruppenarbeit, hier vor allem die bereichs-
und abteilungsübergreifende Kooperation, verlangt von den Mitarbeitern ebenfalls
ein Denken, das in die Breite geht und die Konsequenzen sowie die mögliche Nebenwirkungen von eigenen Entscheidungen für zahlreiche Bereiche berücksichtigt.[43]

Die bisher genannten Anforderungen, die für die eigenständige Lösung von Problemen notwendig sind, werden ergänzt durch den Aspekt der Kreativität. Schon
gegen Ende der 70er Jahre stellten Experten fest, daß die **Kreativität** bzw. daß das
schöpferische Arbeiten die "unabdingbare Voraussetzung für die Lösung technischer Probleme" sei. Dies betrifft sowohl das Auffinden neuer Zielvorstellungen als
auch die Gestaltung und Durchsetzung der Lösungsvorschläge.[44] Und schon in
dieser Zeit machten Autoren darauf aufmerksam, daß die Globalisierung und Dy-
namik der Weltmärkte von jedem Unternehmen verlangt, ständig neue marktfähige
Produkte und Dienstleistungen zu entwickeln und sich in Nischen auf dem Weltmarkt zu etablieren. Die Suche nach neuen Produkten ist wiederum nur möglich,
wenn alle Mitarbeiter ihre Kreativitätspotentiale entfalten können. Auch wenn sich
in der genannten Zeit die Forderung nach der Entfaltung von Kreativitätspo-
tentialen und Ideenreichtum meistens nur auf die Ebene der Manager und
Führungskräfte bezog, so wurden bereits in dieser Phase Stimmen laut, die diese
Forderung auch auf die gesamte Arbeitnehmerschaft bezogen.[45] Insgesamt ist es
heute kaum noch strittig, daß Unternehmen sich nur dann erfolgreich mit innovativen Produkten und Produktionsverfahren auf dem Weltmarkt behaupten können,
wenn sie den eigenen Mitarbeitern die Entfaltung von kreativen Möglichkeiten
zugestehen.

Nachdem der Bereich der Problemanalyse abgedeckt ist, geht es nun um die Kompetenzen, die mit der Entscheidung von Problemfällen verbunden sind. Die Erweiterung der Aufgabenbereiche für einzelne Beschäftigte bezieht sich gegenwärtig
auch auf die **eigenständige Entscheidung**, die gegebenenfalls in Zusammenarbeit
mit anderen getroffen werden kann. Entscheidend ist, daß die Entscheidungskompetenzen der Mitarbeiter zunehmend ausgeweitet werden, denn die vom globalen

---

[43] Vgl. Graumann (1977), S. 154f.; Sika (1991), S. 328f.; Hankel/Müller/Schaarschuch (1994),
S. 28-33; Kuhn (1996), S. 108.

[44] Vgl. Bösenberg (1978), S. 83.

[45] Vgl. Zempelin (1975), S. 45f.; Goldberg (1977), S. 147; Overbeck (1977), S. 127f.

77

Wettbewerb geforderte Flexibilität und Kreativität sind nur erreichbar, wenn den Arbeitnehmern entsprechende Spielräume bei der Entscheidungskompetenz eingeräumt werden. Außerdem ist die Erweiterung der individuellen Entscheidungsbefugnisse das Resultat der Dezentralisierung und der flachen Hierarchien, also das Ergebnis arbeitsorganisatorischer Neuerungen. Das gesamte Konzept des 'lean managements' wäre ohne das eigenständige und eigenverantwortliche Handeln der Beschäftigten nicht funktionsfähig.[46] Dies hat zur Folge, daß die Anforderungen an die Mitarbeiter in bezug auf deren **Entscheidungsfähigkeit** zunehmen. In diesem Kontext sind mindestens zwei weitere Aspekte von Bedeutung.

Zum einen setzt das eigenverantwortliche Handeln ein entsprechendes **Verantwortungsbewußtsein** auf seiten der Beschäftigten voraus. Ein Arbeitnehmer, der selbständig Entscheidungen trifft, muß neben der Entschlußkraft, die dafür notwendig ist, auch die **Fähigkeit zur Selbstbesinnung**, zur **Selbstkritik** und schließlich zur Verantwortlichkeit aufweisen. Ohne die Ausprägung eines Verantwortungsbewußtseins käme es zu unüberlegten Handlungen und Entscheidungen, so daß die Entscheidungskompetenz des einzelnen ohne ein entsprechendes Verantwortungsbewußtsein katastrophale Konsequenzen nach sich ziehen könnte. Dabei ist zu beachten, daß selbst relativ geringfügige Tätigkeiten in der einen oder anderen Weise Entscheidungen verlangen und verschiedene Formen der Verantwortung einschließen: Verantwortung für Sachwerte, für die Unversehrtheit von Menschen und Umwelt, für die Vermeidung einer unnötigen Verschwendung von knappen Ressourcen und für die Reduktion des kostenverursachenden Zeitaufwands.[47]

Zum anderen, und dies betrifft letztendlich nicht nur das eigenständige Treffen von Entscheidungen, verlangt die Entscheidungsfähigkeit die **Fähigkeit zur Selbstorganisation**. Das eigenverantwortliche, entscheidungsorientierte Handeln ist nur möglich, wenn die betreffenden Mitarbeiter in der Lage sind, aus vorgegebenen Grobzielen eigenständig die konkreten Detailziele abzuleiten und die entsprechenden Arbeitsschritte aufzustellen. Selbstverantwortliches Handeln ist somit zugleich ein selbstorganisiertes Handeln, bei dem die Arbeitnehmer eigenverantwortlich den Handlungsablauf festlegen, sich gemäß dieses Planes verhalten und zudem die Handlungen samt der daraus resultierenden Ergebnisse kritisch bewerten und kontrollieren.[48] Darüber hinaus müssen Beschäftigte in immer größerem Umfang entscheiden worauf es ankommt, wenn sie arbeiten, welche inhaltlichen und zeitlichen Schwerpunkte sie bei ihren Tätigkeiten setzen und wie sie die Kommunikation mit

---
46 Vgl. Matthies (1994), S. 84f.; Schusser (1995), S. 130; Friebel/Winter (1995), S. 237; Müller-Jentsch/Sperling (1996), S. 42.
47 Vgl. Nenninger (o. J.), S. 9; Löffler (1994), S. 33; Härtel (1995), S. 99; Barthel (1998b), S. 8.
48 Vgl. Baethge (1994), S. 718f.; Then (1994), S. 319; Härtel (1995), S. 100; Müller-Jentsch/Sperling (1996), S. 42.

ihren Kollegen organisieren. Auch die Trennung zwischen Arbeitszeit und freien Zeiten wird mehr und mehr zu einer Frage, die selbstverantwortlich von den Beschäftigten entschieden werden muß.[49] Ursächlich verantwortlich für die höheren Anforderungen an die Fähigkeit zur Selbstorganisation ist neben der Notwendigkeit zum eigenständigen, zeitgerechten Treffen von Entscheidungen auch der Umstand, daß es auf seiten der Arbeitnehmer den eingangs beschriebenen Wertewandel gibt. Dieser sorgt dafür, daß selbstorganisierte Tätigkeiten eher den gegenwärtigen Motivationen der Arbeitnehmer entsprechen. Deshalb erhöht die Selbstorganisation die Arbeitsmotivation, verbessert damit die Arbeitsproduktivität und reduziert Kosten bzw. Fehlzeiten. Die Förderung von selbstorganisierten und eigenverantworteten Arbeitsabläufen wird aufgrund dieser Zusammenhänge aus Gewinn- und Renditeerwägungen der Unternehmensleitungen betrieben.[50] Darüber hinaus sorgt die immer stärker werdende Auflösung des sogenannten 'Normalarbeitsverhältnisses' für eine höhere Flexibilisierung und Variabilität der Arbeitszeiten, was ebenfalls höhere Anforderungen an die **Selbstorganisationsfähigkeit** der Berufstätigen stellt. Insgesamt entwickeln sich die Qualifikationsanforderungen gegenwärtig dahin, daß ein steigender Bedarf an entscheidungskompetenten Mitarbeitern zu erkennen ist, die auftretende Probleme eigenständig analysieren und lösen können.[51] Somit gilt: "Da Staat und Unternehmen immer mehr darauf angewiesen sind, daß Engagement und Initiative von den Beteiligten entwickelt werden, müssen entsprechende **Kompetenzen zur Partizipation** erworben werden."[52] Zu beachten ist in diesem Zusammenhang allerdings, daß es gerade den Beschäftigten, die in ihrem bisherigen Arbeitsleben hauptsächlich als Befehlsempfänger tätig wurden, erfahrungsgemäß besonders schwer fällt, eigenverantwortlich ihre Aufgaben zu erfüllen.[53]

Eng verbunden mit der Organisations- und Koordinationsfähigkeit hinsichtlich der zu bewältigenden Arbeitsabläufe ist die Befähigung zum konsequenten und ökonomischen Umgang mit der eigenen Zeit. Um trotz der immer weniger fest umrissenen Arbeitszeiten und trotz der zurückgehenden Kontrollen bzw. Anweisungen durch Vorgesetzte die täglichen Arbeitsaufgaben dennoch ohne Überlastungen zu erfüllen, nehmen die Anforderungen an die **Zeit-** und **Selbstmanagementfähigkeiten** der Berufstätigen erheblich zu. Gleiches gilt für die Fähigkeit zum Umgang mit auftretenden Streßsituationen bzw. deren Bekämpfung.[54] Streß entsteht häufig aufgrund "zu knapp bemessenen Zeit- und Terminvorgaben", aufgrund einer zunehmenden Arbeitsintensität infolge von Personaleinsparungen und aufgrund von

---

[49] Vgl. Apgar (1998), S. 65f.
[50] Vgl. Then (1994), S. 319; Müller-Jentsch (1996), S. 42; Barthel (1998b), S. 9.
[51] Vgl. Stooß (1997), S. 18; Kühlwetter (1998), S. 19f.; Kern (1998), S. 10.
[52] Faulstich (1998), S. 13.
[53] Vgl. Fischer/Wötzel (1998), S. 51.
[54] Vgl. Kühlwetter (1998), S. 20.

Konkurrenz und Leistungsdruck innerhalb eines Teams.[55] **Streßbewältigung** wird deshalb zu einer Fähigkeit, über die immer mehr Beschäftigte verfügen müssen, um ihren Arbeitsaufgaben gerecht zu werden.

Einen weiteren Schwerpunkt der neuen Anforderungen an die Qualifikationen von Mitarbeitern stellt der Umstand dar, daß sich die Arbeitsbedingungen permanent verändern. Dies verlangt auf seiten der Arbeitnehmer die Fähigkeit, sich an wechselnde Situationen anzupassen und mit ihnen fertig zu werden, so daß nach Ansicht einiger Experten die **Veränderungsfähigkeit** der Menschen sogar zum entscheidenden Faktor im Wettbewerb wird.[56] Darüber hinaus verlangen die rasanten Umwandlungen der Arbeitswelt eine ständige Aktualisierung der individuellen Qualifikationen, was wiederum nur möglich ist, wenn die Arbeitnehmer die **Lernfähigkeit** besitzen, also sowohl die Befähigung als auch die Bereitschaft zum lebenslangen Lernen. Der Trend zur ständigen Erhöhung der beruflichen Qualifikationsanforderungen macht für die überwiegende Zahl der Beschäftigten die **lebensbegleitende Weiterbildung** zwingend erforderlich. Die Befähigung zur Selbstqualifikation, also die Bereitschaft zum ständigen Dazu- und Umlernen, wird damit zu einer der wichtigsten Schlüsselqualifikationen moderner Arbeitnehmer. Das Lernen wird erforderlich, wenn das vorhandene Wissen zur Bewältigung anstehender Aufgaben nicht mehr ausreicht - und dies wird bei dem rasanten technisch-organisatorischen Wandel immer häufiger der Fall.[57]

Konkret verlangt die Fähigkeit zum lebensbegleitenden Lernen die Aneignung von entsprechenden Lerntechniken und die Befähigung zum selbstorganisierten, selbstgesteuerten Lernen. Der im Zusammenhang mit der eigenen Weiterbildung offensichtlich werdende Zwang zur Eigeninitiative, zum selbstorganisierten und eigenverantwortlich geplanten Lernen - das zudem häufig in der Kooperation mit anderen erfolgt und damit auch noch das Vorhandensein von sozialen Kompetenzen notwendig macht -, zeigt eindrucksvoll die geänderten Anforderungen an die Qualifikationen der Arbeitnehmer der Gegenwart.[58] Gerade in einer Zeit, in der die lebenslange Anstellung in einem Betrieb immer mehr die Ausnahme darstellt, wird es zwingend erforderlich, daß die Erwerbstätigen auch in den Zeiten ohne eine feste Anstellung nicht den Anschluß an die berufliche Qualifikation verlieren und sich selbständig weiterbilden. Im Amerikanischen wird dieser Trend schon jetzt mit dem Schlagwort der 'Entwicklung vom »lifetime employment« zur »lifetime

---

[55] Vgl. Fischer/Wötzel (1998), S. 50.

[56] Vgl. Baethge/Oberbeck (1986), S. 341; Härtel (1995), S. 100; Hübner (1997), S. 15.

[57] Vgl. Reinmann-Rothmeier/Mandl (1995b), S. 193; Reischmann (1995), S. 201-204; Schlaffke (1995), S. 35; Heidack (1995), S. 96, 106, 109; Härtel (1995), S. 99f.; Schmidt (1995), S. 1; Schweer (1996), S. 249; Siebert (1997b), S. 256; Kern (1998), S. 8f.; Kuwan/Ulrich/Westkamp (1998), S. 5.

[58] Vgl. Bösenberg (1978), S. 86; Then (1994), S. 327-338; Bönsch (1995), S. 488; Dostal (1999), S. 25, 28.

80

employability«' beschrieben.[59] Und selbst für die Personen, die eine mehr oder weniger sichere Arbeitsstelle einnehmen, wird der Erwerb der Lernfähigkeit zur Notwendigkeit, denn nur so können sie sich an den immer schneller ablaufenden technischen Wandel und an die infolge dieses Wandels auftretenden organisatorischen Änderungen anpassen. Insgesamt gilt, daß aufgrund der Unbeantwortbarkeit der Frage, was der einzelne für seine Zukunft lernen muß, das "Lernen zur Daueraufgabe" für alle wird.[60]

Die verstärkte Anwendung der Gruppenarbeit setzt ebenfalls viele Kompetenzen voraus, ohne deren Vorliegen diese arbeitsorganisatorische Konzeption nicht funktionsfähig ist. Zu diesen Kompetenzen zählt an erster Stelle die **Kooperations-** bzw. **Teamfähigkeit**, also die Fähigkeit, zusammen mit anderen eine gemeinsame Aufgabe erfolgreich zu bewältigen. Konkret verlangt die Teamfähigkeit unter anderem die Befähigung, zielorientiert mit anderen tätig zu werden, dabei das eigene Wissen und eigene Ideen einzubringen, die eigene Leistung mit anderen abzustimmen und den persönlichen Erfolg auch aus dem Gruppenerfolg ableiten zu können.[61]

Ergänzt wird die Teamfähigkeit durch sozial-kommunikative Kompetenzen sowie durch die Befähigung zur selbständigen Konfliktregulation. Die **Kommunikationsfähigkeit** der Mitarbeiter resultiert dabei nicht nur aus der Zunahme der Gruppenarbeit und der bereichsübergreifenden Kooperation, sondern sie betrifft ebenso das Verhältnis zu den Kunden, Lieferanten und Geschäftspartnern.[62] Neben dem Austausch von Informationen umfaßt das Erfordernis der höheren Kommunikationsfähigkeit die Befähigung zur selbständigen Regulation eventuell auftretender Konflikte innerhalb der Gruppe. Die Streitigkeiten zwischen einzelnen Gruppenmitgliedern müssen von der Gruppe eigenständig - im Wege einer diskursiven Koordination und Konfliktlösung - behandelt werden. Die gruppenbezogene Selbstregulation verlangt folglich das Vorhandensein von **Konfliktregelungsfertigkeiten** sowie von Fähigkeiten zur Moderation von Konfliktgesprächen.[63] Zudem verändert die Gruppenarbeit die Stellung der Vorgesetzten innerhalb einer Gruppe. An die Stelle der traditionellen Rolle des Meisters tritt ein Vorgesetzter, der sich zum Manager und Trainer entwickelt und als solcher bei der Teamentwicklung, der Kooperation mit anderen Gruppen oder auch bei der Weiterqualifikation einzelner Gruppenmitglieder steuernd eingreift.[64] Dieses neue Verständnis von den Aufgaben der Vorgesetzten stellt wiederum hohe Anforderungen an deren Fähigkeiten zur

---

[59] Vgl. Heuser (1997), S. 16.
[60] Vgl. Geißler (1996), S. 34; Gehrer (1996), S. 302.
[61] Vgl. Endres/Wehner (1993), S. 640; Härtel (1995), S. 100.
[62] Vgl. Baethge (1994), S. 718f.; Härtel (1995), S. 100; Bickenbach/Soltwedel (1996), S. 20, 29.
[63] Vgl. Matthies (1994) S. 391, 424; Baethge (1994), 722; Härtel (1995), S. 100; Friebel/Winter (1995), S. 235; Kuhn (1996), S. 108f.; Bickenbach/Soltwedel (1996), S. 20, 29.
[64] Vgl. Kuhn (1996), S. 109.

Mitarbeiterführung: "Die Erfordernis, Zielvereinbarungsgespräche zu führen, sich mit den Meinungen und den Ideen der Beschäftigten ernsthaft auseinanderzusetzen, plötzlich mehr Moderator denn Unterweiser zu sein, dürfte so manche Führungskraft überfordern."[65]

Des weiteren zählen zu den notwendigen Qualifikationen von Beschäftigten Kenntnisse auf dem Gebiet der **Argumentations-** und der **Präsentationstechniken**. Die Durchsetzung eigener Vorstellungen verlangt vom Mitarbeiter Argumentationsfähigkeiten und die Befähigung zur klaren Darstellung dieser Vorschläge. Auch die zunehmende Kundenorientierung verlangt von vielen Mitarbeitern das aktive Eingehen auf den Kunden, die kompetente Kundenberatung mit einem sicheren fachlichen Auftreten und somit die Fähigkeit zur Präsentation von Informationen und Kauf- bzw. Handlungsalternativen.[66]

Nur der Vollständigkeit halber sollen abschließend die bisher unbeachteten fachlichen Qualifikationen erwähnt werden, die für die gegenwärtigen und zukünftigen Anforderungen an die Beschäftigten eine Rolle spielen:[67]

- die **Medienkompetenz** als Bezeichnung aller Fähigkeiten und Qualifikationen, die für den sicheren Umgang mit den Medien der Kommunikations- und der Informationstechnologien erforderlich sind
- **theoretisches Wissen** aus dem gewerblich-technischen Bereich und aus dem kaufmännisch-verwaltenden Bereich
- die Beherrschung von **Fremdsprachen** als Reaktion auf die zunehmende Internationalisierung der Wirtschaft

Trotz der hier angesprochenen Schwerpunkte auf den außerfachlichen Kompetenzen darf nicht übersehen werden, daß zahlreiche "Betriebsfallstudien zeigen, daß Fachkompetenzen zur Bewältigung des Strukturwandels nach wie vor eine zentrale Bedeutung haben."[68] Alles in allem führen die Anforderungen, die der Einsatz neuer Technologien und die sich daraus ergebenden Modifikationen der arbeitsorganisatorischen Strukturen an die Mitarbeiter stellen, zu einer neuen Leitfigur der Aus- und Weiterbildung. Dazu zählt z. B. der Umstand, daß die berufliche Leistung schon gegenwärtig nicht mehr so sehr eine Frage der physischen Kraft ist, sondern vielmehr eine Frage der intellektuellen Fähigkeiten. Die Verlagerung der Handlungs- und Entscheidungskompetenzen auf den einzelnen Mitarbeiter bzw. auf die einzelne Arbeitsgruppe bedeutet neben der technischen und fachlichen Weiterqualifikation vor allem eine Erhöhung der methodischen und sozialen Qualifikationskomponenten, die zur Bewältigung der neuen Arbeitsanforderungen

---

[65] Fischer/Wötzel (1998), S. 51.
[66] Vgl. Bösenberg (1978), S. 86f.; Baethge/Oberbeck (1986), S. 200.
[67] Vgl. statt vieler Schultz-Wild (1997), S. 8f.; Schmidt (1997), S. 16f.
[68] Staudt/Meier (1998), S. 69.

zwingend erforderlich sind.[69] Das von der Weiterbildung anzustrebende Leitbild ist deshalb der "Mitarbeiter als selbstverantwortlicher, teamfähiger, innovationsbereiter und flexibler »Experte der Praxis«"[70]. Neu ist zudem, daß die genannten Schlüsselqualifikationen nicht mehr nur von Managern verlangt werden, sondern zunehmend von allen Beschäftigten. Im Ergebnis kann daher festgehalten werden, daß immer mehr Entscheidungsträger in Wirtschaft und Verwaltung erkennen: Die überfachliche Weiterbildung ist als eine zwingend notwendige Investition in das Humankapital der Betriebe und Dienststellen anzusehen.[71]

Trotz der weitreichenden Entwicklung hin zu einer immer höher qualifizierten Arbeitnehmerschaft darf nicht übersehen werden, daß nicht alle Mitarbeiter von dieser Höherqualifizierung betroffen sind. Unbestritten ist, daß der Anteil der Arbeitsplätze für Personen mit geringen Qualifikationen gegenwärtig deutlich zurückgeht und auch in Zukunft zurückgehen wird.[72] Schon 1986 stellten *Baethge* und *Oberbeck* die These auf, daß trotz der enormen Automatisierungstendenzen im Bereich der Routinetätigkeiten eine vollständige Automatisierung dieser Aufgabenbereiche ökonomisch nicht sinnvoll sei und daß daher auch in Zukunft bestimmte »Lückenbüßer-Tätigkeiten« weiterhin bestehen würden. Die Existenz derart unattraktiver Tätigkeiten - auch im Angestelltenbereich - macht Qualifi-kationen der davon betroffenen Mitarbeiter unnötig. Dies führt zu einer qualifikationsrelevanten Polarisierung, die für den einzelnen zu einer "schwer überschreitbaren *beruflichen Demarkationslinie* werden" kann.[73] Diese 1986 aufgestellte These hat nach wie vor Bestand. Gegenwärtig und zukünftig ist davon auszugehen, daß es restriktive, unqualifizierte Arbeitsverhältnisse im 'Low-Tech-Bereich' gibt, die von Geringqualifizierten ausgeübt werden, deren Handlungs- und Entscheidungskompetenzen nicht erweitert werden können. Die betroffenen, vielfach als Rationalisierungsverlierer bezeichneten Arbeitnehmer erleiden damit eine Dequalifikation. Und weil Un- bzw. Geringqualifizierte einem höheren Arbeitslosigkeitsrisiko unterworfen sind, müssen diese Personen mit ihren erheblichen Qualifikationsdefiziten in besonderem Maße von Weiterbildungsmaßnahmen erfaßt werden.[74]

Sehen wir allerdings von den Kreisen der Arbeitnehmerschaft ab, die aufgrund ihres Aufgabenbereichs nicht dem Zwang einer ständigen Förderung ihrer fachlichen, methodischen und sozialen Kompetenzen unterliegen, so gilt für die überwiegende Mehrheit von Beschäftigten, daß sie ihre Kenntnisse auf dem Gebiet der genannten Kompetenzen ständig erweitern müssen. Daß die genannten außerfachlichen Fähig-

---

[69] Vgl. Ehmann (1995), S. 132; Bullinger u. a. (1995), S. 384.

[70] Friebel/Winter (1995), S. 234.

[71] Vgl. Meisel (1989), S. 96; Schultz-Wild (1997), S. 8; Dietzen (1999), S. 14-16.

[72] Vgl. Tesaring (1994), S. 12.

[73] Vgl. Baethge/Oberbeck (1986), S. 322-324.

[74] Vgl. Endres/Wehner (1993), S. 640; Baethge (1994), S. 721; Klauder (1994), S. 771; Lecher (1995), S. 76f.

keiten auch von den Führungskräften der deutschen Wirtschaft eingefordert werden, zeigt sich in entsprechenden Umfragen bzw. Untersuchungen. Schon 1984 konnte eine Untersuchung im Auftrag des *Bundesinstituts für Berufsbildung* die große Bedeutung der methodischen und der sozialen Kompetenzen für die Unternehmensleitungen zeigen. Als "sehr wichtig" oder "wichtig" eingeschätzte Kenntnisse galten:[75]

Thema	Industriekauf-mann/-kauffrau	Bürokaufmann/-kauffrau	Bürogehilfe/-gehilfin
Abstraktes und logisches Denken	96 %	85 %	64 %
Anpassungsfähigkeit an Neues	96 %	100 %	86 %
Kommunikationsfähigkeit	93 %	91 %	79 %
Fähigkeit zur Teamarbeit	89 %	91 %	86 %
Kaufmännisches Rechnen	93 %	91 %	71 %
Schreibmaschinenkenntnisse	77 %	94 %	94 %
Stenografiekenntnisse	28 %	42 %	64 %
Kenntnisse betrieblicher Organisation und Zusammenhänge	95 %	91 %	71 %
Allgemeine EDV-Grundkenntnisse	76 %	70 %	64 %
Bedienungskenntnisse von Terminals / Bildschirmgeräten	69 %	70 %	57 %
Bedienungskenntnisse von Textverarbeitungsprogrammen	13 %	33 %	36 %
Programmierkenntnisse	5 %	3 %	0 %
Kenntnisse in der praktischen Anwendung von Programmen	41 %	33 %	36 %

Bemerkenswert an dieser Umfrage ist, daß bereits 1984 die enorme Bedeutung der sozialen und der kognitiven Fähigkeiten von den befragten Führungskräften sehr klar erkannt wurde. Eine aktuellere Umfrage unter 600 Führungskräften von deutschen Banken und Sparkassen aus dem Jahre 1996, bei der 240 Führungskräfte antworteten, brachte ähnliche Befunde hervor:[76]

---

[75] Vgl. Koch u. a. (1984), S. 50.
[76] Vgl. Durstberger/Baade (1997), S. 148f.

84

Thema	sehr wichtig	wichtig	weniger wichtig	keine Angaben
Service-Qualität	71 %	18 %	6 %	5 %
Teamentwicklung und Steuerung	64 %	31 %	3 %	2 %
Kommunikation und Konflikt	49 %	36 %	4 %	11 %
Coaching-Systeme	39 %	41 %	14 %	6 %
Strategie-Workshops	28 %	44 %	22 %	7 %
Vorgesetztenbeurteilung	16 %	45 %	33 %	6 %
Verhandlungsführung	14 %	53 %	26 %	7 %
Lebens-Zeit-Management	14 %	34 %	45 %	7 %

Erneut wird deutlich, daß die Qualifikationsanforderungen der Gegenwart weit über die rein fachlichen Qualifikationen hinausgehen. Ähnlich fallen die Resultate einer Befragung des *DAG-Forums Schleswig-Holstein e. V.* aus.

Wie wichtig sind für die Beschäftigten in Ihrem Betrieb / Ihrer Verwaltung Weiterbildungsmaßnahmen in den folgenden Bereichen?

	sehr wichtig oder eher wichtig	unwichtig oder eher unwichtig
Arbeiten im Team	88,0 %	11,7 %
Mitarbeiterführung	83,2 %	4,9 %
Konfliktmanagement	73,5 %	9,4 %
Problemlösungstechniken	70,3 %	11,5 %
Streßbewältigung	69,8 %	9,3 %
Argumentationstechniken	68,0 %	10,1 %
Rhetorik/Kommunikationstraining	68,0 %	7,8 %
Entscheidungstechniken	64,0 %	11,8 %
Selbstmanagement	58,8 %	14,1 %
Zeitmanagement	57,9 %	15,0 %
Projektmanagement	57,8 %	12,8 %
Diskussionstechniken	55,7 %	17,6 %
Telefontraining	53,4 %	23,6 %
Lerntraining	49,7 %	18,3 %
Präsentationstechniken	43,3 %	25,3 %
Kreativitätstechniken	40,4 %	27,5 %
Vortragstechniken	38,2 %	27,5 %

85

5. Zusammenfassende Bemerkungen

Insgesamt kann damit folgendes Fazit hinsichtlich der geänderten Anforderungen an die Arbeitnehmerschaft aufgestellt werden: Für die überwältigende Mehrheit der Beschäftigten führen die technischen Neuerungen ebenso wie die damit einhergehenden Veränderungen arbeitsorganisatorischer Strukturen zu einer Erhöhung der Anforderungen an das qualifikatorische Niveau der Arbeitnehmer. Betroffen sind davon neben den fachlichen auch die methodischen und sozialen Kompetenzen, so daß eine rein technisch ausgerichtete Fortbildung zu kurz greift. Es kann sogar behauptet werden, daß seit geraumer Zeit eine Schwerpunktverlagerung bei den Inhalten der Weiterbildung festzustellen ist, bei der die Bedeutung der außerfachlichen Qualifikationen und Kompetenzen kontinuierlich zunimmt. In der **betrieblichen Weiterbildungspraxis** macht sich diese Schwerpunktverlagerung allerdings nur zögerlich bemerkbar. Eine 1996 veröffentlichte Befragung von Arbeitnehmervertretern enthält bezüglich der Frage nach den Inhalten der betrieblichen Weiterbildung unter anderem die nachfolgenden Feststellungen:[77]
- An erster Stelle werden durch berufliche Weiterbildungsmaßnahmen technische Qualifikationen abgedeckt und gefördert.
- Wichtig sind weiterhin Schulungen auf dem Gebiet der fachlichen Qualifikationen; zu nennen sind hier vor allem Maßnahmen zum Qualitätsmanagement, zum Vertrieb und Marketing sowie zusehends Qualifizierungsveranstaltungen zum Projektmanagement.
- Soziale Kompetenzen werden in den wenigsten Fällen geschult. Wenn überhaupt, so beschränken sich entsprechende weiterbildende Maßnahmen auf Führungskräfte und Projektleiter.
- Insgesamt ist nach wie vor eine starke Fokussierung auf eine rein fachbezogene Qualifizierung der Beschäftigten festzustellen. Eine gezielte Förderung von Schlüsselqualifikationen findet hingegen nur in geringem Maße statt.

Auch wenn in vielen Betrieben und Verwaltungen die berufliche Weiterbildungspraxis ihren Schwerpunkt immer noch auf das rein fachliche Gebiet legt, so ist in immer größerem Umfang eine Schwerpunktverlagerung hinsichtlich der Weiterbildungsinhalte zu erkennen. Berufliche Qualifizierungsmaßnahmen legen in zunehmendem Maße Wert auf die Förderung der **ganzheitlichen Handlungskompetenz**, die neben den **fachlichen Kompetenzen** vor allem die **sozialen** und **methodischen Aspekte** aufnimmt. Verantwortlich für diesen Wechsel sind die sich ändernden Anforderungen der Arbeitswelt, die aufgrund technologischer und arbeitsorganisatorischer Neuerungen verstärkt die außerfachlichen (oder extrafunktionalen) Kompetenzen der Beschäftigten benötigen.[78]

---

[77] Vgl. Gärtner u. a. (1996), S. 25, 32, 50; vgl. dazu auch Herz (1992), S. 3.
[78] Vgl. Bootz/Ebmeyer (1995), S. 38, 65f.; Weiß (1999), S. 4.

Nach diesen allgemeinen Ausführungen ist es für die betriebliche Weiterbildungspraxis wichtig zu wissen, wie die Qualifikationsdefizite bei den Beschäftigten im eigenen Betrieb aussehen. Mit dieser Frage werden erste Aspekte der Planung von beruflichen Qualifizierungsmaßnahmen angesprochen.

Die Qualifikationsbedarfsanalyse

Von entscheidender Bedeutung für den Erfolg einer weiterbildenden Maßnahme ist die Bedingung, daß die Weiterbildungsmaßnahme sich an den konkreten betrieblichen Aufgabenstellungen und an den Erfahrungen der Beschäftigten orientiert.[1] Die genaue Erforschung der Inhalte, die durch eine weiterbildende Maßnahme abzudecken sind, ist deshalb ein Aspekt von höchster Wichtigkeit für die berufliche Weiterbildung. Oftmals leiden Qualifizierungsmaßnahmen unter dem Manko, daß sie am Bedarf der teilnehmenden Mitarbeiter vorbeiqualifizieren. Dies ist immer dann der Fall, wenn eine Schulung entweder nicht die für einen bestimmten Arbeitsplatz notwendigen Qualifikationen erfaßt oder aber, wenn sie sich nicht an den Bedürfnissen und Wünschen der betroffenen Arbeitnehmer orientiert. Beide Aspekte gilt es zu beachten. Wenn eine weiterbildende Maßnahme nicht die Fertigkeiten vermittelt, die am entsprechenden Arbeitsplatz gefordert sind, dann können bestehende Qualifikationsdefizite nicht behoben werden. Der betriebswirtschaftliche Zweck der Schulung ist unter solchen Umständen nicht erreichbar. Das gleiche Schicksal ereilt eine weiterbildende Maßnahme, wenn bei ihr die Wünsche der teilnehmenden Beschäftigten nicht berücksichtig werden, denn die Erfahrung der beruflichen Weiterbildung deutet eindeutig auf das folgende Problem hin: "Kompetenzentwicklung gegen den Willen der einzelnen Mitarbeiter zu betreiben ist nicht möglich."[2] Eine vernünftige Planung von Weiterbildungsmaßnahmen verlangt somit, daß die Aus- und Weiterbildungsinhalte nicht nur den Bedürfnissen der Wirtschaft entsprechen, sondern auch den "Bildungs-, Qualifizierungs- und Entfaltungsinteressen der arbeitenden Menschen".[3]

1. Qualifikationsbedarfsanalyse

Grob gesprochen, ergibt sich der Qualifikationsbedarf eines Beschäftigten aus der Differenz zwischen den Anforderungen des Arbeitsplatzes bzw. des Betriebes an den Beschäftigten auf der einen Seite und den vorhandenen Mitarbeiterqualifikationen auf der anderen Seite. In einer Abbildung läßt sich dies wie folgt darstellen:[4]

---

[1]   Vgl. Döbele-Berger/Martin (1991), S. 197; Heimann (1999), S. 14.
[2]   Kröll (1997), S. 205.
[3]   Voigt (1996), S. 100; ebenso Weiß (1999), S. 17.
[4]   In Anlehnung an Merk (1998), S. 181; ähnlich auch Satzer (1999), S. 130-134.

88

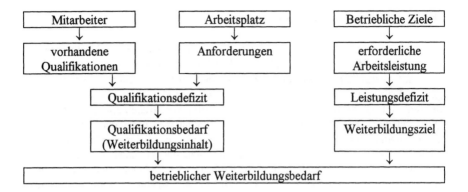

Die Analyse des Qualifikationsbedarfs hat dabei verschiedene **zeitliche Dimensionen**, die es zu berücksichtigen gilt. Grundsätzlich können hierzu drei Zeithorizonte herangezogen werden:[5]

- Die **gegenwartsbezogene** Qualifikationsbedarfsanalyse erfaßt die aktuell bestehende Qualifikationslücke, berücksichtigt also den gegenwärtig geforderten Stand der Qualifikation. Der Zeithorizont reicht daher nicht über die Gegenwart hinaus.

- Die **vorausschauende** Qualifikationsbedarfsanalyse erfaßt die notwendigen Qualifikationen, die sich aufgrund von geplanten technischen und organisatorischen Änderungen im Betrieb ergeben werden.

- Die **prognostische** Qualifikationsbedarfsanalyse betrifft schließlich langfristige Entwicklungen bei den Anforderungen an die Qualifikationen der Beschäftigten. Hierbei handelt es sich um Qualifikationsentwicklungen, die aus technologischen und organisatorischen Änderungen resultieren werden, die im Betrieb noch gar nicht eingeplant sind, aber aufgrund zu erwartender technisch-organisatorischer Entwicklungstendenzen im Wirtschaftsleben früher oder später jeden Betrieb erfassen werden.

Erster Ansatzpunkt einer sinnvollen Planung und Gestaltung von Qualifizierungsanstrengungen ist folglich eine **genaue Bedarfsanalyse** in den Betrieben. Auf dieser Qualifikationsbedarfsanalyse kann dann die praxis- und bedarfsgerechte Qualifizierung aufbauen. Ausgangspunkt der betrieblichen Weiterbildung ist deshalb "ein leistungsfähiges Qualifizierungsmanagement" mit einem brauchbaren "Instrumentarium zur Ermittlung des Weiterbildungsbedarfs".[6] Grundsatz der Ermittlung des Qualifikationsbedarfs ist ein **Vergleich** zwischen den **vorhandenen Qualifikationen** der einzelnen Mitarbeiter und den **Anforderungen der Arbeits-**

---

[5] Vgl. Merk (1998), S. 179.
[6] Voigt (1996), S. 105.

89

plätze.[7] Wie dies im Idealfall geschehen kann, soll mit Hilfe von zwei möglichen modellhaften Darstellungen gezeigt werden. Beide Modelle zeigen als idealtypische Verfahren den optimalen Zustand der Qualifikationsbedarfsanalyse.

Ein idealtypisches Modell zur Qualifikationsbedarfsermittlung:[8]

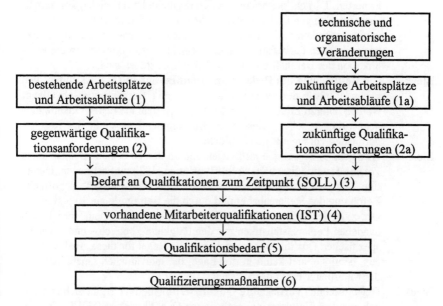

Zu den einzelnen Phasen dieses Modells sind die jeweiligen Schritte mit den Zahlen in der Klammer bezeichnet und beinhalten die folgenden Aktivitäten:

Block 1: Die **bestehenden Arbeitsplätze** und Arbeitsabläufe werden analysiert. Hierzu zählt vor allem die Ermittlung der Arbeitsplätze, die tatsächlich bestehen bleiben, aber notwendigerweise verändert werden müssen. Das Ergebnis dieser Phase ist eine strukturierte Analyse von umfassenden Arbeitstätigkeiten und Teiltätigkeiten.

Block 1a: Die **zukünftigen Arbeitsplätze** und Arbeitsabläufe werden beschrieben. Resultat ist auch hier eine systematische und strukturierte Analyse der Arbeitsplätze und der Tätigkeitsanforderungen.

Block 2: Die Beschreibung der **gegenwärtigen Qualifikationsanforderungen** erfolgt auf der Basis exakter, empirischer Arbeitsplatz- und Tätigkeitsanalysen. Herangezogen werden für diesen Verfahrensschritt auch Expertenbefragungen (Vorgesetzte, Personalabteilung, Weiterbildungsab-

---

7 Vgl. Merk (1998), S. 181.
8 Vgl. zu den nachstehenden Ausführungen Frieling (1992), S. 53-56.

90

teilung, externe Experten etc.) und die Analyse von bereits durchgeführten Schulungsprogrammen, um einen Überblick über den aktuellen Stand der vorliegenden Qualifikationen zu erhalten.

Block 2a: Die Festlegung der **zukünftigen Qualifikationsanforderungen** erfolgt am besten unter der Verwendung von Szenariotechniken mit geeigneten Experten. Es geht hierbei um das gedankliche Durchspielen von möglichen Änderungen im betrieblichen Arbeitsablauf aufgrund des Einsatzes neuer Techniken und erforderlicher organisatorischer Neuerungen. Experten können daraufhin beurteilen, welche Anforderungen an die Qualifikation der Beschäftigten in der Zukunft zu stellen sind.

Block 3: Die Bestimmung des **Bedarfs an Qualifikationen** (SOLL) umfaßt den genauen Inhalt der Qualifikationen, die den Beschäftigten abverlangt werden. Hierzu zählt auch der Zeitpunkt, ab dem die neuen Qualifikationen vorliegen sollen. Diese Bedarfsbestimmung ist somit das Resultat der beiden vorangegangenen Blöcke.

Block 4: Hier geht es darum, die im Betrieb und an den einzelnen Arbeitsplätzen **vorhandenen Mitarbeiterqualifikationen** (IST) zu bestimmen. Derartige Analysen erfolgen meistens durch eine standardisierte schriftliche Befragung der Stelleninhaber und durch die Befragung der Experten vor Ort, z. B. der Meister oder der Gruppenleiter. Die in einem Betrieb vorhandenen Personalstatistiken mit den tätigkeits-, bereichs- und betriebsspezifischen Qualifikationen reichen in der Regel für diese Analyse nicht aus, denn sie sind kaum in der Lage, die individuellen Qualifikationen der Mitarbeiter exakt darzustellen.

Block 5: Der tatsächlich **vorliegende Qualifizierungsbedarf** ergibt sich schließlich aus dem Vergleich der geforderten Qualifikationen (SOLL) und der aktuell vorhandenen Mitarbeiterqualifikationen (IST).

Es ist offensichtlich, daß ein derartig umfangreiches Vorgehen zur genauen Erforschung des Qualifikationsbedarfs in einem Betrieb oder auch nur in einer einzelnen Abteilung außerordentlich kosten- und zeitintensiv ist. Viele Unternehmen schrecken aufgrund der erforderlichen personellen und finanziellen Ressourcen vor der Anwendung eines solchen Verfahrens zurück. Als anzustrebendes Idealmodell kann dieses Verfahren aber dennoch herangezogen werden. Gleiches gilt für die zweite hier zu behandelnde Vorgehensweise.

Alternatives idealtypisches Modell zur Qualifikationsbedarfsermittlung:[9]

Das zweite mögliche Verfahren zur Bestimmung der Qualifikationsbedarfsanalyse ist ein zeitlich gesehen umfangreicheres Modell. Es zeigt, daß die genaue Feststellung der in einem Betrieb auftretenden Qualifikationslücken ein **permanentes Vor-**

---

[9] Vgl. zu den nachstehenden Ausführungen Severing (1994), S. 216.

91

gehen ist. Die stets stattfindenden Veränderungen der technologischen und organisatorischen Rahmenbedingungen beruflicher Tätigkeiten führen zu einer dauerhaften Veränderung der geforderten Qualifikationen (Soll-Zustand). Gleichzeitig gewinnen die Beschäftigten eines Betriebes aufgrund ihrer täglichen Arbeit und der Teilnahme an Schulungen immer wieder neue Erkenntnisse und Fähigkeiten, was das vorhandene Qualifikationsniveau (Ist-Zustand) kontinuierlich erhöht. Zur Bestimmung des Weiterbildungsbedarfs ist deshalb in regelmäßigen Abständen zu untersuchen, wie sich die Differenz zwischen den sich stets ändernden vorhandenen und geforderten Qualifikationen entwickelt. Wie dies geschehen kann, verdeutlicht die folgende Übersicht.

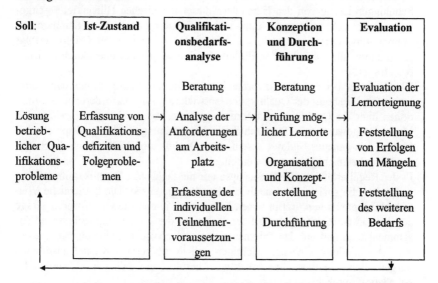

Soll:	Ist-Zustand	Qualifikationsbedarfsanalyse	Konzeption und Durchführung	Evaluation
Lösung betrieblicher Qualifikationsprobleme	Erfassung von Qualifikationsdefiziten und Folgeproblemen	Beratung Analyse der Anforderungen am Arbeitsplatz Erfassung der individuellen Teilnehmervoraussetzungen	Beratung Prüfung möglicher Lernorte Organisation und Konzepterstellung Durchführung	Evaluation der Lernorteignung Feststellung von Erfolgen und Mängeln Feststellung des weiteren Bedarfs

Es wird erkennbar, daß die Bestimmung des Bedarfs an weiterbildenden Maßnahmen im Idealfall eine Aufgabe ist, die permanent durchzuführen ist. Einmalige Untersuchungen zur Erforschung bestehender Qualifikationsdefizite reichen keinesfalls aus, denn der technisch-organisatorische Fortschritt verändert fast täglich die Anforderungen an die Fähigkeiten der Beschäftigten, reißt also immer wieder neue Qualifikationslücken auf. Gleichzeitig reduzieren weiterbildende Maßnahmen sowie der Zuwachs an Erfahrungen durch die tägliche Aufgabenerfüllung die Qualifikationsdefizite. Diese Entwicklung kann aber nur durch die regelmäßige Erforschung von qualifikatorischen Soll- und Ist-Zuständen im Betrieb erfaßt werden.

In der **betrieblichen Realität** der Weiterbildung finden derart zeit- und kostenintensive Verfahren nur selten statt. Die Bedarfsermittlung zeichnet sich in zahlreichen Fällen eher durch die folgenden Mängel aus:[10]

- Die Bedarfsanalyse erfolgt oftmals durch die Einschätzung der Vorgesetzten, zum Teil werden diese Einschätzungen noch ergänzt durch die Befragung der Mitarbeiter. Fehlen beiden Personengruppen allerdings die Kenntnisse über anstehende betriebliche Veränderungen oder über die technischen Möglichkeiten neuer Produktionsverfahren, so können sie den zukünftig notwendigen Qualifikationsbedarf nur unzureichend abschätzen.

- Außerdem werden im Fall der Einführung neuer Techniken die erforderlichen Schulungen häufig von den Herstellern dieser technischen Hilfsmittel bereitgestellt. Dabei geht es in erster Linie um die Schulung nach einem Standardprogramm. Eine Orientierung am Lernbedarf der zu schulenden Gruppe erfolgt somit kaum, allenfalls über den Einfluß der Schulungsteilnehmer durch gezieltes Nachfragen.

- Häufig findet bei der Einsatzvorbereitung neuer Technologien nur eine allgemeine Beschreibung der Qualifikationsentwicklung statt. Erforderliche Informationen über die Qualifikationsanforderungen werden dabei mit unzureichenden Methoden gewonnen, z. B. durch Stellenbeschreibungen oder Rücksprache mit Firmen. Ein genaues Bild der bestehenden Qualifikationslücken kann durch dieses Vorgehen nicht gewonnen werden.

- In der Regel erfaßt die Bedarfsanalyse nur die fachlichen Qualifikationsdefizite, nicht aber die sozialen und methodischen Kompetenzen. Die betriebliche Weiterbildungspraxis verkürzt in vielen Fällen noch immer die Qualifizierungsfrage auf die rein fachlich-technische Ebene, also auf die Vermittlung technischer Zusammenhänge und auf das Erlernen computertechnischer Handlungskompetenzen. Die mindestens ebenso wichtigen und im vorherigen Kapitel ausführlich dargestellten außerfachlichen Aspekte der beruflichen Qualifizierung werden dabei allzuoft vernachlässigt.

- Individuelle Weiterbildungsangebote, die den Ansprüchen der Beschäftigten vor Ort entsprechen, werden in der Regel nur von industriellen Großbetrieben gemacht - und selbst dort nicht von allen. Die Mittel- und Kleinbetriebe überlassen, mit Ausnahme einer kleinen Zahl von Modellbetrieben, "die berufliche Weiterbildung der privaten Initiative ihrer Beschäftigten", was eine exakte Ermittlung der notwendigen Schulungen fast unmöglich macht.

- Insgesamt muß bemängelt werden, daß sich die gegenwärtige Weiterbildungsbedarfsermittlung "häufig als unbefriedigend und unsystematisch" erweist. Die Dominanz betriebswirtschaftlicher Kriterien führt zu meist nur geringen perso-

---

[10] Vgl. Timpe/Schindler (1992), S. 15; Gerds (1992), S. 36; Herpich/Krüger/Nagel (1992), S. 61-63; Siebert (1993), S. 48-50; Stockmann/Bardeleben (1993), S. 11f.; Bergmann/Skell (1996), S. 207; Voigt (1996), S. 105; Gärtner u. a. (1996), S. 33f.; Euler (1997), S. 47; Kühlwetter (1998), S. 15-17; Satzer (1999), S. 129, Heimann (1999), S. 26.

93

nellen und finanziellen Kapazitäten für die bedarfsgerechte Entwicklung von Weiterbildungsmaßnahmen. An die Stelle der maßgeschneiderten Schulungsangebote treten daher eingefahrene Qualifizierungsveranstaltungen, die kaum den speziellen Gegebenheiten der Teilnehmer vor Ort angepaßt werden.

Es ist für die betriebliche Weiterbildungspraxis festzustellen, daß immer noch zu wenig Wert auf die fundierte Bedarfsanalyse gelegt wird, so daß dort die größten Defizite bestehen.[11] Die wenigen vorgestellten Mängel der betrieblichen Praxis zur Ermittlung des Weiterbildungsbedarfs mögen ausreichen, um zu verdeutlichen, daß zu diesem Teil der beruflichen Weiterbildung noch erhebliche Anstrengungen für Verbesserungen erforderlich sind. Besonders zu beachten ist dabei der folgende Grundsatz: "Die Qualifizierungsaktivitäten dürfen sich dabei nicht auf fachlich-tätigkeitsbezogene Felder beschränken, sondern müssen die auf die neue soziale Organisation der Arbeit bezogenen Bereiche und die direkte Förderung sozialer Qualifikationen umfassen."[12] In der betrieblichen Praxis aber überwiegt immer noch eine funktions- und tätigkeitsbezogene Weiterbildung, die fast ausschließlich die fachlichen Kompetenzen der Mitarbeiter schult. Soziale und methodische Qualifikationen werden hingegen nicht ausreichend durch weiterbildende Maßnahmen erfaßt.[13]

Bei diesen Verbesserungsanstrengungen fällt den **Führungskräften** eine besonders wichtige Rolle zu. Ihre Aufgaben bei der Bestimmung des Qualifikationsbedarfs lassen sich folgendermaßen umschreiben:[14]
- Klarheit verschaffen über die vorliegende Personalstruktur sowie die vorliegenden Kompetenzpotentiale.
- Künftige Entwicklungspfade in den Bereichen Personal, Organisation, Technik und Markt erkennen.
- Prüfen, ob sich aus diesen Entwicklungen neue Anforderungen an die Mitarbeiter ergeben.
- Falls diese Frage bejaht wird: welche Konsequenzen ergeben sich daraus für den Kompetenzbedarf.
- Gespräche mit den Mitarbeitern führen, um zu erkennen, ob und in welchem Ausmaß die Mitarbeiter eine eigeninitiierte Kompetenzentwicklung betreiben und ob die bereits erworbenen Kenntnisse/Fertigkeiten geeignet sind, um frühzeitig auf künftige Entwicklungen reagieren zu können.
- Informationen über Qualifizierungsmöglichkeiten (Messebesuche, Fachzeitschriften, Herstellerschulungen etc.) an die Mitarbeiter weitergeben.

---

[11] Vgl. Staudt/Meier (1998), S. 78.
[12] Herpich/Krüger/Nagel (1992), S. 63.
[13] Vgl. Herpich/Krüger/Nagel (1992), S. 80f.
[14] Vgl. zu den nachstehenden Ausführungen Kröll (1997), S. 208f.

94

Auch die **Beschäftigten** und die **Arbeitnehmervertreter** können in diesem Zusammenhang wertvolle Beiträge leisten. Entscheidende Voraussetzung für eine richtige Einschätzung des Qualifikationsbedarfs der Beschäftigten ist in diesem Zusammenhang eine umfassende Information über die geplanten Entwicklungen im technologischen und organisatorischen Bereich. Erst wenn Beschäftigte und Arbeitnehmervertreter wissen, welche betrieblichen Änderungen in der Zukunft zu erwarten sind, können sie sich Gedanken über erforderliche weiterbildende Maßnahmen machen.

Sind erst einmal die geplanten Änderungen der Arbeitsabläufe in einem Betrieb bekannt, kann ein **erster Schritt** zur Ermittlung der Weiterbildungsbedürfnisse im Betrieb mit Hilfe einer schriftlichen und anonymen **Befragung aller Beschäftigten** erfolgen. Vorteile und Ergebnisse einer solchen Befragung sind vor allem:

- Es wird ein erster Überblick über die Schulungsinhalte, die aus Sicht der Beschäftigten besonders dringlich abzudecken sind, gewonnen. Die knappen personellen und zeitlichen Ressourcen, die für die betrieblichen Qualifizierungsanstrengungen vorhanden sind, können dann zielgerichtet für die Themenbereiche eingesetzt werden, bei denen der größte Weiterbildungsbedarf festgestellt wird.
- Es wird ein erster Überblick über die Bereiche und Abteilungen, in denen die Qualifizierungsdefizite besonders groß sind, gewonnen. Auch dies ermöglicht den zielgerichteten Einsatz knapper Ressourcen bei den Beschäftigten und Abteilungen, bei denen die Qualifikationsdefizite am größten sind.
- Aufgrund der Anonymität sind Beschäftigte eher bereit, ihre (subjektiven) Qualifikationsdefizite anzugeben, so daß ein möglichst genaues Bild der bestehenden Qualifikationsdefizite entworfen werden kann.
- Der zeitliche Bedarf für das Ausfüllen der Fragebögen durch die Beschäftigten ist relativ gering.
- Die gewonnenen Ergebnisse sind eine handfeste Grundlage, auf deren Basis weitere Überlegungen zur Gestaltung von Qualifizierungsmaßnahmen angestellt werden können. Dies versachlicht die Diskussion über die Planung und Durchführung anstehender Weiterbildungsmaßnahmen.

Wie ein solcher Fragebogen aussehen kann, und welche Tendenzaussagen aufgrund der Resultate der Befragung getroffen werden können, soll anhand eines Beispiels kurz vorgestellt werden.

2. Fragebogen für die Beschäftigten

Ein erster Ansatz zur Ermittlung des Qualifikationsbedarfs kann aus der Befragung der Beschäftigten bestehen. Mit ihm ist es möglich, den **subjektiven Bedarf** an weiterbildenden Maßnahmen zu ermitteln. Wie dies aussehen kann, soll am Beispiel einer vom *DAG-Forum Schleswig-Holstein e. V.* durchgeführten Qualifikationsbedarfsanalyse gezeigt werden.

2.1. Ein Beispiel

Die Untersuchung bezog sich auf ein Kreditinstitut in Schleswig-Holstein mit etwa 180 Beschäftigten. Die Befragung erfolgte auf Initiative des Personalrates. Personalabteilung und Vorstand unterstützten die Befragung, so daß der vom Fragebogen in enger Absprache mit Personalrat, Personalabteilung und Vorstand entworfen wurde. insichtlich der Notwendigkeit von Schulungsmaßnahmen für einzelne EDV-Programme wurden die fünf Programme, die im Institut hauptsächlich eingesetzt wurden, abgefragt. Die entsprechende Frage hatte dabei für jedes der Programme die folgende Ausgestaltung:

Frage: Wie sehen Sie die Notwendigkeit für Weiterbildungsmaßnahmen in den folgenden Bereichen der EDV ?

Name des Programms: ....

Ich verwende das Programm weder jetzt noch in Zukunft, Schulung daher nicht notwendig   ☐

Keine Kenntnisse vorhanden, Schulung dringend notwendig   ☐
Grundkenntnisse vorhanden, dennoch umfangreicher Schulungsbedarf   ☐
Grundkenntnisse vorhanden, nur wenig Schulungsbedarf   ☐
solide Kenntnisse vorhanden, Schulung kaum notwendig   ☐
sicherer Umgang, Schulung nicht notwendig   ☐

Für die fünf abgefragten Programme können die Ergebnisse der Befragung auf verschiedene Weisen zusammengefaßt werden. Eine mögliche Darstellung der Resultate erfaßt die Zahl der Mitarbeiter, die das Programm verwenden, und zählt dann die beiden ersten Antworten (dringender oder umfangreicher Schulungsbedarf) und die beiden letzten Antworten (kaum oder gar kein Schulungsbedarf) zusammen.

96

	Anzahl der Mitarbeiter, die das Programm verwenden	dringender oder umfangreicher Schulungsbedarf	kaum oder gar kein Schulungsbedarf
Excel	142	100 (=70,4 %)	14 (= 9,9 %)
Ami-Pro	149	50 (= 33,6 %)	48 (= 32,2 %)
CSB-Kredit	54	44 (= 81,5 %)	5 (= 9,3 %)
Cubis	92	42 (= 45,7 %)	23 (= 25,0 %)
Provinzial-Beratung	80	41 (= 51,3 %)	14 (= 17,5 %)

Diese Darstellung deutet auf die folgenden **Weiterbildungsbedürfnisse** hin:
- Absolut betrachtet, gibt es den größten Schulungsbedarf aus Sicht der Beschäftigten bei dem Programm Excel.
- Besonders wichtig ist für diejenigen, die das Programm CSB-Kredit anwenden, eine Schulung für dieses Anwenderprogramm.
- Auch wenn schon viele der Beschäftigten gar keinen oder nur noch einen geringen Schulungsbedarf für Ami-Pro sehen, gibt es immer noch 50 Mitarbeiter, die hier einen dringenden oder zumindest umfangreichen Weiterbildungsbedarf haben.

Im Interesse einer möglichst arbeitsplatznahen Planung von Weiterbildungsmaßnahmen ist es weiterhin erforderlich, die Befragungsergebnisse in den insgesamt fünf Bereichen des Kreditinstitutes darzustellen. Hierzu wird jeder der fünf möglichen Antworten ein Zahlenwert zugeordnet. Erhalten die Antworten Zahlenwerte von 1 (für "Schulung dringend notwendig") bis 5 (für "Schulung nicht notwendig"), läßt sich für jeden Bereich ein Wert für die durchschnittliche Wichtigkeit einer Weiterbildungsmaßnahme berechnen. Dabei gilt: Je geringer der Zahlenwert ausfällt, desto wichtiger ist eine Schulungsmaßnahme für das Programm:

	Service	Kundenbetreuung	Stabsabteilung	Sachbearbeitung	Auszubildende
Excel	1,64 (n = 22)	1,83 (n = 41)	2,53 (n = 32)	2,18 (n = 33)	2,67 (n = 9)
Ami-Pro	2,21 (n = 29)	3,03 (n = 39)	3,59 (n = 32)	2,91 (n = 35)	3,33 (n = 9)
CSB-Kredit	1,4 (n = 10)	1,92 (n = 13)	1,67 (n = 3)	2,05 (n = 19)	1,0 (n = 9)
Cubis	1,76 (n = 21)	3,17 (n = 41)	3,0 (n = 4)	2,21 (n = 14)	1,25 (n = 8)
Provinzial-Beratung	1,47 (n = 19)	3,1 (n = 40)	3,5 (n = 2)	1,29 (n = 7)	1,0 (n = 8)

97

Zur Erklärung der Tabelle ist dabei folgendes zu beachten:
- Die Anzahl der Antworten, die einen Schulungsbedarf angeben, wird mit 'n' bezeichnet.
- Die Bereiche, in denen der Schulungsbedarf über dem gesamten Durchschnittswert liegt, werden dick umrandet.

Damit zeigt sich vor allem ein Resultat: Der Service ist der Bereich, der bei allen Anwenderprogrammen einen überdurchschnittlich hohen Schulungsbedarf hat. Wenn also ein Bereich zuerst mit Weiterbildungsmaßnahmen abgedeckt werden soll, dann ist dies der Service. Neben der subjektiven Einschätzung zur Notwendigkeit einer weiterbildenden Maßnahme im EDV-Bereich wurde auch die Einschätzung zur Wichtigkeit von Schulungen im außerfachlichen Bereich abgefragt.

Frage : Neben den fachlichen Kenntnissen sind auch Fähigkeiten im kommunikativen und sozialen Bereich für die Bewältigung der täglichen Arbeitsaufgaben bedeutend. Wie wichtig sind für Sie Weiterbildungsmaßnahmen in den folgenden Bereichen?

sehr wichtig   unwichtig

Rhetorik / Kommunikationstraining   □——□——□——□——□

Telefontraining   □——□——□——□——□

Problemlösungstechniken und Entscheidungstechniken   □——□——□——□——□

Lerntraining   □——□——□——□——□

Mitarbeiterführung   □——□——□——□——□

Arbeiten im Team   □——□——□——□——□

Konfliktmanagement   □——□——□——□——□

Streßbewältigung   □——□——□——□——□

Selbstmanagement und Zeitmanagement   □——□——□——□——□

Verkaufstraining   □——□——□——□——□

Wiederum läßt sich für jede der zehn abgefragten Fähigkeiten mit Hilfe einer von 1 (für "sehr wichtig") bis 5 (für "unwichtig") reichenden Bewertungsskala die durchschnittliche Wichtigkeit einer entsprechenden Weiterbildungsmaßnahme berechnen.

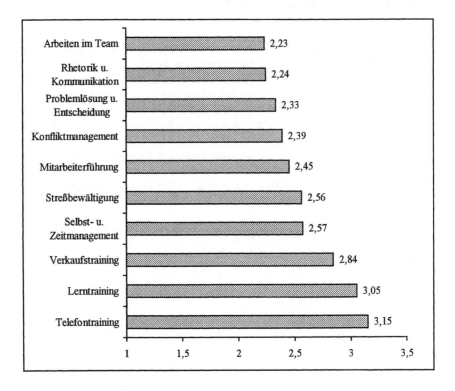

Auch diese Zahlen dürfen lediglich als Tendenzaussagen aufgefaßt werden. Sie deuten auf eine Rangfolge bei der Wichtigkeit der schulungsbedürftigen Bereiche hin und zeigen an, daß das Arbeiten im Team, die Rhetorik/Kommunikation und der Bereich der Problemlösung und Entscheidung an erster Stelle anzusiedeln sind. Insgesamt können Mitarbeiterbefragungen also **erste Ansatzpunkte** für Themen und Betriebsbereiche bereitstellen, in denen weiterbildende Maßnahmen aus Sicht der direkt betroffenen Mitarbeiter besonders notwendig sind. Weitere Vorteile eines solchen Vorgehens sind:

- Wenn Beschäftigte ihren Weiterbildungsbedarf anonym angeben können, haben sie weniger Angst, bestehende Qualifikationsdefizite zuzugeben.
- Die Ergebnisse einer solchen Befragung bieten - bei allen methodischen Kritikpunkten, die von Statistikern und Sozialwissenschaftlern gegen die Verwendung

99

von Mittelwerten und deren Interpretation vorgebracht werden können - objektive Daten, die die Diskussion erleichtern.

2.2. Probleme und Grenzen einer Mitarbeiterbefragung

Mitarbeiterbefragungen können erste Hinweise auf die Inhalte und die Bereiche eines Betriebes geben, bei denen Schulungsmaßnahmen besonders wichtig und notwendig sind. Letztendlich aber sind die Resultate, die sich aus der Mitarbeiterbefragung ergeben, nicht unproblematisch. Vor allem die nachstehenden Einschränkungen sind bei der Interpretation der Ergebnisse zu berücksichtigen:

* Es besteht die Möglichkeit bzw. Gefahr einer **falschen Selbsteinschätzung** hinsichtlich der eigenen Fähigkeiten, was gerade bei sensiblen Bereichen (Streßbewältigung, Teamfähigkeit, Konfliktmanagement) zu befürchten ist. Beschäftigte könnten dazu neigen, sich selbst höhere Fähigkeiten in diesem Bereich zu bescheinigen als tatsächlich vorhanden, denn niemand gibt gerne zu, teamunfähig zu sein. Der im Fragebogen angegebene Weiterbildungsbedarf würde dann zu gering sein.
* Im EDV-Bereich ist zu bedenken, daß gerade weniggeschulte Beschäftigte oftmals eine **falsche Vorstellung** von den tatsächlichen **Möglichkeiten einzelner Programme** haben. Die Beschäftigten kennen sich in einem kleinen Teilbereich des Programms aus und sind der Meinung, eine weitere Schulung sei nicht erforderlich. Tatsächlich aber werden dadurch die bestehenden Potentiale der Programme (und die damit verbundene Erhöhung der Produktivität) nicht voll ausgenutzt. Hier ist es notwendig, den Beschäftigten zunächst einmal die Möglichkeiten der Programme bekannt zu machen und dann weiterbildende Maßnahmen anzubieten.
* Schließlich ist zu bedenken, daß Befragte auch bei jenen Fähigkeiten einen Schulungsbedarf angeben, die für ihre aktuellen und zukünftigen Arbeitstätigkeiten nicht erforderlich sind. In diesen Fällen würde die Befragung einen Weiterbildungsbedarf angeben, der eher den **privaten Bedürfnissen**, nicht aber dem arbeitsplatzbezogenen Bedarf entspricht.

Gerade die beiden letztgenannten Aspekte weisen darauf hin, daß die Ermittlung des subjektiven Weiterbildungsbedarfs mit Hilfe einer Befragung der Beschäftigten nur der Anfang einer genauen Analyse des Qualifikationsbedarfs sein kann. Die Ergebnisse einer Mitarbeiterbefragung geben erste Hinweise auf die Weiterbildungsschwerpunkte in einzelnen Bereichen eines Betriebes oder einer Dienststelle. Es ist allerdings unerläßlich, neben den Mitarbeitern auch Führungskräfte des Betriebes bei der Ermittlung des Qualifikationsbedarfs zu berücksichtigen.

100

3. Weiterreichende Formen der Qualifikationsbedarfsanalyse

Bei den Ermittlungsmethoden, die zur Einschätzung des Qualifikationsbedarfs im Betrieb eingesetzt werden können, lassen sich prinzipiell zwei Arten unterscheiden:[15]

a) Die **direkten** Methoden: Die notwendigen Informationen über den aktuellen und zukünftigen Qualifikationsbedarf werden unter anderem aus Arbeitsplatzanalysen, Mitarbeiterbefragungen, Mitarbeiterbeurteilungen oder Anforderungsprofilen gewonnen.

b) Bei den **indirekten** Methoden erfolgt die Erhebung des Qualifikationsbedarfs aufgrund der Auswertung von betrieblichen Kennziffern, Betriebsstatistiken oder Revisionsberichten sowie aus gesetzlichen Bestimmungen und ähnlichen Quellen, die Aussagen über Qualifikationsmaßnahmen beinhalten.

Die **Arbeitsplatzanalyse** stellt dabei einen wichtigen Ausgangspunkt zur Planung von weiterbildenden Maßnahmen dar. Sie gibt Auskunft über die Anforderungen, die an den Arbeitsplatzinhaber gestellt werden, damit dieser seine beruflichen Aufgaben erfüllen kann. Die Arbeitsplatzanalyse wird unabhängig vom aktuellen Stelleninhaber durchgeführt, weil sie sich nur auf die Qualifikationsanforderungen bezieht. Darüber hinaus muß auch das Qualifikationsniveau des aktuellen Stelleninhabers analysiert werden. Denkbar sind dafür Tests oder die Bearbeitung von praktischen Arbeitsaufgaben unter der Aufsicht von Experten.[16]

Ein anderes Verfahren zur Ermittlung des Qualifizierungsbedarfs ist die sogenannte **Tätigkeitsanalyse durch Beschäftigte (TAB)**. Bei diesem Verfahren erarbeiten die Beschäftigten innerhalb eines Tagesseminars zunächst einmal die bestehende Arbeitssituation, die anfallenden Tätigkeiten und damit letztlich auch die Anforderungsprofile, die an ihren Arbeitsplätzen vorliegen. Anschließend stufen sich die Beschäftigten hinsichtlich ihrer Qualifikationen für die verschiedenen Anforderungsbereiche selbst ein, um somit ihr vorhandenes Qualifikationsprofil zu erstellen. Die Einschätzung der eigenen Qualifikationen signalisiert dann einen individuellen Qualifikationsbedarf. Konkret könnte die Einschätzung der individuellen Qualifikationen in einer Arbeitsgruppe wie folgt aussehen:[17]

---

[15] Vgl. Merk (1998), S. 181.

[16] Vgl. Kaiser (1998), S. 200f. und die noch folgenden Ausführungen über das Assessmentcenter.

[17] Vgl. Satzer (1999), S. 130-134.

Qualifizierungsbedarf:
Abteilung Zerspannungswerkstatt (Fertigungsbezogene Qualifikationen)
Qualifizierungsbereich

Person	technische Zeichnung lesen können	Kenntnisse über Prüf- technik	Kenntnisse über Qualitäts- kontrolle	Kenntnisse über Ferti- gungs- technik	Grundla- gen der NC/CNC- Program- mierung	Grund- kenntnisse Arbeitssi- cherheit/ Gesund- heitsschutz
Müller	3	3	2	2	3	2
Meier	4	3	3	3	4	2
Schmidt	3	3	2	2	2	3
...						

Einstufung der eigenen Qualifikation: 4 = gut / 3 = ausreichend / 2 = gering / 1 = nicht
vorhanden
Qualifikationsbedarf dick umrandet

Der bereits beschriebene Fragebogen, der sich an die Beschäftigten wendet, zählt zu den direkten Erhebungsmethoden. Denkbar ist in diesem Kontext auch der Einsatz von Fragebögen, die sich nicht nur an die Beschäftigten, sondern zusätzlich auch noch an die **Personalabteilung** und die **Vorgesetzten** wenden. Dieses Vorgehen, bei dem die Fragebögen sogar gemeinsam ausgefüllt werden könnten, kann die Einschätzungen zum Qualifikationsbedarf von allen Beteiligten herausfinden. Vorteil dieses Verfahrens ist unter anderem, daß zwischen den beteiligten Personen ein Informationsaustausch stattfindet, von dem alle profitieren können:

- Beschäftigte erhalten Informationen über geplante Änderungen am Arbeitsplatz (technologische und/oder organisatorische Veränderungen) und können ihren Qualifikationsbedarf entsprechend angeben.
- Beschäftigte können über alle technisch möglichen Anwendungsbereiche von EDV-Anlagen und Programmen informiert werden. Häufig stellen die Beschäftigten erst dann, wenn ihnen die technischen Möglichkeiten der von ihnen verwendeten EDV-Anlagen bewußt sind, ihren tatsächlichen Qualifikationsbedarf fest.
- Vorgesetzte erhalten ein genaueres Bild von den Aufgaben (inklusive des erforderlichen Zeitbedarfs) ihrer Mitarbeiter. Dies versetzt sie in die Lage, die exakten Arbeitsplatzanforderungen besser zu erfassen.

Die Durchführung von **Interviews** hat im Vergleich zum Einsatz von Fragebögen den Vorteil, daß Unklarheiten hinsichtlich der Bedeutung von Fragen sofort behoben werden können und damit unrichtige Einschätzungen beim Qualifikationsbedarf vermieden werden. Außerdem ermöglicht ein Gespräch gegebenenfalls vertiefende Nachfragen, um wichtige Zusatzinformationen zu erhalten. Nachteilig ist hingegen, daß die Anonymität nicht mehr gewahrt ist. Beschäftigte könnten eventuell unrichtige Angaben machen, weil sie aus Angst vor beruflichen Nachteilen nicht bereit sind, bestehende Qualifikationslücken zuzugeben. Interviews zur Erforschung des Qualifikationsbedarfs müssen dabei adressatenspezifisch formuliert werden. Je nach Interviewpartner sollten mündliche Befragungen unter anderem die nachstehenden **Leitfragen** beinhalten.[18]

1.	Fragen an die **Geschäftsleitung**, um Informationen über technisch-organisatorische Veränderungen zu erhalten:
	• Welche neuen technischen Arbeitsmittel und Produktionsverfahren sind für die Planungsperiode vorgesehen?
	• Sind neue Organisationen beim Betriebs- und Arbeitsablauf geplant?
	• Werden in den einzelnen Geschäfts- bzw. Fachbereichen neue Aufgabenfelder hinzukommen und/oder werden bisherige Aufgabenfelder entfallen?
	• Bei welchen Aufgabenfeldern erwarten Sie die größten Qualifikationsdefizite?
	• Sind durch die technisch-organisatorischen Änderungen andere Anforderungen an die Mitarbeiter zu erwarten?
	• Sind die Mitarbeiter und die Arbeitnehmervertreter über die geplanten technischen und organisatorischen Änderungen informiert, so daß sie ihre eigenen Vorstellungen und Interessen einbringen können?
2.	Fragen an die **Abteilungsleiter**, **Vorgesetzten** und **Personalleiter**, um den gegenwärtigen Qualifikationsstand und den Qualifikationsbedarf zu erfahren:
2.1.	Ermittlung der **Qualifikationsanforderungen**:
	• Welche Aufgaben sind gegenwärtig und zukünftig in Ihrer Abteilung zu bewältigen?
	• Welche fachlichen Fähigkeiten benötigen die Arbeitsplatzinhaber gegenwärtig, um ihre Aufgaben zu erfüllen?
	• Welche fachlichen Fähigkeiten, die am aktuellen Arbeitsplatz noch nicht erforderlich sind, werden zukünftig von Bedeutung sein?
	• Welche arbeitsorganisatorischen Gegebenheiten (z. B. Gruppenarbeit, wechselnde Arbeitsaufgaben) stellen besondere Anforderungen an die

[18] Vgl. Kamps-Haller/Pöter (1996), S. 30, 48-51; Merk (1998), S. 182-184.

103

	sozialen, kommunikativen und methodischen Fähigkeiten? Welche außerfachlichen Kompetenzen sind für die Arbeitsplatzinhaber besonders wichtig (Teamfähigkeit, Selbständigkeit, Verantwortungsübernahme, Anpassungsfähigkeit etc.)? • Gibt es Bereiche mit besonders hohen psychischen Belastungen, die entsprechende Schulungsmaßnahmen erfordern (z. B. Streßbewältigung oder Zeitmanagement)? • Sind übergreifende Kenntnisse über die Produkte, die Arbeitsstrukturen oder die Arbeitsabläufe erforderlich? Wenn ja, welche und in welchem Umfang?
2.2.	Ermittlung des vorhandenen **Qualifikationsstandes**: • Über welche formalen Bildungsabschlüsse verfügen die Mitarbeiter? • An welchen Weiterbildungsmaßnahmen haben die Mitarbeiter bereits teilgenommen? • Wie lange üben die Mitarbeiter ihre derzeitigen Aufgaben aus? • Welche fachlichen Fähigkeiten besitzen die gegenwärtigen Arbeitsplatzinhaber? • Inwieweit sind die vorhandenen Qualifikationen und die Berufserfahrung für die veränderten Arbeitsplatzanforderungen verwendbar?

Die Angaben der verschiedenen befragten Personen müssen dann zusammengetragen werden, so daß schließlich für jeden einzelnen Arbeitsplatz und Arbeitsplatzinhaber die Qualifikationslücken festgestellt werden können. Alle beteiligten Personen (Beschäftigte, Vorgesetzte, Abteilungsleiter, Personalabteilung, Geschäftsführung etc.) bringen dabei ihr Wissen ein. Dies erhöht die Wahrscheinlichkeit, daß für jeden einzelnen Mitarbeiter die tatsächlich vorhandenen Qualifikationslücken so exakt wie möglich erfaßt werden. Konkret könnte der Weiterbildungsbedarf in einem **Formblatt** erfaßt werden, das folgendes Aussehen hat:[19]

---
[19] Dieses Muster ist mit leichten Änderungen entnommen bei Stockmann/Bardeleben (1993), S. 36f., ebenso Kamps-Haller/Pöter (1996), S. 49.

104

Blatt zur Erfassung des Qualifikationsbedarfs

Arbeitsplatz: _____ Arbeitsplatzinhaber:_____
(Bezeichnung)   (Name)

Aktuelle Arbeitsplatzanforderung (Was muß der Arbeitsplatzinhaber können?)	**Qualifikationsprofil** des jetzigen Arbeitsplatzinhabers (Was kann der jetzige Arbeitsplatzinhaber?)	**Qualifikationsdefizit** (Was kann der Arbeitsplatzinhaber nicht oder nicht gut genug?)
im fachlichen Bereich: _____ _____ _____	_____ _____ _____	_____ _____ _____
im außerfachlichen Bereich: _____ _____	_____ _____ _____	_____ _____ _____
Zukünftige Arbeitsplatzanforderung (Was muß der Arbeitsplatzinhaber können?)	**Qualifikationsprofil** des jetzigen Arbeitsplatzinhabers (Was kann der jetzige Arbeitsplatzinhaber?)	**Qualifikationsdefizit** (Was kann der Arbeitsplatzinhaber nicht oder nicht gut genug?)
im fachlichen Bereich: _____ _____ _____	_____ _____ _____	_____ _____ _____
im außerfachlichen Bereich: _____ _____ _____	_____ _____ _____	_____ _____ _____

Je nach Konkretisierungsbedarf kann es erforderlich werden, den Qualifikationsbedarf genauer zu spezifizieren. Die fachlichen Qualifikationsanforderungen im EDV-Bereich könnten beispielsweise für ein ganz bestimmtes Programm beliebig spezifiziert werden, um den erforderlichen Weiterbildungsbedarf so exakt wie möglich anzugeben. Für ein Textverarbeitungsprogramm könnte das benötigte Qualifikationsprofil eines Arbeitsplatzes wie folgt erstellt werden:

105

Über welche der folgenden Fertigkeiten muß der Arbeitsplatzinhaber im Rahmen des Textverarbeitungsprogramms Word Perfect verfügen?

- Erstellung und Bearbeitung von Textdokumenten
- Erstellung von Inhaltsverzeichnissen und Gliederungen
- spezielle Layout-Fertigkeiten (mehrspaltige Texte etc.)
- Ausschneiden, Kopieren und Einfügen von Dateien
- Erstellung von Formeln
- Erstellung von Serienbriefen und Rundschreiben
- Erstellung von Makrofunktionen
- Erstellung und Bearbeitung von Tabellen
- Erstellung und Bearbeitung von Grafiken
- Erstellung von Grafiken mit Textboxen
- Dateiverwaltung
- Störungserkennung und Störungsbehebung beim Programm

Auch hier ist eine weitere Spezifizierung möglich, bei der die geforderten fachlichen Qualifikationen immer weiter unterteilt werden. Weitere Aspekte, die bei derartigen Befragungen ebenfalls abgedeckt werden können, sind beispielsweise:
- Wann muß mit der Weiterbildung spätestens begonnen werden?
- Welche Personen sind weiterzubilden?
- Wie viele Unterrichtsstunden werden voraussichtlich erforderlich sein, um die Qualifikationsdefizite abzubauen?
- Soll die Weiterbildung inner- oder außerbetrieblich sein?
- Kann die Qualifizierung durch betriebsinterne Trainer erfolgen oder ist der Rückgriff auf die Angebote von externen Weiterbildungsträgern erforderlich?
- Welche Formen der Weiterbildung sind für die Schulung am geeignetsten (Lehrgang, Einweisung am Arbeitsplatz, Vortrag etc.)

Diese und andere Aspekte der Weiterbildung gehen über die notwendigen Inhalte der Weiterbildung hinaus und werden an anderer Stelle behandelt.

Schließlich ist noch auf ein relativ aufwendiges Verfahren hinzuweisen, das derzeit beispielsweise von der Volkswagen Coaching GmbH (Niederlassung Kassel) durchgeführt wird. Es handelt sich hierbei um eine **Potentialanalyse**, bei der die Beschäftigten an ihrem Arbeitsplatz beobachtet werden. Die für die Weiterbildung verantwortlichen Personen beobachten einzelne Beschäftigte in ganz bestimmten, vorgegebenen arbeitsplatznahen Situationen (Gruppenübungen, Einzelpräsentationen, Diskussionsrunden etc.). Sie bewerten das beobachtete Verhalten und ziehen daraus Rückschlüsse über bestehende Qualifikationslücken und geeignete Qualifizierungsmaßnahmen. In der Regel kommt es in diesem Zusammenhang auch

106

zu einem Gespräch mit den beobachteten Beschäftigten, um weitere Informationen über Qualifikationsbedürfnisse zu erhalten.[20] Dieses Verfahren orientiert sich eng an dem sogenannten **Assessmentcenter**. Hierbei handelt es sich um ein gruppenorientiertes Verfahren zur systematischen Personenbeurteilung, -auswahl und -förderung. Das Verfahren des Assessmentcenters wird hauptsächlich zur Ermittlung vorhandener sozialer und methodischer Kompetenzen verwendet. Fachliche Qualifikationen bzw. Qualifikationsdefizite spielen im Assessmentcenter nur eine untergeordnete Rolle. Entscheidend für die erfolgreiche Durchführung einer Potentialanalyse ist allerdings die Anwesenheit von Beobachtern, die vorher ein entsprechendes Beobachtungstraining durchlaufen haben, um vorhandene Qualifikationen sowie bestehende Qualifikationslücken richtig einzuschätzen.[21]

4. Zusammenfassende Bemerkungen

Die genannten Verfahren und Instrumente zur Bestimmung des Qualifikationsbzw. Weiterbildungsbedarfs können nicht mehr sein als grobe Hinweise für die genaue Ausgestaltung solcher Verfahren im Einzelfall. Die konkrete Gestaltung der Ermittlungsinstrumente hängt unter anderem ab von der Zahl der zu erfassenden Beschäftigten, der Qualität vorhandener Arbeitsplatzbeschreibungen und vor allem von den zeitlichen und personellen Ressourcen, die für die Feststellung des betrieblichen Qualifikationsbedarfs zur Verfügung stehen. Abschließend und zusammenfassend sollen nochmals die wesentlichen Aspekte genannt werden, auf die bei der Ermittlung des Weiterbildungsbedarfs zu achten ist:

- Eine effiziente Weiterbildung verlangt eine Weiterbildungsplanung mit einer **längerfristigen Laufzeit** (ein- bis zweijährig). Die Bedarfsermittlung muß daher nicht nur die gegenwärtigen Arbeitsplatzanforderungen erfassen, sondern auch die Anforderungen, die innerhalb der nächsten zwei Jahre zu erwarten sind.
- Zu einer vernünftigen Weiterbildung zählt weiterhin die **systematische** und **kontinuierliche Bedarfsermittlung**.
- Die Bedarfsermittlung darf keinesfalls nur auf die fachlichen Qualifikationen beschränkt werden. Sie muß besonders die **außerfachlichen Qualifikationen** berücksichtigen.
- Die systematische Ermittlung bestehender Weiterbildungsbedürfnisse im Betrieb ist ein zeit- und kostenintensives Unterfangen, für das **ausreichend personelle** und **finanzielle Ressourcen** zur Verfügung gestellt werden müssen.

---

[20] Vgl. Wirtschaft und Berufserziehung (1998/7), S. 25f.
[21] Vgl. Wirtschaft und Berufserziehung (1998/7), S. 26.

Insgesamt muß somit der Feststellung des betrieblichen Weiterbildungsbedarfs ein größeres Gewicht als in der bisherigen Weiterbildungspraxis eingeräumt werden. Zur zielgruppenorientierten Weiterbildung gehört die Einbeziehung der Weiterbildungsteilnehmer. Erfolgreiche Modellversuche im Bereich der beruflichen Weiterbildung arbeiten deshalb mit "qualitativen Interviews und Explorationsseminaren", um dadurch den Qualifizierungbedarf zu erheben.[22] Sparmaßnahmen bei der Bedarfsanalyse führen zu einer unvollständigen oder falschen Weiterbildungsbedarfsermittlung, so daß die auf dieser Untersuchung basierende Schulungsmaßnahme letztlich an den Bedürfnissen der Beschäftigten vorbeiqualifiziert. Damit aber werden die nicht unerheblichen Mittel, die für die Durchführung von weiterbildenden Maßnahmen eingesetzt werden müssen, letztlich vergeudet. Die angestrebte Effizienz der beruflichen Weiterbildung hängt also maßgeblich von der richtigen Qualifikationsbedarfsanalyse ab, so daß bei der Ermittlung bestehender Qualifikationsdefizite ausreichende Mittel eingesetzt werden müssen. Wer hier Ressourcen zu knapp bemißt, spart am falschen Ende.

---

[22] Vgl. Lorentz/Maurus (1998), S. 29.

Die Teilnehmer

Die Auswahl der Beschäftigten, die Weiterbildungsangebote wahrnehmen sollen, richtet sich in erster Linie nach den individuell vorhandenen Qualifikationsdefiziten. Falls sich aus dem Einsatz neuer Technologien oder aus der organisatorischen Umstrukturierung der Arbeitsabläufe die Anforderungen an die Mitarbeiter verändern, ist bei allen davon betroffenen Arbeitnehmern nach dem bereits dargestellten Vorgehen zu überprüfen, ob ein individueller Qualifizierungsbedarf besteht. Im Falle der Einführung einer neuen Bürotechnologie beispielsweise sind grundsätzlich alle Mitarbeiter, die mit der neuen Technologie arbeiten, bei der Qualifizierungsmaßnahme zu berücksichtigen. Dies gilt sogar für die zukünftigen Benutzer, denn Qualifizierung und technologische Gestaltung der Arbeitsplätze müssen eine Einheit bilden. Grundsatz ist somit die Notwendigkeit, alle Beschäftigten zu schulen, so daß Weiterbildungsangebote für alle Beschäftigtengruppen zugänglich sein müssen.[1] In der betrieblichen Praxis wird aber häufig eine Stellvertreterschulung durchgeführt. Eine Weiterbildung für alle in Frage kommenden Personen findet meistens nur auf der Ebene der unteren und mittleren Führungskräfte statt - vor allem, wenn es sich um die Vermittlung außerfachlicher Fähigkeiten handelt.[2] Das in der betrieblichen Praxis häufig anzutreffende »Multiplikatoren-Prinzip«, bei dem einige wenige Mitarbeiter mehr oder weniger intensiv qualifiziert werden, um anschließend ihre Kollegen am Arbeitsplatz fortzubilden, hat schwerwiegende Probleme:[3]

- Den Multiplikatoren fehlen häufig die erforderlichen didaktisch-methodischen Fähigkeiten, so daß der Lernerfolg der von ihnen geschulten Kollegen gefährdet ist.
- Die Wissensvermittlung durch die Multiplikatoren erfolgt häufig nebenamtlich, also zusätzlich zur normalen Arbeit. Dies führt zu Zeitdruck und zu Verunsicherung und Streß auf seiten der Multiplikatoren.
- Häufig werden die Multiplikatoren nach einer zu kurzen Einarbeitungszeit 'ins kalte Wasser geworfen', was ebenfalls zu Streß führt und zudem geringe Lernerfolge bei den zu schulenden Kollegen nach sich ziehen kann.
- Schließlich ist zu bedenken, daß Mißverständnisse hinsichtlich der zu schulenden Inhalte auf seiten der Multiplikatoren rasch auf viele Kollegen übertragen werden und dort zu Verunsicherungen und fehlerhaften Ausübungen von Tätigkeiten führen.

---

[1] Vgl. Lullies (1991), S. 1186f.; Bahl-Benker (1991), S. 1250.
[2] Vgl. Herpich/Krüger/Nagel (1992), S. 74; Felger/Leuschner/Reuther (1998), S. 31.
[3] Vgl. Herpich/Krüger/Nagel (1992), S. 73f.

1. Homogene oder heterogene Gruppen?

Ein besonderes Problem besteht in der Zusammenstellung jener Beschäftigten, die an einer weiterbildenden Maßnahme teilnehmen. Hauptsächlich geht es hierbei um die Frage, ob die Gruppe der Seminarteilnehmer homogen oder heterogen sein soll. Beide Formen der Zusammenstellung haben Vor- und Nachteile. Zur Veranschaulichung können zunächst die Erfahrungen aus einem Modellversuch in Niedersachsen vorgestellt werden. Bei dem Versuch ging es um ein Kontaktstudium zur Ökologie, das mit zwei unterschiedlichen Gruppenzusammensetzungen durchgeführt wurde und zu den folgenden Ergebnissen führte:[4]

* Die **homogene Gruppe** war zuerst schnell arbeitsfähig, zumindest schneller als die heterogene Vergleichsgruppe. Aufgrund der ähnlichen Vorkenntnisse und der ähnlichen Positionen der Teilnehmer wurden aber schon in der Mitte des Lehrgangs Ermüdungserscheinungen und Spannungsverluste erkennbar, so daß die Arbeitsfähigkeit der Gruppe nachließ.
* Die **heterogene Gruppe** erwies sich aufgrund einer erforderlichen Aufwärmphase anfangs als weniger arbeitsfähig. Schnell entwickelte sich dann aber ein kooperativer Stil zur Lösung anfallender Konflikte. Insgesamt führte der kontroverse Diskussionsverlauf dazu, daß die Lernintensität und die Zufriedenheit mit dem Kurs in der zweiten Lehrgangshälfte zunahmen.

Eine erste Faustregel zur Bildung von Seminargruppen läßt sich daher wie folgt umschreiben: Gemischte, heterogene Gruppen erweisen sich häufig als lernanregender, weil der Lernprozeß von den unterschiedlichen Erfahrungen und Perspektiven lebt. So berichten Weiterbildungsteilnehmer immer wieder davon, daß sie die wertvollen Auseinandersetzungen und Ergänzungen mit anderen Schulungsteilnehmern als außerordentlich fruchtbar und sinnvoll ansehen.[5] Dennoch gibt es bestimmte Situationen, in denen sich die Bildung homogener Gruppen als sinnvoller erweist. Insgesamt lassen sich zum Problem der richtigen Gruppenzusammensetzung die nachstehenden Grundsätze aufstellen:[6]

* Die **Vorkenntnisse** und **Interessen** sollten ähnlich sein, um eine Überforderung oder Unterforderung einzelner Teilnehmer zu verhindern. Die Erfahrung zeigt dabei, daß eine geistige Unterforderung einzelner Teilnehmer meistens problematischer ist als die gelegentliche Überforderung. Besonders relevant wird ein etwa gleicher Kenntnisstand der Weiterbildungsteilnehmer bei Kursen zur EDV und beim Fremdsprachenunterricht.
* Neben den Vorkenntnissen und Interessen ist auf die Ähnlichkeit der bisherigen **Lernstile** und **Umgangsformen** der Teilnehmer zu achten. Personen, die in der Vergangenheit hauptsächlich aufgrund von Beobachtungen und anschließenden

---

4 Vgl. Siebert (1997a), S. 99.
5 Vgl. Siebert (1993), S. 93; Siebert (1997a), S. 99; Lorentz/Maurus (1998), S. 32.
6 Vgl. Siebert (1993), S. 93f., 154; Siebert (1997a), S. 101-107, 235-237.

Übungen gelernt haben, passen nicht unbedingt zusammen mit Lernenden, die es gewohnt sind, sich ihr Wissen durch das Zuhören anzueignen.

- Die Homogenität der Teilnehmer bezieht sich nicht nur auf die Vorkenntnisse, Interessen und Lernstile, sondern auch auf die **Arbeitsfelder** und **Arbeitsaufgaben**. Bei EDV-Schulungen sind annähernd gleiche Arbeitsfelder fast noch wichtiger als die Homogenität der Vorkenntnisse, weil die gleichen Programme bei verschiedenen Aufgabenstellungen unterschiedliche Anwendungsschwerpunkte haben. Eine Excel-Schulung für Bankangestellte muß mit Kredittilgungs- und Finanzierungsplänen ganz andere Inhalte abdecken als eine Excel-Schulung für die Sachbearbeiter einer Kreisverwaltung.
- Homogene Gruppen sind vor allem dann ratsam, wenn die betroffenen Teilnehmer **unsichere Personen** sind - aufgrund ihrer sozialen Herkunft, weil sie lernungewohnt sind, aufgrund ihres hohen Alters, aus Angst vor der Blamage im Vergleich zu intelligenteren Personen etc. -, denn diese Personen fühlen sich im Kreis von lerngewohnten oder scheinbar intelligenteren und redegewandteren Menschen unwohl. Ein Gefühl des Unwohlseins kann das Lernen blockieren, so daß der Erfolg der Teilnahme an einer weiterbildenden Veranstaltung gefährdet ist.
- Außerdem hat die Unterrichtsforschung gezeigt, daß viele Teilnehmer **Angst vor negativen Reaktionen** aus der Gruppe haben, wobei diese Angst größer ist als die Angst vor negativen Reaktionen seitens des Kursleiters. Dies gilt besonders für Menschen, die sich aufgrund der eigenen Schul- oder Berufsbildung, des Alters oder anderer Gründe den restlichen Kursteilnehmern unterlegen fühlen.
- Allerdings darf nicht übersehen werden, daß Gruppen, deren Mitglieder über nahezu identische Erfahrungen verfügen, sich ebenfalls als problematisch erweisen können. Sollten sich die **Berufs-** und **Lebenserfahrungen** der Seminarteilnehmer zu sehr gleichen, so ist ein erkenntnisbringender Erfahrungsaustausch nicht mehr möglich.
- Falls **Neulinge** in einen bereits laufenden Kurs einsteigen, so fühlen sie sich besonders dann als ausgegrenzt, wenn die bestehende Teilnehmergruppe aus einer stabilen Stammteilnehmerschaft besteht. In diesem Fall ist es ratsam, einen neuen Kurs für die Neulinge anzubieten.
- Schließlich ist die **Veranstaltungsform** bedeutsam für die Entscheidung zwischen einer homogenen und einer heterogenen Zusammensetzung. Bei Seminaren, in denen sich die Teilnehmer durch Diskussionen, Gesprächskreise oder Rollenspiele aktiv einbringen sollen, sind homogene Gruppen wichtiger als bei Vorträgen, bei denen die Teilnehmer eher passiv bleiben.

Diese und andere Aspekte der sinnvollen Gruppenbildung werden bedeutsam, wenn es innerhalb eines Unternehmens darum geht, eine betriebsinterne Weiterbildungsveranstaltung durchzuführen. Hier ist zu prüfen, ob bereichsübergreifende Veranstaltungen einzusetzen sind oder ob es für jede Abteilung bzw. jeden

112

Fachbereich individuelle Lehrgänge geben soll. Selbst wenn alle Seminarteilnehmer aus nur einer Fachabteilung stammen, so stellt sich immer noch die Frage, ob die teilnehmenden Mitarbeiter ähnliche Arbeitsaufgaben ausführen sollten oder ob statt dessen Beschäftigte mit verschiedenen Aufgaben in einer gemeinsamen Veranstaltung zusammengefaßt werden sollten.

• Eine Weiterbildungsveranstaltung für **Mitarbeiter** aus einer Fachabteilung mit **ähnlichen Arbeitsaufgaben** erleichtert zwar den Erfahrungsaustausch und den Anwenderbezug in der Trainingsphase, verschließt aber den Blick über die eigene Abteilung hinaus sowie für die vor- und nachgelagerten Aufgaben. Weil bereichsübergreifende Kooperation für moderne Produktions- und Unternehmensabläufe immer wichtiger wird, ist dieses Fehlen negativ zu bewerten.

• Eine Weiterbildungsveranstaltung für **Mitarbeiter** aus einer Fachabteilung mit **verschiedenen Arbeitsaufgaben** eröffnet den Blick für die Gesamtheit der zu erfüllenden Aufgaben. Dieses Vorgehen verbessert das gegenseitige Verständnis und schult zugleich die Kooperationsfähigkeit und andere soziale Fähigkeiten. Ein derartiges Seminar kann sogar unter der Einbeziehung von Führungskräften erfolgen. Wie eingangs am Beispiel des Kontaktstudiums mit zwei unterschiedlichen Gruppenzusammensetzungen dargestellt, gilt auch hierbei: Erfahrungen mit "solchen Gruppenzusammensetzungen haben gezeigt, daß diese Gruppen nach gewissen Anlaufschwierigkeiten ganz besonders fruchtbar für die fachliche wie soziale Qualifizierung aller Teilnehmer sind".[7]

Die genannten Aspekte haben verdeutlicht, daß sowohl homogene Teilnehmergruppen als auch Gruppen mit unterschiedlichen Personenkreisen sinnvoll sein können. Letztlich sind die Gruppen stets situationsangepaßt zu gestalten. Einen Königsweg für die 'richtige' Gruppenzusammensetzung gibt es nicht.[8] Die Notwendigkeit für eine situationsabhängige Gestaltung der Gruppenzusammensetzung soll mit Hilfe dreier Beispiele aus der Praxis verdeutlicht werden. Probleme bei der Zusammensetzung einer Gruppe von Weiterbildungsteilnehmern können auftreten, wenn Beschäftigte aus unterschiedlichen Altersgruppen eine gemeinsame **EDV-Schulung** besuchen sollen. Konflikte können hier vor allem dann auftauchen, wenn ältere Teilnehmer, die Angst vor dem "Ausrangiert-Werden" haben, mit jüngeren Teilnehmern konfrontiert werden, die in der EDV eine Möglichkeit zum beruflichen Aufstieg sehen.[9] In einer solchen Situation wäre es besser, für die verschiedenen Altersgruppen jeweils separate Kurse anzubieten.

Anders geartete Probleme ergeben sich bei der Gruppenzusammensetzung für den Fall, daß **soziale Fähigkeiten** geschult werden sollen. Im Rahmen eines solchen Seminars werden häufig Defizite der Teilnehmer offengelegt, um anschließend behoben zu werden. So können entsprechende Veranstaltungen beispielsweise erge-

7 Lullies (1991), S. 1187.
8 Vgl. Lullies (1991), S. 1188.
9 Vgl. Meisel (1989), S. 103.

113

ben, daß einer der Teilnehmer Mängel im sozialen Verhalten hat, streßanfällig ist oder nicht konfliktfähig ist. Diese und ähnliche Defizite wird ein Weiterbildungsteilnehmer ungern vor bekannten Kollegen offenlegen, denen er im Arbeitsleben tagtäglich begegnen wird. Beschäftigte, bei denen während des Seminars Qualifizierungslücken festgestellt werden, neigen zu einer Verteidigungs- und Abwehrhaltung. Anstatt sich konstruktiv mit den eigenen Problemen im Sozialverhalten auseinanderzusetzen, besteht vielmehr die Gefahr, daß die vor den Kollegen aufgezeigten Probleme geleugnet werden. Im Kreise unbekannter Seminarteilnehmer, mit denen nie wieder eine Kontaktaufnahme stattfinden wird, fällt es leichter, angesprochene Defizite zuzugeben und zu beheben. Bei sensiblen Themen empfiehlt sich daher eine Seminarzusammensetzung, bei der Beschäftigte aus verschiedenen Betrieben und Verwaltungen in einer relativ anonymen Atmosphäre zusammengebracht werden.

Schließlich kann auch der Einsatz bestimmter **methodisch-didaktischer Instrumente** bei Menschen mit verschiedenen Lebenserfahrungen unterschiedliche Reaktionen hervorrufen und zu Konflikten führen. Bei der Qualifizierung von Beschäftigten aus der ehemaligen DDR zeigten sich beispielsweise Widerstände, als der Einsatz eines Planspieles angekündigt wurde. Die Teilnehmer wiesen darauf hin, daß sie von 'Plänen' genug hatten und für 'Spielereien' weder Zeit noch Lust hatten.[10]

2. Problemgruppen der Weiterbildung

In diesem Zusammenhang bietet sich ein kurzer Exkurs an, der sich mit der Frage auseinandersetzt, ob **ältere Menschen** weniger lernfähig bzw. lernbereit sind als junge Menschen. Ein weitverbreitetes Vorurteil besagt, daß ältere Menschen eine geringere Weiterbildungsbereitschaft besitzen und daß mit zunehmendem Alter die Lernfähigkeit abnimmt.[11] Tatsächlich aber sprechen zahlreiche Untersuchungen, die sich mit dem Zusammenhang zwischen dem Alter und der Weiterbildungsfähigkeit sowie der Weiterbildungsbereitschaft auseinandersetzen, gegen diese These. Auch ein Rückgang der intellektuellen und physischen Leistungsfähigkeit als Folge des Älterwerdens kann nicht als Ursache der geringeren Qualifizierungsaktivitäten im Alter angesehen werden. Derartige Vorstellungen zur Intelligenzentwicklung im Alter sind von der Wissenschaft schon lange als Fehl- und Vorurteile identifiziert worden. Verantwortlich für die Befähigung zur erfolgreichen Teilnahme an weiterbildenden Maßnahmen ist primär nicht das Alter. Relevant sind vielmehr die Motivation, das Selbstvertrauen und das Vorhandensein von ausreichenden Lerntechniken. Selbst wenn die Gedächtnisleistung im Alter abnehmen sollte, so spre-

---

10 Vgl. Siebert (1993), S. 94.
11 Vgl. zum Nachweis derartiger Thesen Siebert (1997a), S. 23-26; Gallenberger (1998), S. 23.

chen doch eher die nachfolgenden, altersunabhängigen Einflußgrößen für ein Nachlassen der Weiterbildungsaktivitäten:[12]

- Entscheidend für die Bereitschaft zur Teilnahme an beruflichen Qualifizierungsmaßnahmen ist die **Motivation** der Beschäftigten, denn die Motivation beeinflußt maßgeblich die Lernleistung. Solange der Erwerb von zusätzlichen Qualifikationen die Chancen auf eine erhöhte Arbeitsplatzsicherheit oder das berufliche Fortkommen beinhaltet, sind auch von älteren Beschäftigten Weiterbildungsanstrengungen zu erwarten.

- Entscheidender Lernwiderstand ist nicht das Alter an sich, sondern die fehlende **Einsicht in die Notwendigkeit einer Weiterbildungsmaßnahme.** Sollte aufgrund des baldigen Ruhestands ein berufliches Fortkommen unmöglich geworden sein, so fehlen die Notwendigkeit und die Motivation zur Teilnahme an entsprechenden Qualifizierungsveranstaltungen, was zur Weiterbildungsabstinenz führt.

- Eine wichtige Voraussetzung sind **ausreichende Lerntechniken**, also beispielsweise die Befähigung, Texte zu interpretieren, vorgetragene Lerninhalte zu protokollieren und Inhalte zu gliedern. Sollten diese und ähnliche Aspekte der Lerntechnik im Alter nicht vorhanden sein, so sind sie vorab durch entsprechende Qualifizierungsmaßnahmen aufzufrischen.

- Die Lernfähigkeit eines Menschen hängt maßgeblich vom eigenen **Selbstvertrauen** ab. Werden den älteren Menschen auf dem Gebiet der beruflichen Weiterbildung keine Leistungen mehr zugetraut, so fehlt das erforderliche Selbstvertrauen. Eine Teilnahme an weiterbildenden Veranstaltungen unterbleibt dann aus Mangel an Selbstvertrauen, nicht aber aufgrund des Alters an sich.

- Selbst wenn die **Gedächtnisleistung** im Alter abnimmt, so besteht durchaus die Möglichkeit, daß dieses Defizit durch eine besondere Lernsorgfalt und eine hohe Motivation kompensiert werden kann. Das Alter alleine ist deshalb auch vor dem Hintergrund dieses Arguments nicht ausschlaggebend für die nachlassende Weiterbildungsbereitschaft.

Insgesamt deuten die Ausführungen darauf hin, daß die zweifellos bestehende Zurückhaltung älterer Menschen hinsichtlich der Teilnahme an Maßnahmen zur beruflichen Weiterbildung nicht im Alter selbst begründet ist. Hervorgerufen wird diese Zurückhaltung vielmehr durch die mangelnde Motivation, durch das geringe Selbstvertrauen in die eigenen Lernleistungen und durch fehlende Kenntnisse auf dem Gebiet der Lerntechniken. Der Einfluß des Alters auf die Lernleistungen ist insgesamt als relativ gering anzusehen. Entscheidend sind vielmehr die soziokulturellen und lebensgeschichtlichen Faktoren, also vor allem das im Alter vorhandene Lebensgefühl, das erreichte Bildungsniveau und die bisherige Einstellung zu weiterbildenden Maßnahmen. Dennoch ist unbestritten, daß vielen älteren Mitar-

---

[12] Vgl. Skowronek (1984), S. 154; Müller-Breitkreuz (1997), S. 17-19; Siebert (1997a), S. 24-27; Gallenberger (1998), S. 23-25.

beitern der Übergang zu modernen Arbeitsplätzen schwerfällt und daß diese Personengruppe deshalb spezielle Qualifizierungsmaßnahmen benötigt.[13] Verantwortlich für eine zurückhaltende Teilnahme daran kann auch die Angst vor dem Arbeitsplatzverlust sein, die im Alter besonders stark ausgeprägt ist und die Weiterbildungsmotivation erheblich einschränkt. Für die hohe Relevanz der Angst vor dem Arbeitsplatzverlust spricht der Umstand, daß Arbeitslose eine besondere Problemgruppe der beruflichen Weiterbildung darstellen und entsprechende Angebote nicht in ausreichendem Maße annehmen.[14]

Unter Beachtung dieser Ausführungen lassen sich einige Rahmenbedingungen nennen, die erfüllt sein müssen, damit ältere Mitarbeiter erfolgreich an beruflichen Qualifizierungsveranstaltungen teilnehmen können. Aufgrund dieser Rahmenbedingungen, die eine hohe Lernbereitschaft von älteren Beschäftigten begünstigen, zeichnet sich eine **geeignete Qualifizierungsform** für diesen Personenkreis durch die nachstehenden Merkmale aus:[15]

• Wichtig ist es, den älteren Mitarbeitern das Gefühl zu vermitteln, daß sie sich nicht auf einem beruflichen Abstellgleis befinden und infolgedessen keine beruflichen Aufstiegschancen mehr besitzen. Die Einsicht in den Sinn zum Besuch von Schulungen würde andernfalls nicht vorliegen.

• Sinnvoll ist eine präventive Qualifizierung mit anschließender Anwendung des Erlernten. Dieses Vorgehen verdeutlicht - vor allem über die unmittelbare Anwendung der erlernten Fähigkeiten - die Bedeutung und Notwendigkeit der Teilnahme an weiterbildenden Maßnahmen und stärkt die Lernmotivation.

• Methodisch sollte eine Qualifizierungsmaßnahme ganzheitliche und produktionsbezogene Aufgaben abdecken, um einen engen Bezug zum praktischen Berufsleben aufzuzeigen.

• Zu empfehlen ist weiterhin ein allmähliches Heranführen an Leistungs- und Lernvorgaben, um die Weiterbildungsteilnehmer nicht zu überfordern und damit einen Rückgang des Selbstvertrauens hervorzurufen. Zum Aufbau eines gestärkten Selbstvertrauens kann es zu Beginn von Schulungen sinnvoll sein, zunächst Schulungsangebote so zu konzipieren, daß ältere Beschäftigte unter sich bleiben.

• Nachdem ein gesundes Selbstvertrauen in die eigene Lernfähigkeit aufgebaut ist, empfiehlt sich aus den schon genannten Gründen das Lernen in altersgemischten Gruppen.

• Die Bildung homogener Altersgruppen würde sich schließlich für den Fall anbieten, daß der Stand der Vorkenntnisse altersabhängig ist. Wenn ältere Mitarbeiter im Vergleich zu jüngeren Beschäftigten über andere Vorkenntnisse verfügen, z. B. im Bereich der EDV-bezogenen Schulungsinhalte, dann sind ältere

---

[13] Vgl. Apgar (1998), S. 58.
[14] Vgl. Kraak (1992), S. 109; Zedler (1998a), S. 21.
[15] Vgl. Strauß (1997), S. 30.

116

und jüngere Personen in getrennten Seminaren zu schulen. Entscheidend für diese Trennung ist dann allerdings nicht mehr das Alter, sondern der Stand der erreichten Vorkenntnisse.

Insgesamt bleibt somit festzuhalten, daß das Alterskriterium für sich alleine genommen kaum ausreicht, um altersspezifische Seminare zu bilden und spezielle Weiterbildungsveranstaltungen für ältere Beschäftigte anzubieten. Schließlich kann ein weiteres Vorurteil hinsichtlich der Teilnehmerzusammensetzung von beruflichen Qualifizierungsmaßnahmen aus der Welt geschaffen werden. Es handelt sich hierbei um die Vorstellung, daß **Frauen** Berührungsängste mit neuen Informations- und Kommunikationstechnologien besitzen. Dies mag in der Vergangenheit noch der Fall gewesen sein. Für die Gegenwart kann allerdings festgehalten werden, daß Frauen entsprechende Ängste längst abgelegt haben. Die Trennung von Frauen und Männern in EDV-Schulungen ist aus diesem Grunde nicht gerechtfertigt. Allerdings ist auf ein anderes Problem hinzuweisen: "Gemischte Schulungen mit männlichen Trainern orientieren sich an männlichen Verhaltensweisen, Lernformen und Themen. Die Themen, Verhaltensweisen und Lernformen von Frauen werden übergangen bzw. abgewertet. Seminarleiter und -leiterinnen gehen in der Regel nicht auf diese geschlechtsspezifischen Aspekte ein."[16] Aufgrund dieser Problematik kann es im Einzelfall sinnvoll sein, von gemischten Weiterbildungsveranstaltungen abzusehen und spezielle Schulungen für Frauen durchzuführen. Zu berücksichtigen sind in diesem Zusammenhang noch die speziellen Rahmenbedingungen, die erfüllt sein müssen, um Frauen zur Teilnahme an weiterbildenden Maßnahmen zu motivieren bzw. um ihnen diese Teilnahme zu ermöglichen. Hinsichtlich der familiären Aufgaben, die von Frauen bewältigt werden, sind aufgrund der Untersuchungsergebnisse eines Projektes im Rahmen des europäischen Programms *Leonardo da Vinci* spezielle Aspekte zu beachten:[17]

*   Frauen nutzen die Weiterbildung häufig für den beruflichen Wiedereinstieg nach einer »Familienpause«, um die meistens veralteten Grundkenntnisse aufzufrischen. Entsprechende Qualifizierungsmaßnahmen haben daher für Frauen eine existentielle Bedeutung und müssen inhaltlich einen sehr hohen Arbeitsmarktbezug aufweisen.
*   Die geforderte berufliche Verwertbarkeit der Qualifizierungsmaßnahme macht in besonderem Maße Weiterbildungsangebote notwendig, die den individuellen Interessen der Frauen entsprechen.
*   Die Klärung von alltagsorganisatorischen Fragen nimmt viel Zeit in Anspruch, so daß die Planung der eigenen beruflichen Weiterbildung einen längeren zeitlichen Vorlauf verlangt. Aufgrund dieser Probleme werden Qualifizierungsangebote besonders gerne angenommen, wenn sie als Teilzeitmaßnahme konzi-

---

[16] Hildebrand (1998), S. 12.
[17] Vgl. Goltz/Schwarz/Stauber (1999), S. 16f.

117

piert sind und den Teilnehmerinnen noch die Zeit einräumen, ihre familiären Aufgaben zu erfüllen.

• Besonders wichtig ist für Frauen "die Unterstützung durch das private Umfeld (Partner, Verwandte, FreundInnen, NachbarInnen)."

Die wirkliche Problemgruppe der Qualifizierungsbemühungen besteht aus den geringqualifizierten Beschäftigten, vor allem denen **ohne einen Berufsabschluß**. Die an- und ungelernten Beschäftigten spielen bei den betrieblichen Personalentwicklungskonzepte eine vernachlässigbare Rolle. Auch hinsichtlich der Teilnahme an weiterbildenden Maßnahmen erweisen sich die Erwerbstätigen ohne einen Berufsabschluß als überdurchschnittlich zurückhaltend. Nach einer Untersuchung des *Bundesinstituts für Berufsbildung* und des *Instituts für Arbeitsmarkt und Berufsforschung* aus den Jahren 1991/1992 besuchte nur jeder sechste Erwerbstätige (unter 30 Jahren) ohne Berufsabschluß eine berufliche Fortbildungsveranstaltung, während bei den gleichaltrigen Fachkräften die Weiterbildungsbeteiligung mit 30 % fast doppelt so hoch ist.[18] Das relativ geringe Niveau der Fortbildungsaktivitäten von Geringqualifizierten kann zum Teil durch die Zurückhaltung der Unternehmen erklärt werden. Häufig sind die Beschäftigungsverhältnisse dieser Personen instabil und kurzfristig, so daß langfristige Qualifizierungsaktivitäten verhindert werden. Grundsätzlich aber sind bei der hier interessierenden Personengruppe sowohl die erforderlichen Grundqualifikationen als auch das notwendigen Interesse an einer beruflichen Qualifizierung vorhanden. Entscheidend für eine Erhöhung ihrer Weiterbildungsanstrengungen sind vor allem zwei Aspekte: Erstens nimmt die Bereitschaft der Geringsqualifizierten und der Betriebe zur Fortsetzung von Qualifizierungsbemühungen zu, wenn die erworbenen Kompetenzen im Betrieb tatsächlich angewendet und genutzt werden können, der Nutzen einer Fortbildung also erkennbar wird. Zweitens ist es besonders wichtig, daß die Beschäftigen und die Betriebe "einer Weiterbildung grundsätzlich aufgeschlossen gegenüberstehen."[19] Schließlich erhöht sich die Motivation zur eigenen Fortbildung auch noch dadurch, daß sich die erworbenen Fähigkeiten in einem Zertifikat niederschlagen und somit die berufliche Situation der Teilnehmer verbessern.

Insgesamt bleibt damit festzuhalten, daß es Personengruppen gibt, die hinsichtlich der Teilnahme an beruflichen Qualifizierungsprozessen als Problemgruppen einzustufen sind. Dennoch kann eine Berücksichtigung der spezifischen Weiterbildungsvoraussetzungen und -interessen dazu führen, auch diese Personen stärker in solche Prozesse zu integrieren und deren Weiterbildungsaktivitäten zu erhöhen.

---

[18] Vgl. Davids (1999), S. 18-20.
[19] Davids (1999), S. 21.

118

3. Die Gruppengröße

Ein wichtiger Aspekt ist die Frage nach der optimalen Größe von Teilnehmergruppen für einzelne Qualifizierungsveranstaltungen. Eine genaue Aussage zur Höhe der **optimalen Teilnehmerzahl** ist schwer möglich. Diese Frage stellt sich primär in den Fällen, in denen ein Betrieb die eigenständige Durchführung einer betriebsinternen Qualifizierungsmaßnahme plant. In dieser Situation muß die Zahl der teilnehmenden Beschäftigten festgelegt werden. Bei der Inanspruchnahme von externen Veranstaltungen hingegen trifft der externe Weiterbildungsträger diese Entscheidung. Von seiten des Betriebes gilt es nur noch zu prüfen, ob die vom Weiterbildungsträger geplante Teilnehmerzahl sinnvoll ist. Eine solche Entscheidung hängt vor allem vom **Thema** und von der verwendeten **Weiterbildungsmethode** ab. Einige wenige Beispiele mögen ausreichen, um grobe Hinweise auf sinnvolle Teilnehmerzahlen zu geben.

- Bei Seminaren zur Förderung der Kommunikationsfähigkeit, Konfliktbewältigung oder des Zeitmanagements gilt: Weil jeder Teilnehmer des Seminars die vorgestellten Regeln und Handlungsanweisungen ausprobieren bzw. einüben sollte und zudem Hinweise auf Fehler und Verbesserungsmöglichkeiten erhalten muß, dürfen nicht zu viele Personen an einer solchen Veranstaltung teilnehmen. Die Erfahrungen zur Schulung von Verwaltungsangestellten in der Kirche und Diakonie in Niedersachsen zeigen beispielsweise, daß an den genannten Seminaren maximal 15 Personen teilnehmen sollten.[20]
- Reine Fachvorträge von kürzerer Dauer können durchaus einem großen Publikum vorgetragen werden.
- Die maximale Gruppengröße für den Unterricht zur Vermittlung von theoretischem bzw. rein fachlichem Wissen beträgt etwa 18 Personen, während eine Weiterbildungsgruppe im Rahmen des Trainings zur Vermittlung von praktischen Fähigkeiten aus maximal 12 Personen bestehen sollte.[21]
- EDV-Schulungen mit praktischen Übungen sollten aufgrund der aktiven Teilnahme der Seminarteilnehmer ebenfalls nur mit einer begrenzten Zahl von Lernenden durchgeführt werden. Zu beachten ist dabei auch die Zahl der im Seminarraum zur Verfügung stehenden Computer, damit jeder Teilnehmer an einem eigenen Computer arbeiten kann.
- Bei computerunterstützten Lehrveranstaltungen im Rahmen des Fernstudiums kann die Teilnehmerzahl sehr groß sein - in der hohen Zahl von Lernenden, die an einer entsprechenden weiterbildenden Maßnahme partizipieren, liegt gerade ein Vorteil dieser Lehrform.

---

[20] Vgl. Blanke (1998), S. 9.
[21] Vgl. Döring/Ritter-Mamczek (1997), S. 84.

4. Die Motivation der Beschäftigten zur stärkeren Teilnahme an Weiterbildungsmaßnahmen

Ein ganz besonders zu beachtender Aspekt der betrieblichen beruflichen Weiterbildung ist die Weiterbildungsmotivation von Beschäftigten. Aus der Erwachsenenpädagogik ist bekannt, daß die Lernleistung von Erwachsenen maßgeblich von deren Motivation beeinflußt wird. Hinsichtlich des angestrebten Lernerfolges einer weiterbildenden Maßnahme kann bei Erwachsenen sogar festgestellt werden: "Ohne den Wunsch zu lernen, ohne einen **Lernwillen**, ... kommt ein nachhaltiger Lernprozeß nicht zustande."[22] Aus diesem Grunde haben Qualifizierungsmaßnahmen, zu denen ein Beschäftigter von seinen Vorgesetzten 'gezwungen' wird, wenig Aussicht auf eine tatsächliche Erhöhung der beruflichen Kompetenzen. Eine erste Voraussetzung für eine erfolgreich verlaufende Weiterbildung besteht deshalb darin, den teilnehmenden Personen die Sinnhaftigkeit und die Vorteile der anstehenden Qualifizierungsmaßnahme hinreichend zu verdeutlichen. Notwendige Voraussetzung für eine erfolgreiche Weiterbildungsmaßnahme ist deshalb, "daß der Lernende zum Lernen motiviert ist und daß er an dem, was er tut und wie er es tut, Interesse hat oder entwickelt."[23] Neben den allgemeinen Vorteilen, die bereits im einführenden Abschnitt dieses Buches erwähnt wurden, sollten den potentiellen Weiterbildungsteilnehmern die **konkreten individuellen Vorteile der Schulung** vorgestellt werden. Zu nennen wären in diesem Zusammenhang beispielsweise die Arbeitserleichterungen und Zeiteinsparungen, die mit dem sicheren Umgang eines neuen EDV-Programms zur Finanzbuchhaltung verbunden sind. Wenn durch die Einsicht in die eigenen Vorteile einer weiterbildenden Maßnahme erst einmal die Weiterbildungsmotivation geweckt ist, spielen nach Ansicht einiger Experten die weiteren Rahmenbedingungen für den Erfolg der beruflichen Qualifizierungsmaßnahme nur noch eine untergeordnete Rolle: "Ist die Aneignung des Lerninhaltes notwendige Voraussetzung zur Erledigung der alltäglichen Arbeit, ist Lernen kein Problem mehr. Ob in Seminaren, ob zu Hause, mit und ohne Medien, ob mit schlechten oder guten Lernprogrammen - diese Aspekte werden marginal."[24]

Umgekehrt zeigen sich in der Praxis große Widerstände gegen die Teilnahme an weiterbildenden Maßnahmen, wenn die Einsicht in den Sinn und Zweck einer solchen Veranstaltung auf seiten der angesprochenen Beschäftigten nicht vorliegt. Dies ist beispielsweise bei EDV-Schulungen vor allem dann der Fall, wenn die entsprechenden Programme noch nicht in den betrieblichen Arbeitsprozessen verwendet werden. Die Beschäftigten können die Vorteile der neuen Technologien und der Programme für ihre täglichen Arbeitsaufgaben nicht erkennen und haben daher große Vorbehalte gegen diese Technologien und die entsprechende

---

[22] Vgl. Siebert (1997a), S. 26, 53.
[23] Reinmamm-Rothmeier/Mandl (1997b), S. 101.
[24] Behrendt (1998), S. 6.

120

Weiterbildung.[25] Daraus ergibt sich ein **Problem bei der zeitlichen Gestaltung** von Qualifizierungsmaßnahmen: Einerseits sollten Schulungsmaßnahmen frühzeitig stattfinden, damit die Beschäftigten bereits vor dem Einsatz neuer Technologien und neuer Formen der Arbeitsorganisation über die notwendigen Qualifikationen verfügen. Dies erlaubt eine weitgehend reibungslose Einführung dieser Neuerungen und ermöglicht es zudem, daß die Beschäftigten vor Ort die betrieblichen Neuerungen mitgestalten und an die spezifischen Gegebenheiten anpassen können. Andererseits dürfen die Qualifizierungsmaßnahmen auch nicht zu früh durchgeführt werden, weil die angesprochenen Beschäftigten dann nicht den Sinn solcher Maßnahmen einsehen und deshalb die Weiterbildungsangebote nicht wahrnehmen.

Unabhängig von diesem zeitlichen Problem besteht ein relativ häufig festzustellendes Phänomen in der betrieblichen Weiterbildungspraxis darin, daß viele Beschäftigte Hemmungen besitzen, sich für Weiterbildungsmaßnahmen zu melden. Dies gilt selbst in den Fällen, in denen die in der Einleitung erwähnten Rahmenbedingungen, die für eine Teilnahme an weiterbildenden Maßnahmen erforderlich sind - Aussicht auf ein berufliches Fortkommen, erhöhte Einkommenschancen, keine finanzielle Belastungen etc. -, erfüllt sind. Die Gründe für dieses Verhalten sind nach Ansicht von Betriebs- und Personalratsmitgliedern, die zum Teil im Rahmen des Projektes "Neue Technologien und beruflicher Weiterbildungsbedarf" mit dem *DAG-Forum Schleswig-Holstein e.V.* zusammenarbeiteten, vor allem die folgenden:

- Häufig fehlt **ein Defizitbewußtsein**, d. h. die Beschäftigten erkennen nicht, daß sie Qualifizierungslücken haben, die durch Weiterbildungsmaßnahmen behoben werden sollten. Dadurch wird die Notwendigkeit der eigenen Weiterbildung nicht eingesehen. Ein fehlendes Defizitbewußtsein bezüglich der eigenen EDV-Kenntnisse liegt bei vielen Beschäftigten dann vor, wenn sie bereits seit langer Zeit mit einem bestimmten EDV-Programm arbeiten und sich die notwendigen Kenntnisse selbst angeeignet haben. In diesem Fall sind ihnen die gesamten Potentiale der Programme nicht immer bewußt, so daß entsprechende Lücken nicht erkannt werden. Bestes Beispiel für solche Situationen sind Bankangestellte, die Kredittilgungspläne mühsam mit Hilfe eines Taschenrechners errechnen, weil sie gar nicht wissen, daß diese Aufgabe relativ einfach mit dem EDV-Programm Excel erfüllt werden kann. Ein entsprechendes Qualifikationsdefizit wird nicht gesehen, weil die Angestellten der Meinung sind, das Programm Excel sicher zu beherrschen.
- Hinzu kommt, daß Widerstände gegenüber der eigenen Weiterbildung besonders groß sind, wenn die Notwendigkeit und Sinnhaftigkeit der Weiterbildungsinhalte für die angesprochenen Beschäftigten nicht einsichtig sind.[26]

25 Vgl. Hahne (1998), S. 37.
26 Vgl. Siebert (1997a), S. 27.

121

- Ein weiterer Grund besteht aus der **Angst, Qualifikationsdefizite zuzugeben**, die bei der weiteren beruflichen Laufbahn als Schwächen ausgelegt werden könnten. Konkret handelt es sich um die Befürchtung, bei Beförderungen nicht berücksichtigt zu werden oder aber bei anstehenden Entlassungen besonders gefährdet zu sein. Das Eingestehen eigener Qualifikationsdefizite könnte von der Betriebsleitung als ein Zeichen dafür angesehen werden, daß die betreffende Person nicht für einen beruflichen Aufstieg geeignet ist; bei anstehenden Höherstufungen also nicht berücksichtigt wird. Aufgrund dieser Ängste tun sich einige Beschäftigte schwer, bestehende Qualifikationsdefizite zuzugeben. Insgesamt fällt es "vor dem Hintergrund wachsender Anforderungen schwer", sich "selbst hinsichtlich bestehender Schwächen zu outen"[27]. So ist nach wie vor zu bemängeln, daß sowohl Vorgesetzte als auch Mitarbeiter in vielen Fällen die Auffassung vertreten, nach der Beschäftigte, die lernen, noch nicht für ihre Arbeit und ihren Arbeitsplatz fertig sind.[28]
- Es gibt Themen, bei denen diese Angst besonders verbreitet ist. Dazu zählt in erster Linie die Streßbewältigung, aber auch die Themen Selbst- und Zeitmanagement sind davon betroffen. Die Notwendigkeit einer Teilnahme an einer solchen Weiterbildungsveranstaltung wird in den Betrieben - auch von den Beschäftigten - belächelt und als ein Indiz dafür gesehen, daß teilnehmende Beschäftigte nicht belastbar sind, also auch nicht für höherwertige Aufgaben geeignet sind.
- Als besonders motivationshemmend ist die **Angst vor neuen Arbeitsaufgaben** anzusehen. Die Angst, diese Aufgaben nicht bewältigen zu können und neue Arbeitsmittel nicht beherrschen zu können, hemmt nicht nur die Weiterbildungsbereitschaft, sondern auch den Lernerfolg von durchgeführten Schulungen. Ebenso demotivierend kann die Befürchtung wirken, nach der Teilnahme an einer Qualifizierungsmaßnahme als 'Mulitiplikator' bei der betrieblichen Weiterbildung eingesetzt zu werden und als Experte für das Erlernte herhalten zu müssen, ohne diesen Aufgaben gewachsen zu sein.
- Eine andere Form von Ängsten besteht aus der Furcht, sich auf einem Seminar zu blamieren. Die Angst, "den Anforderungen nicht gewachsen zu sein, sich lächerlich zu machen" kann verschiedenen Ursachen haben, die bis in die Schulzeit und die dort gemachten Erfahrungen zurückgehen.[29]
- Wichtig für die Motivation zur Teilnahme an weiterbildenden Maßnahmen ist außerden der Lernerfolg, der mit früheren Schulungen erreicht wurde. Qualifizierungsmaßnahmen, die für die Erfüllung der Arbeitsaufgaben vor Ort keinen erkennbaren Nutzen hatten, sorgen dafür, daß die davon betroffenen Beschäftigten die Lust an der eigenen Weiterbildung verlieren. **Nichtsnutzige Qualifizie-**

---

[27] Bußmann (1998), S. 95.
[28] Vgl. Euler (1997), S. 444.
[29] Vgl. Esser (1999), S. 64.

122

rungsmaßnahmen richten daher einen großen Schaden hinsichtlich der Bereitschaft, an zukünftigen Schulungen teilzunehmen, an.[30]

- Die Teilnahme an Weiterbildungsmaßnahmen wird auch dadurch erschwert, daß in der Regel die zu erfüllenden Aufgaben während dieser Zeit weiterhin anfallen und nach der Teilnahme an Weiterbildungsmaßnahmen erfüllt werden müssen. Anzutreffen ist in einigen Fällen auch die Angst, daß die Vertretung während der Weiterbildungsteilnahme die Aufgaben besser erfüllt, was die eigenen Chancen des beruflichen Weiterkommens reduziert. Zudem kann das "Gefühl, unabkömmlich zu sein"[31], die Weiterbildungsbemühungen von Beschäftigten benindern.
- Die fehlende Unterstützung von seiten der Vorgesetzten ist ein weiteres gravierendes Motivationshemmnis. Hierbei ist vor allem die Einstellung der **Vorgesetzten** zu den Weiterbildungsbemühungen der Mitarbeiter von Bedeutung. Häufiges Manko der betrieblichen Weiterbildungspraxis ist die **fehlende Unterstützung** solcher Bemühungen oder sogar der Versuch, weiterbildungsinteressierte Mitarbeiter bei ihren Qualifizierungsanstrengungen zu behindern, z. B. durch die schleppende Weitergabe von Informationen zu bestehenden Fortbildungsangeboten. Ursache für ein derartiges Verhalten der Vorgesetzten kann unter anderem die Angst vor einem Machtverlust sein.
- Die mangelnde Unterstützung und Förderung der (beruflichen) Weiterbildung aufgrund der herrschenden **defizitären Gesetzeslage** - beispielsweise beim Berufsbildungsgesetz - wirkt sich ebenfalls negativ auf die Weiterbildungsbereitschaft aus. Gleiches gilt für die Unsicherheit über die gesamte rechtliche Situation der beruflichen Weiterbildung.
- Sehr wichtig ist die im Betrieb anzutreffende **Arbeitsorganisation**. Die Notwendigkeit der eigenen Qualifizierung wird nur eingesehen, wenn die vorgefundene Arbeitsorganisation erstens Tätigkeiten mit neuen Kompetenzen **verlangt** und wenn zweitens die vorherrschende Arbeitsorganisation Tätigkeiten **erlaubt**, die den Einsatz neuer Kompetenzen zuläßt.

Zur Behebung solcher motivationshemmenden Rahmenbedingungen wird es unter anderem erforderlich, die Einstellung zur Weiterbildung im Betrieb zu verändern. Nur wenn Kollegen und Vorgesetzte Weiterbildungsaktivitäten, die sich mit den scheinbar 'weichen' Qualifikationen im sozialen, methodischen und kommunikativen Bereich auseinandersetzen, nicht mehr belächeln, ist zu erwarten, daß die Weiterbildungsbereitschaft in diesen Bereichen zunehmen wird. Die notwendigen Veränderungen im Betrieb hinsichtlich der Bedeutung, die den außerfachlichen Kompetenzen zugestanden wird, kann zu einem großen Teil unter dem Schlagwort der **lernenden Organisation** erfaßt werden. Das Konzept der **Lernenden Organisation** erkennt an, daß die Lernbereitschaft und die Lernfähigkeit der

---

[30] Vgl. Reischmann (1998), S. 270.
[31] Esser (1999), S. 64.

Mitarbeiter zum zentralen Erfolgsfaktor eines Unternehmens geworden sind.[32] Zentrale Merkmale der Lernenden Organisation sind die folgenden:[33]

- Ausgangspunkt ist die Erkenntnis, daß sich die Fähigkeit, schneller und effektiver als andere zu lernen, für ein Unternehmen als ein immer wichtiger werdender Wettbewerbsvorteil erweist.

- Weil Wissen als wichtiger Wettbewerbsfaktor anerkannt ist, besteht das wesentliche Ziel der Lernenden Organisation in der kontinuierlichen Verbesserung der Lerninfrastruktur des Unternehmens. Erreicht werden soll damit die permanente Kompetenzentwicklung und -erhöhung aller Beschäftigten.

- Um im Wettbewerb dauerhaft bestehen zu können, findet im Unternehmen ein kontinuierliches Verändern und Lernen statt.

- Zentrale Instrumente zur Erreichung einer permanenten Erhöhung der Kompetenzen von Mitarbeitern sind das ständige und selbstverantwortliche Lernen, das arbeitsplatznahe Lernen, das Lernen im Team und das Lernen durch Reflexion.

- Entscheidend für den Erfolg hinsichtlich der Kompetenzerhöhung ist, daß Geschäftsleitung und Führungskräfte in den Qualifizierungsprozeß eingebunden werden und diesen Prozeß erkennbar unterstützen. Ohne die vorbehaltlose Unterstützung der Veränderungsprozesse durch die Geschäftsführung kommt es zu Blockaden und Widersprüchen im Prozeßverlauf.

- Ganz wichtig ist in diesem Zusammenhang die Unterstützung der Beschäftigten durch die Führungskräfte. Wenn sie ihre Mitarbeiter zur Weiterbildung anspornen und ermuntern, fördert dies die Weiterbildungsbereitschaft von Beschäftigten in erheblichem Maße, wie aus Modellversuchen bekannt ist. Hierzu bieten sich unter anderem Mitarbeitergespräche an, in denen betriebliche Entwicklungen und die damit einhergehenden Ängste der Beschäftigten diskutiert und erörtert werden.

- Entscheidend sind damit die Kommunikation, die Information, der intensive Erfahrungsaustausch und die dazugehörende Infrastruktur, denn ohne eine intensive Kommunikation über anstehende Veränderungen im Betrieb kommt es fast immer zu Widerständen, Reibungsverlusten und Fehlentwicklungen.

- Es werden Lern- oder Prozeßberatern eingesetzt, die den Qualifizierungsprozeß begleiten und bei auftretenden Schwierigkeiten helfend eingreifen können.

- Entscheidend ist weiterhin eine Unternehmenskultur, die Fehler zuläßt. Fehler dürfen nicht nur als ein Problem angesehen werden. Sie sind vielmehr als Lernchance zu verstehen. Offenheit, Ehrlichkeit und Vertrauen sind einige zentrale Elemente der notwendigen Unternehmenskultur.

- Wichtig ist zudem die Schaffung von lernförderlichen Arbeitsstrukturen, also von Arbeitsstrukturen, in denen die Beschäftigten ihre Lern- und Leistungsbereitschaft einbringen können.

---

[32] Vgl. Böhm (1998), S. 97.
[33] Vgl. Böhm (1998), S. 99, 112f.; Schreuder (1998), S. 188; Hardwig (1998), S. 140-142; Heeg/ Schidlo (1998), S. 168f.; Schütte (1999), S. 61-63, Heimann (1999), S. 4, 21.

Ein letztes gravierendes Problem besteht in diesem Zusammenhang aus der Gruppe derjenigen, die unterdurchschnittlich bildungsaktiv sind. Während Angehörige der oberen Sozialschicht mit einer höheren Schulbildung und einer privilegierten beruflichen Position besonders bildungsaktiv sind, können Niedrigqualifizierte nur schwer zur Teilnahme an Schulungen aktiviert werden.[34] Untersuchungen zur Struktur derer, die an Weiterbildungsmaßnahmen teilnehmen, zeigen die folgenden Tendenzen auf:[35]

• Mit einem höheren formalen Bildungsabschluß nimmt die Teilnahme an Weiterbildungsmaßnahmen zu.

• Mit einem höheren Status in der Hierarchie des Betriebes nimmt die Teilnahme an Weiterbildungsmaßnahmen zu.

• Mit einer höheren schulischen Vorbildung nimmt die Teilnahme an Weiterbildungsmaßnahmen zu.

• Mit einer höheren beruflichen Qualifikation nimmt die Teilnahme an Weiterbildungsmaßnahmen zu.

• Männer nehmen Weiterbildungsangebote häufiger in Anspruch als Frauen.

• Jüngere Arbeitnehmer nehmen Weiterbildungsangebote häufiger in Anspruch als ältere Arbeitnehmer.

• Arbeitnehmer aus Großbetrieben nehmen Weiterbildungsangebote häufiger in Anspruch als Arbeitnehmer aus Kleinbetrieben.

• Mitarbeiter aus unteren Hierarchiestufen nehmen eher Anpassungsqualifizierungen in Anspruch.

• Mitarbeiter aus höheren Hierarchiestufen nehmen eher Aufstiegsqualifizierungen in Anspruch.

• Angestellte, Beamte und Selbständige nehmen häufiger an Weiterbildungsmaßnahmen teil als Arbeiter.

• Nichterwerbstätige und Arbeitslose nehmen seltener an Weiterbildungsmaßnahmen teil als Berufstätige.

Zusammenfassend ergibt sich hinsichtlich der mangelnden Motivation von Beschäftigten zur Teilnahme an Qualifizierungsveranstaltungen das folgende Bild: Grundsätzlich sind zwei Hemmnisse anzutreffen, und zwar Informationsdefizite und grundsätzliche Berührungsängste. Die **Informationsdefizite** betreffen den Umstand, daß Beschäftigte nicht über die Veränderungen an ihrem Arbeitsplatz informiert werden und deshalb keine Notwendigkeit sehen, sich fortzubilden. Abhilfe kann hier geschaffen werden, indem die Beschäftigten über derartige Veränderungen frühzeitig und umfassend informiert werden. Problematischer sind Berührungsängste auf seiten der Beschäftigten. Der Abbau von **Berührungsängsten** gegenüber neuen Technologien, neuen Formen der Arbeitsorganisation und entsprechenden Weiterbildungsmaßnahmen verlangt, daß die bestehenden Ängste ange-

---

34 Vgl. Siebert (1984), S. 176; Siebert (1993), S. 149.
35 Vgl. Siebert (1984), S. 176; Kuwan u. a. (1996), S. 111-153; Euler (1997), S. 442.

sprochen und mit Fakten entkräftet werden. Wichtig für den Abbau von derartigen Ängsten ist zudem, daß den Beschäftigten aktive Beteiligungsmöglichkeiten eingeräumt werden, so daß sie die anstehenden Veränderungen selbst mitgestalten können.[36]

---

[36] Vgl. Euler (1997), S. 451.

Die Anforderungen an den Weiterbildner

Die Frage nach den Personen, die als Dozenten für weiterbildende Maßnahmen eingesetzt werden sollen, wird sowohl bei betrieblichen als auch bei außerbetrieblichen Qualifizierungsmaßnahmen relevant.

Bei **außerbetrieblichen Schulungen** gilt es zu prüfen, ob der von einem externen Weiterbildungsträger (Volkshochschule, Akademie, Berufsverband, Kammer, Gewerkschaft etc.) angebotene Dozent für die anstehende Qualifizierungsmaßnahme geeignet ist. Diese Entscheidung ist für einen Betrieb kaum nachvollziehbar, denn fachliche und pädagogische Fähigkeiten können von Betriebsangehörigen nicht oder nur sehr schwierig überprüft werden. Lediglich in dem Fall, daß bereits mehrere Mitarbeiter eines Betriebes Schulungen bei einem Dozenten durchlaufen haben, könnte eine tendenzielle Aussage über die Geeignetheit diesen speziellen Dozenten getroffen werden. Ein solches Urteil setzt allerdings voraus, daß der Betrieb seine Mitarbeiter nach der Absolvierung von weiterbildenden Maßnahmen bei externen Weiterbildungsanbietern befragt, wie die Mitarbeiter die Durchführung ihrer Qualifizierungsveranstaltung bewerten. Sollte dabei herauskommen, daß die Beschäftigten einen bestimmten Dozenten mehrheitlich schlecht beurteilen, dann bestehen Zweifel an dessen Geeignetheit. Ansonsten aber gibt es kaum eine Möglichkeit, die fachlichen und pädagogischen Fähigkeiten eines externen Dozenten zu beurteilen. Grundsätzlich gilt es, auf die folgenden Aspekte zu achten:

- Besitzt der Dozent die erforderlichen fachlichen Kenntnisse ? Die fachliche Befähigung wird immer dann als gegeben anzusehen sein, wenn der Ausbilder beispielsweise eine entsprechende Abschlußprüfung an einer deutschen Hochschule oder an einer staatlich anerkannten Ingenieursschule abgelegt hat.
- Verfügt der Dozent über pädagogische Erfahrungen ? Auch hier ist in der Regel dann von einem Vorhandensein der pädagogischen Fähigkeiten auszugehen, wenn der Dozent erfolgreich ein pädagogisches Studium absolviert hat oder die Ausbilderbefähigung besitzt.

Die beiden genannten Befähigungen müßten dann den Ankündigungstexten, also beispielsweise den Seminarbeschreibungen, zu entnehmen sein. Auch auf eventuell vorliegende Qualitätssiegel ist zu achten, da sie Hinweise auf das eingesetzte Weiterbildungspersonal eines externen Weiterbildungsträgers geben.

Bei einer **betrieblichen Weiterbildungsmaßnahme**, d. h. bei einer Veranstaltung, die hauptsächlich vom Betrieb geplant und durchgeführt wird, besitzt der Betrieb hingegen einen größeren Einfluß auf die Auswahl des Dozenten. Sehr oft werden entsprechende Qualifizierungsmaßnahmen von Mitarbeitern des eigenen Betriebes durchgeführt. Hier stellt sich offensichtlich die Frage, welcher Mitarbeiter geeignet ist, eine geplante Schulung mit Betriebsangehörigen durchzuführen. Gerade für die betrieblichen - letztlich aber auch für die außerbetrieblichen - Weiterbildungsveranstaltungen gilt es, bei der Wahl des Weiterbildners einige grundsätzliche Kriterien zu berücksichtigen. Zu diesem Zweck ist es sinnvoll, zunächst einmal die Funktionen zu betrachten, die ein Dozent bzw. Lehrer wahrnimmt. Sie geben erste Hinweise auf jene Eigenschaften und Fähigkeiten, über die eine Person verfügen muß, damit sie erfolgreich in der Weiterbildung eingesetzt werden kann.

1. Die Funktionen eines Dozenten

Zu den grundsätzlichen **Lehrer-** bzw. **Dozentenfunktionen** zählen vor allem die folgenden:[1]

- Der Dozent soll die Aufmerksamkeit der Lernenden gewinnen und das Interesse der Lernenden für das Thema wecken bzw. verstärken.
- Er soll die Lernenden darüber hinaus zum Lernen motivieren.
- Er bietet die Lehrinhalte portioniert und in der Reihenfolge an, die die Aufnahme der Inhalte und das Verständnis des Stoffes erleichtert.
- Dabei soll er die für den Schulungsinhalt relevanten Vorkenntnisse der Lernenden in deren Bewußtsein bringen, um vorhandenes Wissen zu reaktivieren.
- Er stellt schwierige Sachverhalte deutlich und wiederholend dar.
- Ferner erteilt der Dozent Ratschläge, wie der präsentierte Stoff am besten gelernt werden kann.
- Während des Unterrichts vergewissert sich der Lehrende durch Fragen und Rückmeldungen darüber, ob sich ein Lernerfolg eingestellt hat.
- Schließlich übt er das Erlernte mit den Lernenden und hilft ihnen, die vermittelten Kenntnisse anzuwenden.

Die stichwortartig vorgetragenen Funktionen eines Dozenten weisen darauf hin, daß keinesfalls jede Person mit der Durchführung von Maßnahmen zur beruflichen Qualifizierung betraut werden kann. Die beauftragten Personen müssen über **hohe Qualifikationen** verfügen, da sie sowohl technisches und fachliches Wissen vermitteln müssen als auch organisatorische und soziale Fähigkeiten anwenden müssen.

2. Die notwendigen Qualifikationen des Weiterbildungspersonals

Neben einem umfangreichen und fundierten fachlichen Wissen ist es zwingend erforderlich, daß die Lehrkräfte zusätzlich didaktisch und pädagogisch geschult sind.[2] Wichtig ist in diesem Zusammenhang der Hinweis, daß Weiterbildner nicht ausschließlich als Dozenten bzw. Trainer eingesetzt werden. Statt dessen ist neben der Trainerfunktion auch die Moderation von Qualifizierungsprozessen eine Aufgabe,

---

[1] Vgl. Peters (1997), S. 42.
[2] Vgl. Lullies (1991), S. 1184; Döbele-Berger/Martin (1991), S. 197.

die vom Weiterbildungspersonal bewältigt werden muß. Das Weiterbildungspersonal wird also in der beruflichen Qualifizierung von Mitarbeitern schwerpunktmäßig als Trainer oder Moderator tätig. Als **Trainer** ist es verantwortlich für die Qualifizierung der Beschäftigten, was vor allem die Vermittlung von Wissen und Fertigkeiten umfaßt. Als **Moderator** unterstützt es den mehr oder weniger selbstgesteuerten Qualifizierungsprozeß der Mitarbeiter, indem es Hilfestellung bei der Planung und Durchführung der Qualifizierungsprozesse leistet. In beiden Fällen müssen die mit der Weiterbildung betrauten Personen über die nachfolgenden Kompetenzen verfügen:[3]

- Fachkompetenzen, die auch berufsübergreifend angelegt sind und unter anderem die Struktur technischer Systeme, informationstechnische Anwendungen und arbeitsorganisatorische Aspekte umfassen.

- Vermittlungskompetenzen, also vor allem die Entwicklung von Schulungskonzepten, die Planung und Durchführung von Unterrichtseinheiten sowie die Gestaltung von Schulungsmaterialien. Dieser Aspekt bezieht sich primär auf die Rolle des Trainers.

- Beratungskompetenzen, also vor allem die Beratung bei der Planung von Inhalten und organisatorischen Rahmenbedingungen der beruflichen Weiterbildung. Dieser Aspekt bezieht sich primär auf die Rolle des Moderators.

Die hohe Bedeutung der **außerfachlichen Kompetenzen eines Dozenten** wird unter anderem ersichtlich anhand der Ursachen, die Weiterbildungsteilnehmer zu einem Kursabbruch bewegen. Zu den Gründen, die zum Kursabbruch führen, zählt unter anderem das Verhalten des Kursleiters. Für die hier interessierende Frage ist besonders relevant, daß die mangelnde fachliche Kompetenz des Dozenten selten als Abbruchsursache angegeben wird. Wenn Kursteilnehmer sich für die vorzeitige Beendigung eines Seminars entscheiden und dies auf die Person des Kursleiters zurückführen, dann werden häufig Gründe genannt, die in den methodisch-didaktischen oder noch einfacher in den menschlichen Bereich gehören, z. B. die mangelnde Kontaktfähigkeit bzw. Zuwendung, zu wenig Erklärungen, ein routinemäßiges, wenig spannendes Lehrverhalten, Abschweifungen vom eigentlichen Thema und das Gefühl des Kursteilnehmers, von der Kursleitung nicht akzeptiert zu werden.[4] Die vorgestellten Ursachen, die Weiterbildungsteilnehmer zum Abbruch einer begonnenen Qualifizierungsmaßnahme bewegen, belegen den hohen Stellenwert, den die pädagogischen, methodischen und menschlichen Fertigkeiten eines Dozenten einnehmen. Ein guter Dozent sollte sich zum Zwecke einer erfolgreichen **Durchführung von Schulungen** zumindest die nachstehenden **Empfehlungen** aneignen und somit über die damit verbundenen Fähigkeiten verfügen - zusätzlich

---

3   Vgl. Euler (1997), S. 469.
4   Vgl. Siebert (1997a), S. 256f.

130

zu den Fähigkeiten, die er benötigt, um die bereits vorgestellten Lehrerfunktionen zu erfüllen:[5]

- die Befähigung zu einer sprachlichen Verständigung, die von den Zuhörern problemlos nachvollzogen werden kann; dies betrifft z. B. die Entscheidung über komplexe oder einfache Sätze und über den Fremdwörtereinsatz
- die Lernziele und die thematischen Interessen der Teilnehmer wahrnehmen und berücksichtigen
- den Teilnehmern zugewandt sein und Menschen mögen
- extrovertiert sein, aber gleichzeitig gut zuhören und beobachten können
- ein entwickeltes Selbstbewußtsein besitzen, ohne überheblich und arrogant aufzutreten
- Aufgeschlossenheit für Ansichten und Erfahrungen anderer Personen
- Einfühlungsvermögen in den Umgang mit lernenden Erwachsenen
- Zurückhaltung üben, die Weiterbildungsteilnehmer zu Wort kommen lassen und einen Erfahrungsaustausch ermöglichen
- aufmerksam registrieren, ob die Lehrinhalte richtig wahrgenommen und verarbeitet werden, also gute Beobachtungsfähigkeiten hinsichtlich der Lernfortschritte
- einen Vortrag so gestalten, daß den Zuhörern Zeit bleibt zum kritischen Nachdenken, daß Beispiele aus dem eigenen Erfahrungsschatz gesucht und Gegenargumente formuliert werden können
- insgesamt ein guter Kommunikator sein
- fähig sein zur Steuerung von Gruppenprozessen, was unter anderem das Vorhandensein von Gesprächsführungs- und Moderationsfähigkeiten umfaßt
- Kooperationsbereitschaft und Kooperationsfähigkeit inklusive Konfliktfähigkeit und Konfliktresistenz
- Förderung der Motivation und der Eigeninitiative der Teilnehmer
- sehr flexibel sein und improvisieren können
- Projektmanagement- und Organisationskompetenzen
- aufgrund fehlender Patentlösungen für die pädagogische Seite der Weiterbildung muß sich das Lehrverhalten durch ein selbständiges und kreatives Weiterbildungsverhalten auszeichnen.

Die Weiterbildner müssen also neben ihrem fachlichen Wissen auch über **erwachsenenpädagogische Kenntnisse** verfügen. Gerade die umfangreiche Liste der sozialen Anforderungen macht deutlich, daß die im Unternehmen vorhandenen **Techniker**, die betriebsinterne Qualifizierungen häufig vornehmen und denen die genannten Anforderungen in der Regel fehlen, nicht die besten Weiterbildner sind. Dennoch wird in vielen Betrieben - vor allem beim Einsatz neuer (Büro-) Techno-

---

5 Vgl. dazu statt vieler Lullies (1991), S. 1185; Siebert (1997a), S. 127, 268f.; Döring/Ritter-Mamczek (1997), S. 35-37; Pongartz (1998), S. 23; Stark (1998), S. 30; Clemens (1999), S. 31-33.

131

logien - oftmals so vorgegangen, daß die Spezialisten der Datenverarbeitungsabteilung die notwendigen Schulungsmaßnahmen übernehmen, obwohl sie aus den genannten Gründen keinesfalls die geeignetsten Personen dafür sind. Werden sie dennoch zur Qualifizierung ihrer Kollegen eingesetzt, so ist vorab sicherzustellen, daß eine pädagogische Schulung die zukünftigen Dozenten mit einem Mindestmaß an methodischen und sozialen Fertigkeiten ausstattet. Erforderlich ist deshalb eine entsprechende Schulung der Lehrenden, z. B. derart, daß die Universitäten für Praktiker aus der beruflichen Weiterbildung ohne Hochschulzugangsberechtigung zugänglich werden.[6] Insgesamt erfolgt in der betrieblichen Weiterbildungspraxis die Auswahl der Dozenten häufig nur aufgrund der fachlichen Qualifikationen. Auf pädagogische Fähigkeiten wird hingegen kaum geachtet, so daß die Weiterbildner in dieser Hinsicht "ohne systematische Vorbereitung »ins kalte Wasser geworfen«" werden.[7] Daher gilt: Wenn die Weiterbildung stärker in den Betrieb verlegt wird, erfordert dies notwendigerweise eine stärkere pädagogische Kompetenz der für die Weiterbildung Verantwortlichen. Diese Mitarbeiter - meist sind es Führungskräfte - müssen über arbeitswissenschaftliche, arbeitspädagogische und arbeitssoziologische Fachkompetenzen verfügen und über soziale Kompetenzen. Außerdem müssen sie in der Lage sein, das Lernen im Arbeitsprozeß zu initiieren, zu unterstützen und schließlich auch zu bewerten.[8]

Zu fragen wäre in diesem Zusammenhang, ob die betrieblichen **Ausbilder** für die Weiterbildung eingesetzt werden sollten. Da sie in ihrer Funktion als Ausbilder bereits über pädagogische Kenntnisse verfügen, sind sie geeigneter als die reinen Fachexperten. Dennoch ist nachdrücklich darauf hinzuweisen, daß die Ausbildung von Jugendlichen andere methodische und didaktische Anforderungen an die Trainer und Dozenten stellt als die Qualifizierung von Erwachsenen. Ohne an dieser Stelle zu sehr auf die methodischen Aspekte der beruflichen Weiterbildung einzugehen,[9] ist folgendes festzuhalten: Die Qualifizierung von Erwachsenen ist mit speziellen Problemen konfrontiert, die sich nicht mit den Erkenntnissen der Erziehung und Bildung Jugendlicher bewältigen lassen. Ein konkretes Beispiel mag dies wie folgt verdeutlichen: "So setzt zum Beispiel ein Seminar für die Entwicklung der Teamfähigkeit unter gestandenen Mitarbeitern an ganz anderer Stelle an, als dies unter Lehrlingen der Fall sein dürfte."[10] Die Literatur trägt diesem Umstand Rechnung, indem sie neben der Pädagogik den Begriff der **Andragogik** geprägt hat. Letzterer ist speziell auf die Qualifizierung bzw. Unterweisung von Erwachsenen zugeschnitten. Der Erkenntnis folgend, daß die Bildung von Jugendlichen und Erwachsenen unterschiedliche Methoden verlangt, ist es zwingend erforderlich, daß Ausbilder nicht ohne weitere Zusatzqualifikationen in der beruflichen Weiterbil-

---

[6] Vgl. Lullies (1991), S. 1191; Bahl-Benker (1991), S. 1250; Voigt (1996), S. 108.
[7] Vgl. Pongartz (1998), S. 22.
[8] Vgl. Bootz/Ebmeyer (1995), S. 15, 29.
[9] Vgl. dazu die Ausführungen des Kapitels 'Methodische Aspekte der Weiterbildung'.
[10] Barthel (1999), S. 13.

dung eingesetzt werden können. Diejenigen, die sich um die Qualifizierung von Erwachsenen kümmern, müssen vielmehr darauf vorbereitet werden, daß die Bildung von Erwachsenen mit besonderen Schwierigkeiten verbunden ist. Hierzu gehören unter anderem die geringere Formbarkeit von Erwachsenen, eventuell höhere Lernwiderstände und vielfach eine hohe Belastung aufgrund familiärer und beruflicher Verpflichtungen. Gerade der Zeitmangel Erwachsener führt dazu, daß sie besonders hohe Qualitätsanforderungen an weiterbildende Maßnahmen stellen. Gleichzeitig kann die Schulung von Erwachsenen - im Vergleich zu Jugendlichen - auch mit Erleichterungen verknüpft sein. Zu nennen sind in diesem Kontext vor allem die leichtere Motivierbarkeit von Erwachsenen und die umfangreichen Erfahrungen, über die Erwachsene verfügen. Hinzu kommt, daß vom fachlichen Standpunkt her die Qualifizierung Erwachsener in der Regel umfangreichere, detailliertere Fachkenntnisse des Weiterbildners voraussetzt als die Ausbildung von Jugendlichen. Während Jugendliche zunächst einmal die Grundkenntnisse des zu erlernenden Berufes vermittelt bekommen, geht es bei Erwachsenen häufig um Spezialwissen, welches sich der Weiterbildner erst selbst erarbeiten muß.[11] Insgesamt sprechen die erwähnten Unterschiede hinsichtlich der Methode und der Inhalte der beruflichen Weiterbildung von Erwachsenen dafür, daß Ausbilder ohne eine weitere Qualifikation nicht in der beruflichen Qualifizierung eingesetzt werden sollten.

Schließlich ist darauf hinzuweisen, daß dem Weiterbildner die Arbeitssituation der Teilnehmer bekannt sein sollte, damit er bei seiner Schulung auf die speziellen Probleme am Arbeitsplatz eingehen kann. Dies gilt für alle zu schulenden Inhalte, z. B. für die EDV-Schulung - weil die Excel-Anwendungen eines Kreditsachbearbeiters andere sind als die eines Controllers in einem Krankenhaus - und für die Erhöhung der Konfliktbewältigungsfähigkeiten - weil die Konfliktsituationen einer Verkäuferin im Einzelhandel andere sind als die einer Sekretärin in einer Stabsabteilung. Somit muß sich jede Qualifizierungsmaßnahme möglichst nah an den konkreten Arbeitsbedingungen der Teilnehmer orientieren, um einen nachhaltigen und verwertbaren Lernerfolg zu erzielen. Fachspezialisten ohne Kenntnisse über die Arbeitsbedingungen ihrer Kollegen erfüllen diese Anforderungen häufig nicht, was ebenfalls gegen ihren Einsatz als Dozenten spricht.

Die vorangegangenen Ausführungen verdeutlichen, daß die **Kursleiterfortbildung** ein Aufgabenfeld ist, das von den Unternehmen aufgegriffen werden muß. Eine hochwertige betriebliche Fortbildung setzt entsprechend qualifizierte Weiterbildner voraus. Dabei ist es besonders wichtig, daß das Weiterbildungspersonal besser als bisher auf die **pädagogische Dimension** seiner Tätigkeit vorbereitet wird. Die mit der betrieblichen Weiterbildung beauftragten Personen sind deshalb kontinuierlich zu Veranstaltungen zu entsenden, auf denen sie eine didaktisch-pädagogische Fortbildung durchlaufen. Inhaltlich sollten Qualifizierungsveranstaltungen für Weiter-

---

[11] Vgl. Barthel (1999), S. 12-16.

bildner alle bereits erwähnten Fähigkeiten abdecken, die einen guten Dozenten auszeichnen. Entscheidend ist dabei neben der Berücksichtigung von fachlichen Qualifikationen auch die Schulung von Schlüsselqualifikationen.[12]

3. Das Teamteaching

Ein weiterer Aspekt, den es im Zusammenhang mit der Frage nach dem richtigen Trainer zu klären gilt, betrifft die Zahl der einzusetzenden Dozenten. Es ist zu untersuchen, ob bei weiterbildenden Veranstaltungen eine Qualitätsverbesserung erreicht werden kann, wenn anstelle von einem Dozenten mehrere Personen gemeinsam mit der Durchführung einer Lehrveranstaltung beauftragt werden. Ein solches Vorgehen wird als **Teamteaching** bezeichnet. Sinnvoll ist der gemeinsame Einsatz mehrerer Dozenten unter anderem in den folgenden Situationen:[13]

- Der Einsatz mehrerer Trainer bietet sich an, wenn **größere Teilnehmergruppen** qualifiziert werden. Damit auf jeden Weiterbildungsteilnehmer adäquat eingegangen werden kann, müssen für größere Lerngruppen mehrere Weiterbildner zur Verfügung stehen.
- Bei zahlreichen Themen ist eine Kombination von **Theoretikern** und **Praktikern** als Lehrpersonal sinnvoll, z. B. bei Seminaren zum Marketing, zur Mitarbeiterführung, zu neuen Managementmethoden oder auch bei rechtlichen Themen.
- Bei komplexen Themen, die **differenzierte Aspekte** eines Themas abdecken, ist der Einsatz von Fachleuten aus unterschiedlichen Bereichen angebracht. Eine umfassende EDV-Schulung könnte z. B. neben dem rein anwendungsbezogenen Fachwissen auch die Vermittlung von Kenntnissen zur rechtlichen Handhabung und zur ergonomischen Gestaltung von Bildschirmarbeitsplätzen beinhalten. Hierzu wäre es sinnvoll, neben einem EDV-Experten auch einen juristisch geschulten Dozenten sowie schließlich einen Experten auf dem Gebiet der Ergonomie einzusetzen. Ein anderes Anwendungsgebiet des Teamteachings sind Schulungen zum Konfliktmanagement, zur Konfliktbewältigung und zur Lösung von Mobbing-Situationen. Bei einer solchen Schulung kann ein Psychologe auf die psychologischen Aspekte der Entstehung und Bewältigung von Konflikten eingehen, während ein juristischer Experte die arbeitsrechtlichen Aspekte dieser Thematik behandelt.
- Sind bei der Schulung **unterschiedliche Lernformen** erforderlich, so bietet sich eine Durchführung des Seminars an, bei der die verschiedenen Dozenten unterschiedliche Lehrformen anwenden. So könnte beispielsweise ein Seminar zum Konfliktmanagement von einem Soziologen fachlich geleitet werden, während ein Theaterpädagoge mit der Durchführung von Rollenspielen beauftragt wird.

---

[12] Vgl. Meisel (1989), S. 106f.; Weilböck-Buck (1992), S. 205.
[13] Vgl. Siebert (1997a), S. 242-244; Reischmann (1998), S. 269.

- Eine häufig anzutreffende Spielart des Teamteachings besteht aus dem gemeinsamen Einsatz eines **Fachexperten** und eines weiteren Dozenten, der die **Moderation** zwischen den Lernenden und dem Fachexperten sicherstellt. Dieses Vorgehen bietet sich vor allem in den Situationen an, in denen der Fachexperte nur über wenige pädagogische Erfahrungen und Fähigkeiten verfügt. Der Moderator füllt die methodischen und didaktischen Lücken, die der fachkompetente Dozent entstehen läßt. Der Moderator übernimmt unter anderem die folgenden Aufgaben: er achtet auf die vorhandenen Vorkenntnisse der Teilnehmer und auf eventuell auftretende Verständnisprobleme, er strukturiert und visualisiert die Inhalte des Fachvortrags sowie die eventuell anfallenden Diskussionsergebnisse, er motiviert die Lernenden und fördert deren Eigeninitiative, er nimmt auftretende Konflikte und Spannungen wahr und versucht sie schließlich auch zu lösen.
- Schließlich ist vor allem bei der Arbeit mit **benachteiligten Zielgruppen** - also lernungewohnte Mitarbeiter, Arbeitslose, verhaltensgestörte Personen etc. - an eine Kombination von Weiterbildnern zu denken, bei der neben dem Fachdozenten eine ergänzende Betreuung durch eine **sozialpädagogisch geschulte Person** stattfindet.

Die exemplarisch vorgestellten Fälle mögen ausreichen, um einen groben Eindruck von den möglichen Einsatzbereichen für das Teamteaching zu geben.

4. Der Einsatz von Tutoren

Gerade beim arbeitsplatznahen Lernen ist an den Einsatz von **Tutoren** zu denken, die eine etwas andere Funktion als Lehrer wahrnehmen. Aufgabe der Tutoren ist weniger die Lehre als vielmehr eine begleitende und beratende Funktion. Der Tutor leistet Hilfe beim Erlernen, indem er beratend tätig wird, aber die Weiterbildungsinhalte eignet sich der Lernende durch das selbständige Erarbeiten der Inhalte an. Der Tutor wird vor allem dann tätig, wenn der Lernende bei der selbstgesteuerten Weiterbildung auf Probleme stößt. Konkret umfassen die Ratschläge des Tutors unter anderem die folgenden Aspekte:[14]

- Zu Beginn des selbstgesteuerten Lernens führt der Tutor den Lernenden in das Thema ein und macht ihn mit der zu erlernenden Thematik bekannt.
- Es werden dabei auch die grundsätzlichen Voraussetzungen für ein erfolgreiches Lernen erörtert.
- Der Tutor erteilt Ratschläge hinsichtlich des erforderlichen Zeitaufwands beim Erarbeiten einzelner Lehrabschnitte.
- Der Tutor erteilt Ratschläge hinsichtlich der Frage, wie das Erlernte am besten zusammengefaßt, kritisch hinterfragt und behalten wird.

---

[14] Vgl. Peters (1997), S. 45.

135

- Schließlich werden Ratschläge erteilt im Hinblick auf die Anwendung der Erlernten im praktischen Berufsleben.

Alles in allem besteht die Hauptaufgabe des Tutors in der Anleitung und Aufforderung an der Lernenden, Aktivitäten zu entfalten. Lehrvorträge seitens des Tutors machen hingegen nur einen sehr geringen Anteil seiner Aufgabe aus.[15] Die - im weiteren Verlauf noch zu behandelnden - methodisch-didaktischen Veränderungen in der beruflichen Weiterbildungspraxis führen letztlich für alle Weiterbildner und Trainer zu einem geänderten Tätigkeitszuschnitt, der den Aufgaben eines Tutors ähnelt. Im methodisch-didaktischen Bereich der Weiterbildung wird verstärkt auf aktivierende Qualifizierungsmethoden gesetzt. An die Stelle des Frontalunterrichts treten vermehrt aktivierende Methoden, wozu unter anderem "die Projektarbeit, Unternehmensplanspiele, auftragsorientierte Ausbildung, Rollenspiele ... oder Gruppenunterricht" zählen.[16] Für das Weiterbildungspersonal bedeutet dies, daß es zunächst einmal lernen muß, wie diese und andere aktivierenden Aus- und Weiterbildungsmethoden eingesetzt werden können.[17] Darüber hinaus müssen Weiterbildner wissen, wie sie die Qualifizierungsprozesse der Beschäftigten initiieren können, so daß die Beschäftigten selbstgesteuerte Weiterbildungsaktivitäten entfalten.

5. Zusammenfassende Bemerkungen

Zusammenfassend gilt es festzuhalten, daß Personen, die als Weiterbildner im Betrieb eingesetzt werden, neben einem fundierten fachlichen Wissen vor allem über pädagogische, didaktische und methodische Grundvoraussetzungen verfügen müssen. Reine Fachexperten ohne eine entsprechende pädagogische Grundausbildung eignen sich nicht als Dozenten. Die angedeuteten Veränderungen bei den Inhalten und den Methoden der beruflichen Weiterbildung führen auch auf seiten der Weiterbildner und Trainer zu einem geänderten Aufgabenbild. Der moderne Weiterbildner sieht sich einer Erweiterung seiner Aufgaben und neuen methodisch-didaktischen Anforderungen gegenüber.[18]

- **Inhaltlich** äußert sich die Aufgabenerweiterung darin, daß Weiterbildner nicht nur mit der reinen Durchführung von Qualifizierungsmaßnahmen betraut werden. Statt dessen müssen sie schon im Vorfeld der eigentlichen Weiterbildungsmaßnahme tätig werden und Aufgaben zur Weiterbildungsbedarfsanalyse, zur Entwicklung umfassender Weiterbildungsprogramme und zur Planung und Konzeption einzelner Maßnahmen erfüllen. Zudem sind auch nach der Durchführung

---

[15] Vgl. Peters (1997), S. 45.
[16] Zedler (1998b), S. 12f.
[17] Vgl. Zedler (1998b), S. 13.
[18] Vgl. Bundesministerium für Bildung, Wissenschaft, Forschung und Technologie (1998), S. 179.

der Qualifizierungsveranstaltung Aufgaben der Evaluation und des Bildungscontrollings zu erledigen.

- **Methodisch** äußert sich das geänderte Aufgabenbild darin, daß das klassische Bild des Weiterbildners als Vermittler von Wissen und Fähigkeiten, also als Dozent, zurückgeht. Vom Weiterbildungspersonal wird inzwischen erwartet, daß es die Weiterbildungsteilnehmer während des gesamten Qualifizierungsprozesses umfassend betreut. Der moderne Weiterbildner erweist sich daher eher als ein Coach, der den Weiterbildungswilligen beratend zur Seite steht und sich als ein Personalentwickler verhält, der den Beschäftigten Informationen und Orientierungshilfen bei der Entscheidung über individuelle Qualifizierungsstrategien gibt.

Der Ort der Weiterbildung

1. Der Weiterbildungsort

Die erste richtungsweisende Frage hinsichtlich des Lernortes ist die Entscheidung, ob eine Weiterbildungsmaßnahme im Betrieb oder außerhalb des Betriebes stattfinden soll. Der wohl wichtigste Gesichtspunkt, der bei dieser Entscheidung zum Tragen kommt, ist der **Kostenaspekt**. Für den Lernort 'Betrieb' spricht in erster Linie, daß eine außerbetriebliche Qualifizierung mit sehr hohen Kosten für den Arbeitgeber verbunden ist. Vor allem die Lohnfortzahlung schlägt hier mit etwa 60% bis 70% der gesamten Weiterbildungskosten zu Buche. Hinzu kommen **Probleme bei der Freistellung** von Beschäftigten für die Teilnahme an Weiterbildungsmaßnahmen und die damit verbundenen Freistellungskosten. Auch an die anfallenden Reisekosten und die Übernachtungskosten ist zu denken. Selbst wenn der größte Teil der Weiterbildungskosten von den Betrieben übernommen wird, so ist die Frage der Reduktion dieser Kosten auch für die Beschäftigten nicht bedeutungslos. Eine Untersuchung vom *Bundesinstitut für Berufsbildung* erfaßt dazu die nachstehenden Kostenarten:[1]

1.	**Betriebliche Weiterbildung:**
1.1.	Direkte Kosten:
	• zusätzliche Kinderbetreuungskosten • sonstige zusätzliche Kosten
1.2.	Indirekte Kosten:
	• bewerteter Freizeitverlust (Unterrichtszeit, Zeit für vorherige Information, Vor- und Nachbereitungszeit, Fahrzeit, bezahlter Urlaub)
2.	**Nichtbetriebliche Weiterbildung:**
2.1.	Direkte Kosten:
	• Teilnahmegebühren und Kosten für Lernmittel • Fahrkosten und Kosten für auswärtige Unterkunft sowie auswärtige Mahlzeiten • Kinderbetreuungskosten • sonstige Kosten
2.2.	Indirekte Kosten:
	• Einkommensverzicht wegen Aufgabe der Berufstätigkeit • Einkommensverzicht wegen Arbeitszeitreduzierung • Einkommensverzicht wegen Verzicht auf Überstunden • Einkommensverzicht wegen Inanspruchnahme von unbezahltem Urlaub • bewerteter Freizeitverlust (Unterrichtszeit, Zeit für vorherige Information, Vor- und Nachbereitungszeit, Fahrzeit, bezahlter Urlaub)

---

[1] Vgl. Bardeleben u. a. (1996), S. 20-30, 56f.

Aufgrund der genannten Kostenarten ergaben sich im Jahr 1992 in der Einleitung bereits genannten Zahlen für die jährlichen durchschnittlichen Kosten pro befragten Teilnehmer.[2] Werden diese Resultate hochgerechnet auf alle Weiterbildungsteilnehmer in den Bundesrepublik Deutschland, so ergibt die entsprechende Berechnung für das Jahr 1992 folgende Gesamtkosten der Weiterbildung:

	alte Länder	neue Länder	Gesamt
Teilnehmerzahl bei beruflicher Weiterbildung	7,3 Mio.	2,5 Mio.	9,8 Mio.
Gesamtkosten der beruflichen Weiterbildung (direkte Kosten)	7,7 Mrd. DM	2,1 Mrd. DM	9,8 Mrd. DM
• davon: individuelle direkte Kosten bei **betrieblicher** Weiterbildung	0,4 Mrd. DM	0,2 Mrd. DM	0,6 Mrd. DM
• davon: individuelle direkte Kosten der **nichtbetrieblichen** Weiterbildung	7,3 Mrd. DM	1,9 Mrd. DM	9,2 Mrd. DM

Die vorgestellten Zahlen belegen, daß die betriebliche Weiterbildung im Vergleich zur außerbetrieblichen Weiterbildung für die teilnehmenden Beschäftigten mit wesentlich geringeren Kosten verbunden ist. Hinzu kommt, daß die außerbetriebliche Weiterbildung zwei weitere Nachteile aufweist:

• Der **Zeitaufwand** ist für die Teilnehmer aufgrund der Anreise höher. Außerdem ist bei mehrtägigen Veranstaltungen zu berücksichtigen, daß die Weiterbildungsteilnehmer häufig am Tagungsort übernachten, was eine Reduktion der Freizeit bedeutet.

• Hinzu kommen - zumindest für diejenigen, die familiäre Verpflichtungen zu erfüllen haben wie die Betreuung von Kindern oder von pflegebedürftigen Personen - **organisatorische Probleme**, die weitere Zeit und andere Ressourcen in Anspruch nehmen.

Die Teilnahme an außerbetrieblichen Qualifizierungsmaßnahmen ist daher mit einem nicht unerheblichen Freizeitverzicht verbunden, der bei einer betrieblichen Weiterbildung entfällt. Außerdem ist zu bedenken, daß es eine Vielzahl von Beschäftigten gibt, die - aus familiären oder anderen Gründen - nur sehr ungern außerhalb der eigenen Wohnung übernachten. Dies schränkt ihre Bereitschaft zur Teilnahme an außerbetrieblichen Weiterbildungsveranstaltungen stark ein.
Andererseits hat der Besuch von Weiterbildungsveranstaltungen, die nicht im Betrieb abgehalten werden, auch Vorteile. Hierzu zählt vor allem der **Urlaubs-** oder **Erholungsaspekt**, der mit außerbetrieblichen Schulungen - vor allem, wenn diese in einer landschaftlich attraktiven Umgebung stattfinden - verbunden sein kann.

---

2 Vgl. S. 22.

Außerdem empfinden es viele Beschäftigte als angenehm, für einen längeren Zeitraum dem betrieblichen Alltagstrott entfliehen zu können. Hinzu kommt ein Aspekt, der auf den Lernerfolg abzielt und bereits im Zusammenhang mit der Frage nach der angemessenen Struktur einer Teilnehmergruppe thematisiert wurde. Es handelt sich hierbei um die Tatsache, daß bei sensiblen Themen aus dem sozial-kommunikativen Bereich Hemmungen bestehen, im Kreise der Kollegen aus dem eigenen Betrieb entsprechende Qualifizierungsdefizite zuzugeben. Dieser Umstand spricht dafür, derartige Schulungen außerhalb des eigenen Betriebes durchzuführen, um Qualifikationslücken besser aufdecken zu können und insgesamt einen besseren Weiterbildungserfolg zu erreichen. Schließlich ist an die Möglichkeit eines **intensiveren Erfahrungsaustausches** zu denken, der vor allem dann einsetzt, wenn die Weiterbildungsteilnehmer bei mehrtägigen außerbetrieblichen Schulungen am Tagungsort übernachten und somit den ganzen Tag zusammen sind.

Letztendlich verfügen sowohl betriebliche als auch außerbetriebliche Qualifizierungsmaßnahmen über Vor- und Nachteile, so daß eine eindeutige Empfehlung zugunsten einer der beiden Lernorte nicht ausgesprochen werden kann. Diese Unmöglichkeit wird unter anderem durch die Ergebnisse aus der eingangs erwähnten Befragung des *DAG-Forums Schleswig-Holstein e.V.* von Arbeitnehmervertretern untermauert. Bezüglich der Orte, an denen Qualifizierungsveranstaltungen durchgeführt werden bzw. werden sollten, konnten die Befragten zwischen betrieblichen und außerbetrieblichen Veranstaltungen wählen, wobei letztere nicht weiter spezifiziert wurden. Die entsprechenden Resultate sind der nachfolgenden Tabelle zu entnehmen. Der Ist-Zustand bezieht sich dabei auf die zum Zeitpunkt der Befragung getroffenen Regelungen, während der Soll-Zustand die von den Befragten gewünschten Regelungen angibt.

Ort der Weiterbildung	Ist-Zustand	Soll-Zustand
ausschließlich im Betrieb	6,0 %	4,0 %
hauptsächlich im Betrieb	23,4 %	16,1 %
zu gleichen Teilen im Betrieb und außerhalb des Betriebes	33,8 %	55,3 %
hauptsächlich außerhalb des Betriebes	31,3 %	21,6 %
ausschließlich außerhalb des Betriebes	5,5 %	3,0 %

Es zeigt sich, daß die Vorstellungen der Betriebs- und Personalräte zur optimalen Regelung des Weiterbildungsortes wenig eindeutig ausfallen. Es gibt weder eine eindeutige Präferenz für die Durchführung von Schulungen außerhalb des Betriebes noch für betriebsinterne Veranstaltungen. Die hohe Ausprägung der Antworten, die sich für Schulungen aussprechen, die zu gleichen Teilen im Betrieb und außerhalb des Betriebes stattfinden, läßt auf eine gewisse Indifferenz der Befragten

140

in bezug auf diese Thematik schließen. Letzten Endes dürfte diese Entscheidung zu einem erheblichen Maße davon abhängen, ob der Betrieb über entsprechende Räumlichkeiten verfügt, die für die verschiedenen Weiterbildungsmaßnahmen erforderlich sind. Andere Untersuchungen - so z. B. eine Betriebsratsmitgliederbefragung von *Friebel* und *Winter* aus dem Jahre 1997 - kommen hingegen zu Ergebnissen, bei denen die Arbeitnehmervertreter für die Durchführung von Qualifizierungsmaßnahmen im Betrieb sind und sich gegen eine Auslagerung der Bildungsarbeit aussprechen.[3] Für den Betrieb als Ort der Weiterbildung sprechen zudem die Vorteile, die mit dem **arbeitsplatznahen Lernen** verbunden sind und die in einem späteren Abschnitt besprochen werden. Diese Vorteile - zu nennen sind unter anderem die geringeren Weiterbildungskosten, die Reduzierung der Freistellungsproblematik und die geringeren Probleme bei der Umsetzung des erworbenen Wissens am eigenen Arbeitsplatz - sorgen gegenwärtig für eine wachsende Bedeutung des arbeitsplatznahen Lernens in der betrieblichen Weiterbildungspraxis, was wiederum den Betrieb als Ort der Weiterbildung zunehmend wichtiger werden läßt. Dennoch werden die außerbetrieblichen Weiterbildungsstätten auch in Zukunft nicht in der Bedeutungslosigkeit versinken. Wenn die Entscheidung zugunsten eines Tagungsortes gefallen ist, der außerhalb des Betriebes liegt, so ist hier vor allem auf die Attraktivität des ausgewählten Tagungsortes zu achten. Landschaftlich attraktiv gelegene Lernorte erhöhen unzweifelhaft die Teilnahmemotivation. Selbst wenn dabei zu beachten ist, daß die **Teilnahmemotivation** (Nehme ich an einem Weiterbildungsangebot teil?) nicht mit der **Lernmotivation** (Interessieren mich das Thema des Seminars und die angegebene Lernform?) identisch ist, so kann dennoch festgestellt werden: Ein attraktiver Tagungsort - und dazu zählen neben der landschaftlichen Lage auch die Qualität des Essens, ein freundlicher Empfang, eine gute Infrastruktur im Hause etc. - ist wichtig für die Lernmotivation und damit für den Lernerfolg.[4]

2. Die Schulungsräume

Unabhängig von der Entscheidung, ob eine weiterbildende Maßnahme im Betrieb oder in einer außerbetrieblichen Tagungsstätte stattfindet, ist die Frage zu beantworten, welche Eigenschaften die Räume erfüllen müssen, in denen die Weiterbildung durchgeführt werden soll. Hinsichtlich der Ausgestaltung eines Schulungs- oder Lernraumes sind die folgenden grundsätzlichen Erwägungen zu beachten:[5]

• Der Raum muß so konzipiert sein, daß Störungen und Unterbrechungen vermieden werden.

---

3 Vgl. Friebel/Winter (1997), S. 259f.
4 Vgl. Siebert (1997a), S. 213; Merk (1998), S. 189.
5 Vgl. Lullies (1991), S. 1188f.; Siebert (1997a), S. 214; Merk (1998), S. 189; Reischmann (1998), S. 269.

- Der Seminar- bzw. Lehrgangsraum sollte ruhig, groß, gut beleuchtet und nach Möglichkeit klimatisiert sein.
- Zu einem geeigneten Lernraum zählen auch bequeme Stühle.
- Bei der Vermittlung von praktischen, arbeitsplatzbezogenen Fertigkeiten ist es erforderlich, daß der Lernraum dem jeweiligen Arbeitsplatz der teilnehmenden Beschäftigten entspricht. Vor allem die am Arbeitsplatz verwendeten Arbeitsmittel - also vor allem Computer, Werkzeuge und Maschinen - müssen in ausreichender Zahl vorhanden sein.
- Auch die eingesetzte Methode ist wichtig für die notwendige Gestaltung der Lernräume. Konzentriertes Nachdenken gelingt besser in einem nüchternen Raum als in einem bunt bebilderten. Werden die Weiterbildungsteilnehmer im Rahmen der Schulung in hohem Maße zum eigenen Nachdenken angeregt, so ist der Schulungsraum entsprechend zu gestalten.
- Zur Unterstützung von Vorträgen empfiehlt sich der Einsatz verschiedener medialer Hilfsmittel (Overhead-Projektor, Tafel, Flipchart, Dias etc.), die in dem Raum vorhanden sein müssen.
- Wenn sich eine Gruppe längere Zeit in einem Seminarraum aufhält, sollte dieser Raum mit selbsterstellten Gegenständen (Wandzeitung, Schaubilder etc.) ausgestattet werden können.
- Wichtig ist auch die folgende methodische Überlegung: Der Lernerfolg und die Übertragbarkeit des Erlernten auf die berufliche Alltagssituation werden positiv beeinflußt, wenn die Lernsituation der späteren Anwendungssituation sehr ähnlich ist. Entsprechende Schulungsmaßnahmen sollten sich daher "räumlich und materialmäßig" so nah wie möglich an der beruflichen Praxis der Teilnehmer orientieren.

Nicht unwichtig ist in diesem Zusammenhang die Frage nach der **Größe** von Schulungsräumen. Die erwachsenengerechte Raumgröße hängt maßgeblich von der eingesetzten Qualifizierungsmethode ab. Bei der traditionellen Unterrichtsform - also dem mit Vorträgen arbeitenden Frontalunterricht - reicht ein Unterrichtsraum aus, bei dem für 25 Teilnehmer etwa 80 Quadratmeter veranschlagt werden können. Beim handlungsorientierten Lernen deuten die Erfahrungen aus Modellversuchen darauf hin, daß der gesamte Raumbedarf ein ähnliches Volumen einnimmt, wobei sich dieses Volumen allerdings auf mehrere Räume verteilt. Erforderlich für das handlungsorientierte Lernen sind - für eine Gruppe von 25 Lernenden - ein Präsentationsraum mit etwa 40 Quadratmetern und drei Kleingruppenräume von etwa 12 Quadratmetern. Sinnvoll ist schließlich noch ein Gruppenarbeitsraum in einer Größe von 25 bis 30 Quadratmetern. Auch die Ausstattung der Lernräume ist in erster Linie abhängig von der eingesetzten Qualifizierungsmethode. Für einen Vortrag benötigt der Dozent lediglich eine Tafel und einen Overhead-Projektor. Wird hingegen eine handlungsorientierte Vermittlungsform gewählt, so werden wesentlich umfangreichere Ausstattungen notwendig. Benötigt werden dann - zusätzlich zu den für einen Vortrag erforderlichen Ausstattungsgegenständen - vor allem Flipcharts, Pinwände, eine kleine Bibliothek, eine Videoanlage und Computerarbeitsplätze. Hinzu kommen in allen Fällen themenspezifische Arbeits- bzw. Lernmittel, also beispielsweise Computer mit bestimmten Programmen, spezielle Werkzeuge und Maschinen.[6] Schließlich ist bei der räumlichen und apparativen Ausstattung zu bedenken, daß Menschen aus unterschiedlichen sozialen Milieus unterschiedliche Anforderungen und Erwartungen an ihren Lernraum stellen. Eine Studie im Auftrag der *Friedrich-Ebert-Stiftung* kommt in diesem Zusammenhang unter anderem zu folgenden Resultaten:[7]

- Personen aus dem traditionellen Arbeitermilieu haben keine übertriebenen Stilansprüche. Sie legen Wert auf eine konventionelle Gemütlichkeit.
- Das neue Arbeitnehmermilieu bevorzugt ein gediegen-modernes Design, legere Eleganz und moderne Unterrichtsmedien.
- Angehörige des technokratisch-liberalen Milieus wünschen klare geometrische Formen, eine klassisch-einfache Linienführung und dies alles in einer schönen Umgebung.
- Vertreter des alternativen Milieus legen Wert auf eine umweltfreundliche Lernumgebung. Außerdem lehnen sie die industrielle Konsumkultur ab und empfinden beispielsweise Plastik und Beton als häßlich.

Sollte der **Arbeitsplatz** als Ort der Weiterbildung herangezogen werden, so ist zu beachten, daß keinesfalls jeder Arbeitsplatz für die Durchführung von weiterbildenden Maßnahmen geeignet ist. Ein unmittelbar einsichtiger Grundsatz lautet dabei, daß Arbeitsplätze mit einer hohen physischen und/oder psychischen Belastung für die Durchführung von Qualifizierungsmaßnahmen ungeeignet sind. Störende Einflußfaktoren wie beispielsweise Lärm, Hitze, Kälte, Gestank oder Staub sind unbedingt zu vermeiden, da diese Faktoren die erforderliche Konzentration verhindern. Auch Störungen durch Mitarbeiter oder Vorgesetzte müssen vermieden werden, was eine entsprechende Gestaltung der Arbeitsplätze verlangt.[8] Gerade bei der arbeitsplatznahen Weiterbildung ist die Geeignetheit von einzelnen Arbeitsplätzen für die Durchführung von Qualifizierungsanstrengungen gründlich zu überprüfen, wobei die notwendige Entscheidung nicht immer so leicht fällt wie die nachstehende: "Ein kontaktintensives Großraum- oder Mehrplatzbüro mit einem hohen Lärmpegel (Telefonklingeln, Sprechen, Besuchsverkehr etc.) bietet ungünstigere Bedingungen für das Lernen als etwa ein ruhiges Einzelbüro.[9] Insgesamt sollten bei der Wahl des geeigneten Lernraumes die nachstehenden Erwägungen in Betracht gezogen werden:[10]

---

[6] Vgl. Seyd (1994), S. 149f.
[7] Vgl. Siebert (1997a), S. 215.
[8] Vgl. Lullies (1991), S. 1188f.; Severing (1994), S. 181; Merk (1998), S. 189.
[9] Vgl. Euler (1997), S. 445.
[10] Vgl. Siebert (1997a), S. 216.

143

- Entsprechen die Räume den Vorlieben der Teilnehmer?
- Können die Räumlichkeiten von der Seminargruppe verändert werden, z. B. durch die Gestaltung der Wände oder der Sitzordnung?
- Sind die technischen Einrichtungen für den geplanten Einsatz von Medien wie z. B. Overhead-Projektor, Tafel und Pinwand vorhanden?
- Gibt es räumliche Möglichkeiten für die Durchführung von Kleingruppenarbeit?

Letztlich sollten sich diejenigen, die über die Auswahl und Gestaltung der Lernräume entscheiden, die Frage stellen, in welchen Räumen sie selber am liebsten lernen und den Schulungsraum entsprechend auswählen.

145

Zeitliche Aspekte der Weiterbildung

Hinsichtlich der zeitlichen Dimension der beruflichen Weiterbildung gibt es drei Aspekte, die einer Klärung bedürfen:
1. Wie groß sollte der **zeitliche Vorlauf** einer weiterbildenden Maßnahme für die Planung und Information der möglichen Weiterbildungsteilnehmer sein?
2. Soll die Weiterbildung von Beschäftigten während der **Arbeitszeit** stattfinden **oder** in der **Freizeit** der Beschäftigten?
3. Welche **Dauer** sollten Qualifizierungsmaßnahmen haben?

1. Der zeitliche Vorlauf

Eine erste Frage zur zeitlichen Organisation von Qualifizierungsmaßnahmen betrifft bereits die **Vorbereitung** von entsprechenden Maßnahmen. Als Grundsatz gilt hierbei: Weiterbildung muß **frühzeitig geplant** werden. Dazu gehört auch die rechtzeitige Bekanntgabe der Schulungsmaßnahme, so daß die Beschäftigten die Teilnahme einplanen können. Die rechtzeitige Information über geplante Weiterbildungsanstrengungen ist ein besonderes Problem für Personen mit familiären Aufgaben.[1] Ebensowichtig ist die Frage nach dem Zeitpunkt einer Schulung, also nach der Frage, wie lange vor dem Einsatz einer neuen Technologie oder einer neuen arbeitsorganisatorischen Strukturänderung die erforderlichen weiterbildenden Maßnahmen ergriffen werden sollen. Hierzu sind zwei Erwägungen zu beachten:
- Wie bereits am Ende der Einleitung dargestellt, sollte eine Qualifizierungsmaßnahme nicht erst dann erfolgen, wenn derartige betriebliche Änderungen anstehen. Statt dessen ist es sinnvoller, mit einem gewissen **zeitlichen Vorlauf** die Qualifikationen und Kompetenzen zu schulen, die als Konsequenz betrieblicher Veränderungen von den Beschäftigten verlangt werden. Die Beschäftigten können dann regulierend in die Prozesse eingreifen und sie an die tatsächlichen betrieblichen Anforderungen vor Ort anpassen. Nur so gelingt es, die technisch-organisatorischen Neuerungen optimal auf die Arbeitsplätze abzustimmen. Außerdem reduziert die aktive Einflußnahme der Beschäftigten auf betriebliche Veränderungsprozesse die Unzufriedenheit mit diesen Veränderungen und die Widerstände gegen derartige Neuerungen.[2]
- Gleichzeitig darf der zeitliche Vorlauf, mit dem eine Qualifizierung erfolgt, nicht zu lang sein. Wenn die Beschäftigten Dinge erlernen, die sie nicht in naher Zukunft für ihren Arbeitsalltag benötigen, sehen sie die Notwendigkeit einer solchen Schulung nicht ein. Insgesamt kann ein zu langer zeitlicher Vorlauf dazu

---

[1] Vgl. Döbele-Berger/Martin (1991), S. 196.
[2] Vgl. Sonntag (1992), S. 140.

146

führen, daß eine Teilnahme an entsprechenden Weiterbildungsangeboten entweder unterbleibt oder aber nur geringe Lernfortschritte stattfinden.

Entscheidend für die vollständige Ausschöpfung aller Vorteile, die sich aus dem Einsatz neuer Technologien und neuer Formen der Arbeitsorganisation ergeben können, ist daher die "vorausschauende Berufsbildung und betriebliche Weiterbildung"[3]. In der betrieblichen Praxis aber ist zu bemängeln, daß Qualifizierungsmaßnahmen häufig erst nach der Einführung neuer Technologien oder nach der Einführung veränderter arbeitsorganisatorischer Regelungen stattfinden. Die entsprechenden Weiterbildungsmaßnahmen stehen dann oftmals unter einem erheblichen Zeitdruck, was Streß und zusätzliche Verunsicherungen hervorruft.[4]

2. Weiterbildung in der Freizeit oder in der Arbeitszeit ?

Der nächste bedeutsame Problemkreis betrifft die Frage, ob die berufliche Weiterbildung während der **Arbeits- oder** der **Freizeit** stattfinden soll. Grundsätzlich kann zu dieser Frage festgestellt werden, daß Schulungsmaßnahmen während der Arbeitszeit durchzuführen sind. Dies ist auch die Meinung vieler Betriebsräte, die an der Einheit von Arbeits- und Bildungsarbeit festhalten und gegen eine Auslagerung der Bildungsarbeit in die Freizeit sind. Zur Begründung dieser Ansicht können zumindest zwei entscheidende Argumente herangezogen werden:[5]

- Wenn die Nutzung der Arbeitskraft durch den Betrieb eine Weiterqualifikation fordert, dann ist dies auch eine Aufgabe, die dem Betrieb zufällt und von ihm bezahlt werden soll. Weiterbildung ist demnach als bezahlte Arbeitszeit anzusehen.
- Bildung ist keinesfalls eine Erholung. Wenn dies aber der Fall ist, dann sollte die Weiterbildung auch nicht in der Freizeit erfolgen.

Auch wenn es zahlreiche Tendenzen gibt, die Weiterbildung in die Freizeit zu verlegen,[6] so sollte dennoch an dem Grundsatz "Qualifizierungszeit ist bezahlte Arbeitszeit"[7] festgehalten werden. Neben der Weiterbildung in Form von Lehrgängen und Seminaren gilt diese grundsätzliche Erwägung auch für die Trainings- und Anwendungsphasen am Arbeitsplatz, so daß auch sie als bezahlte Arbeitszeit anzusehen sein sollten.[8] Obwohl es - gerade unter Betriebs- und Personalräten - einen weitgehenden Konsens dahingehend gibt, daß weiterbildende Maßnahmen während

3 Herpich/Krüger/Nagel (1992), S. 85.
4 Vgl. Euler (1997), S. 471.
5 Vgl. Döbele-Berger/Martin (1991), S. 196; Friebel/Winter (1997), S. 259.
6 Vgl. Herpich/Krüger/Nagel (1992), S. 67; van Berk (1998), S. 102.
7 Bahl-Benker (1991), S. 1250.
8 Vgl. Lullies (1991), S. 1184.

147

der Arbeitszeit durchgeführt werden sollen, darf die Bereitschaft zur Qualifizierung in der Freizeit nicht übersehen werden. Die Befragungsergebnisse unter Arbeitnehmervertretern in Schleswig-Holstein brachten die folgenden Antworten hervor:

Wann sollten Weiterbildungsmaßnahmen stattfinden?	Soll-Zustand
ausschließlich während der Arbeitszeit	26,9 %
hauptsächlich während der Arbeitszeit	52,8 %
zu gleichen Teilen in der Arbeits- und in der Freizeit	19,7 %
hauptsächlich in der Freizeit	0 %
ausschließlich in der Freizeit	0,5 %

Diese Resultate sprechen eindeutig für den Wunsch der Betriebs- und Personalräte, die Weiterbildung ganz oder zumindest hauptsächlich in der Arbeitszeit durchzuführen. Ausdrücklich ist in diesem Zusammenhang allerdings auch auf die offensichtliche Bereitschaft der Befragten hinzuweisen, einen Teil der Weiterbildung in die Freizeit zu verlegen. Letztendlich ist bereits heute festzustellen, daß die berufliche Weiterbildung in zunehmendem Maße in der Freizeit der Beschäftigten stattfindet, und daß sich dieser Trend zukünftig nich verstärken wird.[9]

Für den Fall, daß weiterbildende Maßnahmen außerhalb der normalen Arbeitszeit durchgeführt werden, sollte die **Veranstaltungszeit** in möglichst enger Absprache mit den Weiterbildungsteilnehmern erfolgen. Definitive Aussagen sind zur richtigen Lage einer Qualifizierungsmaßnahme kaum möglich, da die Entscheidung von der angesprochenen Teilnehmergruppe abhängt. Einige generelle Aussagen hinsichtlich des Zusammenhangs zwischen der Teilnehmergruppe und geeigneten Weiterbildungszeiten sind die folgenden:[10]
- Singles sind eher an Wochenendkursen interessiert als an Veranstaltungen, die jeweils an einem oder zwei Abenden in der Woche stattfinden und sich über einen entsprechend langen Zeitraum hinziehen.
- Ältere Menschen meiden Abendkurse, die nach 20 Uhr beginnen.
- Führungskräfte nehmen ungern bzw. selten an Lehrgängen teil, die länger als drei Tage dauern.
- Bei Beschäftigten mit vielen termingebundenen Aufgaben werden Weiterbildungsveranstaltungen von kürzerer Dauer bevorzugt, weil dies die Freistellung von der Arbeit erleichtert und zudem nicht dazu führt, daß nach Abschluß der Schulung ein zu umfangreiches Arbeitspensum erforderlich ist, um die unerledigten Aufgaben zu erfüllen.

---

[9] Vgl. Weiß (1999), S. 18.
[10] Vgl. Siebert (1997a), S. 211f.; Proß (1998), S. 16.

148

- Beschäftigte mit familiären Verpflichtungen bevorzugen Seminare, die zeitlich so angelegt sind, daß sie abends bzw. schon am späten Nachmittag bei ihrer Familie sein können.

- Bei Qualifizierungsveranstaltungen, die von Angehörigen des Betriebes geleitet und durchgeführt werden sollen, ist schließlich noch zu bedenken, zu welchen Zeiten geeignete Lehrkräfte am ehesten zur Verfügung stehen.

3. Die Dauer von Weiterbildungsmaßnahmen

Der letzte und ebenfalls nicht unumstrittene Aspekt der zeitlichen Dimension von weiterbildenden Maßnahmen betrifft die Frage nach der angemessenen Dauer von Qualifizierungsveranstaltungen. Auch hierzu gilt es einen entscheidenden Grundsatz zu beherzigen, nämlich den, daß bei jeder Weiterbildungsbemühung vor allem **genügend Zeit** für die Schulung und Einarbeitung/Übung des Gelernten einzuplanen ist.[11] In der betrieblichen Weiterbildungspraxis stellt der Zeitaspekt eines der größten Probleme dar. So erfolgt beispielsweise die Qualifizierung zum Umgang mit neuer Hard- und Software häufig derart, daß es einen Kurzlehrgang des Herstellers gibt, in dem Technikexperten eine Unterweisung durchführen. "An diesen Seminaren wird generell kritisiert, daß sie zu kurz, nicht anwenderbezogen und zu technikorientiert verlaufen und zu spät stattfinden."[12] **Ursache** für die meist zu knapp bemessene Zeit von Qualifizierungsmaßnahmen ist in erster Linie die Vereinbarkeit von Produktions- und Bildungsarbeitszeiten, bei der die Produktion in der Regel den Vorrang erhält. Nicht nur nach Ansicht vieler Weiterbildungsmanager besteht der größte Handlungsbedarf bei der Lösung des Konfliktes 'Produktion oder Bildung'.[13] Weil in auftretenden Konfliktsituationen der Produktion fast immer eine vorrangige Bedeutung eingeräumt wird, fehlen häufig die Freiräume, die erforderlich sind für die "regelmäßige systematische Unterweisung und Betreuung" im Rahmen der betrieblichen Weiterbildung.[14] Hinzu kommt der Kostenaspekt. Wenn die berufliche Qualifizierung von Beschäftigten in der regulären Arbeitszeit stattfindet, dann ist für den betroffenen Betrieb die "(Seminar-)Zeit Geld"[15]. Generell muß zur beruflichen Weiterbildung festgestellt werden, daß die **Zeitknappheit** als ein besonders **gravierendes Problem** anzusehen ist. Wer etwas für seine eigene Weiterbildung tun will, benötigt dafür ausreichend Zeit und Muße. Umgekehrt führt eine zu knapp bemessene Dauer von weiterbildenden Maßnahmen zur Ungeduld der Lernenden. Die Ungeduld hat zur Folge, daß Weiterbildungsteilnehmer gereizt auf Einwürfe anderer Schulungsteilnehmer reagieren, bei auftre-

11 Vgl. Döbele-Berger/Martin (1991), S. 197; Stockmann/Bardeleben (1993), S. 13.
12 Euler (1997), S. 443.
13 Vgl. Friebel/Winter (1997), S. 258f.
14 Vgl. Pongratz (1998), S. 22.
15 Vgl. Siebert (1993), S. 52.

tenden Verständnisfragen nicht die erforderlichen Zwischenfragen an die Lehrenden stellen und jede - pädagogisch und didaktisch manchmal sehr sinnvolle - Abweichung als störend und überflüssig empfinden. Neben Verständnisproblemen, die bei einem solchen Verhalten leicht entstehen können, kann die Ungeduld in letzter Instanz auch zum Abbruch einer begonnenen weiterbildenden Veranstaltung durch einzelne Teilnehmer führen. Außerdem verhindert der Zeitdruck bei beruflichen Qualifizierungsmaßnahmen, daß die Lernprozesse kritisch hinterfragt werden können. Auch der 'Blick über den eigenen Tellerrand' wird aufgrund eines Zeitmangels erschwert oder sogar unmöglich gemacht. Außerdem ist es gerade im Zusammenhang mit der Einführung neuer Technologien wichtig, daß die Weiterbildungsteilnehmer nicht nur reines Faktenwissen vermittelt bekommen, sondern darüber hinaus Strategien zur Lösung von Problemen erwerben. Hierzu gehört auch die Berücksichtigung des Umgangs mit Fehlern. Beides verlangt zeitliche Freiräume, die bei den meisten EDV-Schulungen nicht vorhanden sind.[16] Alles in allem wirkt sich eine zu knapp bemessene Dauer von weiterbildenden Maßnahmen negativ auf die gesamte Weiterbildung aus, so daß "viele »Schnellernkurse« letztlich vertane Zeit sind"[17]. Insgesamt erfordern die Weiterbildung und das Lernen mehr Zeit als generell vermutet wird, denn "Lernprozesse zur Kompetenzentwicklung benötigen Zeit und ein Mindestmaß an Kontinuität und Verläßlichkeit."[18] Zumindest die folgenden Grundsätze sollten bei der Festlegung der gesamten Dauer einer Qualifizierungsmaßnahme berücksichtigt werden:[19]

• In der Trainingseinheit (vornehmlich bei der Einführung der neuen Technik) ist eine Kombination aus Wissensvermittlung und Anwendungsphasen anzustreben. Dabei ist auch die Möglichkeit einer gezielten Nachschulung zu berücksichtigen. Beides verlangt ausreichende zeitliche Freiräume.

• Ziel sollte die kontinuierliche Weiterbildung sein, so daß auch die Zeiten des "Training-on-the-job" als Lernzeiten anerkannt werden. Wichtig sind dafür unter anderem zeitliche Freiräume bei den Praxisphasen, was sowohl die Planung des Arbeitsvolumens betrifft als auch den Personalbedarf. So sind beispielsweise in der Einarbeitungszeit neuer EDV-Systeme die Qualifizierungsphasen so zu planen, daß den Beschäftigten während der Arbeitszeit genügend Freiräume zur Verfügung stehen, die das Üben des Gelernten erlauben.

• Gerade zur Unterstützung des Lerntransfers im beruflichen Alltag sind Freiräume "für innovatives und selbständiges Handeln und regelmäßiges Feedback"

---

[16] Vgl. Siebert (1993), S. 52; Euler (1997), S. 457f.; Felger/Leuschner/Reuther (1998), S. 37f.

[17] Siebert (1997a), S. 210.

[18] Weiß (1999), S. 26.

[19] Vgl. Döbele-Berger/Martin (1991), S. 196; Lullies (1991), S. 1182-1184; Herpich/Krüger/Nagel (1992), S. 67; Pongratz (1998), S. 23; Proß (1998), S. 17; Merk (1998), S. 189; van Berk (1998), S. 102; Drews (1998), S. 7; Felger/Paul-Kohlhoff (1998), S. 90; Reischmann (1998), S. 269, Heimann (1999), S. 7.

erforderlich. Nur dann sind Mitarbeiter auch in der Lage, das Erlernte in der täglichen Arbeit anzuwenden und für die tägliche Praxis zu nutzen.

- Grundsätzlich sollte die Zeit für Weiterbildungszwecke so bemessen sein, daß auch Lernstörungen - im Sinne einer Abweichung vom geplanten Seminarverlauf - zugelassen werden können. Das Lernen ist in der Regel dann besonders erfolgreich, wenn den Lernenden Freiräume zugestanden werden für die zeitintensive Erprobung von Entscheidungsmöglichkeiten, für das Stellen von Fragen und schließlich auch dafür, daß die Lernenden Irrtümer begehen können, aus denen sie lernen. Die Evaluation von Pilotseminaren im Rahmen des Projektes 'Kompetenzentwicklung für den wirtschaftlichen Wandel - Mitbestimmung durch kompetente Betriebs- und Personalräte' (KomMit) zeigt, "daß die Betriebs- und Personalräte in der Bildungsarbeit .. Raum für einen ausführlichen Erfahrungsaustausch unter Kollegen/ -innen erwarten".[20]

- Wichtig ist zudem die Einplanung von ausreichend bemessenen Zeiten zur Pflege und Weiterentwicklung des Wissens, das in außerbetrieblichen Veranstaltungen erworben wurde.

- Dies alles ist keine Ablehnung von kürzeren Qualifizierungsmaßnahmen. Kürzere Weiterbildungsangebote besitzen den Vorteil, daß sie sich leichter in den täglichen Arbeitsprozeß integrieren lassen. Aus diesem Grund kann es durchaus sinnvoll sein, eine Qualifizierungsmaßnahme in verschiedene (kurze) Module aufzuteilen und diese dann flexibel in der betrieblichen Weiterbildung einzusetzen. So kann es von Vorteil sein, anstatt einer zweiwöchigen Schulung vier Drei-Tages-Schulungen durchzuführen und diese über ein halbes Jahr zu verteilen. Weiterbildende Einzelmaßnahmen können deshalb ohne weiteres kurzzeitig sein, wenn dies zu einem kontinuierlichen Weiterbildungsprozeß führt. Entscheidend ist in diesem Zusammenhang allerdings, daß die Summe aller Einzelmaßnahmen ausreichend ist, um die angestrebten Weiterbildungsinhalte zu vermitteln.

Ganz allgemein gilt deshalb für die Durchführung von weiterbildenden Maßnahmen: "Dabei brauchen Lernende nicht nur Freiräume für konstruktive und explorative Aktivitäten, sondern auch gezielte Hilfen für den Umgang mit Informationen, für die Bearbeitung von Problemstellungen und für die Zusammenarbeit in Gruppen."[21] Das Problem der Zeitknappheit könnte - zumindest teilweise - umgangen werden, indem sich die weiterbildungsinteressierten Personen für die Dauer von längeren Qualifizierungsmaßnahmen **von der Arbeit freistellen** lassen, also für die Dauer der weiterbildenden Maßnahme aus dem Erwerbsleben ausscheiden. Im Regelfall wird diese Variante der vollzeitlichen Weiterbildung aber aufgrund der Einkommenseinbußen und der zunehmend unsicherer werdenden Arbeitsmarktsitua-

20 Felger/Paul-Kohlhoff (1998), S. 89.
21 Reinmann-Rothmeier/Mandl (1997b), S. 104.

tion nur für sehr wenige Personen attraktiv sein.[22] Der Regelfall sind vielmehr die nebenberufliche Weiterbildung sein, bei der die Knappheit der Weiterbildungszeit ein gravierendes Problem darstellt.

Besonders relevant werden Fragen der zeitlichen Dauer von Qualifizierungsveranstaltungen im Rahmen der betrieblichen, genauer noch der **arbeitsplatznahen Weiterbildung**. Gerade durch die Nähe der Weiterbildung zum eigentlichen Arbeitsprozeß besteht die Gefahr, bei zeitlichen Engpässen der Produktion den Vorrang zu geben und die Qualifizierungsanstrengungen zu reduzieren. Notwendig ist daher vor allem die "Entkoppelung des Arbeitsplatzes von betrieblichen Zeitkontingentierungen" sowie "eine höhere Souveränität der Zeiteinteilung durch die Arbeitenden bzw. Lernenden selbst". Entscheidend für den Erfolg einer betrieblichen weiterbildenden Maßnahme ist außerdem die ausreichende Trennung von Arbeits- und Lernzeiten mit einer großzügigen Einplanung von Zeiten für das Lernen. Konkret kann dies beispielsweise dadurch erreicht werden, daß es zur "phasenweise Einfügung von Lernintervallen ohne Zeitvorgaben aus dem Arbeitsprozeß" kommt oder daß im Rahmen der Gruppenarbeit jeweils einzelne Beschäftigte für die Weiterbildung freigestellt werden.[23]

Weniger problematisch ist eine ausreichende Dauer von weiterbildenden Maßnahmen im Fall einer außerbetrieblichen Qualifizierungsmaßnahme. Hier ist die Länge der Maßnahme meist vom externen Weiterbildungsanbieter vorgegeben. Der Betrieb oder der einzelne Beschäftigte muß dabei nur noch entscheiden, ob die angegebene Dauer einer zur Debatte stehenden Weiterbildungsmaßnahme angemessen ist oder zu knapp ausfällt. Zur Entscheidungserleichterung können einige **grobe Vorstellungen** hinsichtlich der zeitlichen Dimensionen von Schulungsveranstaltungen angegeben werden, die sowohl von den Schulungsinhalten als auch von den eingesetzten Methoden abhängig sind:[24]

- Seminare, die der reinen Wissensvermittlung dienen, sich jeweils nur an einem oder zwei Tagen in der Woche für wenige Stunden stattfinden und sich dadurch über einen längeren Zeitraum hinziehen, sollten in etwa 20 Unterrichtsstunden umfassen.
- Blockseminare sollten maximal zwei Wochen dauern, als sinnvolle Dauer sind - je nach Thema - drei bis fünf Tage angemessen.
- Bedienerschulungen an EDV-Systemen, die über die übliche Bedienerschulung der Hersteller hinausgehen und statt dessen eine kompetente und selbstbestimmte Techniknutzung erlauben (also auch das Betriebssystem schulen) be-

---

[22] Vgl. ZFU/BIBB (1998), S. 47.
[23] Vgl. Severing (1994), S. 178.
[24] Vgl. Bahl-Benker (1991), S. 1248f.; Siebert (1997a), S. 209-211.

152

sitzen aufgrund von Erfahrungswerten eine erforderliche Schulungsdauer von mindestens fünf Tagen.

- Eine Grundlagenqualifizierung im Bereich der Datenverarbeitung und neuer Bürotechniken, die inhaltlich die folgenden Aspekte abgedeckt: Grundbegriffe, Logik und Funktionsweise der Datenverarbeitung und der Informations- und Kommunikationstechnologien, mögliche betriebliche Einsatzbereiche sowie konkrete Anwendungsformen (z. B. zentrale Datenverarbeitung, Kommunikationssysteme, Bürosysteme, Vernetzung der Arbeitsplätze etc.), arbeitswissenschaftliche Erkenntnisse zur Hard- und Softwaregestaltung sowie Aspekte des Daten- und Persönlichkeitsschutzes, sollte einen Zeitumfang von etwa 80 Stunden umfassen.

Die genannten möglichen zeitlichen Arrangements können nicht mehr als eine grobe Vorstellung zur angemessenen Dauer von weiterbildenden Maßnahmen vermitteln. Letztlich kann die Veranstaltungsdauer nur in Verbindung mit den Weiterbildungszielen, den Vorkenntnissen der Teilnehmer und den eingesetzten Methoden zur Wissensvermittlung bestimmt werden. Ungefähre Richtwerte für einzelne Formen der beruflichen Qualifizierung werden deshalb bei der später folgenden Darstellung der verschiedenen Weiterbildungsformen angegeben.

153

Methodische Aspekte

1. Begriffliche Klärung

Die methodischen Aspekte der beruflichen Weiterbildung beschäftigen sich nicht mehr mit den Themen und Inhalten von Schulungsmaßnahmen, sondern mit der Art und Weise, wie die Inhalte vermittelt werden. Damit werden pädagogische und didaktische Fragen angesprochen, also Fragen nach dem 'wie' der Weiterbildung. Die folgende Definition beschreibt zusammenfassend die Probleme, die in diesem Kapitel zu behandeln sind: "Als »didaktisch-methodische Form des Lehrens und Lernens« werden die pädagogischen Strukturen bezeichnet, in denen sich die zielgerichtete individuelle und/oder kollektive Aneignung eines bestimmten Gegenstandsbereiches (Inhalt) vollzieht."[1] Zu unterscheiden ist in diesem Zusammenhang zwischen den beiden Konzepten der Didaktik und der Methodik. Die **Didaktik** umfaßt "alle Überlegungen zur Planung und Gestaltung von Lernsituationen" - inklusive der Evaluation von Qualifizierungsmaßnahmen -, während die **Methodik** enger gefaßt ist und nur die Frage behandelt, "wie und womit Lerninhalte vermittelt werden sollten".[2] Weiterbildungsmethoden können dabei sehr umfangreich sein und die gesamte Weiterbildungsmaßnahme beschreiben (z. B. Planspiele, Projektlernen, Lernstatt-Konzepte) oder aber auch eng abgegrenzt sein und lediglich einen Teilaspekt der Qualifizierungsmaßnahme betreffen (z. B. einzelne Formen der pädagogischen Trainingsanleitung).[3] Wichtig ist in jedem Fall, daß bei der Gestaltung des Unterrichts die folgenden **didaktischen Funktionen** berücksichtigt werden, die zur erfolgreichen Durchführung von Qualifizierungsmaßnahmen einzuhalten sind:[4]

- das Wecken von Aufmerksamkeit und Neugier
- das Informieren über das Ziel der Weiterbildungsmaßnahme und den Sinn der Lerninhalte
- die Weiterbildungsteilnehmer an frühere Lernerfahrungen zu erinnern und an diese anzuknüpfen
- die Darbietung von speziellen Lernmaterialien
- das Anbieten von Lernhilfen
- das Ermutigen zu Lernleistungen
- das Geben von Erfolgsrückmeldungen und die Beurteilung der erbrachten Lernleistung
- die Sicherung des Erlernten durch Übungen und durch das Angebot, das Erlernte praktisch anzuwenden

---

Bootz/Ebmeyer (1995), S. 47; vgl. ebenso Issing (1995), S. 195.
[2] Seyd (1994), S. 154; ähnlich Siebert (1984), S. 182.
[3] Vgl. Höpfner (1991), S. 63.
[4] Vgl. Strittmatter/Mauel (1995), S. 51.

Hinsichtlich der methodisch-didaktischen Form von Qualifizierungsmaßnahmen gibt es eine grobe Zweiteilung, die zwischen dem Unterricht und dem Training unterscheidet. Beim **Unterricht** geht es primär um die Vermittlung von theoretischen Kenntnissen, so daß der Theorieanteil des Lernens überwiegt. Beim **Training** hingegen findet eine Vermittlung von praktischen Fähigkeiten statt, so daß der Praxisanteil des Lernens überwiegt. Entscheidend für die Wahl der richtigen Methode im Rahmen der betrieblichen Weiterbildung ist die Frage, ob das Ziel der weiterbildenden Maßnahme aus der Vermittlung von theoretischem Wissen oder von Fähigkeiten - im Sinne des praktischen Könnens - besteht. Die grundsätzliche Entscheidungshilfe lautet dabei wie folgt:[5]

- Liegt der Schwerpunkt der weiterbildenden Maßnahme in der Vermittlung von theoretischen Fakten und Zusammenhängen, also in der Vermittlung von **Wissen**, dann sollte die Weiterbildungsveranstaltung den Charakter des **Unterrichts** annehmen.

- Liegt der Schwerpunkt der weiterbildenden Maßnahme in der Vermittlung von praktischen Fähigkeiten, also in der Vermittlung von **Können**, dann sollte die Weiterbildungsveranstaltung den Charakter des **Trainings** annehmen.

Die im weiteren Verlauf noch näher zu erläuternden Formen der Weiterbildung werden allerdings verdeutlichen, daß fast jede Qualifizierungsmaßnahme sowohl theoretische als auch praktische Inhalte vermittelt. Deshalb besteht eine weiterbildende Maßnahme auch aus Unterrichts- und Trainingselementen, so daß es bei der hier interessierenden Entscheidung hauptsächlich um die **Gewichtung** von Theorie und praktischen Fähigkeiten geht.

2. Grundsätzliche Trends bei der Methodik in der Erwachsenenbildung

Ein wesentliches Merkmal der gegenwärtigen Entwicklung auf dem methodisch-didaktischen Gebiet besteht in einer Abkehr von der Stoffvermittlung in unterrichtsähnlicher Form, also somit in der **Entschulung der Weiterbildung**. Der herkömmliche Frontalunterricht geht mehr und mehr zurück und wird unter anderem ersetzt durch die Erarbeitung von Wissen und Kenntnissen in der Gruppe, durch das Selbstlernen - eventuell unter der Anleitung eines Moderators - und durch Lerngespräche.[6] Hierzu gehört auch, daß die traditionelle 'Vor- und Nachmach-Didaktik' immer stärker durch selbständigkeitsfördernde Lehr- und Lernformen ergänzt bzw. ersetzt wird. Nach Ansicht von Experten setzt sich dieser Trend in Zukunft verstärkt fort. So geht der *Bildungs-Delphibericht* davon aus, daß sich bis

---

[5] Vgl. hierzug Döring/Ritter-Mamczek (1997), S. 33f.
[6] Vgl. Herz (1992), S. 95; Bootz/Ebmeyer (1995), S. 15, 47; Bundesinstitut für Berufsbildung (1998), S. 9.

155

zum Jahr 2020 die folgenden Entwicklungen im Bereich der beruflichen Bildung durchgesetzt haben werden:[7]

• Die Ablösung von traditionellen Weiterbildungsformen durch den Projektunterricht und andere praxisbezogene Lernformen.

• Der verstärkte Einsatz von multimedialen Lernformen bis hin zum Telelearning und zu Teleprüfungen.

• Die Rolle des Weiterbildungspersonals "besteht vor allem darin, offene Lernarrangements zu organisieren und zu moderieren".

• Insgesamt kommt es zu einer engeren Verzahnung von Aus- und Weiterbildung, so daß das lebenslange Lernen zum etablierten Prinzip der beruflichen Bildung wird.

Somit kann für die Methodik zur beruflichen Qualifizierung festgestellt werden, daß das Lernen in immer stärkerem Maße von den Beschäftigten selbst organisiert wird. Als erstes Resultat gilt daher die nachstehende Erkenntnis: "Lernen in einer Wissensgesellschaft, das kann nur lebenslanges Lernen bedeuten. Damit ist keine Verschulung des Lebens gemeint; im Gegenteil: Lebenslanges Lernen ist in vieler Hinsicht ein selbstgesteuertes und kooperatives Lernen, ein Lernen, das Eigeninitiative und Motivation ebenso voraussetzt wie Aktivität und Konstruktivität."[8] Dabei darf allerdings nicht verschwiegen werden, daß trotz der Notwendigkeit zum Einsatz neuer Weiterbildungsmethoden die betriebliche Praxis von derartigen Neuerungen zur Zeit vielfach noch unberührt bleibt. Schon die Erprobung neuer Lehrmethoden wird "häufig als didaktischer 'Luxus' ironisiert und abgelehnt."[9]

Verantwortlich für die angedeuteten Entwicklungen bei der Methodik der beruflichen Weiterbildung ist vor allem die **neue Zielsetzung** von entsprechenden Qualifizierungsmaßnahmen, zu der in verstärktem Maße die Schulung von sozialen und methodischen Kompetenzen gehört. Beide lassen sich - dies zeigt die Erfahrung zahlreicher Modellversuche - am besten durch eine Verbindung von Arbeit und Lernen entwickeln.[10] Besonders deutlich wird die hohe Relevanz von außerfachlichen Qualifikationen bei der Weiterbildung auf dem EDV-Bereich. Das Problem der meisten EDV-Schulungen ist die technikspezifische Ausrichtung dieser Schulungen, bei der "Fertigkeiten zur Bedienung der technischen Apparatur" im Vordergrund stehen. Die überfachlichen Qualifikationen werden hingegen nicht oder nicht ausreichend geschult. So wird in vielen Schulungen zwar eine bestimmte Informationstechnik behandelt, nicht aber die am konkreten Arbeitsplatz zu lösenden Arbeitsaufgaben.[11] Solche EDV-Schulungen leiden unter dem Manko, daß sie rein

---

[7] Vgl. zu den Ergebnissen des Bildungs-Delphi die zusammenfassende Darstellung von Kuwan/ Ulrich/Westkamp (1998), hier vor allem S. 5f.

[8] Reinmamm-Rothmeier/Mandl (1997b), S. 101.

[9] Euler (1997), S. 474.

[10] Vgl. Bootz/Ebmeyer (1995), S. 16.

[11] Vgl. Euler (1997), S. 441-443, 459.

156

technisch ausgelegt sind und nur die Beherrschung des Programms, also die Anwendung von Befehlen, behandeln. Die mindestens ebenso wichtigen methodischen
Kompetenzen - vor allem Problemlösungskompetenzen - werden hingegen selten
berücksichtigt. Im Ergebnis können die EDV-Anwender zwar die verschiedenen
Befehle durchführen, sie sind aber nicht immer in der Lage, die zur Verfügung stehenden EDV-Programme für praktische betriebswirtschaftliche Problemstellungen
zu nutzen. Vielfach fehlt damit die Befähigung zur Transformation von realen wirtschaftlichen Problemen in die EDV-unterstützte Problemlösung:

Als Folge davon kann das volle Leistungspotential der Informationstechniken nicht
optimal genutzt werden. Ein anwendungsbezogenes Konzept einer EDV-Schulung
sollte hingegen neben den informationstechnischen Inhalten immer die zu bewältigenden betriebswirtschaftlichen Aufgaben der Weiterbildungsteilnehmer umfassen.
Ganz besonders wichtig ist in diesem Zusammenhang die Befähigung zur selbständigen Problemanalyse und Problemlösung.[12] Allerdings dürfen Qualifizierungsmaßnahmen inhaltlich nicht überfrachtet werden, weil dies zur Gefahr führt, die angestrebten Weiterbildungsziele nicht erreichen zu können.[13]
Als Zwischenfazit kann daher festgehalten werden, daß die zunehmende Bedeutung
außerfachlicher Qualifikationen in der beruflichen Weiterbildung zu methodischen
Veränderungen führt, weil die Förderung sozialer und methodischer Qualifikationen eine andere Didaktik verlangt als die Vermittlung von reinem Fachwissen. Dadurch, daß außerfachliche Qualifikationen immer wichtiger für berufliche Weiter-
bildungsprozesse werden, entwickeln sich **handlungsorientierte** Qualifizierungsmethoden zum wichtigsten Prinzip der beruflichen Weiterbildung. Die angestrebte
Erhöhung der beruflichen Handlungskompetenz läßt sich nämlich nicht durch Vorträge erreichen, sondern nur durch die Berücksichtigung von Übungs- und Wieder-
holungsphasen.[14]

3. Unterschiede des Lernverhaltens bei Jugendlichen und Erwachsenen

Bei der Frage nach der richtigen Methode zur beruflichen Qualifizierung ist die
Erkenntnis relevant, daß Erwachsene einen anderen Lernstil besitzen als Kinder
und Jugendliche. Jugendliche und Erwachsene unterscheiden sich unter anderem
hinsichtlich ihres Erfahrungsstandes, ihrer Lebens- und Lerngewohnheiten sowie
ihrer Lernmotivation. Zu den wichtigsten Unterscheidungsmerkmalen, die sich

---

[12] Vgl. Euler (1997), S. 449, 457.
[13] Vgl. Höpfner (1991), S. 26.
[14] Vgl. Reischmann (1998), S. 267-268.

beim **Lernverhalten** zwischen **Erwachsenen** und Jugendlichen ausmachen lassen, zählen vor allem die nachstehenden:[15]

- Die Erwachsenenbildung erfolgt freiwillig, während das Lernen von Jugendlichen - zumindest in der Schule und während der beruflichen Erstausbildung - eher einen unfreiwilligen Charakter annimmt.
- Erwachsene besitzen in der Regel eine höhere Lernmotivation als Jugendliche, was verbunden ist mit größerer Sorgfalt, Genauigkeit und Energie beim Lernen.
- Erwachsene sind beim Lernen ausdauernder und können sich über einen längeren Zeitraum auf eine Lerntätigkeit (Zuhören, Lesen, Üben etc.) konzentrieren.
- Erwachsene sind hinsichtlich ihrer Lernaktivitäten stark abhängig von ihren individuellen Interessen und Zielen. Lernaufgaben, die sich an ihren persönlichen Belangen orientieren, wirken sich deshalb besonders lernmotivierend aus.
- Während Jugendliche - gerade in der Schule - Dinge lernen, die sie erst in der entfernten Zukunft praktisch anwenden, liegt die Verwendungssituation von Erwachsenen zeitlich sehr nah am Zeitpunkt der Qualifizierungsmaßnahme. Die Weiterbildungsinhalte von Erwachsenen müssen sich daher stärker an den individuellen Weiterbildungsinteressen orientieren.
- Erwachsene haben größere Schwierigkeiten als Jugendliche, wenn ein rascher Wechsel des methodischen Vorgehens stattfindet.

Diese Unterschiede sind bei der Wahl der einzusetzenden Qualifizierungsmethoden bei Erwachsenen zu beachten. Anders als bei der Ausbildung von Kindern und Jugendlichen gilt für das Lernverhalten der Erwachsenen, "daß die Art und Weise, wie Menschen lernen, nicht so sehr durch Bücher und Vorträge bestimmt wird, sondern durch Aktionen, dynamische Aktivitäten und Übungen."[16] Erschwerend kommt hinzu, daß die immer wichtiger werdenden außerfachlichen Qualifikationen und Kompetenzen auf den Erfahrungen eines Menschen basieren und im Erwachsenenalter nur noch sehr schwer zu beeinflussen sind. Die berufliche Weiterbildung von Erwachsenen muß aus den genannten Gründen andere methodische Instrumente einsetzen als bei der Bildung von Jugendlichen. Hierzu gehört unter anderem die bereits erwähnte Entschulung der beruflichen Weiterbildung und die Hinwendung zu einem handlungsorientierten Lernen. Auch der Trend zu maßgeschneiderten Qualifizierungsangeboten, welche die individuellen Weiterbildungsinteressen der Menschen berücksichtigen, ist in diesem Zusammenhang zu nennen. Grundsätzlich ist daher festzuhalten, daß es einen tiefgreifenden Wandel hinsichtlich der Auffassung vom Lernen und Lehren in der beruflichen Weiterbildung gibt. Der angedeutete Modernisierungsprozeß läßt sich zusammenfassend wie folgt beschreiben:[17]

---

[15] Vgl. Siebert (1984), S. 175; Höpfner (1991), S. 65; Reischmann (1998), S. 268.
[16] Dilts (1997), S. 26; vgl. dazu auch Bader (1992), S. 238.
[17] Vgl. Kirchenhöfer (1995), S. 16.

	traditionelle Form der Weiterbildung	moderne Form der Weiterbildung
Ziele	berufsorientiert, so daß die ökonomischen Verwertungsinteressen dominieren	lebensorientiert, so daß das Gestaltungsinteresse der Person und der Wunsch nach Persönlichkeitsentwicklung im Vordergrund stehen (Individualität der Teilnehmer)
Richtung hinsichtlich der Bedürfnisse des Arbeitsmarktes	Bedürfnisse des Arbeitsmarktes werden befriedigt	Weiterbildung bringt selbst weitere Bedürfnisse hervor
Richtung hinsichtlich der Tätigkeitsfelder	Weiterbildung bedient die Anforderung der Tätigkeitsfelder	Weiterbildung bedient die gesamten Qualifikationsbedürfnisse der Menschen
Inhalte	Qualifikation der Handlungskompetenz	eine ganzheitliche Kompetenzentwicklung, die über die berufliche Handlungskompetenz hinausgeht
Bereich	Produktion	Gesamtproduktion
Resultat	abschlußorientiert	offen
Aneignungsweise	vermittelnd	erarbeitend

Während die eben genannten Aspekte vornehmlich noch die Zielsetzungen und Inhalte von weiterbildenden Veranstaltungen umschreiben, gibt die nächste Tabelle eine Übersicht über die neuen Vorstellungen von der Planung der Weiterbildung und vom Lernverständnis, also von der Art und Weise, wie Lerninhalte vermittelt werden. Sie verdeutlicht die neue Auffassung von einer angemessenen Form zur Vermittlung von Weiterbildungsinhalten.[18]

die alte methodische Leitvorstellung	die neue methodische Leitvorstellung
fremdgesteuerte Qualifikationsproduktion	selbstgesteuerte Aneignung von Qualifikationen
dozentengeführter Unterricht	interaktiver Unterricht, der die Interessen, Erfahrungen und Erwartungen der Lernenden berücksichtigt

---

[18] Vgl. Kirchenhöfer (1995), S. 66-69.

159

die alte methodische Leitvorstellung	die neue methodische Leitvorstellung
der Lernende als Objekt des Lehrplans	der Lernende als Subjekt des Lehrplans, also als gestaltender Akteur mit Selbstbestimmungsmöglichkeiten
Schul- oder Seminarraum als Ort der Weiterbildung	Arbeitsplatz oder Arbeitsprozeß als Ort der Weiterbildung
erst Wissen erwerben, dann handeln	Wissen durch Handeln erwerben
Erwerb von abfragbarem und zertifizierbarem Wissen	Erwerb von Kompetenzen (ganzheitlicher Ansatz)
vergangenheitsbezogene Lehrbuchfälle	gegenwarts- und zukunftsbezogene Fälle

4. Die Bedeutung des arbeitsplatznahen und des handlungsorientierten Lernens

Das dargestellte geänderte Verständnis von dem, was die berufliche Weiterbildung erreichen soll, äußert sich somit auch in einem neuen Verständnis der Formen und Methoden der Weiterbildung. Von besonderer Bedeutung ist in diesem Prozeß die Verlagerung hin zum Lernen im Prozeß der Arbeit, so daß die arbeitsplatznahe Weiterbildung gegenüber den traditionellen seminaristischen Qualifizierungsmaßnahmen an Gewicht gewinnt.[19] Die Entschulung der Weiterbildung äußert sich in zunehmendem Maße in der Abkehr von der kursalen, nach Möglichkeit zertifizierten Weiterbildung. An die Stelle der Lehrgänge bzw. der Seminare treten lernintensive Arbeitsplätze, was eine stärkere Verknüpfung von Lernen und Arbeit bedeutet. Insgesamt führt diese methodische Entwicklung zu einer zunehmenden Bedeutung des **Lernortes Betrieb** und des Lernens im Prozeß der Arbeit. Dazu zählt auch die Bedeutungszunahme von "nichtinstitutionalisierten und selbstorganisierten Lernformen".[20] Die Methodenvielfalt einer modernen Qualifizierung läßt sich kurz gefaßt wie folgt beschreiben: "Projektausbildung, Kooperatives Lernen, Selbstgesteuertes Lernen, Entdeckendes Lernen sind einige relevante Stichworte, ebenso wie Leittextmethode, Handlungslernen, Kreative Übungen, Explorationen, Soziales Lernen usw. Alle diese neuen Methoden werden durch Einsatz begleitender, wiederum sehr verschiedener Medien unterstützt bzw. ergänzt, wie schriftliche Unterlagen, Tonbildschauen, Videos oder Selbstlernbausteine."[21]
Der tiefgreifende Wandel der Qualifikationsanforderungen und der Weiterbildungsinhalte hat somit zu einem ebenso tiefgreifenden Wandel der eingesetzten Methoden geführt. Dieser Wechsel äußert sich unter anderem in der stärkeren Verwen-

---

[19] Vgl. Bootz/Ebmeyer (1995), S. 12f.; Felger/Leuschner/Reuther (1998), S. 32.
[20] Vgl. Bootz/Ebmeyer (1995), S. 10, 15f.
[21] Brater (1992), S. 214f.

160

dung von **handlungs-** und **erfahrungsorientierten** Lehr- und Lernformen, bei denen die Weiterbildungsteilnehmer ihren eigenen Lernprozeß sehr stark selbst steuern. Die handlungsorientierte Weiterbildung basiert - wie der Name bereits sagt - auf dem Lernen durch die Ausführung von Handlungen. Die Handlung ist dabei zu verstehen als die weitgehend eigenständige Bearbeitung einer Thematik durch den oder die Lernenden. Eine solche Handlung zum Zwecke der beruflichen Weiterbildung enthält "immer kognitive Elemente (Überlegen, Erörtern, Planen, Steuerung der Durchführung, Bewertung der Ergebnisse)" und darüber hinaus "häufig praktische Tätigkeiten (Herstellen, Bauen, Zeichnen, Durchführen) und Ergebnisse (Bilder, Modelle, Ausstellungen, Schul-/Sportfeste, Bücher, Filme u. a. m.)"[22]. Handlungsorientierte Formen der Weiterbildung werden verstärkt eingesetzt, um Schlüsselqualifikationen zu fördern, denn sie eignen sich besonders gut "für die Entwicklung von Kreativität und Ideenreichtum, von Teamgeist, von Eigenverantwortung und sozialer Verantwortung, von Motivation für unternehmerische selbständigkeit, zur Festigung von Arbeits- und Lerntechniken und zur Stärkung der Argumentationsfähigkeit und Überzeugungskraft."[23] Bei dieser Form der Weiterbildung wird der Qualifizierungsprozeß zu großen Teilen von den Lernenden selbst konzipiert und gesteuert. Die Selbststeuerung bezieht sich dabei sowohl auf die Planung der Lernprozesse und die erforderliche Informationsbeschaffung als auch auf die Durchführung der erforderlichen Handlungen sowie die anschließende Bewertung und Kontrolle des Lernprozesses. Das Weiterbildungspersonal agiert in diesem Zusammenhang primär als Moderator und Lernbegleiter.[24] An die Stelle der Weiterbildung durch Vorträge und Seminare treten Weiterbildungsformen, die sich primär durch die folgenden Eigenschaften auszeichnen:[25]

• Wissen wird nicht vom Dozenten vorgetragen, sondern von den Weiterbildungsteilnehmern und dem Dozenten gemeinsam erarbeitet.
• An die Stelle des Vortrags treten unter anderem Plan- und Rollenspiele, die Projektarbeit oder die Lernstatt.
• Die Weiterbildung bindet die Weiterbildungsteilnehmer aktiv in den Lernprozeß ein, indem sie diesen Prozeß mitorganisieren und mitgestalten.

Alles in allem ist im Rahmen der beruflichen Weiterbildung gegenwärtig eine Abkehr von der reinen Stoffvermittlung in schulfächerähnlichen Sachgebieten festzustellen. Statt dessen werden verstärkt **aktivierende Lernmethoden** eingesetzt, weil dies die Motivation der Lernenden erhöht und damit den Lernerfolg in stärkerem Ausmaß sichert. Eine einfache Form der aktivierenden Lernmethode besteht aus der Formulierung von Lernaufgaben, die mündlich oder schriftlich gestellt werden und anschließend von den Weiterbildungsteilnehmern eigenständig bearbeitet

[22] Bönsch (1999), S. 13.
[23] Schlegel (1998), S. 36; vgl. ebenso Hölterhoff (1998), S. 66.
[24] Vgl. Weilböck-Buck (1992), S. 204-206; Bönsch (1999), S. 13-15, 18f.
[25] Vgl. Müller (1995), S. 59-62, 168f.

und gelöst werden. Weiterreichende aktivierende Formen sind die Projektmethode, Rollenspiele, Planspiele oder auch Praktika.[26] Die Schwerpunktverlagerung hin zu einer Weiterbildung, bei der ein Kompetenzerwerb durch das Handeln der Teilnehmer erfolgt, läßt sich auch aus lernpsychologischen Erwägungen rechtfertigen. Aufgrund der **Erfahrungen der Lernpsychologie** kann als grober Orientierungswert gesagt werden, daß Menschen die ihnen vermittelten Inhalte wie folgt aufnehmen und behalten:[27]

• Menschen behalten das, was sie hören	zu 20%
• Menschen behalten das, was sie sehen	zu 30%
• Menschen behalten das, was sie hören und sehen	zu 40%
• Menschen behalten das, was sie sagen	zu 70%
• Menschen behalten das, was sie selber tun	zu 90%

Methodisch sollten Maßnahmen zur beruflichen Qualifizierung von Erwachsenen diese Zusammenhänge berücksichtigen und deshalb möglichst erlebnisreich und handlungsorientiert gestaltet werden. Der Einsatz einer solchen Methode in der Weiterbildung erhöht die Chancen dafür, daß die Teilnehmer erfolgreich lernen und die ihnen vermittelten Inhalte auch über das Ende der Veranstaltung hinaus behalten.[28] Außerdem zeichnen sich viele Menschen dadurch aus, daß sie sich weniger gut an Dinge erinnern, die sie visuell oder auditiv aufnehmen. Statt dessen können sie sich aber sehr gut an das erinnern - und damit zugleich ihre beruflichen Qualifizierungen erhöhen -, was sie durch Bewegungen, Handeln und Fühlen erlebt haben. Gleichzeitig ist aber auch festzustellen, daß viele Erwachsene die aktivierenden Lernmethoden noch nicht in einem ausreichenden Maße beherrschen und diesen Lernformen daher kritisch gegenüberstehen.[29] Eine erfolgreiche Qualifizierungsmaßnahme muß diese Erkenntnisse berücksichtigen, um eine Erhöhung der beruflichen Handlungskompetenz erreichen zu können. Welche konkreten Empfehlungen sich daraus für die Planung und Gestaltung einzelner Weiterbildungsmaßnahmen ergeben, wird im folgenden Abschnitt behandelt.

5. Grundlegende Ratschläge zur Gestaltung beruflicher Qualifizierungsmaßnahmen

Die Planung und Durchführung von weiterbildenden Maßnahmen müssen sich - wie bereits angedeutet - nach **erwachsenenpädagogischen Erkenntnissen** rich-

---

[26] Vgl. Zedler (1998b), S. 12f.; Bundesinstitut für Berufsbildung (1998), S. 9, 46.
[27] Vgl. Merk (1995), S. 209.
[28] Vgl. Barthel (1998c), S. 16.
[29] Vgl. Siebert (1984), S. 180; Dilts (1997), S. 27; Barthel (1998c), S. 16.

162

ten.[30] Dazu gehört vor allem die nachstehende Erkenntnis: "Nichts demotiviert mehr als die Wiederkehr des Immergleichen." Werden stets dieselben Veranstaltungsformen eingesetzt - vor allem bei Weiterbildungsmaßnahmen, die sich über einen längeren Zeitraum erstrecken -, so sinkt die Neigung der Teilnehmer, an weiteren Veranstaltungen teilzunehmen. Wichtig ist daher der wechselnde Einsatz verschiedener Lernaktivitäten, zu denen unter anderem die folgenden zählen können:[31] Anleitungen durch die Lehrkraft (also die Vermittlung von Fachwissen durch einen Vortrag oder Lehrgespräche); Fragen bzw. Aufgaben stellen und diese von den Teilnehmern bearbeiten, beantworten und vortragen lassen; Diskussionen; Bildung von Kleingruppen mit Gruppenarbeit (z. B. Texte lesen und im Plenum vortragen); Üben und Ausprobieren; Einsatz verschiedener Lehrmaterialien (Texte, Videofilme, Bildmaterial); Exkursionen; Einladung von Experten und Präsentation der Lernergebnisse in einer kleinen Ausstellung (auch im Betrieb). Bedeutsam ist in diesem Zusammenhang das zunehmend wichtiger werdende arbeitsplatznahe Lernen. Aus methodischer Sicht sind hierbei für die betriebsnahe Weiterbildung vor allem zwei Aspekte relevant. Erstens erlaubt das arbeitsplatznahe Lernen den Einsatz eines breiten Repertoires an Lernformen, das schwerpunktmäßig auf das selbstgesteuerte Lernen, das von Experten moderierte Lernen und das handlungsorientierte Lernen zurückgreift. Zweitens kann das gruppenorientierte Lernen stärker ausgebaut werden, um ein gemeinsames Lernen und Diskutieren zu ermöglichen. Die verschiedenen handlungs- und gruppenorientierten Weiterbildungsformen, die in der Praxis anzutreffen sind, werden in einem späteren Kapitel thematisiert und vorgestellt. An dieser Stelle sollen lediglich einige **grundsätzliche Erwägungen** aufgezeigt werden, die angeben, welche methodisch-didaktischen Vorgehensweisen für verschiedene Situationen - in Abhängigkeit von den Weiterbildungsinhalten, den Teilnehmern, der Betriebsgröße etc. - sinnvoll sind:[32]

- Zum **Einstieg** in ein Thema empfiehlt sich die **moderierte Gruppendiskussion**, in der beispielsweise die Vor- und Nachteile des zu behandelnden Themas herausgearbeitet werden.
- **Lehrgespräche** sind ebenfalls zur **Einführung** in ein neues Thema geeignet. Im Vergleich zum Kurzvortrag haben Lehrgespräche den Vorteil, daß sie eine weitaus aktivierendere Lehrform darstellen. Durch geeignete Fragen kann der Dozent Denkprozesse bei den Lernenden auslösen.
- **Kurzvorträge** sind für die Vermittlung von Kenntnissen grundsätzlich unverzichtbar. Vor allem zur Einführung in ein neues Thema sind sie zwingend erforderlich.

---

30 Vgl. Bahl-Benker (1991), S. 1250.
31 Vgl. Siebert (1997a), S. 219-221, 262.
32 Vgl. Severing (1994), S. 160-163, 201f., 214f.; Bootz/Ebmeyer (1995), S. 25-30, S. 52-57; Voigt (1996), S. 106; Friebel/Winter (1997), S. 259; Reinmann-Rothmeier/Mandl (1997b), S. 105; Blanke (1998), S. 9; Bundesinstitut für Berufsbildung (1998), S. 29-31, 56f.

- Zur Vertiefung des im Vortrag vermittelten Wissens bietet sich das **Selbststudium mit schriftlichen Materialien** an.
- Zur Erarbeitung von **Faktenwissen** (z. B. Rechtsvorschriften) kann die Bearbeitung eines geeigneten Textes mit Hilfe von Leitfragen durch Teams empfohlen werden. Teams sind in diesem Kontext als Kleingruppen zu verstehen, die aus drei bis fünf Teilnehmern eines größeren Kreises von Weiterbildungsteilnehmern bestehen. Die erarbeiteten Lösungen sollten anschließend in der gesamten Teilnehmergruppe präsentiert und von allen diskutiert werden.
- Wenn beispielsweise Kooperations- und Kommunikationsfähigkeiten geschult werden sollen, dann müssen dafür Weiterbildungsformen eingesetzt werden, die es den Teilnehmern ermöglichen, solche Fähigkeiten zu erproben und zu entfalten. Besonders geeignet sind hierfür **Rollenspiele**, bei denen die Weiterbildungsteilnehmer Kommunikationshandlungen ausprobieren und einüben können.
- Zur Förderung von unternehmerischem Handeln (Risikobewältigung, Problemlösungsfähigkeiten etc.) sind das **Coaching** und der **Erfahrungsaustausch** besonders geeignet. Auch Planspiele gelten für diese Thematik als sinnvolles Instrument.
- Zur Erhöhung der Fähigkeiten im sozial-kommunikativen unternehmerischen Handeln (unter anderem Konfliktmanagement, Motivationsmanagement, Teamführung, Kommunikationsfähigkeiten) eignet sich das **Training** oder Üben unter der **beratenden Anweisung eines Trainers**, während der traditionelle Frontalunterricht hierfür ungeeignet ist.
- Sozial- und Methodenkompetenzen - wie beispielsweise Organisations- und Entscheidungsfähigkeiten, Kreativität und Kommunikationsfähigkeiten - können am besten im Arbeitsprozeß erworben werden. Deshalb bietet sich zur Erhöhung dieser Kompetenzen das arbeitsplatznahe Lernen an, z. B. in Form der **Projektarbeit** oder eines **Praktikums**.
- Eine Befragung von Betriebsratsmitgliedern aus der Automobilbranche, die für die Weiterbildung verantwortlich sind, brachte folgendes Resultat hervor: Gruppenarbeit bzw. die **Weiterbildung in der Gruppe** eignet sich besonders gut zur Förderung von Kommunikationsfähigkeiten, sozialen Kompetenzen und Konfliktlösungsfähigkeiten.
- Ein **Seminar** bietet sich an, wenn es um die Vermittlung von Grundlagenkenntnissen geht, während das anschließende **Lernen am Arbeitsplatz** diese Kenntnisse durch das Training vertieft und die Selbständigkeit der Beschäftigten erhöht.
- Methodisch eignet sich die themenbezogene Weiterbildung in Form der **Projektarbeit** besonders gut zur Qualifikation der Beschäftigten aus kleinen und mittleren Betrieben wegen der dort auftretenden Freistellungs- und Finanzierungsprobleme.
- **Tutorien** bieten sich primär zur Beratung und zur Überprüfung des erreichten Wissenstandes bzw. zur Wissenskontrolle an.

Die exemplarisch vorgestellten Kombinationen von verschiedenen Methoden der beruflichen Qualifizierung und den entsprechenden Inhalten bzw. Rahmenbedingungen mögen ausreichen, um einen ersten Eindruck von der Vielfalt der Probleme zu erhalten, die mit der Wahl der geeigneten Methode zur Vermittlung von beruflichen Kompetenzen verbunden sind. Bei der im weiteren Verlauf noch erfolgenden Beschreibung verschiedener Weiterbildungsformen wird jeweils auf die Situationen und Rahmenbedingungen eingegangen, für die die einzelnen Instrumente besonders geeignet sind. Einen Königsweg zur Erhöhung der beruflichen Handlungskompetenzen kann es dabei allerdings nicht geben. Auch wenn sich somit keine definitiven Aussagen über die 'richtige' Form der Vermittlung von beruflichen Kompetenzen aufstellen lassen, so können abschließend dennoch **einige Empfehlungen** für eine erfolgversprechende Qualifizierung formuliert werden:[33]

- Der Lehrende sollte möglichst viel wissen über die **Vorkenntnisse** und die **Verwendungssituationen** - also vor allem die individuellen Ziele und Arbeitssituationen - der Weiterbildungsteilnehmer.
- Die verwendeten Unterrichtsmaterialien müssen **adressatenspezifisch** sein. Dies bedeutet vor allem, daß sowohl die Vorkenntnisse der Weiterbildungsteilnehmer berücksichtigt werden als auch deren Lerntrainingszustand bzw. Lernfähigkeit und deren Fähigkeit, präsentierte Kenntnisse mit vorhandenen Erfahrungen zu verknüpfen.
- Die gesamte Schulungsmaßnahme muß sich **an die vorliegenden Qualifikationen anpassen** und dabei auch die Teilnahme von lernungewohnten und geringqualifizierten Personen beachten.
- Die **Ziele** und **Inhalte** der Weiterbildungsmaßnahme müssen für die Teilnehmer zu Beginn der Maßnahme **übersichtlich dargestellt** werden.
- Die **Struktur** der einzelnen Lehreinheiten sollte den Teilnehmern **bekannt sein**. Dies umschließt neben dem Aufbau der Weiterbildungsmaßnahme auch die verwendeten Darstellungs- bzw. Lehrformen.
- Es sollten mit den Weiterbildungsteilnehmern **Vereinbarungen** getroffen werden über die Dauer einzelner Abschnitte und Pausen, über die Möglichkeit Zwischenfragen zu stellen und über ähnliche Verfahrensfragen.
- Der Lehrende muß in der Lage sein, zu **erkennen, ob** und **wie** die Teilnehmer die **Lehrinhalte wahrgenommen** haben, ob sie über- oder unterfordert sind und ob sie den Thesen zustimmen oder diese ablehnen.
- Vorträge sollten **aktivierend** sein, so daß die Zuhörer über die Inhalte nachdenken können und selbst zu Wort kommen können. Es sollte daher keine autoritäre Wissensvermittlung stattfinden, sondern ein Lernprozeß, der von den Beschäftigten selbst gestaltet werden kann und bei dem die Beschäftigten eigene Erfahrungen, Probleme und Anregungen einbringen können.

---

33 Vgl. Döbele-Berger/Martin (1991), S. 196f.; Lullies (1991), S. 1177-1180; Siebert (1997a), S. 268-271; Merk (1998), S. 208; Blanke (1998), S. 9; Revermann (1998), S. 11.

165

- Hinsichtlich des Zusammenhangs zwischen Motivation und Form der Weiterbildung ist der folgende Aspekt zu berücksichtigen: Die Gruppenarbeit mit Diskussionen ermöglicht einen intensiven Erfahrungsaustausch unter den Seminarteilnehmern, was einen zusätzlichen Erkenntnisgewinn bewirkt und die Motivation der Weiterbildungsteilnehmer steigert.
- Eine weitere **Motivationssteigerung** der Teilnehmer kann durch die Stärkung der **Mitbestimmung** und die Verantwortungsübernahme bei der Gestaltung und Durchführung des Seminars erreicht werden.
- Wichtig ist das **Eingehen auf die Erfahrungen** und Ansichten der Weiterbildungsteilnehmer. Dazu kann exemplarisch die berufliche Fortbildung für Verwaltungsangestellte in Kirche und Diakonie durch die *Evangelische Erwachsenenbildung Niedersachen* herangezogen werden, bei der folgender Zusammenhang festgestellt wurden: Ein nachhaltiger Lernerfolg kann nur erreicht werden, wenn die Teilnehmer einer weiterbildenden Veranstaltung "bei sich selbst ansetzen, bei dem, was sie selbst können, wollen, sollen und müssen. Es werden entsprechend dieser didaktischen Grundentscheidung immer wieder Beispiele aus dem praktischen Berufsalltag der Teilnehmerinnen und Teilnehmer thematisiert und kritisch reflektiert."
- Erkenntnisse sollten nicht als endgültige Ergebnisse dargestellt werden, sondern als ein Prozeß des Suchens, Bestätigens und Widerlegens.
- Wichtig ist schließlich die **Verknüpfung** von **Theorie** und **Praxis** durch eine Kombination von Wissensvermittlung, Trainingseinheiten am eigenen Arbeitsplatz und Erfahrungsaustausch. Zudem ist an das Lernverfahren der Selbsterprobung und des 'trial-and-error'-Verfahrens zu denken.

Insgesamt läßt sich die angemessene Form der Weiterbildung mit Hilfe der Rolle beschreiben, die ein Dozent wahrnehmen sollte: "Lehrende sind in der Erwachsenenbildung mehr Reisebegleiter als Flugzeugpiloten."[34]

6. Zusammenfassende Bemerkungen

Eine moderne berufliche Weiterbildung zeichnet sich durch den Rückgang der vermittelnden Lehrmethoden und die Stärkung der handlungsorientierten Qualifizierung aus. Gleichzeitig wird den Lernenden eine aktive Rolle zugestanden, während die Weiterbildner vermehrt moderierende und beratende Funktionen wahrnehmen. Bei den beschriebenen methodischen Neuerungen ist allerdings zu bedenken, daß es bislang noch weitgehend ungewiß ist, wie es gelingt, die immer wichtiger werdenden außerfachlichen Kompetenzen zielgerichtet zu vermitteln.[35] Fachliche Inhalte können unter anderem durch Vorträge oder durch das Selbst-

---

[34] Siebert (1997a), S. 217.
[35] Vgl. Sonntag (1992), S. 141; Kühlwetter (1998), S. 21f.

bzw. Fernstudium erworben werden. Wie einem Menschen hingegen soziale Kompetenzen - wie beispielsweise die Teamfähigkeit, die Konfliktbewältigungsfähigkeit oder die Befähigung zur Streßbewältigung - vermittelt werden können, ist derzeit eine größtenteils noch ungelöste Frage. Es wird daher erforderlich, im folgenden **verschiedene Weiterbildungsformen** hinsichtlich ihrer **didaktischen Geeignetheit** zur Vermittlung unterschiedlicher Weiterbildungsinhalte näher zu untersuchen. Daß es gerade bei der Förderung der Schlüsselqualifikationen keinen didaktisch-methodischen Königsweg gibt, verdeutlicht neben den bereits gemachten Ausführungen ein kurzer Blick auf die Resultate von Modellversuchen, die als Ziel die Vermittlung von Schlüsselqualifikationen haben. Diese Ergebnisse zeigen hinsichtlich der tatsächlich eingesetzten Schulungsmethoden ein uneinheitliches Bild: "Häufig werden methodische Varianten wie Projektmethode, Leittextmethode, Erkundung, Gruppendiskussion aber auch die Vier-Stufen-Methode und Lehrgangsmethoden mit organisatorischen Maßnahmen wie beispielsweise Lerninseln, Lernstatt, Technikzentren, Bildungszentren, Betriebseinsätze kombiniert."[36]
Die Frage nach geeigneten Lehr- und Lernformen in der beruflichen Weiterbildung gilt es angesichts dieser Vielfalt näher zu untersuchen. Insgesamt liegt noch ein umfangreicher Forschungsbedarf hinsichtlich der Wege, über die eine umfassende berufliche Qualifizierung erfolgreich durchgeführt werden kann, vor.[37] Die nachfolgenden Ausführungen können daher nur grobe Entscheidungshilfen geben.

---

[36] Hoppe/Schulz (1992), S. 196.
[37] Vgl. Bausch (1998), S. 13.

Formen der Weiterbildung

1. Seminare

Seminare stellen gegenwärtig die Form dar, die in der beruflichen Weiterbildung am häufigsten anzutreffen ist. Von den zahlreichen Untersuchungen zur Frage nach den in der betrieblichen Praxis eingesetzten Weiterbildungsformen soll an dieser Stelle exemplarisch die Umfrage des *DAG-Forums Schleswig-Holstein e.V.* vorgestellt werden. Zur Frage nach den Formen der durchgeführten Weiterbildungsveranstaltungen in den befragten Betrieben und Dienststellen ergab sich das folgende Ergebnis:

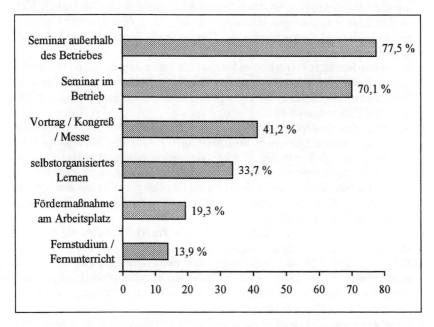

Seminare sind Weiterbildungsmaßnahmen, die eine begrenzte Dauer haben. Sie können als Blockveranstaltung konzipiert sein und dabei in der Regel einen Tag bis zwei Wochen dauern. In dieser Zeit finden ausschließlich weiterbildende Maßnahmen statt, so daß sich die Teilnehmer während der Dauer des Seminars nur mit der Qualifizierung beschäftigen. Weiterbildung wird hier als eine Vollzeitbeschäftigung aufgefaßt, die keine Zeit für die normale Tagesarbeit läßt. Seminare können allerdings auch so angelegt sein, daß sie über einen längeren Zeitraum wenige Stunden pro Woche in Anspruch nehmen. Weiterbildung wird dann als eine Beschäftigung angesehen, die nur einen geringen Teil der wöchentlichen Arbeitszeit in Anspruch nimmt. Beispiel hierfür sind Kurse an den Volkshochschulen. Seminare dienen in der Regel der Vermittlung von **Grundlagenwissen** und zeigen dabei hauptsächlich theoretische Zusammenhänge auf. Für die berufliche Fortbildung sind Seminare häufig eine Vervollständigung der arbeitsplatznahen Weiterbildung, so daß sich beide Formen ergänzen. Das Seminar stellt die erforderlichen Grundlagenkenntnisse zur Verfügung, während das Lernen am Arbeitsplatz durch das Training die gewonnenen Kenntnisse vertieft und die Selbständigkeit der Beschäftigten erhöht.[1] Die seminaristische Weiterbildung zeichnet sich durch den folgenden **grundsätzlichen Aufbau** aus:[2]

- **Einführung in das Thema**: Die Teilnehmer werden mit der Problemstellung und der Zielsetzung des Seminars vertraut gemacht. Hierbei werden neben grundsätzlichen Ausführungen zum Thema der weiterbildenden Maßnahme auch motivierende Ausführungen eingesetzt. Wichtig ist zudem das Aufzeigen der Sinnhaftigkeit und der Bedeutung des Themas für die berufliche Praxis der teilnehmenden Personen.
- **Theoretischer Input**: Die Lernenden erhalten Informationen über theoretische Zusammenhänge. Dabei stützt sich der Wissensinput nicht nur auf das durch die Wissenschaft abgesicherte Wissen, sondern auch auf die Einbindung von Alltags- und Erfahrungswissen.
- **Transfer des theoretischen Wissens auf Alltagssysteme**: Das vorgestellte theoretische Grundlagenwissen wird übertragen auf die Problemstellungen der Lernenden im täglichen (Arbeits)Leben. Die Seminarteilnehmer erfahren, wie sie das vermittelte Theoriewissen für ihre Tätigkeiten am Arbeitsplatz einsetzen und nutzen können. Wichtig ist in diesem Zusammenhang die Teilnehmerorientierung, also die Berücksichtigung der Einstellungen, Werthaltungen, Bedürfnisse und Probleme der Teilnehmer.
- **Erarbeiten von Handlungsleitsätzen für die Praxis**: Nachdem die Seminarteilnehmer anhand von Einzelbeispielen gesehen haben, wie sie das theoretische Grundlagenwissen für ihre beruflichen Tätigkeiten verwenden können, geht es anschließend um das gemeinsame Erarbeiten der Handlungsleitsätze bzw. Leitfäden. Es werden systematische Anleitungen erarbeitet, die zeigen, wie das Erlernte im Alltagsleben sinnvoll anzuwenden ist.
- **Erarbeiten von Problemlösungen auf der Grundlage eines systematischen Handlungsleitfadens**: In diesem letzten Schritt wird den Seminarteilnehmern verdeutlicht, wie sie das Erlernte nicht nur für schon bekannte Alltagsprobleme nutzen können, sondern auch für neuartige Probleme, die in der bisherigen Tätigkeit am Arbeitsplatz noch nicht angefallen sind.

Daß Seminare nicht nur zur Vermittlung fachlicher Kompetenzen einsetzbar sind, belegt das folgende Seminarkonzept der *Siemens AG*. Dort wurde ein Konzept

---

1 Vgl. Severing (1994), S. 160-163, 201f., 214f.
2 Vgl. Miller (1995), S. 197f.

entwickelt, "in dem Wissensmanagement als individuelle und soziale Kompetenz der Mitarbeiter des Unternehmens vorgestellt und **Strategien zum Wissensmanagement** entwickelt werden sollen."[3] Die Seminarkonzeption geht dabei von vier Phasen aus, die sich wie folgt mit der genannten Zielsetzung auseinandersetzen: In der **ersten Phase** sollen die Teilnehmer die Bedeutung des Wissensmanagements für ihre eigenen Tätigkeiten erkennen. Sie werden in dieser Phase mit dem Problem des Wissensmanagements konfrontiert. Über die Entwicklung eines entsprechenden Problembewußtseins soll das Interesse an dieser Thematik geweckt werden und die Motivation erhöht bzw. geweckt werden. Außerdem werden die Teilnehmer angeregt, eine Analyse hinsichtlich ihres Bedarfs an Wissensmanagement durchzuführen. In der **zweiten Phase** sollen sie das Konzept des Wissensmanagement verstehen. Dafür werden ihnen die theoretischen Grundlagen dieses Konzepts vorgestellt, so daß sie das Wissensmanagement verstehen und eigene Leitgedanken zu diesem Konzept entwickeln können. Ziel der **dritten Phase** ist der Erwerb von Strategien zum Wissensmanagement. Die Teilnehmer sollen durch eigene Aktivitäten herausfinden, welche Strategien geeignet sind, um aus der unübersehbaren Flut von verfügbaren Informationen die Informationen herauszufiltern, die für die Lösung anstehender Probleme hilfreich sind. Der Umgang mit komplexen Informationen erfolgt dabei unter anderem durch die Nutzung von Computern und dem Internet sowie durch die Zusammenarbeit mit andern Mitarbeitern, die vor ähnlichen Problemen stehen. Die **letzte Phase** dient schließlich der praktischen Anwendung von Wissensmanagement. Die Teilnehmer stellen in dieser Phase eine Beziehung her zwischen ihrem Bedarf an Wissensmanagement, den vorhandenen technischen Hilfsmitteln und den erlernten Strategien zum effizienten Umgang mit großen Informationsmengen. In dieser letzten Phase kommt es folglich darauf an, "das Gelernte konstruktiv umzusetzen, bereits im Seminar den Transfer vorzubereiten und die dabei gemachten Erfahrungen zu reflektieren."

Der beschriebene Ablauf gibt erste Hinweise auf die Themen und Situationen, bei denen sich der Einsatz eines Seminars zur Qualifizierung der Beschäftigten als sinnvoll erweist. Solche **Anwendungsbereiche** sind - vor allem im Vergleich zur arbeitsplatznahen Weiterbildung - die folgenden:[4]

• Die **Vermittlung von Grundlagenkenntnissen**, also von theoretischen Zusammenhängen und Faktenwissen. Seminare sind zu empfehlen, wenn es um die Vermittlung von vollkommen neuem Wissen geht, z. B. aufgrund der Einführung eines neuen EDV-Programms oder einer neuen Form der Arbeitsorganisation. Trotz des Trends hin zum arbeitsplatznahen Lernen gilt dabei: Das Lernen im Seminar läßt sich nicht vollkommen durch arbeitsplatznahe Qualifizierungs-

---

3 Reinmann-Rothmeier/Mandl (1997a), S. 63. Vgl. zu den nachstehenden Ausführungen ebenda, S. 63f.
4 Vgl. Schlaffke/Weiß (1991), S. 138; Severing (1994), S. 16f.; Reinmann-Rothmeier/Mandl (1997a), S. 63f.

maßnahmen ersetzen, so daß Seminare auch in Zukunft integraler Bestandteil der beruflichen Weiterbildung sein werden.

- Seminare dienen als **Korrektiv** für fehlerhafte Verhaltensweisen und falsche Interpretationen von Erfahrungen am Arbeitsplatz. Betroffen ist der Umgang mit Technologien oder Arbeitsorganisationsformen, die am Arbeitsplatz bereits eingesetzt werden. Ein Seminar kann die Erfahrungen der Beschäftigten aufgreifen und eventuelle Fehlentwicklungen, Mißverständnisse oder Wissenslükken korrigieren und beheben.
- Seminare können **ergänzende Kenntnisse** für die am Arbeitsplatz anfallenden Tätigkeiten bereitstellen. Wie schon beim vorherigen Einsatzgebiet handelt es sich um technologische und arbeitsorganisatorische Regelungen, die am Arbeitsplatz zur Anwendung gekommen sind und nur noch ergänzende Schulungen benötigen.
- Seminare dienen schließlich der **Erfolgskontrolle des Lernens**, da eine entsprechende Kontrolle am Arbeitsplatz nicht immer erfolgen kann. Die Durchführung eines Seminars bietet sich an, wenn Beschäftigte nach einem vorherigen (Grundlagen)Seminar und einer gewissen Übungszeit am Arbeitsplatz die erlernten Fähigkeiten angewendet haben, so daß eine Überprüfung des erreichten Wissensstands angebracht ist, um bestehende Wissenslücken zu schließen und eventuelle Fehlentwicklungen abzustellen.

Für viele andere Situationen und Schulungsinhalte sind Seminare hingegen nicht unbedingt die besten Formen zur Qualifikation der Beschäftigten. Hinzu kommt, daß die seminaristische Weiterbildung mit einigen **Nachteilen** versehen ist. Hierzu zählen vor allem die folgenden Problemkreise:[5]

- Die Teilnehmer verhalten sich in der Regel **nur passiv**, was dazu führt, daß das im Seminar erworbene Wissen vielfach nicht am Arbeitsplatz genutzt wird.
- Die Qualifizierung ist **zeitlich begrenzt** auf die Dauer des Kurses. Eine Erprobung und Anwendung des Erlernten ist von der Qualifizierungsmaßnahme abgekoppelt; im Ergebnis ist eine Anwenderqualifizierung damit kaum erreichbar.
- Die Wissensvermittlung ist in bezug auf den genauen Qualifikationsbedarf vor Ort häufig **sehr unflexibel** und entspricht nur selten dem individuellen aktuellen Bedarf.
- Der Erwerb einer beruflichen Handlungskompetenz ist fernab der realen Arbeitsprozesse nur sehr schwer möglich. Seminare können deshalb nur **in begrenztem Ausmaß** die erforderlichen **sozialen und methodischen Kompetenzen** vermitteln und fördern.
- Bei rein themenbezogenen Seminaren werden die sozialen Bedürfnisse und die Kontaktmotive der Teilnehmer kaum beachtet. Die fehlende Befriedigung dieser

---

5 Vgl. Siebert (1984), S. 175; Lullies (1991), S. 1181; Dehnbostel/Hecker/Walter-Lezius (1992), S. 30; Reinmann-Rothmeier/Mandl (1995b), S. 193f.; Euler (1997), S. 444.

171

Bedürfnisse wirkt sich dann negativ auf die Lernfortschritte aus und beeinträchtigt dadurch auch den Lernerfolg.

Vor allem die Kritik an der Anwendungsferne von Seminaren und das damit einhergehende Transferproblem führen in der Weiterbildungspraxis vermehrt dazu, Seminare mit arbeitsplatzbezogenen Selbstlernphasen zu kombinieren und beide Phasen der beruflichen Qualifizierung aufeinander abzustimmen. Im Ergebnis kann festgehalten werden, daß Seminare vor allem dann zu empfehlen sind, wenn es um die Vermittlung von theoretischen Grundlagen geht. Eine derartige Vermittlung wird im Regelfall erforderlich sein, wenn die Beschäftigten zum ersten Mal Kontakt haben mit neuen Technologien, neuen Managementmethoden oder neuen Formen der Organisation von Arbeitsabläufen. Seminare bzw. Lehrgänge oder Weiterbildungskurse sind für diese Situationen die geeigneten Instrumente zur Qualifizierung, weil sie den Beschäftigten systematisch grundlegende Kenntnisse über die Änderungen am Arbeitsplatz vermitteln können. Vertiefende und weiterreichende Qualifizierungen sollten hingegen durch die verschiedenen Formen der arbeitsplatznahen Weiterbildung erfolgen. Seminare bieten sich dabei als unterbrechende Fortbildungsveranstaltungen an, in denen der bereits erreichte Kenntnisstand überprüft werden kann und bestehende Qualifikationsdefizite behoben werden können.

2. Vortrag

Der Vortrag gehört nach wie vor zu den verbreitetsten Lehrformen in der Aus- und Weiterbildung. Entscheidendes Merkmal des Lehrvortrags ist der Umstand, daß bei dieser Form der Bildung lediglich der Dozent zu Wort kommt und damit eine "**Einbahnkommunikation**" stattfindet. Der Dozent steht vor der Gruppe der Lernenden und versucht deren Aufmerksamkeit auf sich zu lenken, so daß auch vom **Frontalunterricht** gesprochen werden kann. Dieses entscheidende Merkmal macht zugleich den wichtigsten Kritikpunkt bzw. Nachteil aus, der mit dem Einsatz von Vorträgen in der Weiterbildung verbunden ist: Der Vortrag stellt eine passive Weiterbildungsmaßnahme dar, d. h. die Weiterbildungsteilnehmer verhalten sich als 'passiv-rezeptive Teilnehmer'. Dies ist für die Zuhörer besonders belastend, so daß der Vortrag zeitlich zu begrenzen ist auf 15 bis 20 Minuten, also **maximal 20 Minuten** dauern sollte.[6] Der belastende Charakter des Vortrags macht es erforderlich, die Zuhörer durch eine interessante Präsentation zu aktivieren. Notwendig ist deshalb unter anderem der Einsatz von weiteren Medien zur Unterstützung und Veranschaulichung des Vortrags, z. B. durch den Overhead-Projektor, die Tafel, Pin-

---

6 Vgl. Seyd (1994), S. 194; Reinmann-Rothmeier/Mandl (1995b), S. 193; Döring/Ritter-Mamczek (1997), S. 64, 219.

172

wände, Flipcharts, Bilder, Dias oder (Video)Filme.[7] Problematisch ist weiterhin, daß ein Vortrag die Umsetzung der vermittelten Kenntnisse und Fertigkeiten in eine Praxissituation vollkommen unberücksichtigt läßt. Die für eine Übertragung des Erlernten auf die berufliche Praxis notwendige "Übungs-, Wiederholungs- und Verarbeitungsphasen" finden im Rahmen eines Vortrags nicht statt.[8]

Ein schwerwiegendes Problem, das mit dem Einsatz des Lehrvortrags verbunden ist, besteht aus den **hohen Anforderungen an den Dozenten**, der eine Reihe von Punkten beachten muß, um einen interessanten und verständlichen Vortrag zu präsentieren. Neben dem Einsatz der exemplarisch aufgezählten Medien gilt es, die folgenden Aspekte zu berücksichtigen:[9]

• Der Aspekt der **Einfachheit** verlangt vom Vortragenden einfache Sätze und die Verwendung von leicht verständlichen Wörtern; Fremdwörter müssen unbedingt erklärt werden. Die Sprache muß einfach, verständlich und anschaulich sein. Außerdem sollte der Referent sich stets an den Sprachstand seiner Zuhörer anpassen.

• Der Aspekt der **Ordnung und Gliederung** betrifft die Forderung, die Inhalte gut gegliedert und folgerichtig vorzustellen. Den Zuhörern sollte zu Beginn des Vortrags in einer Einleitung aufgezeigt werden, was sie zu erwarten haben. Im Hauptteil des Vortrages werden die Sachverhalte dargestellt. Wichtig sind weiterhin die Unterscheidung zwischen wesentlichen und weniger wesentlichen Inhalten und eine Zusammenfassung am Ende einzelner Abschnitte.

• Der Aspekt der **Kürze und Prägnanz** verlangt vom Vortragenden die Beschränkung auf das Wesentliche. Seine Darstellung muß konkret und kurz sein, so daß auf langatmige Ausführungen zu verzichten ist.

• Der Aspekt der **Anregung** betrifft die Notwendigkeit, eine abwechslungsreiche und flüssige Präsentation zu bieten. Hierzu zählen auch die Verwendung von Beispielen und Vergleichen, von den schon genannten medialen Hilfsmitteln sowie von (humorvollen) Zwischenbemerkungen zur Auflockerung. Insgesamt fällt unter diesen Aspekt die Forderung nach einem motivierenden Dozentenverhalten.

Besonders fatal sind Vorträge, bei denen sich der Vortragende nicht an diese Regeln hält, denn dann ist das folgende Szenario hinsichtlich des Vortrags nicht unwahrscheinlich: "Im schlechtesten Fall wird er zum strategischen Monolog, mit dem der Lehrer sich über seine didaktisch-methodische Inkompetenz hinweghilft. Und wo dies zur Routine wird, werden die Schüler tatsächlich in eine rein passive Rolle hineingedrängt bzw. zum geistigen Absentismus verleitet. Einmal daran ge-

---

[7] Vgl. Döring/Ritter-Mamczek (1997), S. 85, 219.
[8] Vgl. Reischmann (1998), S. 267.
[9] Vgl. Seyd (1994), S. 195f.; Döring/Ritter-Mamczek (1997), S. 221-225; Terhart (1997), S. 143-145.

173

wöhnt, nehmen sie diese Form widerspruchslos hin - wodurch sich mancher Lehrer fatalerweise in seinem Unterricht bestätigt sieht: Alle sind zufrieden ... ."[10] Es zeigt sich, daß der Einsatz des Lehrvortrags sehr hohe Anforderungen an die didaktischen Fähigkeiten des Vortragenden stellt. Erst wenn der Lehrende durch eine entsprechende Ausbildung oder zumindest Anleitung diese Fähigkeiten erworben hat, ist er in der Lage, einen Vortrag zu halten, der für die Zuhörer einen hohen Lerngewinn nach sich ziehen kann. Ausdrücklich ist darauf hinzuweisen, daß die genannten didaktischen Fähigkeiten grundsätzlich von jedem Weiterbildner entwickelt und vervollkommnet werden können.[11] Notwendig dafür ist allerdings eine entsprechende Aus- und Weiterbildung der Lehrenden selbst.

Ein didaktisch-methodisch richtig vorbereiteter und durchgeführter Vortrag hat indes erhebliche **Vorteile**, die ihn trotz der erkennbaren Entschulung der beruflichen Weiterbildung nach wie vor zu einem wichtigen Instrument zur beruflichen Qualifizierung von Erwachsenen machen. Hierzu gehört vor allem der ökonomische Aspekt, denn ein Vortrag kann relativ schnell eine große Anzahl von Personen mit neuem Wissen versorgen. Die eingangs kritisierte Passivität der Lernenden bedeutet zugleich, daß die Zuhörer nicht so intensiv gefordert werden wie bei anderen Weiterbildungsformen. Die Lernenden können leichter abschalten, ohne daß dies für andere unmittelbar erkennbar wird. Außerdem ist es nicht erforderlich, sich intensiv mit dem Lernstoff auseinanderzusetzen. Zudem wird die individuelle Lernleistung nicht offensichtlich, was gleichzeitig bedeutet, daß sich kein Lernender mit den Lernleistungen und -fortschritten der anderen messen muß. Gerade lernungewohnte Erwachsene sehen diese Eigenschaften eines Vortrags als Vorteile an. Sie sind daher eher bereit an Qualifizierungen teilzunehmen, die auf das Mittel des Vortrags zurückgreifen, während sie für handlungsorientierte Lernformen nicht zu motivieren sind. Darüber hinaus ist der Vortrag trotz des erheblichen Arbeitsaufwands zur Vorbereitung und Strukturierung insgesamt ein didaktisch einfaches Qualifizierungsinstrument. Schließlich eignet sich der Vortrag besonders gut für die "Darstellung von Sachverhalten, die eingeordnet, übersichtlich gemacht, zusammengefaßt oder eingeleitet werden müssen", also für die systematische und prägnante Darstellung von Sachzusammenhängen. Für die klare und strukturierte Präsentation eines bestimmten Wissensbereichs eignet sich der Vortrag deshalb in besonderem Maße.

Vorträge werden in fast jeder Form der Weiterbildung ihren Platz haben, denn Ausführungen zur Bedeutung und Einbettung bestimmter Themen sowie zur Vermittlung von theoretischem Grundwissen sind Bestandteil aller weiterbildenden Maßnahmen. Dabei empfiehlt es sich allerdings, Informationen nicht ausschließlich durch Vorträge zu vermitteln, sondern den Informationsinput des Vortrags mit anderen Unterrichtsmethoden zu kombinieren, z. B. mit Fallbearbeitungen, Gruppen-

---

[10] Terhart (1997), S. 145.
[11] Vgl. Döring/Ritter-Mamczek (1997), S. 223.

arbeit und Diskussionen.[12] Wie sich Vorträge mit anderen Weiterbildungsformen sinnvoll kombinieren lassen, zeigt exemplarisch die folgende Übersicht zum Ablauf einer universitären Einführungsvorlesung zum Thema 'Pädagogische Psychologie':[13]

Lernort	Lehrmethode	Themen
Hörsaal	Vortrag bzw. Vorlesung	Einführung und Überblick (1 bis 2 Veranstaltungen)
Lernlabor	computerunterstütztes Lernen	die menschliche Informations-verarbeitung (5 Veranstaltungen)
Hörsaal	Vortrag bzw. Vorlesung	ausgewählte Themen der pädagogischen Psychologie, z. B. Lern- und Lehrmethoden, Lernmotivation, Leistungsbewertung etc. (4 bis 6 Veranstaltungen)
Lernlabor	computerunterstütztes Wiederlernen	Auffrischen von Wissen über die menschliche Informations-verarbeitung (1 halber Tag)
Hörsaal oder Lernlabor		Klausur oder Wissensdiagnose am Computer
Hörsaal	Diskussion	Bewertung der gesamten Lehrveranstaltung und Verbesserungsvorschläge

Alles in allem sollte die Bedeutung des Lehrvortrags in der Praxis der Weiterbildung aber trotz seiner Vorteile zurückgehen und vor allem auf einleitende Ausführungen beschränkt werden, denn der Vortrag - und gleiches gilt für den sogenannten 'Frontalunterricht' - besitzt eine Reihe von Merkmalen, die für das Berufsleben untypisch sind: Beim Vortrag werden die Zuhörer als isolierte Individuen behandelt, während die berufliche Realität kooperierende Mitarbeiter verlangt. Des weiteren lernen die Zuhörer, ohne daß sie dabei Hilfsmittel und Arbeitsgeräte gebrauchen, was ebenfalls dem Berufsleben widerspricht. Außerdem sorgt die Passivität der Zuhörer dafür, daß der Anwendungsaspekt des Gelernten weitgehend unberücksichtigt bleibt, während die angestrebte berufliche Handlungskompetenz die Anwendung des Erlernten zwingend erfordert. Das Gelernte sollte daher auch während der Lernsituation eingesetzt und verwendet werden, was bei einem Vor-

---

12 Vgl. Seyd (1994), S. 194; Mandl/Gruber/Renkl (1995), S. 168f.; Döring/Ritter-Mamczek (1997), S. 64, 221; Terhart (1997), S. 142-145; Lorentz/Maurus (1998), S. 31.
13 Vgl. Glowalla/Häfele (1995), S. 425.

trag unmöglich ist.[14] Vorträge müssen deshalb um handlungs- und erfahrungs-
orientierte Formen der Weiterbildung ergänzt werden. Diese gilt es im folgenden
näher darzustellen.

3. Arbeitsplatznahe Weiterbildung

Die arbeitsplatznahe Weiterbildung und das arbeitsplatznahe Lernen gewinnen in
der betrieblichen Praxis ein zunehmend stärkeres Gewicht. Diese Entwicklung resultiert nicht zuletzt aus der pädagogischen Erfahrung, daß "das Lernen von Erwachsenen auf Dauer nur in der Verbindung und Verzahnung mit konkreten sinnvollen Tätigkeiten erfolgreich gestaltet werden kann."[15] Darüber hinaus ist das arbeitsplatznahe Lernen eine Antwort auf die Nachteile, die mit der traditionellen
Form der Weiterbildung, dem Seminar bzw. Lehrgang, verbunden sind. Zu diesen
Nachteilen zählen in erster Linie die folgenden, die teilweise bereits bei der Diskussion von Seminaren und Vorträgen genannten wurden:[16]

- Ein Hauptkritikpunkt der klassischen seminaristischen Weiterbildung ist deren
  geringe Effektivität aufgrund eines offensichtlichen Mißverhältnisses zwischen
  den geschulten Kenntnissen bzw. Fähigkeiten und der tatsächlichen Umsetzung
  der erworbenen Fertigkeiten im Arbeitsleben. Beklagt wird daher die **Praxis-
  ferne** der seminarförmigen Weiterbildungsangebote.
- Es gibt häufig **Probleme bei der Umsetzung** des erworbenen Wissens in praktische Handlungen am Arbeitsplatz, weil die konkreten Inhalte von Seminaren
  nicht auf die konkreten Arbeitsbedingungen der Weiterbildungsteilnehmer zugeschnitten sind und häufig auch nicht die Probleme der Teilnehmer berücksichtigen. Als Folge dieser Problematik kann zugespitzt die Kritik aufgestellt werden,
  daß in arbeitsplatzfernen Seminaren hauptsächlich "»träges Wissen« vermittelt
  wird - Wissen, das sich zwar speichern und vielleicht noch verbal abrufen läßt,
  aber wegen des fehlenden Problembezugs keine Handlungsrelevanz besitzt."[17]
- Mitverantwortlich für die geringe Effektivität ist die nur **mäßige Verzahnung
  von Lernprozessen und Arbeitsprozessen.** Ursache hierfür ist vor allem der
  Umstand, daß in der Regel nur Standardangebote zur Weiterbildung gebucht
  werden können, die nicht dem besonderen Bedarf eines Betriebes entsprechen.
- Die Seminare als **punktuelle** und **nur kurz andauernde Maßnahmen** reichen
  nicht aus, um den heutigen Weiterbildungsbedarf abzudecken. Erforderlich sind
  vielmehr breit angelegte und stärker mit der betrieblichen Realität verknüpfte
  Maßnahmen.

---

[14] Vgl. Mandl/Gruber/Renkl (1995), S. 168f.
[15] Bundesministerium für Bildung, Wissenschaft, Forschung und Technologie (1998), S. 160.
[16] Vgl. Siebert (1984), S. 179; Schlaffke (1992), S. 52f.; Kraak (1992), S. 109-111; Severing
(1994), S. 214; Kirchenhöfer (1995), S. 33; Proß (1998), S. 16; Laur-Ernst (1998), S. 45.
[17] Beck (1998), S. 7.

- **Schlüsselqualifikationen** sind nur im begrenzten Maße im Rahmen von simulierten Lernsituationen vermittelbar.
- Die traditionelle Weiterbildung 'off-the job' ist mit **hohen Kosten** für die Betriebe verbunden, vor allem die Lohnfortzahlungen mit 60% bis 70% der Kosten schlagen zu Buche. Die Kosten einer organisierten Weiterbildung außerhalb der Arbeit sind insgesamt, sowohl für die Betriebe als auch für die individuellen Mitarbeiter, zu hoch.
- Hinzu kommen die **Probleme bei der Freistellung** von Beschäftigten für die Teilnahme an Weiterbildungsmaßnahmen und die damit verbundenen Freistellungskosten. Betroffen sind von dieser Problematik vor allem kleinere und mittlere Betriebe, die aufgrund ihrer dünnen Personaldecke nur schwer den Ausfall von Beschäftigten bewältigen können.
- Mitarbeiter, die wenig lerngeübt sind, haben große Lernschwierigkeiten in einer mehr oder weniger schulmäßig gestalteten Lernumgebung, so daß Seminare für diesen Teilnehmerkreis wenig sinnvoll sind. Es gibt häufig eine **Blockierung gegenüber dem schulischen Lernen.** Die räumliche (Praxis)Nähe fördert gerade bei lernungewohnten Personen deren Weiterbildungsbereitschaft.

Die vorgestellten Mängel haben in der Vergangenheit dazu geführt, daß in immer stärkerem Ausmaß arbeitsplatznahe Instrumente der Weiterbildung eingesetzt werden, so daß die berufliche Qualifizierung verstärkt in dem sozialen bzw. beruflichen Umfeld der Menschen stattfindet. Diese Form führt zu einer stärkeren Verzahnung von Arbeitsprozessen und Lernprozessen. Die 'Nähe' der Weiterbildung zum Arbeitsprozeß zeichnet sich dabei durch mindestens drei Elemente aus: Die **räumliche Nähe** aufgrund der Verlagerung der Qualifizierungsmaßnahmen in den Betrieb, konkreter noch an den eigenen Arbeitsplatz. Die **zeitliche Nähe** aufgrund eines häufigen Wechsels zwischen Arbeit und Lernen. Die **inhaltliche Nähe** aufgrund der Möglichkeit, auftretende Probleme und Qualifikationsdefizite schnell durch maßgeschneiderte und kurzfristige Maßnahmen vor Ort zu beheben.[18] Die beruflichen Lernprozesse werden also stärker in die Arbeit einbezogen und damit dichter an den Prozeß der Arbeit angesiedelt. Die verschiedenen Formen des arbeitsplatznahen bzw. des **arbeitsintegrierten** Lernens sind vor allem die folgenden: Einarbeitung und Unterweisung durch Vorgesetzte, Übungen und Training am Arbeitsplatz, Projektarbeit und Projektlernen, Gruppenarbeit und Qualitätszirkel, Lernstattkonzepte und Lernwerkstätten sowie Austauschprogramme bzw. Job-Rotation.[19]
Die Präsentation einiger Untersuchungen zur Verbreitung verschiedener Qualifizierungsformen soll vorab dokumentieren, wie relevant arbeitsplatznahe Qualifizierungsmaßnahmen bereits seit geraumer Zeit für die berufliche Weiterbildung

---

[18] Vgl. Proß (1998), S. 16f.
[19] Vgl. Bundesministerium für Bildung, Wissenschaft, Forschung und Technologie (1998), S. 163.

177

sind. Eine in diesem Zusammenhang wichtige Untersuchung ist die des vom *Bundesministerium für Bildung und Wissenschaft* ins Leben gerufene und von *Infratest Sozialforschung* getragene "Berichtssystem Weiterbildung" (BSW).[20] Das BSW befragt im Abstand von drei Jahren Weiterbildungsbeteiligte in Form einer Repräsentativbefragung nach Formen und Ausmaß der Weiterbildung. Speziell zur Erfassung der Beteiligung an **"nicht-seminaristischer Weiterbildung"** ergab sich für den Zeitraum von 1988 bis 1991 das folgende Ergebnis hinsichtlich der Teilnehmerquoten:

Haben Sie sich in den letzten drei Jahren in einer der folgenden Formen beruflich weitergebildet?	Bundesgebiet	West	Ost
Berufsbezogene Fachmessen / Kongresse	18 %	18 %	15 %
Kurzzeitige Veranstaltungen, wie z. B. Vorträge, und Halbtagsseminare	30 %	29 %	31 %
Betriebliche Maßnahmen der Lernförderung am Arbeitsplatz, und zwar:			
• Einweisung am Arbeitsplatz	13 %	12 %	20 %
• Qualitätszirkel, Lernstatt, Werkstattzirkel	3 %	3 %	3 %
Teilnahmequote arbeitsplatznahes Lernen	28 %	27 %	35 %
Teilnahmequote "Andere Formen ..." Gesamt	47 %	45 %	53 %

Eine andere Untersuchung zum Weiterbildungsverhalten von Unternehmen mit mehr als 10 Mitarbeitern kommt zu ähnlichen Resultaten.[21] Durchgeführt wurde sie in Deutschland vom *Bundesinstitut für Berufsbildung* und dem *Statistischen Bundesamt* im Rahmen eines von der EG (EG-Programm FORCE) durchgeführten Programms. In Deutschland wurden hierzu im Dezember 1993 16.000 Unternehmen befragt, von denen 9.300 antworteten. Im Ergebnis ergab die Befragung das folgende Resultat:

Angebot von Weiterbildung im weitesten Sinne in den Unternehmen	relative Häufigkeit der Antworten
Durchführung von Weiterbildung insgesamt	82 %
Informationsveranstaltungen	72 %
Arbeitsplatznahe Weiterbildung	56 %
Selbstgesteuertes Lernen	18 %

---

[20] Vgl. zu dieser Untersuchung die Ausführungen bei Severing (1994), S. 51f.
[21] Vgl. Severing (1994), S. 54f.

Und bezogen auf die **arbeitsplatznahe Weiterbildung** resultiert aus den Befragungsergebnissen das nachfolgende Bild:

Angebot von arbeitsplatznahen Formen der Weiterbildung	relative Häufigkeit der Antworten
Unterweisung durch Vorgesetzte	42 %
Einarbeitung neuer Mitarbeiter(innen)	35 %
Einarbeitung bei technisch-organisatorischen Umstellungen	30 %
Qualitätszirkel	5 %
Austauschprogramme	4 %
Job-Rotation	4 %
Lernstatt	2 %

Aufgrund der beschriebenen Befragungsresultate scheinen die folgenden grundlegenden Annahmen gerechtfertigt zu sein:[22]

- Die **betriebliche Weiterbildung am Arbeitsplatz** hat in den vergangenen Jahren **an Bedeutung gewonnen**. Sie wird auch in Zukunft weiterhin an Bedeutung gewinnen, selbst wenn die Weiterbildung in Form eines Seminars oder Lehrganges nach wie vor die überwiegende Weiterbildungsform sein wird.
- Im Vordergrund stehen bei der arbeitsplatznahen Qualifizierung Maßnahmen zur **Einarbeitung** und zum **Anlernen**.
- Das Lernen am Arbeitsplatz ist **meist zeitintensiver** als kurze Lehr- und Informationsveranstaltungen.
- Organisatorisch und konzeptionell elaborierte Formen der arbeitsplatznahen Weiterbildung sind **eher in Großbetrieben** anzutreffen als in Mittel- und Kleinbetrieben. In den beiden letztgenannten Betriebsarten überwiegt die informelle Art der Lernens.
- Dennoch spielt das Lernen am Arbeitsplatz auch in **Klein- und Mittelbetrieben** eine große Rolle. Verantwortlich dafür sind vor allem zwei Gründe: die Freistellungsproblematik aufgrund der geringen Mitarbeiterzahl und die vorhandenen Qualifizierungsangebote von externen Weiterbildungsträgern. Wegen der kommerziellen Ausrichtung der meisten Weiterbildungsanbieter können sich diese nicht an den speziellen Bedürfnissen eines einzelnen Kleinbetriebes orientieren. In vielen Fällen kommt deshalb ein für kleinere Betriebe erforderliches Weiterbildungsangebot nicht zustande.
- Arbeitsplatznahes Lernen findet vor allem in den **ersten Berufsjahren** nach dem Erwerb des Erstausbildungsabschlusses statt.

---

[22] Vgl. Schlaffke (1992), S. 55f.; Kraak (1992), S. 110; Severing (1994), S. 57f.

179

Nach diesen Ausführungen sollte es hinreichend deutlich geworden sein, daß das arbeitsplatznahe Lernen eine immer größer werdende Rolle in der beruflichen Qualifizierung spielt. Zurückzuführen ist die wachsende Relevanz dieser Weiterbildungsform auf die zahlreichen Vorteile, die mit ihr verbunden sind. Zum Teil ergeben sich die Vorteile des arbeitsplatznahen Lernens aus den bereits erwähnten Nachteilen der seminaristischen Weiterbildung. Konkret besitzt die arbeitsplatznahe Weiterbildung die folgenden Vorteile:[23]

Organisatorische und betriebswirtschaftliche Vorteile:

- Eine Reduktion der Bildungskosten, denn es entfallen die Reisekosten und Kosten der auswärtigen Unterbringung.
- Die Umgehung der organisatorischen Probleme im Zusammenhang mit der notwendigen Freistellung von Arbeitskräften.
- Die zunehmend eingesetzte Gruppenarbeit erfordert es, daß möglichst jeder Beschäftigte alle in der Gruppe anfallenden Tätigkeiten ausüben kann. Dies wird am besten dadurch erreicht, daß durch einen Tätigkeitswechsel innerhalb der Gruppe jeder Beschäftigte von den anderen Gruppenmitgliedern lernt, also am Arbeitsplatz lernt.

Eine höhere didaktische Qualität der Weiterbildung:

- Erreicht wird dies durch eine Kontinuität des Lernens anstelle von punktuellen Weiterbildungslehrgängen mit mehr oder weniger kurzer Dauer.
- Erreicht wird dies weiterhin durch die Förderung von Schlüsselqualifikationen, denn diese können am besten in der konkreten Arbeitssituation erlernt werden und weniger gut im Rahmen künstlicher Lernsituationen. Selbst wenn das Thema der arbeitsplatznahen Qualifizierung nicht direkt Schlüsselqualifikationen beinhaltet, so können durch die starke sozialintegrative Ausrichtung - quasi nebenbei - auch soziale Kompetenzen geschult werden. Das Ziel der Weiterbildung, die Erhöhung und Förderung der umfassenden beruflichen Handlungskompetenz, läßt sich dadurch besser erreichen.
- Das Ziel, die Selbständigkeit einer Person zu erhöhen, läßt sich nicht durch Unterweisungen oder Seminare realisieren, sondern nur durch selbständige Aktivitäten am Arbeitsplatz, also durch das arbeitsplatznahe Lernen.
- Es wird zudem vermutet, daß das Lernen am Arbeitsplatz besser motiviert als das Lernen in Lehrgängen und deshalb zu besseren Weiterbildungserfolgen führt. Die größere Lernmotivation resultiert unter anderem daraus, daß der einzelne in der Auseinandersetzung mit seinem Arbeitsplatz eine Qualifikationslücke verspürt und dann aus eigener Motivation heraus mit der Schließung dieser Lücke beginnt.
- Insgesamt zeichnet sich die arbeitsplatznahe Weiterbildung durch eine höhere Praxisnähe bzw. die bessere Anwendbarkeit des Erlernten aus, denn die Person am Arbeitsplatz kennt am besten die dort anfallenden Probleme sowie die damit anfal-

---

[23] Vgl. Brater (1992), S. 221; Dehnbostel/Walter-Lezius (1992), S. 177; Severing (1994), S. 61-63; Kirchenhöfer (1995), S. 33f.; Bootz/Ebmeyer (1995), S. 44; Münk/Lipsmeier (1997), S. 73; Laur-Ernst (1998), S. 45.

180

lenden Qualifikationsdefizite. Durch die arbeitsplatznahe Qualifizierung wird nichts Überflüssiges erlernt und nichts Notwendiges ausgelassen. Die arbeitsplatznahe Weiterbildung vermittelt somit "die erforderlichen Kenntnisse und Fähigkeiten an dem Ort und zu dem Zeitpunkt, an dem sie gebraucht werden"[24]. Zudem erweist sich die Umwandlung von erworbenen Kenntnissen in praktische Tätigkeiten am Arbeitsplatz als ein geringeres Problem.

- Gerade die gering qualifizierten und lernungewohnten Arbeitskräfte mit meistens wenig erfolgreichen Schulkarrieren haben Vorbehalte gegenüber seminaristischen Weiterbildungsmaßnahmen. Dieser Personenkreis kann besser über das arbeitsplatznahe Weiterbildungsprogramm erfaßt werden, weil die Blockierung gegenüber dem schulischen Lernen abgebaut wird.
- Die sofortige Umsetzung des Erlernten in der praktischen Arbeit läßt eine unmittelbare Erfolgsüberprüfung zu. Die Weiterbildungsteilnehmer können unmittelbar überprüfen, ob sie das vermittelte Wissen richtig aufgenommen haben und korrekt anwenden. Damit werden jene Bereiche aufgezeigt, zu denen vertiefende oder wiederholende Qualifizierungen anzubieten und durchzuführen sind.

Die entscheidenden Vorteile einer arbeitsplatznahen Weiterbildung bestehen somit aus den geringeren Weiterbildungskosten und aus dem Umstand, daß die Dinge gelernt werden, die für den einzelnen Arbeitsplatzinhaber wirklich wichtig sind. Der zuletzt genannte Vorteil ist besonders groß, wenn durch geeignete Lernberater der individuelle Qualifikationsbedarf vor Ort ermittelt wird. Wenn dann noch spezielle Weiterbildungsangebote für das arbeitsplatznahe Lernen vom Lernberater konzipiert werden, die den Bedürfnissen des einzelnen Beschäftigten entsprechen, lassen sich die didaktischen Vorteile dieser Methode wie folgt zusammenfassen: "Es werden keine Lernzeiten aufgewendet für das Erreichen bereits vorliegender Kenntnisse, beherrschter Fertigkeiten oder vorhandener Qualifikationen. Das verhindert Lernermüdung, kann den Reiz des Neuen fürs Lernen nutzen und bleibt motivierend direkt mit dem zu lösenden Problem gedanklich verknüpfbar. Ein solches Vorgehen erspart dem Lernenden Zeit und erreicht trotzdem intensivere Lerneffekte."[25] Hinzu kommt, daß sich die meisten Schlüsselqualifikationen und die "selbständige berufliche Handlungsfähigkeit ... nicht auf der Ebene von Simulation und produktionsfernen Übungs- oder Projektarbeiten"[26] erwerben lassen. Diese Fähigkeiten können meistens nur im Rahmen des arbeitsplatznahen Lernens erworben und gefördert werden. Gerade diese Vorteile dürften auch für die weite Verbreitung des sogenannten "on-the-job-training" in den USA verantwortlich sein. Anders als in Deutschland stellt die arbeitsplatznahe Ausbildung dort das dominierende Verfahren zum Erwerb beruflicher Qualifikationen dar.[27] Die geringe

[24] Laur-Ernst (1998), S. 45.
[25] Kraak (1992), S. 114.
[26] Dehnbostel/Walter-Lezius (1992), S. 178.
[27] Vgl. Laur-Ernst (1998), S. 46.

181

Bedeutung, die der arbeitsplatznahen Weiterbildung in Deutschland lange Zeit zugemessen wurde, läßt sich wiederum durch die **Probleme** erklären, die mit dieser Form der Weiterbildung verbunden sind. Die Nachteile der arbeitsplatznahen Weiterbildung ergeben sich vor allem aus den nachstehenden Problemen:[28]

- Die arbeitsplatznahe Weiterbildung kann nur schwer neue, erst in der nahen Zukunft anfallende Situationen erfassen. Daher ist die Zuverlässigkeit des Erfolgs arbeitsplatznaher Weiterbildungsmaßnahmen geringer als der von arbeitsplatzfernen Maßnahmen. Die arbeitsplatznahe Weiterbildung ist zwar für die Anpassungsqualifizierung geeignet - um bestehende Qualifikationsdefizite zu beseitigen -, aber weniger für den Erwerb gänzlich neuer Kompetenzen.
- Die Entwicklung, Erprobung und Umsetzung arbeitsplatznaher Weiterbildungsmaßnahmen ist wesentlich aufwendiger als die von konventionellen Methoden. Sie stellt zudem hohe und vor allem auch neue Anforderungen an die Weiterbildner.
- Die Abgrenzung zwischen der Wissens- oder Fähigkeitsvermittlung und der 'normalen' Arbeitstätigkeit ist problematisch, daher sind auch Fragen der Überprüfung des Lernerfolgs und des Bildungscontrollings problembehaftet.
- Die Messung der erworbenen Kompetenzen ist außerordentlich schwierig, was zu Problemen führt, wenn die beruflichen Fähigkeiten für Gehaltseinstufungen oder das berufliche Fortkommen herangezogen werden sollen.
- Die Qualifikationserweiterung orientiert sich fast ausschließlich an den eng zugeschnittenen Arbeitsplatzanforderungen des qualifizierenden Betriebs, was dem Interesse des Arbeitnehmers entgegenlaufen kann, wenn dieser eine Qualifikation wünscht, die über die aktuellen Anforderungen seines Arbeitsplatzes hinausreichen.
- Besonders problematisch wird die Weiterbildung an den Arbeitsplätzen, die eine hohe Störanfälligkeit und hohe Schadensfolgen besitzen. Weil die unsachgemäße Handhabung der Arbeitsmittel an solchen Arbeitsplätzen unverantwortlich hohe Kosten nach sich ziehen kann, eignen sich derartige Arbeitsplätze nicht für die berufliche Qualifizierung der Beschäftigten.
- Der Ausbau von Selbstverantwortung, Autonomie und Partizipation birgt auch Gefahren, die somit individualisiert werden. Diese Gefahren betreffen unter anderem den Abbruch der Weiterbildungsmaßnahme und einen nur geringen Lernerfolg.
- Da die arbeitsplatznahe Weiterbildung in hohem Maße von der Persönlichkeit des Arbeitsplatzinhabers und der konkreten Situation am Arbeitsplatz abhängt, lassen sich die genauen Resultate des arbeitsplatznahen Lernens nur schwer voraussagen.
- Die Dezentralisierung von Qualifizierungsmaßnahmen bedeutet im allgemeinen auch eine Privatisierungstendenz. Dies ist in der Regel mit einem erhöhten

---

[28] Vgl. Dehnbostel/Walter-Lezius (1992), S. 176; Severing (1994), S. 59; Münk/Lipsmeier (1997), S. 83; Laur-Ernst (1998), S. 46.

Zwang zur Rentabilität und zur Kostensenkung verbunden, was wiederum die Qualität der Weiterbildungsmaßnahmen verschlechtern kann und damit das realisierte Qualifikationsniveau reduziert.

Trotz der genannten Nachteile und trotz der Tatsache, daß derzeit die seminaristische Lernform in der betrieblichen Weiterbildung noch die überwiegende Form der Weiterbildung darstellt, kann die Vermutung aufgestellt werden, daß die Bedeutung der arbeitsplatznahen Weiterbildung in Zukunft zunehmen wird. Der gegenwärtig beobachtbare Trend hin zum Lernen im Prozeß der Arbeit wird sich verstärken. Neben den Möglichkeiten zur Einsparung von Weiterbildungskosten wird dieser Trend vor allem dadurch hervorgerufen, daß das Lernen am Arbeitsplatz besonders geeignet ist für den Erwerb von Schlüsselqualifikationen. Die Befähigung zum teamorientierten Arbeiten, der Aufbau von projektbezogenen Problemlösungskompetenzen und der Erwerb komplexer Handlungskompetenzen stellen Qualifikationen dar, die im beruflichen Leben eine immer größere Bedeutung einnehmen. Weil sich diese und andere außerfachliche Qualifikationen weniger durch theorielastige Seminare vermitteln lassen als durch arbeitsplatznahe Qualifizierungen, ist auch in Zukunft mit einer Zunahme der arbeitsplatznahen Weiterbildung zu rechnen. Es kann sogar die Behauptung aufgestellt werden: "Der Arbeitsplatz ist als entscheidender Lernort zum Erwerb von Gestaltungsfähigkeit anzusehen."[29] Modellversuche haben in diesem Zusammenhang herausgefunden, daß das Lernen am Arbeitsplatz für die nachfolgenden Tätigkeiten und Weiterbildungsinhalte besonders geeignet ist: praktisches Handlungswissen, wirtschaftliches Denken, Qualifikationen bezüglich des aktuellen technischen Standes, Sicherheitsbewußtsein, Übernahme von Verantwortung, berufliches Sozialverhalten, Leistungsbereitschaft, Genauigkeit und Disziplin.[30]
Daneben werden seminaristische Qualifizierungsformen allerdings keinesfalls vollkommen unbedeutend. Vielmehr kann davon ausgegangen werden, daß die Entwicklung der beruflichen Weiterbildungspraxis zu einer Kombination von Lehrgängen bzw. Seminaren auf der einen und Qualifizierungsmaßnahmen im Arbeitsprozeß auf der anderen Seite führen wird.[31] Wie die arbeitsplatznahe Weiterbildung konkret aussieht, werden die nachfolgenden Abschnitte verdeutlichen.

---

[29] Dehnbostel/Walter-Lezius (1992), S. 181.
[30] Vgl. für die nachfolgende Liste Hoppe/Schulz (1992), S. 198.
[31] Vgl. Severing (1994), S. 58f.; Gärtner u. a. (1996), S. 30f.

183

3.1. Traditionelle handlungsorientierte Methoden des Lernens am Arbeitsplatz

3.1.1. Training / Übung

Die grundlegende Idee der nachfolgenden Methoden zur Qualifizierung ist das handlungsorientierte Lernen, bei dem der Erwerb von Qualifikationen und Kompetenzen vor allem durch das selbständige Handeln der Weiterbildungsteilnehmer erfolgt. Zu den traditionellen Formen des Lernens am Arbeitsplatz gehört das **Üben** bzw. das **Training**. Ziel des Übens ist es, die Leistungsfähigkeit der Menschen zu erhöhen und die Ausführung der Tätigkeiten zu vervollkommnen. Inhaltlich geht es beim Training schwerpunktmäßig um die **Vermittlung von praktischen Kenntnissen**, also von Können und weniger um die Wissensvermittlung. Allerdings kommt auch das praktische Üben nicht ohne eine theoretische Einbettung und Fundierung aus, so daß die Vermittlung von theoretischem Wissen notwendiger Bestandteil des Trainings ist. Eine einfache Form des Erwerbs von neuen Handlungskompetenzen besteht aus dem selbständigen Vollzug - ohne Hilfe und Unterstützung durch andere - der Tätigkeiten, die es zu erlernen gilt. Die nächste Form besteht dann aus einer Kombination von selbständigem Üben mit der kurzfristigen unterstützenden Hilfe von Kollegen, Vorgesetzten oder Weiterbildnern.[32]

Das Lernen am Arbeitsplatz durch die Unterweisung bzw. das Üben ist eine Lehrform, bei der der Weiterbildungsteilnehmer durch das Beobachten, das Erklären und die anschließende eigenständige Ausführung praktische Fertigkeiten erwirbt. Beim Üben handelt es sich deshalb um eine Form des **handlungsorientierten Lernens**. Beim handlungsorientierten Lernen wird der zu erlernende Stoff im Rahmen einer aktiven Tätigkeit gelernt. Wissen und Kenntnisse werden durch Tätigkeiten erworben, wobei diese Tätigkeiten durch das Lösen von Problemen charakterisiert sind. Wichtig ist allerdings, daß auch das Üben nicht auf die Vermittlung von theoretischem Grundlagenwissen verzichten kann und somit stets eine Kombination von Theorie und Praxis darstellt. Das handlungsorientierte Lernen zeichnet sich dabei durch die folgenden grundsätzlichen Phasen aus:[33]

- Das Erkennen der Problemsituation und der Zielsituation, also die Strukturierung der Elemente des Problems, und das Prüfen der Zwischenergebnisse sowie des Gesamtresultats.
- Das Durcharbeiten der Handlung, um das Wissen so umstrukturieren zu können, daß es auf neue Ziele angewendet werden kann. Das Durcharbeiten erzeugt Klarheit und Beweglichkeit der gedanklichen Struktur.
- Das Üben und Wiederholen.

---

[32] Vgl. Sonntag (1992), S. 185-188; Kirchhöfer (1995), S. 73; Döring/Ritter-Mamczek (1997), S. 33f.; Heeg/Schidlo (1998), S. 163.

[33] Vgl. Löffler (1994), S. 36-44; Reischmann (1998), S. 269.

- Die Anwendung des erworbenen Wissens, um unabhängig von Anweisungen das Wissen auf neue Gegenstände und Probleme anwenden zu können.

Beim Üben mit einem mehr oder weniger umfangreichen theoretischen Input verläuft der Gewinn von neuen Kenntnissen und Fähigkeiten vor allem über die folgenden Kanäle:

- Lernen durch **Beobachten**: Es geht darum, daß die Tätigkeit von einer berufserfahrenen Person wahrgenommen wird und in Gedanken nachvollzogen wird. Keinesfalls soll es nur zum gedankenlosen Nachahmen der beobachteten Tätigkeit kommen. Konkret kann dies erfolgen durch das Anfertigen eines möglichst lückenlosen Protokolls, das alle Beobachtungsdaten registriert und damit den beobachteten Gesamtvorgang gedanklich gliedert. Dieses aufwendige Verfahren ist allerdings nur bei komplexen Handlungen erforderlich, bei weniger komplizierten Handlungsabläufen reicht die Beobachtung - ohne schriftliche Aufzeichnungen - aus. Ergänzt wird die Beobachtung durch erklärende Ausführungen seitens des Weiterbildners, der die beobachteten Arbeitsabläufe näher erläutert. Ohne eine solche pädagogische Anleitung besteht die Gefahr, daß es zu einem bloßen Nachahmen durch den Lernenden kommt, ohne daß dieser den beobachteten Prozeß verstanden und verinnerlicht hat.
- Lernen durch **Sprachstützung**: Die Sprache dient hierbei nicht der Kommunikation mit anderen, sondern der Stützung der individuellen geistigen Tätigkeit. Dadurch, daß versucht wird, die eigenen Gedanken sprachlich auszudrücken, wird die betreffende Person gezwungen, diese Gedanken zu formen und zu präzisieren. In der Fahrschule beispielsweise werden die Schüler aufgefordert, jeweils laut auszusprechen und zu begründen, was sie zu tun beabsichtigen. Dies zwingt sie zu einem klaren Durchdenken der gesamten Situation.
- Lernen durch **Handeln**: Hierbei kommt es zur Ergänzung des vermittelten theoretischen Wissens durch die eigenaktive Ausführung der betreffenden Handlungen. Dadurch findet ein Wechselspiel zwischen der Vermittlung von handlungsrelevantem Wissen und der praktischen Einübung der Handlungen statt. Diese Form der Qualifizierung macht letztlich den Kern des Übens aus.

Abhängig vom Umfang der geistigen Eigenleistungen der Weiterbildungsteilnehmer wird zwischen verschiedene Arten des Trainierens unterschieden. Beim **blinden Training** führt der Lernende bestimmte Übungen aus, ohne daß ihm erklärt wird, warum diese Übungen für ihn hilfreich sind. Beim **informierenden Training** erhält der Lernende gewisse Informationen und Instruktionen über die Aufgabe und die Lernstrategie. Die umfassendsten geistigen Eigenleistungen werden dem Lernenden beim **selbstkontrollierten Training** abverlangt, bei dem ihm auch Hinweise zur "Überwachung, Überprüfung oder Bewertung seiner kognitiven Möglichkeiten vermittelt werden."[34]

---

[34] Bönsch (1999), S. 14.

Die Weiterbildung des Übens läßt sich auch in andere Varianten unterteilen. Nach einer solchen alternativen Einteilung gibt es das **observative Üben** (das planmäßige, wiederholte Beobachten einer anderen Person, welche die zu erlernenden Tätigkeiten ausführt, ruft bei dem Beobachter die Tendenz zur eigenständigen Ausübung dieser Tätigkeiten hervor), das **mentale Üben** (das planmäßige Nachdenken über die Abfolge der verschiedenen Handlungsschritte), das **imaginative Üben** (ein intensives Vorstellen und Vergegenwärtigen der zu erlernenden Fertigkeiten) und schließlich das **verbale Üben** (ein sprachunterstütztes Üben, bei dem entweder ein Trainer mit dem Übenden spricht oder aber der Übende sich verbale Selbstinstruktionen gibt).[35] Die genannten lernpsychologischen Grundsätze sind bei weiterbildenden Maßnahmen zu beachten. Berufliche Qualifizierungsmaßnahmen sollten deshalb den folgenden **Ablauf des Übens** berücksichtigen:[36]

- Die erste Phase dient der groben Orientierung der Weiterbildungsteilnehmer. Hierzu zählen auch die Motivation der Teilnehmer durch Informationen über Ziele, über Ausführungshinweise und über einsetzbare Mittel. Diese Phase kann daher als **einführende Unterweisung** (EU) bezeichnet werden.
- Es folgt die Phase der **Erstübung** (EÜ), in der die Erstausführung und die erste Wiederholung stattfinden. Sowohl die erste als auch die wiederholende Tätigkeitsausführung erfolgen einschließlich einer weiterführenden Orientierung und Motivation.
- An die Erstübung schließt sich eine Phase der **ersten Vervollkommnungsübung** (1.VÜ), die der Festigung und Vertiefung dient.
- Daran schließen sich **weitere Vervollkommnungsübungen** (wVÜ) an, durch die eine Vervollkommnung der erlernten Tätigkeiten erreicht werden soll.
- Der Lernaufwand wird schließlich beendet durch eine **auswertende Unterweisung** (AU), bei der auf Stärken und Schwächen hingewiesen wird. Bestehende Defizite können dadurch behoben werden. Den Lernenden sollte bei dieser letzten Phase eindeutig mitgeteilt werden, daß der Lernprozeß beendet ist.

Die konkreten Abläufe von Übungen zur Weiterbildung hängen ab vom Schwierigkeitsgrad der zu erlernenden Tätigkeiten und können drei grundsätzlich Formen annehmen:

---

[35] Vgl. Höpfner (1991), S. 82f.
[36] Vgl. Hortsch/Kersten (1996), S. 261f.

einfache Arbeitstätigkeit	einfache komplexe Arbeitstätigkeit	komplizierte komplexe Arbeits- tätigkeit

EU	EU 1	EU 1
EÜ	EÜ 1	EÜ 1
1. VÜ	EU 2	EU 2
AU	EÜ 2	EÜ 2
↓	1. VÜ 1 + 1. VÜ 2	EÜ 1 + EÜ 2
wVÜ	AU	1. VÜ 1 + 1. VÜ 2
	↓	AU
	wVÜ	↓
		wVÜ

Im Rahmen des Lernens durch Übungen finden also nicht nur die Wissensvermittlung und die Einübung des Erlernten statt. Ergänzt wird diese Form der Weiterbildung durch kontrollierende und bewertende Aktivitäten. Außerdem kann die Vermittlung von neuem Wissen und neuen Kenntnissen auch während der Übungsphasen, also begleitend zum Üben, stattfinden. Das Verhältnis zwischen Übungsteilen, Unterweisungsteilen sowie der Kontrolle und Bewertung läßt sich graphisch wie folgt darstellen:[37]

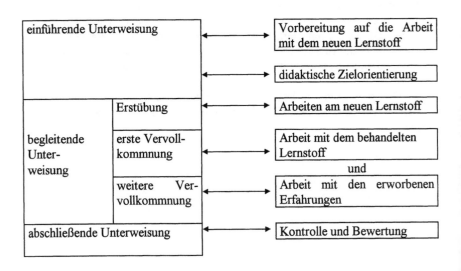

----

[37] Vgl. Höpfner (1991) - in Anlehnung an Geuther -, S. 73.

187

Die Weiterbildung mit Hilfe von Übungen hat eine Reihe von Vorteilen, die sie zu einer besonders weitverbreiteten Qualifizierungsform machen. Die entscheidenden **Vorteile** sind dabei die folgenden:[38]

- Die Aneignung des Wissens und das für die Arbeit notwendige Handeln fallen zusammen, so daß es nicht das Problem des Transfers gibt, also das Problem, theoretisches erlangtes Wissen in die Praxis umzuwandeln. Die Weiterbildungsteilnehmer lernen durch das Üben das, was sie auch für die Erfüllung ihrer Aufgaben benötigen.
- Übungen stellen einen ganzheitlichen Ansatz der Weiterbildung dar, der alle Momente und Aspekte des Arbeitslebens erfaßt (bewußte und unbewußte Aspekte, Motivationsaspekte, soziale Aspekte etc.). Das Ziel von Qualifizierungsmaßnahmen, also die Erhöhung der beruflichen Handlungskompetenz, kann dadurch besonders effektiv erreicht werden.

Sinnvolle Anwendungsfelder der Übung als Weiterbildungsform liegen überall dort, wo die Menschen bestimmte **Handlungsformen** erlernen sollen, was soziale (Teamtraining, Mitarbeiterführung, Konflikttraining, Kooperationstraining), kommunikative (Gesprächs- oder Kommunikationstraining, Telefontraining), methodische (Lerntraining, Gedächtnistraining, Selbst- und Zeitmanagement, Motivationstraining) und natürlich auch fachliche Fähigkeiten umfassen kann.[39] Die bisherigen Ausführungen zum denkbaren Ablauf des Lernens durch Übungen und Training deuten an, daß dieses Verfahren der Weiterbildung sich durch eine facettenreiche Vielfalt von entsprechenden Formen auszeichnet. Die wichtigsten dieser Formen sollen im folgenden kurz dargestellt werden.

Die wohl einfachste Form der übenden Weiterbildung ist die **Unterweisung am Arbeitsplatz**. Sie zeichnet sich - und dies gilt für viele der nachfolgenden Varianten des Übens - durch einige grundsätzliche Eigenschaften aus:[40]

- Lernort ist der Arbeitsplatz und nicht ein Unterrichtsraum.[41]
- Inhaltlich geht es in erster Linie um die Vermittlung von praktischen Fähigkeiten und Fertigkeiten und weniger um das Erlernen von theoretischem Wissen.
- Inhaltlich geht es weiterhin um konkrete und ganzheitliche Aufgabenstellungen. Das Lernen besitzt deshalb einen sehr engen Zusammenhang zu den zu erfüllenden Arbeitsaufgaben und hat somit einen Ernstcharakter.
- Methodisch handelt es sich um ein Verfahren, bei dem der Weiterbildner dem Lernenden bei dessen Arbeit zusieht und kommentierend eingreift, indem er den

---

[38] Vgl. Kirchhöfer (1995), S. 73f.
[39] Vgl. Kirchhöfer (1995), S. 75.
[40] Vgl. Hortsch/Kersten (1996), S. 249f.; Döring/Ritter-Mamczek (1997), S. 80f.
[41] Eine Ausnahme von dieser räumlichen Regelung könnte vorliegen, wenn die "Unterweisung außerhalb des realen Arbeitsplatzes bzw. Arbeitsbereiches" stattfindet, z. B. in einem Trainingszentrum oder an Ausbildungsarbeitsplätzen; vgl. dazu Hortsch/Kersten (1996), S. 250.

188

Lernenden zunächst einmal tätig werden läßt und anstelle von langen Vorträgen nur kurze Kommentare abgibt. Zudem läßt sich der Weiterbildner erklären, warum bestimmte Handlungen vom Beschäftigten so und nicht anders durchgeführt werden. Schließlich wird der Weiterbildner den lernenden Beschäftigten durch Ermutigungen und Lob in seinem Handeln bekräftigen.

• Die Zahl der Teilnehmer ist begrenzt, weil die Lernenden einen sehr engen Kontakt zum Weiterbildner benötigen; sehr häufig finden aufgrund des erforderlichen "face-to-face-Charakters" Einzelunterweisungen statt.

• Vom zeitlichen Aspekt her handelt es sich bei der Unterweisung am Arbeitsplatz um Maßnahmen von kurzer Dauer, die in die Arbeitsprozesse eingebettet werden.

Die folgenden Formen der Weiterbildung zeichnen sich durch einen mehrstufigen Lernprozeß aus, der damit beginnt, daß die Lernenden die Tätigkeiten, die sie erlernen sollen, zunächst von einem Weiterbildner vorgemacht bekommen.

Die **Beistellehre** folgt dem Prinzip des "Lernens durch Tun". Der Qualifikationserwerb erfolgt durch das Beobachten der Tätigkeit eines Fachmanns, d. h. der Lernende beobachtet das Vorgehen eines bereits qualifizierten Beschäftigten. Der vormachende Beschäftigte ergänzt sein Verhalten dabei durch verbale Erläuterungen, so daß der beobachtende Weiterbildungsteilnehmer neben der rein praktischen Tätigkeit auch die notwendigen Begründungen und theoretischen Grundlagenkenntnisse vermittelt bekommt. Problematisch bei dieser Form der Weiterbildung ist, daß es keine Eigenaktivität des Lernenden gibt. Der Lernende beobachtet ein Verhalten, das ihm zusätzlich noch erklärt wird, aber er lernt nicht durch das eigene einübende Handeln.[42]

Die fehlende Eigenaktivität ist bei der Methode des **Vormachens** und des **Nachmachens** nicht mehr vorhanden. Anders als bei der Beistellehre wird das Beobachten bei diesem Verfahren dadurch ergänzt, daß der Lernende eigene Tätigkeiten ausführt, also das beobachtete Verhalten nachmacht. Der Vorteil dieses Vorgehens besteht darin, daß es zu einem bewußten Sammeln und Verarbeiten von Erfahrungen kommt.[43] Die Methode des Vor- und Nachmachens eignet sich allerdings nur für sehr einfache Tätigkeiten, die erlernt werden sollen. Genaugenommen ist diese Methode der Weiterbildung aber selbst für einfachste Aufgabenstellungen und Tätigkeitsabläufe ungeeignet, denn die vollständige gedankliche Durchdringung und Beherrschung der zu erlernenden Handlungsabläufe kann durch bloßes Nachmachen nicht erreicht werden. Insgesamt läßt sich das Ziel der modernen Weiterbildung - also die berufliche Handlungskompetenz, zu der neben dem fachlichen Wis-

---

42 Vgl. Schlaffke (1992), S. 54; Severing (1994), S. 105-111.
43 Vgl. Schlaffke (1992), S. 54; Severing (1994), S. 105-111.

189

sen auch die ausführlich beschriebenen Schlüsselqualifikationen gehören - durch die Methode der Unterweisung nicht erreichen.[44]

Noch etwas ausführlicher erfolgt die Qualifizierung im Rahmen der **Drei-Stufen-Methode**. Die drei Phasen der Weiterbildung bzw. des Lernens sind dabei die folgenden:[45]

• Das **Vormachen**, bei dem der Dozent zugleich erklärt, warum das, was er macht, getan werden muß und warum es so und nicht anders getan werden muß. Der Lernende erhält durch die erklärenden Worte des Weiterbildners einen umfassenden Einblick in die zu erlernenden Handlungen und Arbeitsabläufe.

• Das **Nachmachen**, bei dem der Lernende die beobachteten Handlungen eigenständig nachvollzieht. Der Dozent beobachtet seinerseits die Handlungen des Lernenden und läßt sich von ihm erklären, warum dieser so handelt wie er handelt.

• Schließlich erfolgt das **Üben**, das so lange andauert, bis die zu erlernende Tätigkeit vollständig und fehlerfrei beherrscht wird.

Die **Vier-Stufen-Methode** ist ebenfalls eine formalisierte Methode, die auf dem Prinzip des Vormachens und des Nachmachens basiert. Sie ähnelt der Drei-Stufen-Methode, ist allerdings etwas ausführlicher angelegt. Der vierstufige Prozeß des Lernens hat folgendes Aussehen:[46]

• Die **Vorbereitungsstufe** umfaßt die Einstimmung des Lernenden auf das Weiterbildungsthema und vermittelt erste theoretische Grundlagen. Wichtig ist dabei die Darstellung der Ziele, die mit der anstehenden Weiterbildung angestrebt werden. Gleichzeitig wird versucht, das Interesse des Lernenden am Inhalt der Qualifizierungsmaßnahme zu wecken. Diese Phase endet mit der Bereitstellung der notwendigen Arbeitsmaterialien, Unterlagen und Werkzeuge. Zur Vorbereitung gehört schließlich noch ein häufig vernachlässigter Aspekt, nämlich die Erkundigung des Weiterbildners über den Erfahrungs- und Wissensstand der Lernenden. Nur so kann der Weiterbildner abschätzen, wie leicht es den Teilnehmern fallen wird, die dargebotenen Tätigkeiten "zu begreifen, nachzuvollziehen und sich einzuprägen."

• Die **Vorführungsstufe** legt den Schwerpunkt der Aktivität auf den Weiterbildner. Hierbei geht es um das Erklären und Vormachen der relevanten Tätigkeiten, die vom Weiterbildungsteilnehmer beobachtet werden. Wichtig sind dabei knappe und präzise Erklärungen, die für die Lernenden unmittelbar einsichtig sind. Um festzustellen, ob die Weiterbildungsteilnehmer das Dargebotene verstanden haben, sind gelegentliche Kontrollfragen sinnvoll. Die Vorführungsstufe

---

[44] Vgl. Kraak (1992), S. 107f.
[45] Vgl. Döring/Ritter-Mamczek (1997), S. 81.
[46] Vgl. Seyd (1994), S. 179-182; Severing (1994), S. 105-111; Döring/Ritter-Mamczek (1997), S. 34, 81f.

190

endet mit der Aufforderung an den Lernenden, die vorgemachten Tätigkeiten selbst auszuführen.

• Die **Nachahmungsstufe** betrifft den Nachvollzug bzw. das Nachmachen. In ihr wird der Lernende aktiv, so daß auch der Aktivitätsschwerpunkt bei ihm liegt. Er führt das Vorgemachte selbst aus, der Weiterbildner korrigiert ihn dabei gegebenenfalls. Bei auftretenden Fehlern sollte sofort und gemeinsam nach den Ursachen des fehlerhaften Verhaltens gesucht werden. Außerdem läßt sich der Weiterbildner erklären, warum der Lernende bestimmte Handlungen ausführt. Wichtig ist in dieser Phase, daß die Lernenden sichtbare Erfolge vorweisen können und aus diesen Erfolgserlebnissen die Motivation für ihr weiteres Lernverhalten schöpfen. Diese Phase der Unterweisung wird beendet, indem der Lernende ohne die Aufsicht des Weiterbildners eigenständig weiterarbeitet.

• Die **Abschlußstufe** bzw. die Phase der **Übung** stellt die letzte Stufe dar. Der Lernende unternimmt ein selbständiges, wiederholendes Üben der erlernten Tätigkeiten. Die Weiterbildungsteilnehmer erproben ihren Kenntnis- und Leistungsstand, indem sie reale Arbeitsvorgänge absolvieren und somit zu einer realistischen Einschätzung ihres Wissensstands gelangen. Der Weiterbildner bewertet dieses Vorgehen, indem er die Arbeitsausführung und die Arbeitsergebnisse kritisch würdigt und gegebenenfalls helfend eingreift. Die geäußerte Kritik muß dabei sachlich und konstruktiv sein. Wichtig ist, daß auch diese Phase ein definitives Ende besitzt. Hierzu muß die Unterweisung ausdrücklich vom Weiterbildner beendet werden und auf den erreichten Lernerfolg hingewiesen werden.

Auch bei knapper Zeit empfiehlt sich der Einsatz der Videokontrolle, um die Lernenden besser auf Stärken und Schwächen des eigenen Handelns hinweisen zu können und um einen objektiveren Überblick über die Ausführung der zu erlernenden Handlungen zu gewinnen.[47] Dies gilt im übrigen für alle einübenden Weiterbildungsformen, bei denen eine Phase der Auswertung stattfindet. **Inhaltlich** kann die Vier-Stufen-Methode eingesetzt werden, wenn es um eine Unterweisung geht, die sich auf "eine im voraus festgelegte Abfolge von Übungsaufgaben"[48] bezieht. Derartige Formen der Weiterbildung, die am Unterweisungsstil festhalten, sind aber mit dem modernen Qualifizierungsideal nicht vereinbar. Die Weiterbildungsteilnehmer erlernen im Rahmen der Vier-Stufen-Methode lediglich eine fest vorgegebene Folge von Tätigkeiten. Die eigenständig geplante und selbstverantwortliche Aufgabenerfüllung, die letztlich das Ziel einer ganzheitlichen Qualifizierungsmaßnahme ist, kann durch solche Unterweisungen nicht gefördert werden. Dennoch gibt es auch in Rahmen des modernen Weiterbildungsverständnisses immer wieder Situationen, in denen diese Form der beruflichen Weiterbildung sinn-

---

[47] Vgl. Bundesinstitut für Berufsbildung (1998), S. 45.
[48] Brater (1992), S. 222.

voll eingesetzt werden kann, z. B. "dort, wo es darum geht, einen bestimmten Grundsachverhalt eindeutig weiterzugeben"[49].

Zur Stärkung des handlungsorientierten Aspektes der beruflichen Qualifizierung gibt es verschiedene Formen der Weiterbildung, die bei der Vier-Stufen-Methode ansetzen und diese um zusätzliche Stufen erweitern. Ein Beispiel hierfür ist die SHE-Methode (Schlüsselqualifizierendes Handlungsorientiertes Erarbeiten). Ziel dieser Weiterbildungsform ist die Erweiterung der eher passiven Vier-Stufen-Methode, so daß die Teilnehmer noch aktiver in den Lernprozeß eingebunden werden und dadurch ihre Handlungskompetenzen fördern können. Konkret zeichnet sich die SHE-Methode durch den nachstehenden fünfstufigen Ablauf aus:[50]

Ablauf der Unterweisung	Ausbildungsinhalt und Lernziele	Unterweisungsform
1. Motivierung der Teilnehmer	das Weiterbildungspersonal bereitet die Weiterbildungsteilnehmer vor	
1.1. Befangenheit nehmen	gegenseitiges Vorstellen der Weiterbildungsteilnehmer	besprechen und fragen
1.2. Thema und Aufgabe nennen	Formulierung des angestrebten Lernziels	vortragen und vorführen
1.3. Interesse wecken und motivieren	Lernziel mit den beruflichen oder privaten Interessen verbinden	vortragen und fragen
1.4. Erklärung der SHE-Methode	das selbständige Planen, Durchführen und Kontrollieren ist eine zu erlernende Schlüsselqualifikation	vortragen, fragen und besprechen
2. Aktivierung der Teilnehmer	Das Weiterbildungspersonal fördert das planerische Denken der Weiterbildungsteilnehmer	
2.1. Feststellen des Vorwissens	konkrete Sachfragen zum Thema, eventuell mit vorangehenden Unterweisungen	entwickelnd fragen und vorzeigen
2.2. Planung der Vorgehensweise	Formulierung des Sachzieles und gemeinsame Erarbeitung der sachlogischen Aufeinanderfolge von Teilschritten	entwickelnd fragen, besprechen, Impulse geben, erarbeiten
2.3. Hinführen zum handelnden Erfassen	Ordnung der Werkzeuge, Hilfsmittel, Materialien und Unterlagen am Arbeitsplatz	fragen, eventuell vortragen und vormachen

---

[49] Brater (1992), S. 222.
[50] Vgl. zur Darstellung der SHE-Methode Gutwald (1998), S. 13- 16.

3. Schrittweises Er-arbeiten und Kon-trollieren	Die Weiterbildungsteilnehmer erproben die in der 2. Stufe ge-planten Schritte und kontrollieren sich dabei selbst	
3.1. verschiedene Teilschritte		erarbeiten, fragen, Impulse ge-ben, notfalls vor- und nachma-chen
3.2. Wiederholen des gesamten Lern-zieles		erarbeiten, fragen, Impulse ge-ben, notfalls vor- und nachma-chen
4. Üben und selbstän-diges Kontrollieren	Die Weiterbildungsteilnehmer erwerben Handlungssicherheit und Handlungsgeschwindigkeit	
	die Übungsbedingungen wer-den verändert, die Übungs-fortschritte werden festgestellt	
5. Abschließende Er-folgs-kontrolle	Die Arbeitsergebnisse werden gemeinsam begutachtet	
	Kontrolle wird als eine wich-tige Schlüsselqualifikation hervorgehoben	besprechen und fragen

Eine noch weiterreichende Unterteilung des Trainings bzw. der Unterweisung am Arbeitsplatz wird schließlich durch die **Sieben-Stufen-Methode** erreicht. Das be-reits behandelte Vier-Stufen-Verfahren wird um drei zusätzliche Stufen ergänzt, so daß schließlich der folgende Lernprozeß abläuft: die Vorbereitungsstufe, die Stufe des Motivierens und des Informierens, die Stufe des Kernpunkteherausschälens, die Vorführungsstufe, die Stufe des Nachmachens und Nacherklärens, die Stufe des selbständigen Ausprobierens und schließlich die Abschlußstufe.[51]

Auch die sogenannte **Analytische Arbeitsunterweisung** stellt eine Fortentwick-lung der Vier-Stufen-Methode dar. So wie bei der Sieben-Stufen-Methode ist bei ihr die Arbeitsunterweisung wesentlich systematischer und geplanter als bei der Vier-Stufen-Methode. Der Vorteil einer ausführlicheren und systematischeren er-klärenden Unterweisung besteht darin, daß der Lernende die Tätigkeit anhand einer Arbeitsanalyse nachvollziehen kann. Der Weiterbildungsteilnehmer macht die ihm erklärten Tätigkeiten nicht nur gedankenlos nach, sondern durchschaut diese Handlung in ihrem ganzen Zusammenhang. Der Qualifikationserwerb erfolgt somit durch das aktive Mittun, durch das praktische Ausführen und Handeln, das ergänzt wird durch Fragen, Sagen und Erklären sowie durch die Fragen nach dem 'Warum' einer Tätigkeit.[52]

---

[51] Vgl. Döring/Ritter-Mamczek (1997), S. 82.
[52] Vgl. Schlaffke (1992), S. 54; Severing (1994), S. 105-111.

193

Ein letztes zu erwähnendes Prinzip der Weiterbildung durch einübendes Handeln ist die Methode des **vollständigen Handelns**. Dieses Verfahren unterscheidet sich von den vorangehenden, weil es bei der Methode des vollständigen Handels nicht mehr zu einem Vormachen durch den Weiterbildner kommt. Statt dessen erarbeiten sich die Weiterbildungsteilnehmer die zu erlernenden Tätigkeiten selbständig. Den Lernenden wird die Handlung, die sie erlernen sollen, nicht mehr vorgemacht, sondern in den folgenden sechs Schritten erläutert:[53]

- **Informieren**: Den Weiterbildungsteilnehmern wird zunächst über Leitfragen oder Lernaufträge erklärt, welche Handlung sie bewältigen sollen. Danach informieren sie sich selbständig über diese Handlung, wobei der Lernauftrag Angaben über geeignete Informationsquellen enthalten muß (Fachbücher, Bedienungsanleitungen etc.).
- **Planen**: Die Weiterbildungsteilnehmer planen selbständig die Handlung, die sie vollständig durchführen sollen. Gerade bei dieser Phase wird der Unterschied zu den Weiterbildungsformen, die auf dem Prinzip des Vor- und Nachmachens basieren, besonders deutlich.
- **Entscheiden**: Die Entscheidungen über den zeitlichen Ablauf der Handlung, über die eingesetzten Hilfsmittel und andere relevante Aspekte werden von den Weiterbildungsteilnehmern selbst getroffen.
- **Durchführen**: Die eigenständige Durchführung der geplanten Handlung erfolgt aufgrund der selbständig getroffenen Entscheidungen. Die Weiterbildungsteilnehmer lernen also - so wie bei den bereits vorgestellten einübenden Qualifizierungsformen - durch die Ausübung von bestimmten Handlungen.
- **Kontrollieren**: Die Weiterbildungsteilnehmer überprüfen sich in dieser Phase selbständig hinsichtlich des erreichten Qualifikationsgewinns. Der Lernerfolg sollte dabei nicht mit Hilfe von speziellen Kontrollaufgaben erfolgen, die ein mehr oder weniger künstliches Arbeitsklima schaffen. Statt dessen eignet sich die Kontrolle von normalen Tätigkeiten, die im Rahmen der Weiterbildung ausgeführt werden, besser für eine Überprüfung des Lernerfolges. Die Kontrolle der durchgeführten Arbeitsvorgänge sollte in dieser Phase - dies ist ausdrücklich zu betonen - selbständig erfolgen, also durch den Lernenden selbst und nicht durch einen Weiterbildner.
- **Auswerten**: Das Beurteilungsgespräch bildet den letzten Schritt dieses Prinzips. Es stellt - anders als die Selbstkontrolle im fünften Schritt - eine Fremdbewertung der bisherigen Weiterbildungsabschnitte dar. Hierbei sollen erbrachte Leistungen ausdrücklich gewürdigt und gelobt werden. Schwächen oder Defizite müssen konstruktiv kritisiert werden. Dies bedeutet, daß der Weiterbildungsteilnehmer auf seine Schwächen hingewiesen wird und daß gleichzeitig über eine Behebung dieser Schwächen gesprochen wird. Dem Lernenden werden somit Hinweise gegeben, mit denen er eigene Defizite beseitigen kann.

---

[53] Vgl. Bundesinstitut für Berufsbildung (1998), S. 46-49.

194

3.1.2. Praktikum / Hospitanz

Eine Sonderform der arbeitsplatznahen Weiterbildung besteht aus dem **Praktikum** oder der **Hospitanz**.[54] Der Unterschied zwischen einem Praktikum und einer Hospitanz besteht vor allem in dem Ausmaß der Aktivität, die vom Weiterbildungsteilnehmer verlangt wird. Während der Schwerpunkt einer Hospitanz in der Beobachtung von konkreten Arbeitsabläufen liegt, werden im Rahmen eines Praktikums höhere Anforderungen an die Tätigkeitsausübungen gestellt. Hinzu kommt, daß Hospitanzen meistens eine kürzere Dauer haben. Da Praktika in der beruflichen Weiterbildung eine weitaus größere Bedeutung haben als Hospitanzen, reicht es an dieser Stelle aus, sich nur mit der Weiterbildungsform des Praktikums auseinanderzusetzen. Das Praktikum ist zwar eine arbeitsplatznahe Form der Weiterbildung, es wird aber in der beruflichen Weiterbildungspraxis meist bei außerbetrieblichen Qualifizierungsmaßnahmen eingesetzt. Konkret bedeutet dies, daß die Beschäftigten eines Betriebes an dem Kurs eines außerbetrieblichen Weiterbildungsträgers teilnehmen und im Rahmen dieser außerbetrieblichen Qualifizierungsmaßnahme ein **kursbegleitendes Praktikum** absolvieren. Dieses Praktikum findet in einem anderen als dem eigenen Betrieb statt. Vor den praktischen Tätigkeiten in einem anderen Betrieb erfolgt - in Form von theoretischen Unterweisungen - eine einleitende Vermittlung der notwendigen Kenntnisse. Erst nach der Vermittlung von grundlegenden Kenntnissen findet das kursbegleitende Praktikum statt. Der ideale Ablauf eines solchen Praktikums stellt sich dabei wie folgt dar:[55]

- Eine genaue **Analyse der Praktikumsbedingungen** ist der Ausgangspunkt dieser Weiterbildungsform. In dieser Phase müssen der Ausbildungsstand der Weiterbildungsteilnehmer bestimmt und geeignete Arbeitsplätze gefunden werden. Intensive Vorerkundungen des Betreuers sind zwingend erforderlich, um geeignete Praktikumsplätze in anderen Abteilungen oder anderen Betrieben ausfindig zu machen. Dabei müssen die Arbeitsplatzinhaber auf die anstehende Anwesenheit eines Praktikanten vorbereitet werden. Wichtig ist auch die Gewährleistung einer kompetenten Betreuung vor Ort. Sie kann erfolgen durch die jeweiligen Arbeitsplatzinhaber, deren Vorgesetzte oder das Weiterbildungspersonal der Abteilungen bzw. Betriebe, in denen das Praktikum stattfindet.

- Anschließend müssen die **Zielsetzungen des Praktikums** erarbeitet werden. Des weiteren ist die genaue **Planung** des gesamten Praktikums erforderlich. Diese Planung umfaßt vor allem die inhaltliche Klärung des Erkundungsauftrages, den zeitlichen Ablauf des Praktikums und die Betreuung vor Ort. Eventuell ist es zudem erforderlich, die Weiterbildungsteilnehmer bereits vor dem eigentlichen Praktikum auf bestimmte Fertigkeiten und Arbeitsabläufe vorzubereiten. In jedem Fall ist sicherzustellen, daß die Teilnehmer in der Lage sind, ihre

---

Vgl. zu den nachfolgenden Ausführungen Kirchhöfer (1995), S. 94-97.
Vgl. Kirchhöfer (1995), S. 97; Weber (1995), S. 24f.

195

Beobachtungen und eigenen Aktivitäten zu protokollieren, um nach dem Praktikum eine Auswertung durchführen zu können.
- Erst nach diesen Vorbereitungen kommt es zur **Durchführung des Praktikums**. Hierzu gehören auch die anleitenden Ausführungen eines Betreuers, der den Praktikanten mit den erforderlichen Informationen versorgt, die für die Durchführung des Praktikums erforderlich sind.
- Das Praktikum endet mit einer **Auswertungphase**, an der sowohl der Weiterbildungsteilnehmer als auch der Betrieb, in dem das Praktikum durchgeführt wurde, und der eventuell beteiligte Weiterbildungsträger beteiligt sind. Diese Phase dient der Ergebnissicherung. Hierzu werden die Erkundungsergebnisse der Praktikanten (Protokolle, Skizzen, Befragungsergebnisse etc.) "diskutiert, aufbereitet und mit den eigentlichen Erkundungszielen verglichen."
- In der anschließenden **Transferphase** werden die gewonnenen Resultate verallgemeinert und auf andere Problemgegenstände und Arbeitssituationen übertragen.

Die **Vorteile** eines Praktikums bestehen aus den schon bekannten Vorzügen des Übens bzw. des Trainings. Durch die Ausübung von praktischen Tätigkeiten erkennen die Weiterbildungsteilnehmer unmittelbar die Relevanz ihrer Weiterbildung. Außerdem können Hemmungen und Ängste, in fremden Umgebungen und mit fremden Menschen zusammenzuarbeiten, durch ein Praktikum abgebaut werden. Dies dient der Förderung der sozialen Kompetenzen und fördert zudem die Flexibilität der Menschen, also ihre Fähigkeit, mit wechselnden beruflichen Aufgabenstellungen fertig zu werden. Die Ausübung von ganzheitlichen Arbeitsvorgängen während des Praktikums vermittelt den Weiterbildungsteilnehmern darüber hinaus nicht nur die fachlichen Fähigkeiten, sondern zugleich auch methodische und soziale Kompetenzen, die für die praktischen Arbeitätigkeiten notwendig sind. Ein Praktikum ist dadurch in besonderem Maße geeignet, die **berufliche Handlungskompetenz** der Praktikanten zu erhöhen. Vor allem bei regelmäßigen kursbegleitenden Praktika ist schließlich eine Rückmeldung aus der praktischen Weiterbildung möglich, die in den theoretischen Unterricht einfließt und eventuelle Mißverständnisse beheben kann.[56]

Das Praktikum erweist sich insgesamt als eine Weiterbildungsform, die theoretische und praktische Qualifizierungsmaßnahmen kombiniert und dadurch sowohl die Vorteile der einübenden Weiterbildung als auch die Vorzüge der theoretischen Weiterbildung nutzen kann. Dennoch ist auch das Praktikum eine Form der Weiterbildung, die verschiedene Nachteile bzw. Probleme besitzt. Zu ihnen zählen vor allem die nachstehenden Aspekte:[57]

---
[56] Vgl. Kirchhöfer (1995), S. 95; Weber (1995), S. 24.
[57] Vgl. Kirchhöfer (1995), S. 95f.; Weber (1995), S. 25.

196

- Ein Praktikum ist angewiesen auf bestehende Arbeitsplätze. Damit können **nur Anpassungsqualifizierungen** durchgeführt werden, nicht aber weiterbildende Maßnahmen, durch die eine Qualifizierung für künftige, innovative Anforderungen des Berufslebens ermöglicht werden.

- Die Erfüllung von komplexen praktischen Handlungen verlangt von den Weiterbildungsteilnehmern die Zusammenfügung von verschiedenen Kenntnissen und Fertigkeiten, die vorher getrennt voneinander geschult wurden. Damit wird den Praktikanten eine **Integrationsleistung** abverlangt, auf die sie eventuell nicht vorbereitet sind.

- Es besteht die Gefahr, daß die als Lernplätze ausgewiesenen Arbeitsplätze nicht für die Weiterbildung verwendet werden, d. h. daß der Praktikant tatsächlich nur **als (billige) Arbeitskraft** angesehen und eingesetzt wird.

- Problematisch ist in vielen Betrieben der **Mangel an** fachlich und didaktisch qualifizierten sowie motivierten **Betreuern**, ohne die ein Praktikum nicht erfolgreich durchgeführt werden kann. Hierzu zählt auch die Notwendigkeit, daß der aufnehmende Betrieb bzw. die aufnehmende Abteilung vom Praktikumsbetreuer auf den Praktikanten vorbereitet wird und ihm bei der Erfüllung seiner Erkundungsaufträge helfen kann.

Auch für das Praktikum gilt somit: Die unbestrittenen Vorteile dieser Weiterbildungsform können nicht zum Nulltarif gewonnen werden. Wenn ein Praktikum zu einem nachhaltigen Lernerfolg führen soll, so müssen die beschriebenen personellen, sachlichen und zeitlichen Rahmenbedingungen - die vorherige Planung des Praktikums, ausreichend Zeit für eine theoretische Einführung in das Weiterbildungsthema, entsprechend ausgestattete Arbeitsplätze, qualifizierte Betreuer vor Ort sowie ausreichend Zeit für eine kritische Nachbereitung - vorliegen. In der Praxis scheitern Praktika nicht selten daran, daß die anspruchsvollen und umfangreichen Rahmenbedingungen nicht gegeben sind.

Schließlich ist in diesem Zusammenhang noch an **Exkursionen** zur Weiterbildung zu denken.[58] Exkursionen können als Ziel andere Betriebe oder auch Messen haben. Grundsatz dieser Form der Weiterbildung ist es, daß die Teilnehmer einer Exkursion aufgrund des Erfahrungsaustausches neue Erkenntnisse gewinnen. Eine Exkursion hat vor allem den Vorteil, daß sie einen besonders hohen Grad der Anschaulichkeit besitzt. Die Weiterbildungsteilnehmer werden über neue Entwicklungen im technologischen und/oder arbeitsorganisatorischen Bereich informiert, indem sie diese Neuerungen in realen Arbeitssituationen beobachten können. Auch der Erfahrungsaustausch mit denjenigen, die diese Neuerungen bereits praktisch anwenden, führt zu Erkenntnissen, die eine Erhöhung der Fähigkeiten und Kompe-

---

[58] Vgl. zur Exkusrion Hortsch/Kersten (1996), S. 250f.; Hemkes/Hardersen/Pfeiffer (1999), S. 22.

tenzen bewirken. Damit eine Exkursion die gewünschten Lernerfolge mit sich bringt, sind eine Vor- und Nachbereitung erforderlich.

• Zur Vorbereitung ist es notwendig, den an der Exkursion teilnehmenden Beschäftigten einige Vorabinformationen über den zu besuchenden Betrieb bzw. die betreffende Messe zu geben. Zu diesen Informationen gehören vor allem das Ziel der Exkursion sowie die Aspekte, auf die besonders zu achten ist.

• Um einen möglichst hohen Erkenntnisgewinn zu erreichen, bietet es sich an, die Exkursionsteilnehmer mit schriftlichen Arbeitsaufträgen auszustatten, zu denen am Ende der Exkursion oder in der Nachbereitungsphase eine kurze Präsentation der Ergebnisse erfolgt.

• Zur Nachbereitung gehört vor allem die Auswertung im Betrieb, bei der die gemachten Beobachtungen und die gewonnenen Erfahrungen kritisch bewertet, besprochen bzw. diskutiert und schließlich ausgewertet werden.

3.1.3. Zusammenfassende Bemerkungen

Zusammenfassend kann festgehalten werden, daß alle hier vorgestellten Formen der Weiterbildung, die auf den Elementen des Übens und Trainierens, also des Lernens im Zusammenhang mit der praktischen Durchführung von beruflichen Tätigkeiten, basieren, zumindest zwei Dinge gemeinsam haben: Erfolgreich verlaufen diese Typen von weiterbildenden Maßnahmen nur, wenn sowohl im Vorfeld als auch nach der Durchführung **umfangreiche vor- und nachbereitende Maßnahmen** unternommen werden. Dabei ist eine wichtige Voraussetzung zu beachten: Für die Vermittlung der relevanten Inhalte müssen geeignete Arbeitsplätze bzw. Arbeitsaufgaben gefunden werden. Hierzu empfiehlt sich die Konstruktion einer Zuordnungstabelle, die erstens die zu lernenden Tätigkeiten erfaßt und zweitens die im Betrieb vorhandenen Arbeitsplätze samt den dort ablaufenden Arbeitstätigkeiten. So können die Arbeitsplätze aufgefunden werden, die für die Vermittlung der relevanten Tätigkeiten geeignet sind.[59] Eine zweite notwendige Voraussetzung für einen Lernerfolg besteht aus der Begleitung der Qualifizierungsmaßnahmen durch **fachlich und methodisch-didaktisch qualifizierte Trainer** oder Mentoren. Hierbei ist vor allem zu beachten, daß der Lernerfolg ganz wesentlich von der Qualität der Beobachtung abhängt. Die Person, die von den Weiterbildungteilnehmern beobachtet wird, muß deshalb über eine hohe fachliche Qualifikation verfügen. Ansonsten besteht die Gefahr, daß durch die Beobachtung von unrichtig ausgeführten Arbeitsprozessen auch die somit eingeübten Tätigkeiten der Lernenden nicht frei von Fehlern sind.[60] Wichtig ist deshalb, daß auch der Trainer permanent weiterge-

---

[59] Vgl. Bundesinstitut für Berufsbildung (1998), S. 43f.
[60] Vgl. Hortsch/Kersten (1996), S. 249.

bildet wird, um den hohen Anforderungen, die an ihn gestellt werden, gerecht zu werden.[61]

3.2. Neue Handlungsorientierte Methoden des Lernens am Arbeitsplatz

Die nachfolgenden Methoden der Weiterbildung beziehen sich auf Lernverfahren, die in Form der **Gruppenarbeit** durchgeführt werden. Auf das Problem der Gruppenbildung wurde bereits eingegangen, so daß dieses Thema an dieser Stelle nicht erneut behandelt werden muß. Statt dessen ist es sinnvoll, kurz auf die wesentlichen Merkmale einzugehen, die mit dem Lernen in der Gruppe verbunden sind. Allgemein lassen sich zur Gruppenarbeit als Instrument der Weiterbildung folgende grundlegende Erwägungen aufstellen:[62]

- Bei der Gruppenarbeit zum Zwecke der Weiterbildung werden die Teilnehmer in Kleingruppen aufgeteilt, die in der Regel aus drei bis maximal sechs Mitgliedern bestehen. Als optimale Kleingruppengröße gilt eine Teilnehmerzahl von vier bis fünf Personen.
- Die Kleingruppen erhalten Arbeitsanweisungen - am besten in schriftlicher Form - zur Erarbeitung bestimmter Aufgaben. Diese Aufgaben können entweder für alle Gruppen die gleichen sein (**arbeitsgleiches Verfahren**) oder aber verschiedene Aufgaben zu einem Gesamtthema (**arbeitsteiliges Verfahren**).
- Die vorgegebenen und zu lösenden Aufgaben können sehr konkret sein, so daß auch die Lehrschritte weitgehend vorgegeben sind. In diesem Fall liegt die **aufgabenbezogene, geschlossene Form** der Gruppenarbeit vor. Ebensogut kann die Aufgabenstellung auch sehr offen sein. Es liegt dann eine weitgefaßte Problemstellung vor, die von der Gruppe über einen eigenständigen Lösungsweg in Angriff genommen wird. Dieses Vorgehen wird als **problemorientierte, offene Form** bezeichnet.
- Erforderlich für die Gruppenarbeit sind **räumliche Gegebenheiten**, die eine Aufteilung aller Weiterbildungsteilnehmer in mehrere Kleingruppen zulassen und jede Gruppe ungestört arbeiten lassen.
- Gruppenarbeit verlangt einen **relativ hohen Zeitaufwand**, was dazu führt, daß diese Form der Weiterbildung häufig als wenig effizient angesehen wird. Ursache für den hohen Zeitaufwand ist neben der erforderlichen Koordination und Kooperation auch der Umstand, daß sich eine Gruppe nur herausbilden kann, wenn sie längere Zeit zusammenwirkt.
- Schließlich **verlangt** die Gruppenarbeit von den Teilnehmern **gewisse Fähigkeiten** wie beispielsweise die Befähigung zur Teamarbeit, zur Organisation von Tätigkeiten innerhalb der Gruppe oder kommunikative Fähigkeiten. Personen,

---

[61] Vgl. Kirchhöfer (1995), S. 76.
[62] Vgl. Döring/Ritter-Mamczek (1997), S. 65, 243f.

die diese Voraussetzungen nicht erfüllen, können nur mit begrenztem Lernerfolg an der hier besprochenen Form der Weiterbildung teilnehmen.

Ein weiteres wichtiges Merkmal der in diesem Abschnitt zu behandelnden Weiterbildungsformen besteht darin, daß die Lernprozesse von den Teilnehmern weitgehend selbst organisiert werden. Alle hier genannten Formen der Weiterbildung zeichnen sich durch ein hohes Maß an **Selbständigkeit** und Eigenaktivität der Lernenden aus. Dazu gehört auch, daß sich diese Formen der Qualifizierung in der Regel durch ein **praktisches Lernen** auszeichnen, bei dem an der Bearbeitung von Aufgaben themenbezogen gelernt wird.[63]

Jede Form der Gruppenarbeit zum Zwecke der Weiterbildung hat dabei einen grundsätzlichen, mehrphasigen **Verlauf** von folgendem Aussehen:[64]

1. Die Phase der **Problemstellung** und der **Arbeitsanweisung**: In ihr wird das zu erarbeitende Thema festgesetzt, es werden die Lernziele definiert, und es kommt zur Gruppeneinteilung aller Weiterbildungsteilnehmer, so daß Kleingruppen von drei bis sechs Personen entstehen. Diese Phase wird maßgeblich vom Dozenten geführt, der das Problem darstellt und die angestrebten Lernziele vorstellt, notwendige theoretische Grundlagenkenntnisse vermittelt und eventuell die erforderlichen Arbeitsmaterialien bereitstellt.

2. Die Phase, in der die Kleingruppen **Lösungsversuche unternehmen**: Die Kleingruppen beginnen mit ihrer Arbeit, indem sie Fakten und Zusammenhänge herausarbeiten, dadurch zu Arbeitsergebnissen kommen und diese Resultate schließlich formulieren. In dieser Phase werden die notwendigen Kompetenzen, über die die Weiterbildungsteilnehmer verfügen müssen, besonders deutlich. Die erfolgreiche Aufgabenerfüllung durch die Kleingruppe kann nur gelingen, wenn die teilnehmenden Personen unter anderem in der Lage sind, zu kooperieren, Toleranz zu üben, miteinander zu diskutieren, den Arbeitsprozeß innerhalb der Gruppe gemeinsam zu organisieren und dabei individuelle Verantwortung zu übernehmen.

3. Die Phase der **Ergebnissicherung**, **Ergebnisprüfung** und letztlich der **Problemlösung**: Die einzelnen Kleingruppen stellen dem Rest der Weiterbildungsteilnehmer ihre Arbeitsgruppenergebnisse dar, die dann von allen verglichen, kritisiert und korrigiert werden. Die Kleingruppen überarbeiten und ergänzen ihre Resultate aufgrund der Anregungen aus der Präsentation. Dann werden die überarbeiteten Ergebnisse zusammengetragen, so daß schließlich aus allen Kleingruppenresultaten die Lösung des anfangs gestellten Problems gegeben und schriftlich fixiert werden kann.

Nach diesen einleitenden Bemerkungen können nun die verschiedenen neuen Formen und Methoden des handlungsorientierten Lernens vorgestellt werden.

---

[63] Vgl. Severing (1994), S. 111f.; Hensel/Limk (1998), S. 444.
[64] Vgl. Döring/Ritter-Mamczek (1997), S. 248-255.

200

3.2.1. Projektmethode / Projektlernen

Bei einem Lernprojekt handelt es sich in der Regel um eine Lernaufgabe, die der Berufspraxis entnommen ist. Im Rahmen des Lernprojektes werden Aufgaben behandelt, die der realen Arbeitswelt und der realen Arbeitssituation entsprechen. Die Projekte werden in einer **Projektgruppe** bearbeitet, deren optimale Gruppengröße - wie bereits erwähnt - aus drei bis fünf Teilnehmern besteht. Kennzeichnend für diese Weiterbildungsform ist weiterhin der Umstand, daß die Lernenden den Lernprozeß weitgehend selbst steuern. Wichtig für das Projektlernen ist nach der Durchführung des Projektes eine pädagogisch geführte Auswertung, die ein kritisches Durchleuchten der Aktivitäten beinhaltet, Fehler korrigiert und den Erkenntniszuwachs zusammenfaßt. Der letztgenannte Aspekt verdeutlicht, daß es beim Projektlernen primär um den **Erkenntnisgewinn** geht. Dadurch unterscheidet sich das Projektlernen von der später zu behandelnden Projektarbeit, bei der das Arbeitsresultat im Vordergrund steht.[65]

Das Lernprojekt, durch dessen Bearbeitung eine Erhöhung der beruflichen Kompetenzen der Weiterbildungsteilnehmer erreicht werden soll, besteht aus mehreren Phasen. Zu ihnen zählen die Zielsetzung, die Planung, die Durchführung und schließlich die Beurteilung. Konkret nimmt die projektorientierte Weiterbildung den folgenden idealtypischen Verlauf:[66]
1. Das Projektlernen beginnt mit der **Projektidee** bzw. der **Zielsetzung**, die mit der Durchführung des Lernprojektes verfolgt werden soll. Hierbei kann es sich um eine Vorgabe seitens des Betriebes bzw. des Weiterbildners handeln oder um die Auswahl aus verschiedenen Angeboten, also um den Wunsch der Weiterbildungsteilnehmer. Die Zeit zur Themenfindung sollte nicht zu knapp angesetzt werden, denn bei Zeitknappheit besteht die Gefahr, daß ein Thema festgelegt wird, das nicht die wirklichen Wünsche der Teilnehmer widerspiegelt.
2. Nach der Festlegung des angestrebten Weiterbildungszieles kommt es zur **Analyse der bestehenden Rahmenbedingungen**. Zu den Rahmenbedingungen, innerhalb derer das Projektlernen stattfinden kann, gehören zeitliche und räumliche Restriktionen, die zur Verfügung stehenden Sachmittel und schließlich die vorhandenen Fähigkeiten auf seiten der Weiterbildungswilligen. Gegebenenfalls ist es erforderlich, den Teilnehmern in dieser Phase notwendige Fertigkeiten zu vermitteln. Bei einem Projekt zum Thema 'Internet' ist es beispielsweise angebracht, den Teilnehmern einige grundlegende technische Handfertigkeiten beizubringen (Ein- und Ausloggen, der Gebrauch von Browsern etc.).
3. Nachdem die Rahmenbedingungen bekannt sind, erfolgt die **Projektplanung**. Bei ihr geht es um die konkrete Zielaufstellung und Terminplanung, um die

---

65 Vgl. Severing (1994), S. 111-113; Kirchhöfer (1995), S. 90-93.
66 Vgl. Severing (1994), S. 120; Kirchhöfer (1995), S. 93; Fröhlich (1997), S. 123-125; Moegling/ Schramm (1998), S. 9; Klaffke (1998), S. 14-16; Bönsch (1999), S. 13f.

Feststellung von Tätigkeitsalternativen, um die genaue Analyse der Ausgangslage und schließlich noch darum, geeignete Erfolgskriterien festzulegen. Gerade bei umfangreichen Projekten mit einer längeren Laufzeit ist es zwingend erforderlich, konkrete Terminvorgaben zu treffen. In dieser Phase kann es sinnvoll sein, im Rahmen von Exkursionen Betriebe zu besuchen, die bereits Erfahrungen mit dem ausgesuchten Projektthema haben und wertvolle Hinweise für den eigenen Projektverlauf geben können. Modellversuche zeigen, daß die konkrete Zielbestimmung durch die Gruppenmitglieder eine hohe Bedeutung für den anschließenden Erfolg des Projektlernens hat.

4. Erst nach diesen umfangreichen Vorarbeiten kann die eigentliche **Projektarbeit** beginnen. Zu ihr zählen unter anderem die Informationsbeschaffung und Informationsverarbeitung, die Lösung anstehender Aufgaben und die Realisierung von Handlungsalternativen, die als die geeigneten Schritte angesehen werden. Zur Projektdurchführung zählen in der Regel auch die Präsentation des Projektes und die Darstellung der Projektergebnisse.

5. Das Projektlernen endet nach der Durchführung mit einer Phase der **Auswertung**. In ihr findet ein kritischer Rückblick auf die Entscheidungen und die durchgeführten Tätigkeiten statt. Ziel der Auswertung ist es, die Weiterbildungsteilnehmer auf bestehende Schwachstellen ihres Handelns hinzuweisen und Ratschläge für geeignetere Handlungen aufzuzeigen.

Besonders geeignet ist die Projektarbeit für die Weiterbildung von Erwachsenen im Team. Problematisch sind allerdings die unterschiedlichen Lern- und Arbeitsgeschwindigkeiten der Weiterbildungsteilnehmer. Bei der Organisation des Projektes sind die unterschiedlichen Lern- und Arbeitsgeschwindigkeiten zu berücksichtigen. Als Faustregel gilt dabei, daß der Langsamste dreimal soviel Zeit benötigt wie der Schnellste. Aus den genannten Gründen sollten bei der Teambildung zur Projektarbeit die folgenden Ratschläge beherzigt werden:[67]

• Die Teammitglieder sollten von ihrer Leistungsfähigkeit her relativ homogen sein.

• Der Einsatz von Leittexten ist bei dieser Weiterbildungsform besonders hilfreich.

• Komplexe Zusammenhänge sollten nicht dem Selbststudium der Teammitglieder überlassen werden, sondern durch ein Lehrgespräch vermittelt werden.

• Auch zur Diagnose von Lernlücken sollte die intensive Betreuung des Teams in Form von Fachgesprächen gewählt werden.

• Insgesamt verlangt die Projektarbeit eine intensive Betreuung durch einen Weiterbildner. Das Lernen im Team bzw. in der Projektarbeit ist deshalb keinesfalls als ein Selbstläufer anzusehen.

---

[67] Vgl. Bundesinstitut für Berufsbildung (1998), S. 59.

Zusammenfassend lassen sich die Chancen und Risiken der Weiterbildung durch die Projektarbeit im Team wie folgt umschreiben: "In Teams zu lernen kann besonders intensiv sein, weil in der kleinen Gruppe eher Argumente ausgetauscht werden als in größeren Gruppen. Gleichzeitig besteht aber die Gefahr, daß sich nicht alle Teammitglieder gleichermaßen an der Arbeit beteiligen. Deshalb erfordert die Teamorganisation die besonders intensive Betreuung durch Ausbilderinnen und Ausbilder."[68] Von der **zeitlichen Einordnung** in die berufliche Weiterbildung bieten sich vor allem drei organisatorische Gestaltungen an:[69]

- In einer Lehrveranstaltung (Seminar oder Lehrgang) entwickelt sich die Idee zu einem Projekt. Somit kommt es zuerst in der Lehrveranstaltung zu einer theoretischen Wissensvermittlung und dann, meist über mehrere Lehrveranstaltungen hinweg, zur Durchführung eines Lernprojektes. Das Lernprojekt wird dabei in den Stunden des Seminars durchgeführt.
- Das Projekt entwickelt sich ebenfalls aus einer Lehrveranstaltung heraus. Es wird dann aber außerhalb der 'normalen' Lehrveranstaltung durchgeführt, um anschließend mit den gewonnenen Erkenntnissen wieder in die Lehrveranstaltung einzufließen.
- Das Projekt existiert und verläuft parallel zur Lehrveranstaltung, d. h. der Weiterbildungsträger hat ein Lernprojekt bereits fest eingeplant in die Weiterbildung.

Diese zeitlich-organisatorischen Ausgestaltungsmöglichkeiten des Projektlernens deuten an, daß sich diese Form der Weiterbildung mit vielen anderen Formen kombinieren läßt. Denkbar wäre z. B. die Kombination 'Lehrgang - Projektlernen - Leittext'.[70] Hierbei kann der Lehrgang neben den erforderlichen Grundkenntnissen den Anstoß zum Projektlernen liefern. Die eigenständige Wissensaneignung durch Leittexte schließt die Wissenslücken, die im Rahmen der Projektlernens offengelegt werden. **Inhaltlich** eignet sich das Projektlernen - zusätzlich zur Vermittlung von Fachwissen - vor allem zur Förderung von Schlüsselqualifikationen wie unter anderem der Konfliktkompetenz, dem Verantwortungsbewußtsein, den Problemlösungsfähigkeiten, der Entscheidungsfähigkeit, und kommunikativen Kompetenzen. Diese werden zusätzlich zum fachlichen Wissen - als Nebenprodukt - geschult.[71] Das Projektlernen zeichnet sich durch eine Reihe von **Vorteilen** aus, die zu einem nicht unerheblichen Teil bereits bei den traditionellen handlungsorientierten Qualifizierungsmethoden, also vor allem dem Üben bzw. dem Training, bekannt sind[72]:

---

[68] Bundesinstitut für Berufsbildung (1998), S. 59.
[69] Vgl. Kirchhöfer (1995), S. 92.
[70] In Anlehnung an Hoppe/Schulz (1992), S. 198.
[71] Vgl. Hensel/Link (1998), S. 444; Schlegel (1998), S. 35.
[72] Vgl. Severing (1994), S. 124; Kirchhöfer (1995), S. 90-94; Fröhlich (1997), S. 126-128.

- Das Projektlernen ist eine aktive Lernform, bei der die Teilnehmer sich die Erkenntnisse erarbeiten und nicht als reinen Vortrag präsentiert bekommen. Dadurch entfällt das Problem der **Umsetzung** von theoretisch erworbenem Wissen in praktische Handlungen. Außerdem erhöht die aktive Auseinandersetzung mit den zu erlernenden Weiterbildungsinhalten die **Behaltensquote**.
- Die Weiterbildungsteilnehmer können ihr neues Wissen sofort praktisch anwenden, so daß die Sinnhaftigkeit der weiterbildenden Maßnahme deutlich wird. Hieraus ergeben sich **motivationserhöhende** Konsequenzen.
- Der zu behandelnde Gegenstand wird **vollständig erfaßt** und nicht nur in Teilen. Dies wirkt sich positiv auf die Erhöhung der beruflichen Handlungskompetenz aus.
- Die soziale Interaktion innerhalb der Projektgruppe ermöglicht es, **soziale Schlüsselqualifikationen** zu erwerben. Quasi nebenbei werden somit durch das Projektlernen soziale Kompetenzen wie beispielsweise die Kooperationsfähigkeit vermittelt.
- Die Notwendigkeit zur Zusammenarbeit erfordert außerdem einen permanenten Informationsaustausch unter den Projektgruppenmitgliedern und fördert dadurch die **kommunikativen Kompetenzen**.
- Schließlich ermöglicht der **Erfahrungsaustausch** unter den Teilnehmern für die einzelnen Gruppenmitglieder einen zusätzlichen Erkenntnisgewinn.

Die entscheidenden Kennzeichen des Projektlernens - also das Lernen in der Gruppe und das hohe Maß der Selbststeuerung durch die Gruppenmitglieder - sind allerdings zugleich mit nicht unerheblichen **Problemen** bzw. **Nachteilen** verbunden:[73]

- Das Projektlernen ist ein offener Prozeß, der von den Teilnehmern weitgehend selbst organisiert wird und deshalb von den teilnehmenden Personen zahlreiche außerfachliche Fähigkeiten verlangt (Organisationstalent, Konfliktlösung innerhalb der Gruppe, moderierende Fähigkeiten etc.). Der Einsatz dieser Form zur Vermittlung von beruflichen Qualifikationen stellt deshalb relativ **hohe Anforderungen** an die Vorkenntnisse und Fähigkeiten der Teilnehmer, die nicht unbedingt bei allen weiterbildungswilligen Personen in ausreichendem Umfang vorhanden sind.
- Zu diesen **Vorkenntnissen** zählt weiterhin ein abrufbares Basiswissen, so daß sich diese Form der Weiterbildung zur Vermittlung vollkommen neuer Erkenntnisse nicht einsetzen läßt. Andererseits gibt es auch Beispiele für durchgeführte Projekte, bei denen die Weiterbildungsteilnehmer ohne fachliche Vorkenntnisse ein Projekt erfolgreich zu Ende führten und sich das erforderliche Fachwissen eigenständig angeeignet haben. Unverzichtbar sind aber in jedem Fall ein gewis-

---

[73] Vgl. Severing (1994), S. 124f.; Kirchhöfer (1995), S. 91f.; Moegling/Schramm (1998), S. 12; Klaffke (1998), S. 13f.

ses Maß an Selbständigkeit und die innere Bereitschaft der Projektteilnehmer, ein größeres Werk gemeinsam mit anderen anzugehen und durchzuführen.

• Das Lernprojekt wird im Regelfall aus dem normalen Arbeitsprozeß ausgekoppelt. Dies verlangt eine entsprechende physische Lernumgebung und zeitliche Freiräume, die Störungen durch den Arbeitsprozeß verhindern. Das Projektlernen ist deshalb eine Weiterbildungsform, die hohe Ansprüche an **räumliche** und **zeitliche Ressourcen** des Betriebes stellt.

• Schließlich ist auf den **hohen Zeitbedarf** für die **Entwicklung** eines Projektes hinzuweisen. Dieser Zeitbedarf sprengt in der Regel das begrenzte Stundenvolumen von Seminaren und Lehrgängen, so daß das Projektlernen im Rahmen von Seminaren meistens nicht eingesetzt werden kann.

Wichtig ist in diesem Zusammenhang der Hinweis auf die Notwendigkeit, Projekte von erfahrenen Weiterbildnern begleiten zu lassen. Ihre Aufgabe ist es, als Ansprechpartner für Problemsituationen zur Verfügung zu stehen und entsprechende Hilfestellungen bei der Lösung von Problemen zu geben. Diese Aufgabe kann gegebenenfalls auch von einem Gruppenmitglied wahrgenommen werden. Dies setzt allerdings voraus, daß das Mitglied der Projektgruppe über Grundkenntnisse des Projektmanagements verfügt und die notwendigen Kommunikations- und Moderationsfähigkeiten beherrscht.

Insgesamt eignet sich der Einsatz von Lernprojekten also immer dann, wenn bei den Weiterbildungsteilnehmern bereits ein gewisses Maß an Basiswissen vorhanden ist. Lernprojekte müssen daher in eine vorbereitende Wissensvermittlung eingebettet werden. Die Lernprojekte, die dem tatsächlichen Arbeitsleben der Weiterbildungsteilnehmer entsprechen sollten, bieten dann die Möglichkeit, in einer Gruppe verschiedene Lösungsmöglichkeiten für zu bewältigende Arbeitsaufgaben zu entwickeln und auszuprobieren. Entscheidend für den Lernerfolg ist dabei die Durchführung einer Auswertungsphase. Die Auswertung in der Gruppe - unter der moderierenden Begleitung eines Weiterbildners - ermöglicht die kritische Reflexion über die Resultate des Lernprojektes und über die erreichten Erkenntniszuwächse und führt somit zu einem weiteren Erkenntnisgewinn.

3.2.2. Leittextmethode

Entstanden ist die Leittextmethode im Rahmen des Projektlernens mit dem Ziel, das selbstgesteuerte Lernen stärker zu formalisieren und zu operationalisieren. Nach wie vor werden Leittexte häufig im Zusammenhang mit Projekten verwendet. Leittexte sind in erster Linie **schriftliche Materialien**, die den Lernprozeß gezielt und planmäßig strukturieren und es den Aus- und Weiterbildner erleichtern, die Lernenden individuell zu fördern. Weitere Medien, die bei dieser Qualifizierungsmethode zum Einsatz kommen können, sind Filme, Videos, Modelle, Dia-Serien oder technische Zeichnungen. Dreh- und Angelpunkt der Leittextmethode ist allerdings die Entwicklung von geeigneten schriftlichen Materialien, die der Unterstützung der Lernenden dienen. Traditionell beinhalten diese schriftlichen Materialien Sachinformationen, die für die eigenständige Erarbeitung der Weiterbildungsinhalte erforderlich sind. In neueren Versuchsprojekten wird sogar auf Sachinformationen verzichtet. Statt dessen werden lediglich Anleitungen gegeben, wie die Lernenden sich die erforderlichen Informationen aus einschlägigen Quellen selbst beschaffen können. Den Weiterbildungsteilnehmern werden dafür geeignete Literaturquellen angegeben, aus denen sie die benötigten Sachinformationen herausarbeiten müssen. Häufig beinhalten Leittexte auch Auswertungsunterlagen, die den Lernenden eine Eigenauswertung des Lernprozesses und des Lernerfolges ermöglichen.[74] Leittexte, die als Lernhilfen den selbständigen Lernprozeß der Weiterbildungsteilnehmer ermöglichen sollen, beinhalten somit die nachfolgend aufgeführten Informationen:[75]

- Inhaltliche Informationen, also z. B. Bedienungsanleitungen, Lehrbücher und technische Pläne.
- Methodische Hilfen, die das Auffinden von relevanten Informationen und den Erwerb neuer Kenntnisse erleichtern, also z. B. Studienanleitungen.
- Aufgabenstellungen, die den individuellen Übungsverlauf strukturieren, also z. B. Hausaufgaben, Lernaufträge und Trainingsprogramme, sowie Auswertungs- und Lösungshinweise, die der Selbstkontrolle dienen.

Leittexte werden häufig "zum selbstgesteuerten Erwerb fehlender Kenntnisse, Fertigkeiten und Qualifikationen am Arbeitsplatz"[76] eingesetzt und bilden damit einen wichtigen Bestandteil des noch zu behandelnden arbeitsplatznahen, selbstgesteuerten Lernens. Zur Leittextmethode gehört schließlich noch die eigenständige Durchführung von bestimmten (Arbeits)Handlungen, um dadurch die beruflichen Kompetenzen zu erweitern. Erst dieser Aspekt macht die Leittextmethode zu einer handlungsorientierten Form der Weiterbildung. Im Kern geht es bei der Leittextmethode folglich um die Ermöglichung und Erleichterung einer **individuellen Selbsterarbeitung** der notwendigen Kenntnisse. Die Aufgaben der Leittexte sind in diesem Zusammenhang die folgenden:[77]

- Die Einführung in den anstehenden Weiterbildungsabschnitt und die Präsentation der zu lösenden praktischen (Lern)Aufgabe.
- Die (Lern)Aufgabenstellung wird strukturiert, so daß sie vom Lernenden besser durchdrungen werden kann (Informationsphase).

---

[74] Vgl. Rottluff (1992), S. 11, 28, 32, 58-62, 78; Seyd (1994), S. 186f.; Severing (1994), S. 113f.
[75] Vgl. Höpfner (1991), S. 61f.
[76] Kraak (1992), S. 114.
[77] Vgl. Höpfner (1991), S. 76; Rottluff (1992), S. 11.

- Die individuelle Lern- und Arbeitsplanung wird durch Leittexte unterstützt (Planungs- und Entscheidungsphase).
- Es werden Hilfen gegeben, um die eigenen Kenntnislücken zu erkennen. Hierzu gehört vor allem der Hinweis auf die Medien, anhand derer die Kenntnisse erarbeitet werden können (Entscheidungsphase).
- Es findet eine Anleitung zur Erarbeitung neuer Kenntnisse statt (Ausführungsphase).
- Der Zugang zu neuen und umfassenden Informationsquellen wie Fachbüchern, Rechtsvorschriften, Handbüchern etc. wird erleichtert (Ausführungsphase).
- Schließlich unterstützen Leittexte die Selbstkontrolle und die Selbstbewertung, z. B. durch Auswertungsbögen (Kontrollphase, Bewertungsphase).

Damit wird deutlich, daß sich die Leittextmethode in verschiedene **Phasen** einteilen läß. Konkret zählen hierzu die folgenden sechs Einzelschritte:[78]

1. **Informieren**: Die Lernenden erhalten ein umfassendes Bild von dem angestrebten Lernergebnis. Charakteristisch für die Leittextmethode ist dabei, daß die Weiterbildungsteilnehmer sich die notwendigen Informationen zum größten Teil selbständig erarbeiten müssen. Zu diesem Zweck erhalten sie entsprechende schriftliche Materialien, die sie - alleine oder in der Gruppe - mit Hilfe von Leitfragen bearbeiten müssen. Die Leitfragen werden vom Weiterbildner konzipiert, der den gesamten Qualifizierungsprozeß begleitet. Wichtig ist in dieser Phase die Erarbeitung der Lernziele, welche die Lernenden erreichen sollen.

2. **Planen**: Die Lernenden entwickeln einen eigenen Vorgehensplan für die Handlungen, die sie erlernen und durchführen sollen. Inhalte eines solchen Planes sind neben den für die Arbeitshandlungen benötigten Hilfsmitteln und den zeitlichen Strukturen des Handelns auch konkrete Kriterien, mit denen die durchzuführenden Handlungen kontrolliert werden können. Auch in dieser Phase muß stets ein kompetenter Weiterbildner zur Verfügung stehen.

3. **Entscheiden**: In dieser Phase wird festgelegt, ob der vom Lernenden geplante Lösungsweg geeignet ist. Darüber hinaus wird festgestellt, welche Wissenslücken bestehen und auf welche Fehler des Lernenden einzugehen ist. Aufgabe des Weiterbildners ist es dabei, durch gezielte Unterweisungen die aufgespürten Wissenslücken zu schließen.

4. **Ausführen**: Die geplante Arbeitshandlung wird - wiederum möglichst eigenständig - von den einzelnen Weiterbildungsteilnehmern durchgeführt. Begleitet werden diese Ausführungen von einer Überwachung und den eventuell notwendigen Hilfen durch den Weiterbildner. Diese Hilfen sollten allerdings schwerpunktmäßig darin bestehen, den Lernenden zum eigenständigen Nachdenken zu aktivieren. Diese Phase entspricht in etwa der dritten Stufe aus der bereits behandelten Vier-Stufen-Methode.

---

[78] Vgl. Severing (1994), S. 115f. und Seyd (1994), S. 188f. Ein noch umfangreicherer Ablaufplan mit 8 Lern- bzw. Weiterbildungsschritten findet sich bei Rottluff (1992), S. 41-52.

207

5. **Kontrollieren**: Die Kontrolle der einzelnen Weiterbildungsteilnehmer sollte in erster Linie in Form der Selbstkontrolle erfolgen. Die Lernenden werden dadurch in die Lage versetzt, die Qualität der eigenen Handlungen kritisch zu bewerten und Fehler eigenständig aufspüren. Zur Durchführung der Selbstkontrolle orientiert sich der Lernende an dem vorgegebenen Lernziel und dem Arbeitsplan. Denkbar ist auch eine gegenseitige Kontrolle der Lernenden. Ergänzend kann mit einer Fremdkontrolle durch den Weiterbildner gearbeitet werden. In der Regel wird die Kontrolle durch den Weiterbildner aber erst dann einsetzen, wenn die Lernenden ihre Selbstkontrolle beendet haben.

6. **Bewerten**: Die Gesamtbewertung der durchgeführten Tätigkeit erfolgt mit Hilfe eines Fachgesprächs, bei dem der Weiterbildungsteilnehmer lernt, Maßstäbe für sein Handeln zu entwickeln, sein Handeln dementsprechend zu bewerten und gegebenenfalls zu verbessern. Im Rahmen des Bewertungsgesprächs erörtern die Lernenden und der Weiterbildner gemeinsam, wie in Zukunft Fehler vermieden werden können und wie die Qualität der Arbeitsprozesse erhöht werden kann.

Wichtig ist in diesem Zusammenhang der Hinweis, daß sich an die Bewertungsphase erneute Lernaktivitäten anschließen, wenn die angestrebten Weiterbildungsziele nicht vollständig erreicht werden konnten. Damit erweisen sich die verschiedenen Phasen der Leittextmethode letztlich als eine Art 'Regelkreis', der sich graphisch wie folgt darstellen läßt:[79]

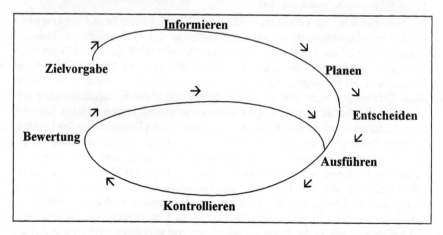

Inhaltlich eignet sich der Einsatz von Leittexten in erster Linie zur Erarbeitung grundsätzlicher Zusammenhänge im technischen und gewerblich-kaufmännischen

---

[79] In Anlehnung - allerdings erheblich abgewandelt - an Höpfner (1991), S. 75, der sich an Weissker orientiert. Vgl. ebenso Seyd (1994), S. 188f.

Bereich, vor allem, wenn Leittexte zur Vor- und Nachbereitung von Unterrichtseinheiten bzw. Schulungseinheiten herangezogen werden. Darüber hinaus werden Leittexte häufig in Verbindung mit Projekten eingesetzt. Auch im Zusammenhang mit der Vier-Stufen-Methode, dem Lernen im Team und dem noch zu behandelnden computerunterstützten Lernen werden Leittexte verwendet. Von der zeitlichen Dimension her sollte sich der Arbeitsaufwand zur Vor- und Nachbereitung des Unterrichts auf wenige Stunden pro Woche beschränken.[80]

Die dargestellten Schritte, die zur Qualifizierung durch die Leittextmethode gehören, deuten darauf hin, daß auch die **Weiterbildner** in diesem Prozeß eine neue Rolle erhalten. Sie agieren nicht mehr als Unterweiser, Vortragender, Vormacher, Erklärer und Kontrolleur, sondern als eine Person, die berät, moderiert, organisierend hilft und zusammenfassend bewertet. Die notwendigen Informationen und Fachkenntnisse werden nicht mehr vom Weiterbildner vorgetragen und demonstriert, denn die Lernenden sollen versuchen, sich diese Informationen selbständig - mit Hilfe der Leittexte - anzueignen. Das Weiterbildungspersonal wird vor allem dann aktiv, wenn die Lernenden selbst nicht mehr weiterkommen. Es beschränkt sich somit auf die Bereitstellung von Lernzielvorgaben und von Informationsquellen sowie auf die Unterstützung in Problemsituationen. Auch wenn der Schwerpunkt einer Qualifizierung mit Hilfe der Leittextmethode auf der eigenständigen Erarbeitung von Weiterbildungsinhalten durch den Lernenden liegt, so bedeutet dies keinesfalls, daß der Weiterbildner dadurch überflüssig wird. Zugespitzt muß vielmehr festgestellt werden, daß die Leittextmethode ohne die Begleitung durch Weiterbildner nicht funktioniert.[81]

Problematisch an der Leittextmethode sind - so wie bereits beim Projektlernen - die hohen Anforderungen an die Lernfähigkeiten der Weiterbildungsteilnehmer. Diese müssen in der Lage sein, auch anspruchsvolle schriftliche Unterlagen selbständig zu bearbeiten. Dies setzt profunde Erfahrungen im Umgang mit Texten voraus, was bei lernungewohnten Personen kaum erwartet werden kann. Liegen diese Erfahrungen nicht vor, so müssen potentielle Weiterbildungsteilnehmer erst auf das selbständige Lernen mit Leittexten vorbereitet werden. Hinzu kommen hohe Anforderungen an die Fähigkeit zur eigenständigen Organisation des Lernens, denn die Weiterbildungsteilnehmer müssen ihr Lerntempo und ihr gesamtes Vorgehen zur eigenen Qualifizierung weitestgehend selbst planen und überwachen. Die genannten Probleme führen bei vielen Lernenden zu einem Widerstand, wenn sie selbständig schriftliche Materialien durcharbeiten sollen. Erschwerend kommt hinzu, daß die Umsetzung des Erlernten am Arbeitsplatz problematischer ist als beispielsweise beim Projektlernen. Gleichzeitig ist festzustellen, daß die eingesetzten Lernmaterialien in der Regel als unbefriedigend angesehen werden und daß die Ausarbeitung von guten Leittexten außerordentlich zeitaufwendig ist. Schließlich verlangt auch diese Weiterbildungsform wiederum eine geeignete räumliche Lern-

---

80 Vgl. Rottluff (1992), S. 12, 38f.; Severing (1994), S. 113; Lorentz/Maurus (1998), S. 31.
81 Vgl. Rottluff (1992), S. 11, 29f., 54, 91; Seyd (1994), S. 187; Severing (1994), S. 117f.

umgebung sowie umfangreiche zeitliche Freiheiten für die beteiligten Lernenden.[82] Aufgewogen werden diese problematischen Aspekte und Nachteile der Leittextmethode durch die damit verbundenen **Vorteile**. Zu ihnen gehören vor allem:[83]

- Der Einsatz von schriftlichen Materialien, die von den Weiterbildungsteilnehmern durchgearbeitet werden, ermöglicht eine Individualisierung und Flexibilisierung der Weiterbildung, d. h. die Lernenden können relativ **zeitflexibel** in den Zeiten lernen, in denen es ihren individuellen Wünschen am besten entspricht. Gleichzeitig ermöglicht der Einsatz von Leittexten die Berücksichtigung von unterschiedlichen Lernvoraussetzungen und Lernfähigkeiten auf seiten der Weiterbildungsteilnehmer. Derartige Differenzen führen zu Unterschieden beim Lerntempo - ein Problem, das durch die zeitflexible Qualifizierung mit Leittexten gelöst werden kann.
- Untersuchungen deuten darauf hin, daß fehlende Lernvoraussetzungen bei den Lernenden zum Teil durch eine entsprechende Ausprägung der eingesetzten Lernmedien ausgeglichen werden können. Durch eine adressatenspezifische Ausgestaltung der Leittexte können auch jene Personen diese Form der Qualifizierung mit Gewinn anwenden, die nicht über die notwendigen Lernfähigkeiten verfügen.[84] Gleichzeitig bestätigen Untersuchungen, daß bei einem längerfristigen Einsatz der Leittextmethode die anfänglich zusätzlich benötigte Zeit zur Vorbereitung auf diese Qualifizierungsmethode wieder aufgeholt wird.[85]
- Leittexte fördern die **Methodenkompetenzen** der Teilnehmer, indem sie die Lernenden zur selbständigen Informationserarbeitung und -verarbeitung bewegen.
- Durch die Möglichkeit, die schriftlichen Unterlagen in der Gruppe zu bearbeiten, kann es gelingen, neben den eigentlichen Weiterbildungszielen auch noch, wiederum quasi nebenbei, die **sozialen Kompetenzen** der Teilnehmer zu fördern und zu erhöhen.
- Auch aus Gründen der Lernmotivation und des Lernerfolges empfiehlt sich der Einsatz der Leittextmethode. Zu nennen sind hierbei vor allem die **lernfördernden Wirkungen** der Bearbeitung von Texten, denn die eigenständige gedankliche Durchdringung derartiger Lernmaterialien wirkt sich positiv auf das Behalten der Weiterbildungsinhalte aus. Außerdem fördert die Selbständigkeit bzw. die Selbststeuerung des Lernens die **Lernmotivation**, was sich ebenfalls positiv auf den Lernerfolg auswirken kann. Hervorzuheben ist zudem der Umstand, daß die Verzahnung von Theorie und Praxis - durch die sofortige Anwendung der erworbenen Fähigkeiten bei der Lösung der anfänglich gestellten Arbeitsaufgaben - motivationsfördernd ist.

---

[82] Vgl. Rottluff (1992), S. 87f.; Seyd (1994), S. 191f.; Severing (1994), S. 122-124; Euler (1997), S. 471.
[83] Vgl. Rottluff (1992), S. 17-22, 89; Severing (1994), S. 122-124.
[84] Vgl. Euler (1997) sowie die dort angegebenen Untersuchungen.
[85] Vgl. Rottluff (1992), S. 89.

Insgesamt weist die Leittextmethode zahlreiche Parallelen zur Weiterbildung durch Übungen auf. Auch bei der Qualifizierung durch Übungen und Training werden den Lernenden in verschiedenen Schritten bestimmte Tätigkeiten beigebracht. Abschließend ist deshalb eine vergleichende Darstellung sinnvoll, welche die Gemeinsamkeiten und Unterschiede zwischen der Leittextmethode und der Vier-Stufen-Methode - als Beispiel für die Weiterbildungsform des Übens - vorstellt:[86]

Vier-Stufen-Methode		Leittextmethode	
Der Weiterbildner lehrt durch ...	Der Weiterbildungsteilnehmer lernt durch	Der Weiterbildner lehrt durch ...	Der Weiterbildungsteilnehmer lernt durch ....
Erklären	Zuhören	1. Entwickeln von Leitfragen 3. Besprechen der Antworten	2. selbständiges Informieren
Vormachen	Zuschauen	1. Entwickeln von Planungshilfen 3. Besprechen von Vorschlägen	2. selbständiges Planen
Korrigieren	Nachmachen	1. Entwickeln von Leitsätzen 3. Besprechen von Problemen	2. selbständiges Durchführen
Bewerten	Üben	1. Entwickeln von Kontrollbögen 3. Auswerten der Ergebnisse	2. selbständiges Kontrollieren

Zusammenfassend erweist sich die Leittext-Methode aufgrund ihrer Möglichkeit, neben dem Fachwissen auch die methodischen und sozialen Kompetenzen zu fördern, als ein lerneffizientes Verfahren der beruflichen Weiterbildung. Gleichzeitig ist zu beachten, daß die hohen Anforderungen an das Weiterbildungspersonal und die Weiterbildungsteilnehmer das Einsatzgebiet der Leittext-Methode einschränken. Die nachfolgende Einschätzung berücksichtigt Möglichkeiten und Grenzen dieser Qualifizierungsmethode und stellt dadurch eine realistische Beurteilung dar:

---

[86] Vgl. Höpfner (1991), S. 77 und Severing (1994), S. 117, die sich beide an Weissker orientieren.

"Die Leittext-Methode verknüpft offenbar auf lerntheoretisch effiziente Weise die Vorzüge der Projektmethode mit der programmierten Unterweisung, die Gruppen- mit der Einzelarbeit, das entdeckende Lernen mit dem handelnden Ausüben. Inso- fern fließen in ihr verschiedene pädagogische Strömungen zusammen. Das Non- plus-ultra betrieblicher Ausbildung wird sie mit Sicherheit nicht werden. Aber sie von vornherein als pädagogische Modeerscheinung abzutun, wird ihr auf keinen Fall gerecht."[87]

3.2.3. Rollenspiel

Bei einem Rollenspiel handelt es sich um fiktive Situationen, die in Handlungen simuliert werden. Diese Situationen sollen eine Abbildung von beruflichen Situa- tionen darstellen, die in der Realität auftreten können bzw. auftreten werden. Die Rollenträger spielen dann die der Realität entnommenen Sachverhalte durch. Auf diese Weise veranschaulichen Rollenspiele, wie sich Menschen in bestimmten Si- tuationen verhalten und welche Möglichkeiten bestehen, um Konflikte zu bewälti- gen. Beispiele für solche Situationen sind reale Konflikte am Arbeitsplatz und de- ren Bewältigung oder Verkaufsgespräche, mit denen Verkaufsargumente und Be- dienungsstrategien behandelt werden. Rollenspiele betreffen somit in der Regel komplexe Arbeitssituationen, die zumeist in Gruppenarbeit vorbereitet werden.[88] So wie in den bereits beschriebenen handlungsorientierten Weiterbildungsformen sind auch bei der Anwendung des Rollenspiels verschiedene Phasen zu beachten, die von erläuternden Einführungen bis zur abschließenden Bewertung der durch- geführten Handlungen reichen. Im Detail lassen sich fünf Phasen unterscheiden:[89]
1. Die **Erläuterung** der Spielsituation und der Zielsetzung dieser Spielsituation: Konkret könnte ein Rollenspiel eingesetzt werden, um im Rahmen eines Tele- fontrainings zu lernen, wie einem Anrufer die gewünschte Verbindung zu einem Vorgesetzten verwehrt wird. Erforderlich ist in diesem Zusammenhang zudem ein theoretischer Input durch den Weiterbildner.
2. Die **Beschreibung** der verschiedenen Rollencharaktere, d. h. unter anderem deren Ziele, Aufgaben und die Vorgaben von höhergestellten Personen: Für das schon erwähnte Telefontraining wären dafür zwei Rollen und deren Charakteri- sierung erforderlich: die des Anrufers und die des Mitarbeiters, der dem Anrufer die Verbindung verweigern muß. Für beide Rollen können dabei unterschiedli- che Instruktionen vorgegeben werden, z. B. ein freundlich unterstützender Mit-

---

[87] Seyd (1994), S. 189f.
[88] Vgl. Seyd (1994), S. 203; Weber (1995), S. 33; Kirchhöfer (1995), S. 76; Döring/Ritter- Mamczek (1997), S. 82, 86.
[89] Vgl. Seyd (1994), S. 203f.; Kirchhöfer (1995), S. 80; Knigge-Illner (1998), S. 168; Frese u. a. (1999), S. 22.

arbeiter; ein kühler, unpersönlicher Mitarbeiter oder sogar ein aggressiver und unfreundlicher Mitarbeiter.

3. Die **Materialzusammenstellung** und die **Rollenerarbeitung**: Es geht dabei um die Herausarbeitung von bestehenden Rollenkonflikten, um die Analyse der Selbst- und Fremdbilder jeder Rolle und schließlich um die Erarbeitung möglicher Texte für jede Rolle.

4. Die **Durchführung** des Rollenspiels inklusive der Dokumentation des Spiels durch die übrigen Teilnehmer: Dafür wird in einem Protokoll der Verlauf des Spiels erfaßt. Hinzu kommt die Abarbeitung einer Liste mit vorgegebenen Kriterien, mit deren Hilfe das Rollenspiel zu bewerten ist. Auch die am eigentlichen Rollenspiel Nichtbeteiligten werden somit aktiv, indem sie das Spielverhalten beobachten und analysieren. Von der zeitlichen Dimension her sind die meisten Rollenspiele hinsichtlich der reinen Spielzeit auf etwa zehn Minuten begrenzt.

5. Abschließend erfolgt die **Auswertung** des durchgeführten und dokumentierten Rollenspiels. Hierbei lernen die Teilnehmer sowohl aus den Fehlern als auch aus den besonders gut gelösten Aufgaben. Für die abschließende Auswertung des gesamten Rollenspiels bietet sich der Einsatz einer Videoaufzeichung an. Die Weiterbildungsteilnehmer können sich dadurch selbst beobachten und störende Verhaltensweisen (Sitzhaltung, Mimik, Spracheigenheiten wie Nuscheln oder gehetztes Reden etc.) erkennen, die sie in Zukunft möglichst nicht mehr an den Tag legen.

Rollenspiele können auch ausführlicher ausfallen, indem die Teilnehmer nicht nur vor dem Rollenspiel Informationen erhalten (auf Informationskarten), sondern auch nach dem Rollenspiel und der anschließenden Diskussion weitere, allgemeinere Informationen mitgeteilt bekommen und weitere Aufgaben erhalten, die sie selbständig lösen müssen. Der Ablauf eines derartigen elaborierten Rollenspiels läßt sich wie folgt darstellen:[90]

---

[90] Weber (1995), S. 34.

213

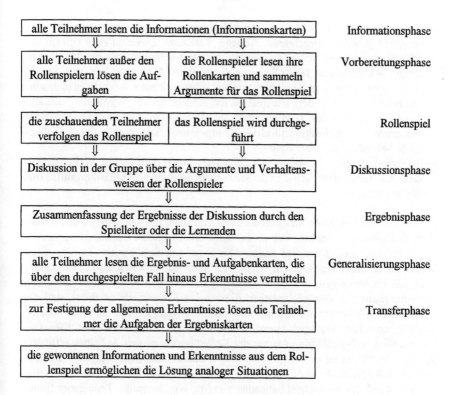

alle Teilnehmer lesen die Informationen (Informationskarten)		Informationsphase
⇓	⇓	
alle Teilnehmer außer den Rollenspielern lösen die Aufgaben	die Rollenspieler lesen ihre Rollenkarten und sammeln Argumente für das Rollenspiel	Vorbereitungsphase
⇓	⇓	
die zuschauenden Teilnehmer verfolgen das Rollenspiel	das Rollenspiel wird durchgeführt	Rollenspiel
⇓	⇓	
Diskussion in der Gruppe über die Argumente und Verhaltensweisen der Rollenspieler		Diskussionsphase
⇓		
Zusammenfassung der Ergebnisse der Diskussion durch den Spielleiter oder die Lernenden		Ergebnisphase
⇓		
alle Teilnehmer lesen die Ergebnis- und Aufgabenkarten, die über den durchgespielten Fall hinaus Erkenntnisse vermitteln		Generalisierungsphase
⇓		
zur Festigung der allgemeinen Erkenntnisse lösen die Teilnehmer die Aufgaben der Ergebniskarten		Transferphase
⇓		
die gewonnenen Informationen und Erkenntnisse aus dem Rollenspiel ermöglichen die Lösung analoger Situationen		

Die **Vorteile** dieser Weiterbildungsform sind ähnlich wie bei allen anderen handlungsorientierten Qualifizierungsmaßnahmen und lassen sich wie folgt beschreiben:[91]

• Durch das Rollenspiel können **komplexe Zusammenhänge** zwischen den Rahmenbedingungen des Handelns, den einzelnen Handlungen und den erzielten Resultaten verdeutlicht und erfaßt werden.

• Es ist möglich, in simulierten Ernstsituationen unvorhergesehene Situationen einzuüben und die Handlungskonsequenzen verschiedener Reaktionen durchzuspielen, so daß im Ernstfall die angemessene Handlungsalternative ausgeübt werden kann. Damit wird eine direkte Brücke zur Praxis geschlagen, was die **Übertragung** der erlernten Fertigkeiten in den beruflichen Alltag erleichtert. Gleichzeitig erhöht der direkte Bezug zur beruflichen Situation die Einsicht in die Notwendigkeit und Sinnhaftigkeit der Qualifizierungsmaßnahme, was sich positiv auf die **Lernmotivation** auswirkt.

---

[91] Vgl. Herpich/Krüger/Nagel (1992), S. 55f.; Kichhöfer (1995), S. 77-79.

• Durch die Notwendigkeit, sich in die Rolle verschiedener Menschen hineinzuversetzen (Kunde, Vorgesetzter, Kollege, Verkäufer, Lieferant etc.) können **soziale Kompetenzen** erworben werden. So kann beispielsweise ein Mitarbeiter
durch die Übernahme der Rolle eines Vorgesetzten Einsichten in dessen Standpunkte gewinnen, was Konfliktpotentiale abbauen könnte bzw. Konfliktlösun-
gen erleichtert. Besonders geeignet ist das Rollenspiel zur Vermittlung sozialer
Kompetenzen wie der Teamfähigkeit, der Konfliktfähigkeit und der Mitarbeiterführung. Auch **kommunikative Kompetenzen** lassen sich durch Rollenspiele besonders gut vermitteln.

• Insgesamt ist der Einsatz eines Rollenspiels in der beruflichen Weiterbildung
ideal, um neben den Fach- bzw. Sachkenntnissen auch **Schlüsselqualifikationen** abzudecken.

Zu den **Nachteilen** eines Rollenspiels zählt vor allem der Umstand, daß es nicht
allen Teilnehmern leichtfällt, sich in die Rolle einer fremden Person zu versetzen,
die sie nur aus dem Hören und Sagen oder sogar gar nicht kennen. Gerade junge
Menschen verfügen im Regelfall noch nicht über eine ausreichende Lebenserfah-
rung, die sie benötigen, um sich in eine bestimmte Rolle hineinzuversetzen. Die
Voraussetzung für den erfolgreichen Einsatz des Rollenspiels ist daher, daß die
Teilnehmer über bestimmte Mindesterfahrungen im Umgang mit der Rolle, die sie
übernehmen sollen, verfügen. Hierzu gehören vor allem Kenntnisse und Fähigkeiten, die für eine Bewältigung der mit der Rolle übernommenen Aufgaben erforderlich sind. Vollkommen neue bzw. unbekannte Situationen können deshalb im Rahmen eines Rollenspiels nicht abgebildet werden. Folglich können inhaltlich keine
Themen durch ein Rollenspiel behandelt werden, von denen die Teilnehmer bisher
noch gar keine Kenntnisse besitzen. Problematisch ist häufig der Umstand, daß sich
die Teilnehmer mit der von ihnen übernommenen Rolle in übersteigertem Maße
identifizieren. Eine übersteigerte Identifikation führt leicht zu Konflikten und persönlichen Auseinandersetzungen, die vom Kurs- bzw. Spielleiter aufgebrochen
werden müssen.[92] Außerdem ist zu beachten, daß Teilnehmerbefragungen zur Akzeptanz von Rollenspielen in der Regel dafür sprechen, daß Rollenspiele am besten
"für »vertrautere Gruppen«"[93] geeignet sind. Als mögliche Einsatzformen bieten
sich unter anderem die folgenden Weiterbildungsinhalte an:[94]

• Ein Rollenspiel als **Einstieg** vor der Vermittlung von theoretischen Kenntnissen,
um die Problematik des Inhalts der Veranstaltung zu verdeutlichen und auf die
Probleme und Anforderungen an die beteiligten Rollen hinzuweisen. So könnte
zu Beginn eines Seminars zum Verkaufstraining das Rollenspiel zwischen einer
Verkäuferin und einer unentschlossenen Kundin durchgeführt werden, um die

---

[92] Vgl. Seyd (1994), S. 203f.; Kirchhöfer (1995), S. 77-79; Müller (1995), S. 169.
[93] Lorentz/Maurus (1998), S. 32.
[94] Vgl. Kirchenhöfer (1995), S. 78.

Weiterbildungsteilnehmer für die im Seminar zu lösenden Probleme zu sensibilisieren.

• Weiterhin bietet sich das Rollenspiel an zur Einübung und Nutzung der vorgestellten theoretischen Kenntnisse, also **nach der Vermittlung von theoretischen Kenntnissen.** Für das Beispiel im vorherigen Absatz würde dies bedeuten: Wie wenden die Weiterbildungsteilnehmer die vermittelten Kenntnisse des Verkaufstraining richtig an, wenn eine unentschlossene Kundin auftaucht.

Wichtig ist bei dem gesamten Rollenspiel ein Kursleiter, der "einem Regisseur gleichend .. die Idee und das Thema während des Spiels nicht aus den Augen verlieren darf, aber zugleich dafür sorgen muß, daß über die Rollen diese Idee und Kompetenzgehalte auch vermittelt werden."[95] Der Kurs- oder Spielleiter muß zudem das Rollenspiel inhaltlich und vom Zeitrahmen her vorbereiten sowie die Teilnehmer mit den notwendigen Informationen versorgen. Auch die Bewältigung von Konflikten infolge einer übersteigerten Rollenidentifikation gehört zu seinen Aufgaben. Schließlich ist zu beachten, daß der Verlauf eines Rollenspiels weitgehend unvorhersehbar ist und aus diesem Grund eine hohe Flexibilität des Spielleiters vonnöten ist.[96] Erneut liegt damit eine Qualifizierungsmethode vor, die hohe Ansprüche an die Qualifikationen des Weiterbildungspersonals stellt.

3.2.4. Planspiel

Planspiele stellen modellhaft Entscheidungs- und Handlungsprozesse dar, die sich im gesellschaftlichen und wirtschaftlichen Bereich abspielen. Die Weiterbildungsteilnehmer durchdringen diese Prozesse, indem sie die Abläufe samt ihren Zusammenhängen herausarbeiten. Im Rahmen eines Planspiels wird von den Teilnehmern letztlich eine Entscheidung hinsichtlich eines zu lösenden Problems verlangt. Dadurch kann überprüft werden, ob die Lernenden das Zusammenhangswissen beherrschen. So wie schon beim Rollenspiel behandelt auch das Planspiel eine fiktive Handlungssituation, die als ein Training für den Ernstfall anzusehen ist und mögliche Situationen der beruflichen Realität abdeckt. Die Teilnehmer entnehmen dem Spiel Erkenntnisse, die sie für ihr zukünftiges Handeln verwerten können. Im Rahmen des Planspiels vertreten die Teilnehmer aufgrund der schriftlichen Unterlagen die jeweiligen Interessen der Gruppe, deren Position sie im Spiel einnehmen (Aktionäre, Betriebsrat, Gewerkschaft, Unternehmensleitung, Hausbank etc.). Planspiele enden schließlich mit einer Entscheidung.[97]

---

[95] Kirchhöfer (1995), S. 81.
[96] Vgl. Seyd (1994), S. 203f.; Weber (1995), S. 33.
[97] Vgl. Seyd (1994), S. 204; Kirchhöfer (1995), S. 81; Weber (1995), S. 36f.; Döring/Ritter-Mamczek (1997), S. 66.

Inhaltlich setzen sich Planspiele mit komplexen Prozessen auseinander, meistens mit betriebswirtschaftlichen Zusammenhängen, z. B. dem Marketing, dem Absatz oder der Produktion. Den Planspielteilnehmern soll im Rahmen solcher simulierten Probleme die Wirkung des eigenen Handelns erlebbar gemacht werden. Auch wenn sich die meisten Planspiele thematisch mit Prozessen der Unternehmensentwicklung befassen, gibt es eine weitere Gruppe von Planspielen, die sich mit den Kommunikations- und Kooperationsabläufen im Unternehmen auseinandersetzen.[98] Darüber hinaus eignen sich Unternehmensplanspiele besonders gut zur Förderung des Denkens in Zusammenhängen, zur Förderung der Eigeninitiative, der Entscheidungsfähigkeit, des Risikoverhaltens, des kreativen Handelns und des selbständigen Arbeitens, also insgesamt für den Erwerb von überfachlichen Qualifikationen.[99]

Von der **zeitlichen und organisatorischen** Seite her erfassen Planspiele - anders als Rollenspiele - größere Unterrichtsprojekte und erstrecken sich daher über mehrere Tage oder sogar mehrere Wochen. Nur so kann diese Weiterbildungsform das komplexe Zusammenspiel vieler Kräfte behandeln. Wichtig ist dabei die Begleitung des Planspieleinsatzes durch einen Weiterbildner, der als Berater, Ansprechpartner, Initiator einzelner Schritte und Vermittler zwischen den Spielern fungiert. Zwingend erforderlich ist ein ausgearbeitetes Spielkonzept, das in der Regel nicht mehr von einem einzelnen Dozenten erstellt werden kann. Der Rückgriff auf am Markt zu kaufende Planspiele wird deshalb unumgänglich. Häufig sind Planspiele an den Einsatz von Computern gekoppelt, weil nur so der komplexe Spielablauf modellhaft erfaßt werden kann.[100] Ein Beispiel ist am besten in der Lage, die grundsätzliche Vorgehensweise eines Planspiels darzustellen. Bei diesem **Beispiel** handelt es sich um ein Seminar zur Entscheidungsfindung, das vom *Institut für Management-Entwicklung und Seminarorganisation* angeboten und durchgeführt wird.[101] Die in diesem Seminar behandelte Fallsituation betrifft die Einführung eines neuartigen Produktes. Die Informationen, die den Teilnehmern gegeben werden, sind eine entsprechende Produktbeschreibung und eine kurze Einführung in die Entscheidungssituation. Danach werden die verschiedenen Rollen von Teilnehmern besetzt und die Erwartungen der Rollen beschrieben. Zu diesen Rollen gehören:

- ein Unternehmer als Entscheidungsträger
- ein Marketingfachmann, der die Gesamtstrategie des Marketings vorlegt
- zwei weitere Marketingberater, die die Konkurrenzsituation und die Bedarfssituation vertreten
- ein Finanzsachverständiger, der die Zahlen der Gewinn- und Verlustrechnung sowie der Bilanz vorlegt
- ein Produktionsleiter, der die Probleme der Produktionsumstellung darlegt.

---

[98] Vgl. Döring/Ritter-Mamczek (1997), S. 83; Bundesministerium für Bildung, Wissenschaft, Forschung und Technologie (1998), S. 168f.

[99] Vgl. Weber (1995), S. 37; Bausch (1998), S. 13; Beck (1998), S. 7; Schlegel (1998), S. 35; Reinschmidt (1998), S. 90; Greimel (1999), S. 56-158.

[100] Vgl. Döring/Ritter-Mamczek (1997), S. 66, 82f.; Reinschmidt (1998), S. 90.

[101] Vgl. zu den nachfolgenden Ausführungen Kirchhöfer (1995), S. 82.

Alle Rollenspieler entnehmen ihre Informationen, die sie für ihre eigenen Aussagen und Fragen an die anderen Teilnehmer benötigen, der vorliegenden Literatur, die sie eigenständig bearbeiten müssen. Ziel des gesamten Planspiels ist die Erarbeitung einer gemeinsamen Entscheidungsvorlage. Bei der Durchführung des Planspiels wird das Verhalten aller Teilnehmer protokolliert und anschließend ausgewertet. In den Ablauf des Spiels können verschiedene Variationen eingebaut werden, indem sich die Entscheidungssituation plötzlich ändert. Beispiele dafür sind das Auftreten eines neuen Konkurrenten oder eines neuen Produktes, plötzliche Währungsturbulenzen oder das Hinzukommen eines innovativen PR-Mannes. Die Beschreibung des Planspielverlaufs deutet darauf hin, daß Planspiele einen **mehrphasigen Ablauf** besitzen. Zu den wichtigsten Phasen gehören die folgenden:[102]

• Die **Vorbereitungsphase**: Die Weiterbildungsteilnehmer werden auf die Planspielsituation vorbereitet und eingestimmt. Sie erhalten Informationen über die Spielsituation, die Spielregeln sowie über das Ziel und die Idee des Planspiels. Nach der Verteilung der verschiedenen Rollen werden die Teilnehmer mit dem Spielmaterial versorgt, das sie für die Einarbeitung benötigen. Für diese Einarbeitung muß ausreichend Zeit vorgesehen werden, denn nur so kann tatsächlich eine wirkliche Handlungsstrategie entwickelt werden, die nicht in einem bloßen Aktionismus endet.

• Die **Spielphase(n)**: Die anhand der Spiel- und Rollenbeschreibungen entwickelten Lösungsentwürfe und Entscheidungen werden in Handlungen umgesetzt. Aus diesen Handlungen ergeben sich - gemäß der vorgegebenen Spielregeln - bestimmte Konsequenzen und Ergebnisse. Für den Fall, daß mehrere Spielrunden zugelassen sind, bilden die jeweiligen Ergebnisse ihrerseits die Basis für neue Lösungsvorschläge und entsprechende Entscheidungen.

• Die **Reflexionsphase**: Diese Phase dient der Nachbereitung des durchgeführten Planspiels. Der gesamte Spielverlauf, der von den Teilnehmern in der Regel nur aus der Sicht der Gruppe, die sie vertreten, wahrgenommen wird, muß in dieser Phase verdeutlicht werden. Dazu gehört, daß der Spielverlauf und die Spielergebnisse analysiert werden. Auch mögliche Handlungsalternativen gilt es hier zu diskutieren. Wichtig ist schließlich eine Verallgemeinerung der gewonnenen Erkenntnisse, um sie auf andere Situationen übertragen zu können.

Der entscheidende **Vorteil** des Einsatzes von Planspielen in der Weiterbildung liegt im **didaktischen Bereich**. Planspiele ermöglichen sowohl den Erwerb von theoretischen Kenntnissen und Zusammenhängen als auch ein Trainieren von Handlungen. Die Planspielteilnehmer können komplexe, anspruchsvolle arbeitsplatznahe Anforderungssituationen erleben und durch ein gefahrloses Ausprobieren von Handlungsalternativen ihre Entscheidungskompetenzen erhöhen. Diese Vielfalt ist hinsichtlich der **Behaltensquote** besonders positiv zu bewerten, so daß ein relativ hoher Lernerfolg zu erwarten ist. Ob diese Erwartungen von der Praxis erfüllt

---

[102] Vgl. Weber (1995), S. 37f.

218

werden, ist allerdings ungewiß. Verschiedene Studien, die sich mit der Verbesserung der Behaltensleistungen durch den Einsatz von Plan- bzw. Simulationsspielen in der Aus- und Weiterbildung beschäftigen, konnten im Vergleich zu anderen Lernmethoden keine signifikanten Unterschiede in der Lernwirksamkeit feststellen. Unbestritten ist aber der positive Motivationseffekt, der sich aus dem Einsatz von Planspielen ergibt. Der hohe Praxisbezug, der Abwechslungsreichtum und schließlich auch der Spaß, der mit der Weiterbildung durch Planspiele verbunden ist, führt sowohl für die Lernenden als auch für die Lehrenden zu einer hohen Motivation. Insgesamt verfügen gute Planspiele über einen hohen Motivationswert, was sich ebenfalls positiv auf den Lernerfolg auswirkt. Gleichzeitig werden die Weiterbildungsteilnehmer sensibilisiert für die Wirkungszusammenhänge von komplexen Prozessen, d. h. sie erfahren, welche Konsequenzen ihre eigenen Entscheidungen und Handlungen für andere Personen haben können. Dies wirkt sich positiv auf die Teamfähigkeit der Teilnehmer aus. Schließlich ermöglicht der Umstand, daß Planspiele von mehreren Weiterbildungsteilnehmern durchgeführt werden, einen Erfahrungsaustausch, der zu einem zusätzlichen Erfahrungsgewinn führt.[103] Auf der anderen Seite dürfen die **Probleme**, die mit der Durchführung von Planspielen verbunden sind, nicht übersehen werden:[104]

- Der Einsatz eines Planspiels in der Weiterbildung setzt einen **hohen Zeitbedarf** voraus, so daß sich häufig in Seminaren wegen des Zeitdrucks ein Spiel gar nicht entfalten kann. Verstärkt wird dieser Zeitdruck dadurch, daß vor dem eigentlichen Planspiel eventuell allgemeine theoretische Erkenntnisse vermittelt werden, um überhaupt die anstehenden Probleme lösen zu können.
- Ein entscheidender Nachteil von Planspielen liegt in den sehr hohen Anforderungen an die **Kompetenzen der Weiterbildungsteilnehmer**. Weil das Planspiel selbst keine systematische Vermittlung von Wissen beinhaltet, muß ein Großteil des notwendigen Wissens bei den Teilnehmern bereits vorhanden sein. Gleiches gilt für die außerfachlichen Fertigkeiten, über welche die Weiterbildungsteilnehmer verfügen müssen. Hierzu gehören vor allem rhetorische Fähigkeiten, Argumentationsfähigkeiten, die Befähigung zur Problemerkennnung und -analyse, ein hohes Maß an Kooperationsfähigkeit, die Befähigung zum strategischen Denken und die Fähigkeit, umfangreiche Informationen zu selektieren.
- Auch die **Weiterbildner** müssen in ihrer Rolle als Spielleiter über weitreichende Kompetenzen verfügen. Neben dem fachlichen Wissen braucht der Spielleiter fundierte Kenntnisse und Erfahrungen im Moderieren von Gruppenprozessen und im Lösen von Konflikten. Insgesamt gilt es als überaus schwierig, Planspiele zu steuern.

[103] Vgl. Seyd (1994), S. 204f.; Kirchenhöfer (1995), S. 81-83; Greimel (1999), S. 156-159.
[104] Vgl. Seyd (1994), S. 204f.; Kirchenhöfer (1995), S. 81-83; Müller (1995), S. 169; Bundesministerium für Bildung, Wissenschaft, Forschung und Technologie (1998), S. 168f.; Greimel (1999), S. 158-160.

- Erschwerend kommt hinzu, daß es wegen des bisher eher seltenen Einsatzes von Planspielen in der beruflichen Weiterbildung "bislang **kaum Erfahrungen zur didaktisch wirksamen Integration** von Planspielarrangements in Lehrgangsstrukturen" gibt.
- Planspiele besitzen häufig keine angemessenen Zielgrößen, mit deren Hilfe überprüft werden kann, ob die angestrebten methodischen Kompetenzen tatsächlich erreicht wurden. Eine objektive **Messung** des erreichten **Lernerfolges** wird dadurch erschwert, wenn nicht sogar unmöglich gemacht.
- Besonders gravierend sind die **extrem hohen Entwicklungskosten** von Planspielen. Für komplexe Simulationen von Marktprozessen können sich diese Kosten gegenwärtig auf mehrere Millionen DM belaufen. Allerdings gibt es schon jetzt Planspiele, die nur wenige 100 DM kosten.

Eine Abwägung der Vor- und Nachteile zeigt die Möglichkeiten und Grenzen von Planspielen in der beruflichen Weiterbildung auf. Inhaltlich eignen sich Planspiele in besonderem Maße für "komplexe praxis- und problemorientierte Anwendungssituationen", in denen die Lernenden ohne ein persönliches oder wirtschaftliches Risiko ihr "Grundlagenwissen in praxisrelevanter Weise erproben, die Anwendung üben und ihr Wissen mit Details anreichern können." Gleichzeitig gelingt es, überfachliche Qualifikationen - wie die Problemlösungkompetenz, das selbständige Arbeiten, die Teamfähigkeit und kommunikative Fertigkeiten - zu fördern. Zur Vermittlung von Grundlagenwissen sind Planspiele hingegen wenig geeignet.[105] Vor allem die hohen Kosten - sowohl für die Entwicklung geeigneter Planspiele als auch für die gesamte Durchführung in entsprechenden Seminaren - und die hohen Anforderungen an die Weiterbildungsteilnehmer hinsichtlich der Vorkenntnisse sorgen dafür, daß der Einsatz von Planspielen in der betrieblichen Weiterbildung noch in den Anfängen steckt. Die permanente Reduktion von Entwicklungskosten solcher Spiele wird allerdings in der Zukunft dafür sorgen, daß sich der Einsatz von Planspielen ausweiten wird. Dies und der hohe didaktische Wert von Planspielen machen diese Form der Qualifizierung zu einem wertvollen Instrument der beruflichen Weiterbildung, sofern die Weiterbildungsteilnehmer über die genannten Vorkenntnisse und Fähigkeiten verfügen.[106]

3.2.5. Fallmethode, Fallstudie und Simulationen

Eine weitere handlungsorientierte Weiterbildungsform besteht aus dem Behandeln von Fallstudien. Hierbei werden die Teilnehmer, anders als bei Rollen- und Planspielen, nicht in einem Spiel tätig. Statt dessen lernen sie vielmehr aus der **Analyse**

---

[105] Vgl. Greimel (1999), S. 158-160.
[106] Vgl. Seyd (1994), S. 204f.; Bundesministerium für Bildung, Wissenschaft, Forschung und Technologie (1998), S. 168.

220

eines Beispielfalls, den sie untersuchen. Ein bestimmter Sachverhalt wird als Beispiel herangezogen, in einzelne Komponenten zerlegt und von verschiedenen Seiten her untersucht und erklärt. Je nach Planung kann auch die eigenständige Beschaffung notwendiger Informationen zur Qualifizierung gehören. Nach der Analyse des Falls und der Problemlösung wird herausgearbeitet, wie die am Anwendungsbeispiel exemplarisch vermittelten Kenntnisse auf unterschiedliche Aufgaben der eigenen beruflichen Tätigkeiten übertragen werden können.[107] Die Einzelfallstudien dienen dabei weniger der Veranschaulichung von komplexen Wirkungszusammenhängen als vielmehr der Erweiterung des Erfahrungshorizonts der Teilnehmer. Das Lernen anhand von Einzelfallstudien baut folglich auf vorhandenem Grundlagenwissen und Erfahrungen auf, was die Einsatzmöglichkeiten dieser Methode einschränkt. So eignen sich Fallstudien nicht zur Erarbeitung eines vollkommen neuen Wissens. Methodisch erfolgt die Weiterbildung bei der Fallmethode durch das exemplarische Lehren und Lernen.[108] Grundprinzip dieser Lehrform ist es, daß anhand eines ausgewählten Beispiels weittragende und systematische Aussagen über eine Vielzahl von Erscheinungsformen vermittelt werden. Die grundsätzlichen Aussagen und Erkenntnisse, die durch die Analyse des Beispielfalls gewonnen werden, müssen anschließend generalisiert und auf ähnliche Fälle übertragen werden. Insgesamt erweist sich das exemplarische Lernen damit als ein dreistufiges Verfahren, bei dem es erstens um die Auswahl und Erläuterung des Exemplums geht, zweitens um das Aufzeigen allgemeiner Erkenntnisse und drittens um den Wissenstransfer. Etwas ausführlicher läßt sich der Ablauf einer Fallbearbeitung bzw. Fallanalyse wiederum in verschiedene **Phasen** unterteilen:[109]

* Phase der **Konfrontation**: Die Weiterbildungsteilnehmer werden mit dem zu bearbeitenden Fall konfrontiert. Sie arbeiten die Symptome des Problems und die dafür verantwortlichen Ursachen bzw. Sachzusammenhänge heraus. Auch der als Ziel angestrebte Endzustand wird konkretisiert.
* Phase der **Information**: Die Lernenden sammeln Informationen aus den Quellen, die ihnen entweder zur Verfügung gestellt werden oder die sie sich eigenständig beschaffen. Anschließend sortieren sie die verarbeiteten Informationen hinsichtlich der Brauchbarkeit zur Analyse und Lösung des ihnen geschilderten Fallbeispiels.
* Phase der **Exploration**: Die Lernenden erarbeiten - häufig in Kleingruppen - verschiedene Lösungsvorschläge, die sie innerhalb ihrer Gruppe diskutieren.
* Phase der **Resolution**: Es findet eine Bewertung aller entwickelten Lösungsalternativen statt. Die Beurteilung der Konsequenzen sowie der Vor- und Nachteile von allen Lösungsalternativen führt schließlich zur Entscheidung der Gruppe für einen Lösungsweg. Diese Entscheidung wird zusammen mit den Gründen, die zu der Entscheidung führten, dokumentiert.

---

[107] Vgl. Kraak (1992), S. 113; Weber (1995), S. 25; Kirchhöfer (1995), S. 83f.
[108] Vgl. zum exemplarischen Lehren Löffler (1994), S. 44-48, 59.
[109] Vgl. Weber (1995), S. 26.

221

- Phase der **Disputation**: Die Gruppe präsentiert ihren Lösungsvorschlag im Plenum. Nach der Präsentation dieses Vorschlages sowie der Gründe, die zu dieser Entscheidung führten, kommt es zur Diskussion im Plenum. Aufgrund des Diskussionsverlaufs kann es zu Verbesserungen oder eventuell sogar zur Revision der Entscheidung kommen.
- Phase der **Kollation**: In dieser Phase wird die erarbeitete Lösung verglichen mit der Entscheidung, die in der Realität getroffen wurde. Wichtig ist, daß die anhand des speziellen Einzelfalls erarbeiteten Erkenntnisse verallgemeinert werden und somit für weitere Situationen genutzt werden können.

Inhaltlich geht es in Fallstudien also darum, Zusammenhänge zu erkennen und somit die Entscheidungsfähigkeit der Weiterbildungsteilnehmer zu erhöhen. Das selbständige Treffen von Entscheidungen im Rahmen der Fallmethode basiert zudem auf der Fähigkeit, eigenständig Informationen zu beschaffen und zu verarbeiten. Bei dieser Qualifizierungsmethode lernen die Weiterbildungsteilnehmer also auch, welche Kenntnisse sie für die Lösung des Problemfalles benötigen und welche Informationen sie sich wie beschaffen müssen. Die Bearbeitung von Fällen dient damit vor allem der Förderung eines selbständigen Entscheidungsverhaltens. Thematisch decken Fallstudien vor allem **betriebswirtschaftliches Grundlagen- und Zusammenhangswissen** ab. Ein kurzes **Beispiel** aus der beruflichen Weiterbildungspraxis kann zur näheren Erläuterung herangezogen werden. Hierbei handelt es sich um eine Anpassungsqualifikation für Wirtschaftsjuristen an der Bildungs- und Wirtschaftsakademie in Berlin. Die Teilnehmer, die bereits über ein juristisches Basiswissen verfügen, werden weitergebildet, indem sie in mehreren Arbeitsgruppen Fallanalysen zu verschiedenen Themen (Zahlungs- und Gläubigerverpflichtungen, Sozialplan, Vermögensbilanzen) durchführen. Die Arbeitsergebnisse der einzelnen Arbeitsgruppen, die im Plenum vorgestellt und diskutiert werden, bilden die Grundlage von Leitlinien/Listen für Entscheidungen.[110] Die **Einsatzmöglichkeiten** für Fallstudien scheinen relativ **begrenzt**. Dies läßt sich wie folgt begründen:

- Wegen der hohen Anforderungen an die Vorkenntnisse auf seiten der Weiterbildungsteilnehmer sind Fallstudien für die Vermittlung von neuartigem Wissen und Fertigkeiten unbrauchbar.
- Die Fallmethode kann nur eingesetzt werden, wenn die Lernenden über umfangreiche methodische Kompetenzen verfügen. Die erforderlichen Arbeitstechniken beziehen sich "vor allem auf die Situationsanalyse, die Informationserarbeitung und -verarbeitung, auf Beurteilungskriterien, den Umgang mit Daten, die Abwägung unterschiedlicher Lösungsmöglichkeiten sowie den diskursiven Prozeß."[111]

---

[110] Vgl. Dehnbostel/Hecker/Walter-Lezius (1992), S. 20-22; Weber (1995), S. 25f.; Kirchhöfer (1995), S. 83f.
[111] Weber (1995), S. 26.

222

- Schließlich ist zu bemängeln, daß die Analyse von Präzedenzfällen nur eine geringen Handlungsorientierung aufweist. Fallstudien können deshalb kaum eingesetzt werden, wenn es um die Erhöhung von praktischen Fähigkeiten geht.

Hinzu kommen Schwierigkeiten bei der Suche nach geeigneten Beispielsfällen. Diese dürfen weder zu kompliziert noch zu einfach sein. Des weiteren dürfen sie nicht mit unnötigen Nebeninformationen überfrachtet sein; müssen also überschaubar sein und zudem der Vorstellungswelt der Weiterbildungsteilnehmer entsprechen. Nachteilig ist schließlich noch der Umstand, daß der Einsatz der Fallmethode im allgemeinen zeitintensiver ist als die Vermittlung von Wissen und Fertigkeiten durch die herkömmliche Unterweisung bzw. durch den Vortrag. **Positiv** ist allerdings die hohe Lerneffektivität. Sie ist vor allem darauf zurückzuführen, daß "das selbständige am praktischen Fall erarbeitete Wissen in der Regel leichter verstanden und dauerhafter eingeprägt" wird. Positiv zu bewerten ist darüber hinaus die Möglichkeit, neben dem Erwerb des Fachwissens auch die methodischen Kompetenzen zu fördern, vor allem die Problemlösungs- und Entscheidungsfähigkeiten.[112]

Eine ähnliche Form der Weiterbildung ist die sogenannte **Fallarbeit**. Hierbei handelt es sich um ein relativ neues Konzept, das im Rahmen von Modellversuchen in den vergangenen Jahren entwickelt wurde. "»Fälle« im Sinne dieses Konzeptes sind konkrete Ereignisse bzw. Situationen, die die BildungsteilnehmerInnen in ihrem Alltag selbst entweder gerade erleben oder erlebt haben, in denen sie selbst, neben anderen Personen, eine zentrale Rolle spielen. Diese »Fälle« stellen die Erwachsenen, indem sie sie erzählen, zum Zwecke ihrer (Fort-)Bildung in einer als »Fallarbeit« bzw. »fallorientierte Fortbildung« definierten Bildungssituation sich selbst, den anderen Bildungsteilnehmern und den Weiterbildnern (Fallberatern) zur Verfügung."[113] Bearbeitet werden diese Fälle in zehn Arbeitsschritten, die im folgenden kurz vorzustellen sind:[114]
1. Arbeitsschritt: **Erzählen**, d. h. die Teilnehmer stellen ihre später von allen zu bearbeitenden Fälle aus der beruflichen Praxis vor.
2. Arbeitsschritt: **Nachfragen**, d. h. die zuhörenden Teilnehmer sorgen durch ihr Nachfragen dafür, daß der gesamte Fall für sie vervollständigt wird und Unklarheiten beseitigt werden.
3. Arbeitsschritt: **Erleben**, d. h. die Zuhörer stellen dar, wie sie den geschilderten Fall empfunden haben. Für den Fallerzähler bedeutet dies zugleich die Erkenntnis, welche Empfindungen andere Personen mit dem geschilderten Fall verbinden und wie diese unbeteiligten Personen die gesamte Situation einschätzen.

---

[112] Vgl. Seyd (1994), S. 202.
[113] Müller (1998), S. 274.
[114] Vgl. Müller (1998), S. 274-276.

4. Arbeitsschritt: **Erleben**, d. h. der Fallerzähler teilt mit, wie die Einschätzungen und Deutungen der Zuhörer auf ihn wirken und wie bzw. ob diese Einschätzungen seine eigenen Einstellungen zu dem Fall bereits verändert haben.

5. Arbeitsschritt: **Spuren suchen**, d. h. die Fallgeschichte wird von allen durcharbeitet und erschlossen. Zur Erschließung gehören unter anderem das Verstehen der Motive und Ziele der an dem Fall beteiligten Personen, das Verstehen der sozialen Interaktionen und Beziehungen dieser Personen sowie das Verstehen der Rahmenbedingungen des gesamten Falls.

6. Arbeitsschritt: **Kernthemen entdecken** und bearbeiten, d. h. die im vorherigen Schritt aufgestellten Erkenntnisse werden verallgemeinert, so daß ein grundlegendes Wissen für die Fallgeschichte gewonnen werden kann. Dieser Schritt dient dem Ziel, komplexe Situationen des beruflichen Alltags besser zu verstehen und deuten zu können.

7. Arbeitsschritt: **Erkennen der Lernnotwendigkeiten** und realistische Einschätzung der Lernchancen, d. h. alle an der Weiterbildungsmaßnahme teilnehmenden Personen erkennen, daß sie lernen müssen, um den geschilderten oder ähnliche Fälle bearbeiten und lösen zu können. Hier wird das Bewußtsein geschaffen, daß die eigene Weiterbildung zur Bewältigung beruflicher Aufgaben notwendig ist.

8. Arbeitsschritt: **Handlungswege für den Fallerzähler eröffnen**, d. h. der erzählenden Person werden konkrete Handlungsalternativen vorgeschlagen, die der Bewältigung des geschilderten Falls dienen.

9. Arbeitsschritt: Sich vergewissern und **Einsichten für die zukünftige Fallbearbeitung** ableiten, d. h. es werden Handlungsanleitungen erarbeitet, die allen Teilnehmern bei der zukünftigen Bearbeitung ihrer beruflichen Aufgabenstellungen helfen können.

10. Arbeitsschritt: **Berichten** über die **Erfahrungen** mit der Fallarbeit, d. h. eine kritische Bewertung der durchgeführten Fallarbeit. Ziel dieses Schrittes ist es, Verbesserungsvorschläge für die zukünftige Qualifizierungen durch die Fallarbeit zu entwickeln.

Grundidee der Fallarbeit ist somit die Lösung konkreter beruflicher Problemstellungen in einer Gruppe von Weiterbildungsteilnehmern mit anschließender Verallgemeinerung der gewonnenen Handlungsvorschläge. **Vorteilhaft** ist an erster Stelle die große Nähe zur beruflichen Praxis der Teilnehmer, was die Lernmotivation und den Lernerfolg positiv beeinflußt. **Problematisch** sind allerdings zumindest zwei Aspekte. Zum einen stellt die Fallarbeit hohe Anforderungen an die Weiterbildungsteilnehmer. Sie müssen über genügend berufliche Erfahrung verfügen, um derartige Fallbeispiele zu konstruieren. Außerdem setzt die gemeinsame Lösung eines konkreten Falls eine hohe Kooperationsfähigkeit voraus. Zum anderen verlangt die Fallarbeit auch einen kompetenten Fallberater, der in der Regel erst einmal Qualifizierungsmaßnahmen durchlaufen muß, um sich vom Weiterbildner zum Fallberater fortbilden zu können.[115] Insgesamt sollten Fallstudien und die Fallarbeit nur als eines von mehreren methodischen Instrumenten im Verlauf einer Weiterbildungsveranstaltung eingesetzt werden. Wichtig ist in jedem Fall, daß die ausgewählten Beispiele aus dem Erfahrungsfeld der Weiterbildungsteilnehmer kommen.[116] Für Dozenten, die im Zuge beruflicher Qualifizierungsmaßnahmen auf Fallarbeiten zurückgreifen, bedeutet dies, daß sie grundlegende Kenntnisse über die Arbeitsplatzbedingungen der Teilnehmer haben müssen. Es zeigt sich daher, daß Fallstudien und Fallarbeiten wiederum hohe Anforderungen an die Weiterbildner stellen.

Abschließend ist kurz auf die sogenannten **Simulationen** bzw. **Simulationsprogramme** einzugehen, die zwar zum später zu behandelnden computerunterstützten Lernen zählen, aber dennoch an dieser Stelle zu nennen sind, da sie weitreichende Parallelen zur Fallmethode aufweisen. Bei Simulationen werden bestimmte Abläufe am Computer durchgespielt. Beispiele hierfür sind "CNC-Programm-Simulationen, Simulationen von Anlagenstörungen, Simulationen der Steuerung von Fahrzeugen, Simulationen von betriebs- oder volkswirtschaftlichen Prozessen, Simulationen der Klimaentwicklung."[117] Durch die Simulation kann durchgespielt werden, zu welchen Konsequenzen unterschiedliche Handlungsentscheidungen führen. Dadurch ist es möglich abzuschätzen, wie gewünschte Ergebnisse in der Realität realisiert werden können. Ein **Vorteil** des Lernens durch Simulationsprogramme besteht darin, daß diese Abschätzung im Fall von Fehlentscheidungen nicht zu Schäden führt. Die Weiterbildungsteilnehmer können deshalb Entscheidungen und Handlungen ausführen, ohne mit den Risiken des Ernstfalls konfrontiert zu werden.[118] Ein konkretes **Beispiel** für diese Form der Weiterbildung ist das Programm 'Thyroidea', das zur Qualifizierung angehender Ärzte eingesetzt wird. Den Lernenden werden durch das Computerprogramm authentische Fälle aus der klinischen Praxis dargestellt. Durch Text- und Videoeinspielungen erhalten die Teilnehmer alle relevanten Informationen, die sie für eine Diagnose und anschließende Therapie benötigen. Durch die aktive Anwendung des vorhandenen Wissens auf die eingespielten Problemfälle können die Lernenden das erforderliche Handlungswissen erwerben.[119] Während die eben beschriebenen Arten von Simulationsprogrammen noch eher in die Rubrik der Planspiele gehören, sind andere Simulationen denkbar, die zur Qualifizierung durch die Fallmethode zählen. Hierzu gehört unter anderem die Darstellung von komplexen Geräten (Motoren, elektrische Geräte oder ganze Gas- und Wasserinstallationen) in Form von elektronischen Dokumenten. Die Weiterbildungsteil-

---

Vgl. Müller (1998), S. 276.
Vgl.Lorentz/Maurus (1998), S. 31.
Zimmer (1995), S. 347.
Vgl. Zimmer (1995), S. 347; Weber (1995), S. 31.
Vgl. Mandl/Gruber/Renkl (1995), S. 174f.

nehmer können sich dann am Computer mit dem Aufbau dieser Geräte vertraut machen und dadurch die Wirkungszusammenhänge sowie die Funktionsweise erlernen.[120]

3.2.6. Projektarbeit

Die Projektarbeit ähnelt zwar begrifflich dem bereits behandelten Projektlernen, sie ist aber strikt von ihm zu trennen. Beide Formen der Weiterbildung unterscheiden sich wie folgt:[121]

	Projektlernen	Projektarbeit
vorrangiges Ziel	der Erkenntnisgewinn, also die Erhöhung der beruflichen Qualifikation	das Arbeitsresultat, das im Rahmen der Projektarbeit erbracht wird
Funktion	didaktisch-pädagogisch	existentiell (Arbeitsaufgabe erfüllen)
pädagogische Organisation	- eingeordnet in einen Lehrplan - pädagogisch geführt	- keine Einordnung in den Lehrplan - Leitung gemäß der Arbeitsprozesse

Die Projektarbeit besitzt damit einen weit größeren Ernstcharakter als das Projektlernen, womit zugleich ein höheres Mißerfolgsrisiko verbunden ist.[122] Der Ansatzpunkt der Projektarbeit entspringt vor allem den geänderten arbeitsorganisatorischen Strukturen in modernen Betrieben. Der objektiv stattfindende Strukturwandel in der Arbeitswelt - der sowohl technischer als auch organisatorischer Art ist - und das Bedürfnis der Arbeitnehmer nach einer Kooperation erfordern in immer stärkerem Umfang die Kooperation der Beschäftigten. In steigendem Maße kommt es zur Zusammenarbeit mit anderen Bereichen, Tätigkeitsfeldern und Abteilungen. Erforderlich wird damit eine **fach- und abteilungsübergreifende Weiterbildung**. Für sie ist die Projektarbeit besonders geeignet. Projekte sind gekennzeichnet als fach- und abteilungsübergreifende, also als interdisziplinäre Vorhaben, bei denen es um die arbeitsteilige Lösung von Problemen geht. Das Arbeiten wird dabei von der Projektgruppe selbständig organisiert. Das primäre Weiterbildungsziel der Projektarbeit besteht aus dem Erlernen eines problemlösenden Denkens und eines entscheidungsorientierten Handelns. Auch die Teamfähigkeit und kommunikative Kompetenzen werden durch die Projektarbeit gefördert. Zudem strebt die Projektarbeit an, durch eine aktive Auseinandersetzung mit einem Problem Fertigkeiten

---

[120] Vgl. Hahne (1998), S. 36f.
[121] Vgl. Kirchhöfer (1995), S. 90.
[122] Vgl. Hensel/Link (1998), S. 444.

226

und Wissen zu erlangen.[123] Allerdings, dies sei nur wiederholend erwähnt, sind die genannten Weiterbildungsziele nur von untergeordneter Bedeutung für die Projektarbeit, denn deren Hauptziel ist das anvisierte Arbeitsresultat. Ein entscheidendes methodisches Merkmal der Projektarbeit ist die Verantwortungsübernahme und **Selbstorganisation der Lernprozesse** durch die Weiterbildungsteilnehmer. Die Selbstorganisation beginnt bereits bei der konkreten Zielsetzung des Projektes. Das Projektziel wird nur grob vorgegeben (z. B. Bau einer Maschine oder Gründung eines fiktiven Unternehmens) und dann von den Weiterbildungsteilnehmern weiter konkretisiert. Die große Selbständigkeit der Lernenden führt dazu, daß der Weiterbildner primär als Moderator tätig wird, also beratend und helfend eingreift und den Dialog bzw. die Zusammenarbeit zwischen den Teilnehmern koordiniert. Darüber hinaus obliegt dem Weiterbildungspersonal die Auswahl der zu bearbeitenden Projektaufgaben. Hierbei muß auf die jeweiligen Bedürfnisse der Teilnehmer eingegangen werden, d. h. es sind sowohl deren Vorkenntnisse als auch der konkrete Qualifizierungsbedarf zu berücksichtigen. Alles in allem stellt das Projektlernen dadurch sehr hohe Anforderungen an das Weiterbildungspersonal.[124]

Der **Ablauf** eines Projektes zeichnet sich durch umfangreiche vor- und nachbereitende Phasen aus. Neben der eigentlichen Durchführung des Projektes müssen vorher Entscheidungen über das Projektthema und die genaue Planung des Projektes getroffen werden. Des weiteren ist es für den Lernerfolg zwingend erforderlich, in einer abschließenden Phase eine Bewertung der gesamten Projekttätigkeit durchzuführen. Der konkrete Ablauf eines Projektes zur Weiterbildung der teilnehmenden Personen hat das folgende Aussehen:[125]

1. Die **Einstiegsphase**: In ihr wird die Problemstellung verdeutlicht. Außerdem werden erste Informationen über die zu lösende Aufgabe vermittelt. In der Einstiegsphase sammeln die Lernenden selbständig Informationen, die sie verarbeiten. Dadurch werden sie sich auch über die konkrete Zielsetzung klar.
2. Die **Experimentierphase**: Es werden mögliche Problemlösungstrategien erarbeitet und erste Lösungsversuche durchgeführt sowie protokolliert, d. h. es findet eine Dokumentation der Ergebnisse der Lösungsversuche statt. Dabei werden auch die Grenzen der entwickelten Lösungsentwürfe aufgezeigt.
3. Die **Diskussion der Ergebnisse**: Die einzelnen Lösungsversuche inklusive der anfallenden Erfolge werden vorgestellt und diskutiert. In diesem Zusammenhang gilt es zu kontrollieren, ob der angestrebte Erfolg erreicht wurde, so daß eine erste Bewertung und Kontrolle der entwickelten Lösungsversuche stattfindet.
4. Phase des **Projektplanes**: Die Weiterbildungsteilnehmer entwickeln ein Konzept zur konkreten Durchführung des Projektes. Der gemeinsam aufzustellende

[123] Vgl. Sika (1991), S. 329-331; Weber (1995), S. 29; Kirchhöfer (1995), S. 88.
[124] Vgl. Sika (1991), S. 332f.; Seyd (1994), S. 205; Lorentz/Maurus (1998), S. 31.
[125] Vgl. Sika (1991), S. 334-338; Seyd (1994), S. 205f.; Weber (1995), S. 29f.

Projektplan umfaßt Aspekte wie die Frage nach der gruppeninternen Arbeitsteilung, der Suche der notwendigen Informationen, der verschiedenen Zeitabsprachen und der abschließenden Dokumentation des Resultats für andere.

5. Die Phase der **Projektdurchführung**: Es finden die handlungsorientierten Aktivitäten statt. Zu ihnen gehören vor allem die Beschaffung und Verarbeitung von Informationen sowie die tatsächliche Erstellung des Handlungsproduktes. Hinzu kommen - aufgrund der arbeitsteiligen Tätigkeiten - die gruppeninterne Organisation der Einhaltung von Zeitplänen und die gegebenenfalls erforderliche Korrektur der aufgestellten Pläne.

6. Die Phase der **Ergebnisauswertung**: Die Ergebnisse werden der Öffentlichkeit zugänglich gemacht. Wichtig ist zudem, daß die Arbeitsergebnisse auf die Realität übertragen und verallgemeinert werden. In diesem Zusammenhang kommt es zu einer Dokumentation der Ergebnisse und schließlich zur Entwicklung von Handlungsanleitungen für die zukünftige Alltagsarbeit. Dadurch findet ein weiterer Erkenntnisgewinn statt, denn die Handlungsanleitungen stellen die Antwort auf die Frage dar, wie sich die Teilnehmer in der Zukunft angemessener verhalten können.

Die Projektarbeit erweist sich insgesamt als eine Form der produktiven Lehrarbeit, bei der die Weiterbildungsteilnehmer bestimmte Arbeitsaufgaben erhalten, die sie in der Gruppe zu bearbeiten haben. Durch die Lösung der Projektaufgabe können sich die Lernenden schrittweise neue Kenntnisse und Fähigkeiten aneignen und somit ihre berufliche Qualifikation erhöhen. Konkret lernen die Weiterbildungsteilnehmer im Rahmen der Projektarbeit die folgenden Dinge:[126]

• Sie lernen die notwendigen Arbeitsschritte bei der Planung und Durchführung des Projektes.

• Sie lernen, welche Materialien erforderlich sind und in welcher Weise diese Materialien beschafft, behandelt und zusammengefügt werden müssen.

• Sie lernen, bei welchen Instanzen sie notwendige Informationen erhalten können und wie diese Informationen zusammengetragen und verarbeitet werden müssen.

• Sie lernen, wie die gesamte Arbeit gedanklich vorzuplanen ist und wie die Aufgabenverteilung innerhalb der Gruppe zu erfolgen hat. Dies umfaßt den gesamten Projektverlauf, also die Planung, Durchführung und Kontrolle bzw. Bewertung des Arbeitsergebnisses.

• Die Projektarbeit fördert zudem wichtige Schlüsselqualifikationen wie das Lösung von Konflikten, das Arbeiten im Team, die Kommunikation innerhalb einer Gruppe, die Analyse- und Problemlösungsfähigkeiten, die Verantwortungsbereitschaft oder auch die Kreativität, um nur die wichtigsten zu nennen.

---

[126] Vgl. Schlaffke (1992), S. 55; Seyd (1994), S. 205-207.

Die Projektarbeit verfügt damit über die **Vorteile**, die im Rahmen der anderen handlungsorientierten Weiterbildungsformen hinreichend dargestellt wurden und auf die an dieser Stelle nicht weiter eingegangen werden muß. Die zusammenfassende Gesamteinschätzung zu einem Schulprojekt mag ausreichen, um die Vorteile und möglichen Einsatzgebiete der Projektarbeit in der beruflichen Weiterbildung aufzuzeigen: "Wissen und Können wurden erweitert (Sachkompetenz), Kooperationsfähigkeit, Einander Verstehen und Einfühlungsvermögen wurden gefördert (Sozialkompetenz), Akzeptanz und Wertschätzung wurden erfahren sowie Selbstwertgefühl und Wirksamkeitserwartungen verbessert (Ich-Kompetenz)."[127] Zur Förderung von Schlüsselqualifikationen eignet sich die Projektarbeit daher wie kaum eine andere Qualifizierungsform.[128] Auch die **Probleme**, die mit der Projektarbeit verbunden sind, ähneln denen der bereits behandelten neuen handlungsorientierten Qualifizierungsformen. Zu nennen sind in diesem Zusammenhang vor allem der hohe Zeitbedarf zur Vorbereitung und Durchführung von Projekten, die ebenfalls zeitintensive Vorbereitung der Weiterbildungsteilnehmer, die hohen Voraussetzungen, die von den Weiterbildungsteilnehmern erfüllt werden müssen (Engagement, Motivation sowie methodische und soziale Kompetenzen) und die didaktisch-methodischen Anforderungen an das Weiterbildungspersonal. Letzteres muß notwendige Informationen bereitstellen, bei der Projektplanung beratend zur Seite stehen und immer dann helfend eingreifen, wenn Schwierigkeiten auftreten.[129] Und wie schon beim Planspiel gilt auch für die Projektarbeit: Sofern die Teilnehmer über die erforderlichen Voraussetzungen verfügen, eignet sich die Projektarbeit hervorragend zur Förderung von fachlichen Kompetenzen und Schlüsselqualifikationen.

3.2.7. Zusammenfassende Bemerkungen

In der beruflichen Weiterbildung wird sich das handlungsorientierte Lernen immer mehr durchsetzen, weil es besonders geeignet ist zur Förderung der Methoden- und Sozialkompetenz. Beide Kompetenzbereiche können nur begrenzt durch theoretische Vorträge gefördert werden. Kreativität und Problemlösungskompetenzen - um nur zwei Aspekte exemplarisch zu nennen - lassen sich nicht durch den Vortrag eines Dozenten vermitteln. Beides läßt sich vielmehr nur dadurch schulen, daß die Weiterbildungsteilnehmer durch eigenes Tätigwerden entsprechende Kompetenzen erwerben. Problematisch ist derzeit die geringe Akzeptanz, die dem handlungsorientierten Lernen immer noch entgegengebracht wird. Von vielen werden Rollenspiele, das Projektlernen und die Fallmethode als 'weiche' Qualifizierungsmethoden angesehen, die sich gegenüber dem Vortrag nur schwer durchsetzen können.

---

[127] Hensel/Link (1998), S. 451.
[128] Vgl. Seyd (1994), S. 207.
[129] Vgl. statt vieler Seyd (1994), S. 206; Weber (1995), S. 30.

229

Gleichzeitig ist aber auch festzustellen, daß viele Erwachsene die aktivierenden Lernmethoden noch nicht in einem ausreichenden Maße beherrschen und diesen Lernformen daher kritisch gegenüberstehen.[130] Es ist jedoch zu erwarten, daß diese Widerstände nach und nach abgebaut werden können.

3.3. Dezentrale Konzepte des Lernens im Betrieb

Die in diesem Abschnitt zu behandelnden Weiterbildungsformen sind ebenfalls **handlungsorientierte Weiterbildungsmaßnahmen.** Im Unterschied zu den bereits beschriebenen neuen handlungsorientierten Weiterbildungsformen zeichnen sich die dezentralen Konzepte dadurch aus, daß sie nicht mehr am Arbeitsplatz der zu qualifizierenden Personen durchgeführt werden. Auch wenn beispielsweise die Projektarbeit oder das Planspiel nicht notwendigerweise immer am Arbeitsplatz der Weiterbildungsteilnehmer stattfinden müssen, so besteht zumindest die Möglichkeit, sie dort durchzuführen. Die dezentralen Konzepte der betrieblichen Weiterbildung werden hingegen nicht am Arbeitsplatz der Teilnehmer durchgeführt. Statt dessen finden sie entweder in speziell für die Weiterbildung eingerichteten Räumlichkeiten statt (dies gilt vor allem für die Lernstatt-Konzepte, die Lerninseln und die Zukunftswerkstatt) oder aber an Arbeitsplätzen von anderen Beschäftigten (dies betrifft primär das Job-Rotation-Programm). Dabei grenzen sich die dezentralen Qualifizierungsmaßnahmen von den üblichen Arbeitsplätzen dadurch ab, daß sie zusätzlich zur Arbeitsinfrastruktur auch noch über eine Lerninfrastruktur verfügen, also mit Lernmaterialien ausgestattet sind. Neben der Gemeinsamkeit, nicht am eigentlichen Arbeitsplatz der zu qualifizierenden Mitarbeiter abzulaufen, haben die Qualifizierungskonzepte eine weitere Übereinstimmung: Alle im folgenden zu nennenden Maßnahmen sind **ursprünglich nicht** für die **Weiterbildung** konzipiert worden. Die meisten Instrumente werden normalerweise nur zur Ausbildung verwendet, während das Instrument des Qualitätszirkels ursprünglich noch nicht einmal den Lerneffekt als primäres Ziel hat.[131]

3.3.1. Qualitätszirkel

Das Konzept des Qualitätszirkels wurde zuerst in Japan seit den 50er Jahren angewendet. In Deutschland übernahmen Betriebe diese Idee gegen Ende der 70er bzw. in den 80er Jahren. Das **Ziel**, das mit der Einrichtung eines Qualitätszirkels verfolgt wird, war ursprünglich die Qualitätsverbesserung von Produkten und Dienstleistungen sowie die Verbesserung der betrieblichen Zusammenarbeit und die Förderung des Teamgeistes. Zu den angestrebten Zielen zählen weiterhin die

[130] Vgl. Siebert (1984), S. 175; Hensel/Link (1998), S. 445.
[131] Severing (1994), S. 133; Dehnbostel/Merkert (1999), S. 6.

230

Erhöhung der Arbeitsmotivation, die Senkung des Ausschußanteils, die Senkung der Nacharbeitszeit und Kosteneinsparungen durch verbesserte Arbeitsabläufe. Konkret werden mit dem Einsatz von Qualitätszirkeln die folgenden Zielvorstellungen verbunden:[132]

- Die Förderung der sozialen Kontakte innerhalb einer Gruppe, also die Verbesserung der Atmophäre innerhalb der Gruppe sowie die Förderung des kooperativen Klimas.
- Mit dem zuletzt genannten Ziel eng verbunden ist das Bestreben, Konflikte zu entschärfen, auftretende Krisen zu managen und zudem die Akzeptanz von betrieblichen Veränderungen auf seiten der Beschäftigten zu erhöhen.
- Die Entwicklung von Verbesserungsvorschlägen hinsichtlich der Produktqualität, der Arbeitsbedingungen und der Organisation betrieblicher Abläufe.
- Die intensive Nutzung vorhandener Erfahrungen und Problemlösungskompetenzen.
- Die Steigerung der Qualifikation und der Motivation der Beschäftigten.

Interessant ist aus Sicht der Weiterbildung vor allem das Ziel einer Steigerung der Qualifikation. Zur Erreichung dieses Zieles werden in einem Qualitätszirkel einzelne Probleme aus dem Arbeitsbereich der Beschäftigten, die am Qualitätszirkel teilnehmen, ausgewählt. Die Lösung dieser von den Weiterbildungsteilnehmern selbstgewählten Probleme erhöht dann die Qualifikation der Beschäftigten, die am Qualitätszirkel teilnehmen. Außerdem räumen Qualitätszirkel den Teilnehmern "Möglichkeiten zur reflexiven Selbstqualifizierung" ein und sind auch dadurch ein Instrument zur beruflichen Weiterbildung.[133] Zu den wesentlichen Elementen der Qualitätszirkel-Organisation gehört vor allem die personelle Zusammensetzung der entsprechenden Gruppe. Im einzelnen besteht ein Qualitätszirkel aus den folgenden Personen:[134]

- Eine **Steuergruppe**, die sich aus etwa 3 bis 4 Personen zusammensetzt. Zu den Aufgaben dieser Gruppe gehören die Planung, Durchsetzung und Kontrolle aller Zirkel-Aktivitäten. Die Steuergruppe entwickelt zudem den Qualifizierungsprozeß weiter und steuert den gesamten Arbeits- und Lernprozeß des Qualitätszirkels.
- Unterstützt wird die Steuergruppe bei ihren Bemühungen von einem **Koordinator** bzw. **Moderator**. Seine Aufgabe besteht aus der Unterstützung des Qualitätszirkels und der Versorgung mit den notwendigen Ressourcen. Dabei nimmt der Moderator keine Sonderposition ein, sondern ist als »Gleicher unter Gleichen« anzusehen.

---

[132] Vgl. Severing (1994), S. 126-128; Siebert (1997), S. 188.
[133] Vgl. Kirchhöfer (1995), S. 88; Sommerfeld (1998), S. 35.
[134] Vgl. Severing (1994), S. 126-128; Kirchhöfer (1995), S. 89; Siebert (1997a), S. 189; Hoffmann (1998), S. 38.

231

- Geleitet wird die Arbeit des Qualitätszirkels von einem **Qualitätszirkel-Leiter**. Er führt und leitet den Zirkel, beschafft Informationen und hält die Ergebnisse der Tätigkeiten fest. Häufig wird diese Tätigkeit auch vom Moderator bzw. Koordinator wahrgenommen.
- Getragen wird diese Weiterbildungsform schließlich von den **Qualitätszirkel-Teilnehmern**. Bei ihnen handelt es sich im Regelfall um eine Gruppe von 8 bis 10 Personen. Diese Personen sind die eigentlichen Weiterbildungsteilnehmer, die es zu qualifizieren gilt. Sie arbeiten die anstehenden Probleme durch, entwickeln Lösungen und führen diese Lösungen ein. Außerdem berichten sie der Führung des Betriebes über die Ergebnisse.
- Unterstützt werden Qualitätszirkel häufig noch von einem **externen Berater**.

Entscheidend für den Erfolg eines Qualitätszirkels ist die Freiwilligkeit der Teilnahme. Die so gebildete Gruppe von Beschäftigten eines Betriebes trifft sich dann mehr oder weniger regelmäßig zur Lösung selbstgewählter Probleme, die aus ihrem Tätigkeitsfeld stammen. Ausdrücklich muß in diesem Zusammenhang darauf hingewiesen werden, daß der Lerneffekt bei alledem nur eine untergeordnete Rolle einnimmt. Zu den **Vorteilen** eines Qualitätszirkels in der betrieblichen Weiterbildung gehören eine Reihe von positiven Aspekten:[135]

- Der größere Gestaltungsspielraum der einzelnen Teilnehmer - also vor allem die vergrößerten Mitspracherechte - fördert das Bewußtsein für die Demokratisierung und die Partizipation im Gefüge der betrieblichen Hierarchie. Dies macht die teilnehmenden Beschäftigten entscheidungsfreudiger und erhöht deren Kompetenzen auf dem Gebiet der Entscheidungstechniken.
- Gleichzeitig fördert dieses Vorgehen die Problemerkennungskompetenzen und die Problemlösungskompetenzen der Mitarbeiter.
- Der Einsatz eines Qualitätszirkels erhöht die betriebliche Kommunikation sowie die betriebliche Kooperation und fördert dadurch die kommunikativen Kompetenzen, den Teamgeist sowie die Teamfähigkeit der Teilnehmer.
- Alles in allem erweist sich dieses Instrument als eine vergleichsweise 'preiswerte' Selbstqualifizierung der Arbeitskräfte am Arbeitsplatz.

Qualitätszirkel bieten sich also vor allem zur Schulung von **sozialen und kommunikativen Kompetenzen** an, denn sie werden durch den kooperativen Aufbau des Qualitätszirkels in besonderem Maße angewendet.[136] Für die Erhöhung rein fachlicher Kompetenzen ist der Einsatz eines Qualitätszirkels hingegen kaum geeignet. Qualitätszirkel lassen sich daher nur in begrenztem Umfang in der betrieblichen Weiterbildungspraxis verwenden. Ein weiteres Problem, das gegen den Einsatz eines Qualitätszirkels zur beruflichen Qualifizierung spricht, ist die Unvorhersehbarkeit des konkreten Lernerfolges. Eine mehr oder weniger objektive Messung des

---

[135] Vgl. Münk/Lipsmeier (1997), S. 75f.; Dehnbostel/Makert (1999), S. 3-6.
[136] Vgl. Kirchhöfer (1995), S. 88.

erzielten Weiterbildungserfolges ist dadurch schwer möglich. Mit diesem Problem eng verbunden ist der Umstand, daß eine Qualifizierung durch die Teilnahme an einem Qualitätszirkel nicht mit Zertifikaten abschließt. Dies verhindert im Regelfall eine unmittelbare Verwertung der eigenen Weiterbildung für Gehaltserhöhungen oder einen beruflichen Aufstieg, so daß viele Beschäftigte nur eine geringe Motivation für die Teilnahme an dieser Weiterbildungsform besitzen. Insgesamt deuten die genannten Probleme darauf hin, daß Qualitätszirkel auch in Zukunft nur eine geringe Bedeutung in der beruflichen Weiterbildung einnehmen werden.

3.3.2. Lernstatt-Konzepte

Der Begriff 'Lernstatt' ist eine Kombination aus den Wörtern 'Lernen' und 'Werkstatt'. Die Lernstatt ist ein besonderer Raum, der für die Qualifizierung der Beschäftigten eines Betriebes eingerichtet wird. In der speziell für die Weiterbildung eingerichteten Lernstatt findet ein "Training on the Job" statt, bei dem neben dem Erwerb der fachlichen Kompetenzen auch der Erwerb sozialintegrativer und sozialkommunikativer Fertigkeiten eine wichtige Rolle spielt. Insgesamt handelt es sich bei dieser Form der Weiterbildung um eine **spezielle Werkstatt**, die nicht der Produktion von Arbeitsergebnissen dient, sondern der Qualifizierung der Mitarbeiter.[137] Das Lernen soll sich dabei möglichst nah an den Bedingungen der Arbeitserfordernisse einer Produktionsstätte orientieren und auf diese Erfordernisse eingehen. Es handelt sich bei dieser Form der Weiterbildung folglich um ein Konzept, bei dem das Lernen arbeitsorientiert erfolgt und auf die betriebliche Erfahrungswelt der Teilnehmer abzielt. Der Begriff der Lernstatt beinhaltet zudem explizit den Aspekt des Lernens, so daß eine Lernstatt - anders als der Qualitätszirkel - primär auf den Lernerfolg abzielt.[138]
Bei einer Qualifizierung im Rahmen des Lernstatt-Konzeptes erfolgt die Weiterbildung in einer **Lerngruppe**, die sich selbst organisiert und selbständig Probleme bearbeitet. Die Lerngruppe arbeitet strikt themenorientiert, d. h. sie erhält einen **konkreten Lernauftrag**, der von der Gruppe gemeinsam erfüllt werden muß. Die Lerngruppe besteht dabei aus den Beschäftigten einer Fachabteilung. Geleitet wird der Qualifizierungsprozeß von einem Moderator, der meist kein eigentlicher Weiterbildungsfachmann ist, sondern ebenfalls aus der Fachabteilung kommt, aus die restlichen Teilnehmer stammen. Zwingend erforderlich für den Erfolg des Lernstatt-Konzeptes ist es, daß die teilnehmenden Beschäftigten bereits über **abrufbare Fähigkeiten** verfügen, die sie für die Erledigung des erteilten Lernauftrages benötigen. Dasselbe gilt für abrufbares Wissen. Damit deutet sich an, daß die Lernstatt am besten für Weiterbildungsmaßnahmen eingesetzt werden kann, die nicht die Vermittlung von vollkommen neuem Wissen bzw. vollkommen neuartigen Fertig-

---

[137] Vgl. Münk/Lipsmeier (1997), S. 74.
[138] Vgl. Severing (1994), S. 128f.; Münk/Lipsmeier (1997), S. 74.

keiten als Ziel haben. Der erfolgreiche Einsatz der Lernstatt in der beruflichen Weiterbildung setzt voraus, daß die teilnehmenden Beschäftigten bereits über erste Grundlagenkenntnisse verfügen und diese Grundkenntnisse vervollkommnen sollen. Dies bedeutet allerdings nicht, daß nur hochqualifizierte Beschäftigte für den Einsatz einer Lernstatt geeignet sind. Verschiedene Unternehmen, unter ihnen beispielsweise *BMW*, haben Lernstätten eingerichtet, in denen niedrigqualifizierte und weiterbildungsbenachteiligte Personen erfolgreich qualifiziert werden. Entscheidend ist dabei eine entsprechende Vorbereitung der Weiterbildungsteilnehmer, also die vorherige Vermittlung von grundlegenden Kenntnissen.[139]

Methodisch erfolgt die berufliche Weiterbildung in einer Lernstatt vor allem über handlungsregulatorische Unterweisungen, über projektorientierte Unterweisungen oder durch selbstgesteuertes Lernen nach der Leittextmethode. Diese methodischen Instrumente weisen darauf hin, daß die Lerngruppe in einer Lernstatt die eigene Weiterbildung in einem hohen Maße selbst organisiert und durchführt. Dennoch kommt die berufliche Qualifizierung im Rahmen der Lernstatt nicht ohne einen qualifizierten Trainer bzw. Betreuer aus. So wie alle Formen der Lerngruppe benötigen auch Lernstätten langfristig einen **Kursleiter**, mit dem sich die Teilnehmer intensiv beraten können. Der Kursleiter nimmt in diesem Zusammenhang allerdings nicht mehr die Rolle eines Vermittlers von Wissen oder Fähigkeiten wahr, sondern agiert als ein Moderator, der den gesamten Qualifikationsprozeß beratend begleitet und helfend eingreift, wenn die Weiterbildungsteilnehmer seinen Rat benötigen. **Inhaltlich** wird diese Form des "Training on the Job" vor allem für Weiterbildungsmaßnahmen eingesetzt, bei denen neben dem Erwerb der fachlichen Konsequenzen auch der Erwerb sozialer und kommunikativer Fähigkeiten eine wichtige Rolle spielen.[140] Von der zeitlichen Organisation her erweist sich die Lernstatt als ein außerordentlich flexibles Instrument. Bei der *Robert Bosch GmbH, Geschäftsbereich Kraftfahrzeugausrüstung/Handel* beispielsweise, werden die Beschäftigten seit 1991 "alle zwei Wochen jeweils eine Stunde lang" in einer Lernstatt fortgebildet.[141]

Hinsichtlich der **Vorteile** zeichnen sich Lernstätten im wesentlichen durch die Aspekte aus, die aus dem handlungsorientierten Lernen auf der einen und dem Lernen in Gruppen auf der anderen Seite bereits bekannt sind.

• Das **Lernen in Gruppen** erweist sich wegen der Möglichkeiten eines intensiven Erfahrungsaustausches und der Nutzung von Synergieeffekten als besonders effektiv und in der Regel auch als lernmotivierend.

• Das **handlungsorientierte Lernen** umgeht infolge der sofortigen praktischen Anwendung der vermittelten Inhalte das Umsetzungsproblem am Arbeitsplatz. Zudem erhöht die handlungsorientierte Methode die Lernmotivation, weil die

---

[139] Vgl. Siebert (1997a), S. 189.
[140] Vgl. Severing (1994), S. 128f.; Kirchhöfer (1995), S. 88; Münk/Lipsmeier (1997), S. 74.
[141] Vgl. Schütte (1999), S. 61.

Anwendung der Inhalte den Sinn der Weiterbildung offenkundig macht und die Einsicht in die Notwendigkeit der Teilnahme an der Schulungsmaßnahme erhöht.

• Ein **spezieller Vorteil der Lernstatt** hängt mit dem Problem der arbeitsplatznahen Weiterbildung, geeignete Arbeitsplätze zu finden, zusammen. Für die Vermittlung bestimmter Inhalte durch arbeitsplatznahe und handlungsorientierte Qualifizierungsmaßnahmen ist es zwingend erforderlich, im Betrieb entsprechende Arbeitsplätze zu finden, an denen die gewünschten Inhalte vermittelt werden können. Das Aufsuchen solcher Arbeitsplätze kann problematisch sein, vor allem auch deshalb, weil diese Arbeitsplätze im Regelfall für die laufende Produktion nicht mehr zur Verfügung stehen. Zur **Vermeidung** der damit zusammenhängenden **Kapazitätsengpässe** und zur Umgehung des mühsamen **Auffindens geeigneter Arbeitsplätze** kann es sinnvoll sein, eine Werkstatt für reine Lernzwecke einzurichten, also eine Lernstatt.

Zu den **Problemen** gehören vor allem der hohe Zeitaufwand zur Vorbereitung und Koordination des Gruppenlernens sowie die Notwendigkeit, Weiterbildungsteilnehmer zu finden, die bereits über ein Mindestmaß an sozialen und kommunikativen Kompetenzen verfügen, ohne die ein Lernen in der Gruppe schwer vorstellbar ist. Erschwerend kommt bei der Lernstatt hinzu, daß die Einrichtung einer speziellen Werkstatt für Weiterbildungszwecke hohe **finanzielle und sachliche Ressourcen** beansprucht. Lernstätten werden deshalb in kleinen und mittleren Betrieben kaum zu realisieren sein, weil in diesen Betrieben wegen der geringen Beschäftigtenzahl die Investitionskosten zu hoch ausfallen.

3.3.3. Lerninseln

Lerninseln sind dem Konzept der Lernstatt sehr ähnlich. Es geht um die unmittelbare Integration des Lernortes in die Arbeitsumgebung, allerdings bei einer Trennung von Lerntätigkeit und Arbeitstätigkeit. Ebenso wie bei der Lernstatt wird die Qualifizierung zwar in die Produktionsprozesse verlagert, ohne dabei aber am eigenen Arbeitsplatz der Weiterbildungsteilnehmer stattzufinden. Sie erfolgt arbeitsplatzintegriert, wobei die ausgewählten zu erlernenden Arbeitsschritte allerdings **an besondere Arbeitsplätze ausgegliedert** werden. An diesen Arbeitsplätzen werden reale Arbeitsaufträge bearbeitet, so daß die Qualifizierung im Rahmen von realen Arbeitstätigkeiten erfolgt. Wichtig ist dabei, daß für die Erledigung der (Lern)Aufgaben mehr Zeit zur Verfügung steht als im normalen Produktions- und Arbeitsprozeß. Ergänzt wird die Vermittlung der Weiterbildungsinhalte an den speziellen Arbeitsplätzen durch zusätzliche Kursangebote, Herstellerschulungen etc., so daß die Weiterbildung nicht nur an den Arbeitsplätzen der speziell eingerichteten Lerninsel durchgeführt wird. Denkbar ist anstelle der besonderen Arbeitsplätze auch die Einrichtung von **Weiterbildungszentren**, in denen eine fachübergreifende

Weiterbildung stattfindet. Hierzu ist es allerdings zwingend erforderlich, daß diese Zentren über die notwendige technische Ausstattung verfügen.[142] Die Kombination von Lernen und Arbeiten sorgt dafür, daß eine Lerninsel letztlich über eine doppelte Infrastruktur verfügen muß: eine Arbeitsinfrastruktur und eine Lerninfrastruktur. In einer Übersicht lassen sich beide Infrastrukturen wie folgt gegenüberstellen:[143]

Lerninsel	
Arbeitsinfrastruktur - Arbeitsmittel, Maschinen - Ablauf- und Aufbauorganisation - Arbeitsaufgaben - Qualifikationsanforderungen	Lerninfrastruktur - sachliche und zeitliche Lernmöglichkeiten - lernhaltige Arbeitsaufgaben - Lernziele und Lerninhalte - kooperative Arbeits-Lerngruppen
Erfahrungslernen	

Die spezielle räumliche Gestaltung der Lerninseln, also die Integration der Lernorte in die Arbeitsumgebung bei einer gleichzeitigen Trennung der Arbeitstätigkeiten von den Lerntätigkeiten, läßt sich graphisch wie folgt darstellen:[144]

individu- eller Lern- bereich	Arbeits- platz	Arbeits- platz	Arbeits- gruppen- lernbereich	Arbeits- platz	Arbeits- platz	Raum für Vor- und Nachberei- tung
☒☒ ☒☒	☒	☒	☒☒ ☒☒ ☒☒	☒	☒	☒☒ ☒☒
Lerninsel-Bereich						
Produktionsbereich						
Arbeits- platz ☒	Arbeits- platz ☒	Arbeits- platz ☒	Arbeits- platz ☒	Arbeits- platz ☒	Arbeits- platz ☒	Arbeits- platz ☒

Die mögliche räumliche Ausgestaltung nach dem obigen Muster zeigt, daß die Einrichtung einer Lerninsel nur mit umfangreichen Investitionen möglich ist. Neben

---

[142] Vgl. Severing (1994), S. 129-132; Hortsch/Kersten (1996), S. 251; Dehnbostel (1998), S. 277f.

[143] Vgl. Dehnbostel (1998), S. 278.

[144] In Anlehnung an Severing (1994), S. 131.

einem notwendigen Raum und den technischen bzw. sachlichen Mitteln werden für den Einsatz dieser Weiterbildungsform auch entsprechende Weiterbildner benötigt. Wegen des großen Volumens an Ressourcen wird das Lerninsel-Konzept gegenwärtig lediglich in Großbetrieben angetroffen. Und selbst dort werden Lerninseln nur in einem geringen Umfang eingesetzt, so daß diese Form der Weiterbildung bisher **keine nennenswerte Bedeutung** in der beruflichen Weiterbildungspraxis besitzt.[145]

Bei Qualifizierungsmaßnahmen, die auf dem Lerninsel-Konzept basieren, werden in der Regel **Lerngruppen** gebildet, die aus drei bis sechs Beschäftigten und einem Weiterbildner bestehen. Die **zeitliche Dauer** Schulungen ist abhängig vom Inhalt der Weiterbildungsmaßnahme. Im Rahmen eines Modellversuchs zur Berufsausbildung bei der *Mercedes Benz AG* schwankte die Verweildauer der Auszubildenden in den verschiedenen Lerninseln zwischen fünf und neun Wochen. Während dieser Zeit arbeiten und lernen die Mitarbeiter in der Lerninsel. Dabei planen sie nicht nur die Arbeit im Team, sondern führen auch nachbereitende Tätigkeiten, z. B. die Fehleranalyse und Bewertung des Vorgehens, gemeinsam durch. Grundsätzlich sind aber auch Verweildauern möglich, die zwischen zwei Wochen und mehreren Monaten liegen. **Inhaltlich** bietet sich der Einsatz von Lerninseln unter anderem an, um den Umgang mit neuen Maschinen und Arbeitsgeräten zu erlernen.[146] Vor allem bei Maschinen und Technologien, die eine hohe Störanfälligkeit besitzen und große Schadenskosten hervorrufen, ist es ratsam, den reibungslosen Umgang nicht im normalen Arbeitsprozeß zu erlernen. Die Kosten, die im Falle einer fehlerhaften Anwendung durch den Lernenden entstehen, wären zu hoch. Die **Vorteile** der Lerninsel-Konzeption liegen - neben den eben angesprochenen Kostenvorteilen - vor allem im didaktischen Bereich:[147]

• Durch die Einbindung der Weiterbildung in den Arbeits- bzw. Produktionsprozeß wird die Übertragung der vermittelten Kenntnisse auf das praktische Arbeitsleben unproblematisch.

• Die Lerninsel kann jederzeit vom normalen Arbeitsprozeß abgekoppelt werden und dadurch für reine Weiterbildungszwecke verwendet werden, ohne daß die Weiterbildung durch Vorgänge in den Arbeitsprozessen gestört wird. Durch diese Möglichkeit gelingt es auch bei komplexen Aufgabenstellungen, die Beschäftigten stufenweise an diese neuen Herausforderungen heranzuführen.

• Durch die Anwendung einer handlungsorientierten Weiterbildung können besonders hohe Lernerfolge erzielt werden. Neben der fachlichen Qualifizierung gelingt es, auch die methodischen und sozialen Kompetenzen zu erhöhen, so

---

[145] Vgl. Severing (1994), S. 129f., 134f.

[146] Vgl. Herpich/Krüger/Nagel (1992), S. 65; Severing (1994), S. 131; Dehnbostel (1998), S. 278.

[147] Vgl. Hoppe/Schulz (1992), S. 196; Severing (1994), S. 135f.; Bundesministerium für Bildung, Wissenschaft, Forschung und Technologie (1999), S. 114.

daß es insgesamt zu einer Verbesserung der beruflichen Handlungskompetenz kommt.

- Schließlich kann durch die sofortige Erprobung des Erlernten schnell herausgefunden werden, ob und wo die Weiterbildungsteilnehmer noch Qualifikationsdefizite besitzen, die ebenfalls sehr schnell behoben werden können.

Alles in allem eignet sich das Lerninsel-Konzept hervorragend zur Sicherstellung eines möglichst hohen Lernerfolges. Lerninseln sind daher besonders geeignet, wenn es um die Förderung der beruflichen Handlungskompetenz geht, die neben fachlichen auch die methodischen und sozialen Qualifikationen umfasst.[148] Diesem Vorteil stehen allerdings nicht unerhebliche Nachteile gegenüber, die den Einsatz von Lerninseln in der betrieblichen Weiterbildungspraxis stark einschränken. Neben den schon genannten hohen Investitionsanstrengungen zählen dazu folgende **Problemkreise**:[149]

- Der Einsatz von Lerninseln verlangt auf seiten der Weiterbildungsteilnehmer **relativ hohe Eingangsvoraussetzungen**, also das Vorhandensein bestimmter fachlicher und methodischer Fertigkeiten. Lerninseln bauen somit auf einer soliden Grundausbildung auf. Aus diesem Grund wird das Lerninsel-Konzept in der Berufsausbildung auch nur gegen Ende der beruflichen (Erst)Ausbildung eingesetzt. Die hohen Anforderungen an die Qualifikationen der Weiterbildungsteilnehmer resultieren vor allem aus der Notwendigkeit, vorbereitende und nachbereitende, kontrollierende Tätigkeiten in der Lerninsel von den Teilnehmern organisieren und durchführen zu lassen. Für niedrigqualifizierte Beschäftigte eignet sich die Lerninsel daher kaum.
- Hinzu kommt, daß Lerninseln einen **Kursleiter** benötigen, mit dem sich die Teilnehmer intensiv beraten können. Auch an das Weiterbildungspersonal stellt der Einsatz des Lerninsel-Konzeptes dadurch hohe Anforderungen, die nicht von jedem Weiterbildner erfüllt werden. Die Kursleiter - oder besser Lerninsel-Begleiter - benötigen in der Regel vorab entsprechende Schulungen, damit sie den an sie gestellten Anforderungen gerecht werden können.
- Die Auskoppelung einiger Arbeitsplätze aus dem normalen Arbeitsprozeß und deren Umgestaltung nach betriebspädagogischen Erwägungen ist nur möglich, wenn in einem Betrieb viele gleichförmige Arbeitsplätze existieren. Nur in diesem Fall können einzelne Arbeitsplätze für Weiterbildungszwecke genutzt werden, ohne daß der Arbeitsprozeß ins Stocken gerät. Lerninseln sind auch aus diesem Grund **nur in größeren Betrieben** einsetzbar.
- Schließlich ist darauf hinzuweisen, daß das Lerninsel-Konzept thematisch fast ausschließlich auf die "**handwerklich geprägte Tätigkeit** innerhalb der indu-

---

[148] Vgl. Dehnbostel (1998), S. 279.
[149] Vgl. Weilnböck-Buck (1992), S. 205; Severing (1994), S. 131-137; Kirchhöfer (1995), S. 88; Münk/Lipsmeier (1997), S. 77; Bundesministerium für Bildung, Wissenschaft, Forschung und Technologie (1999), S. 114.

238

striellen Produktion" reduziert ist und nur für diese Weiterbildungsinhalte nutzbar ist. Auch dies schränkt die Einsatzmöglichkeiten in der betrieblichen Weiterbildungspraxis stark ein.

Alles in allem muß festgehalten werden, daß Lerninseln in der betrieblichen Weiterbildung wegen ihres hohen didaktischen Wertes außerordentlich positiv zu bewerten sind. Die erforderlichen räumlichen, sachlichen und nicht zuletzt auch personellen Ressourcen, die mit dem Einsatz von Lerninseln verbunden sind, sorgen
allerdings dafür, daß diese Weiterbildungsform nur in großen Betrieben eingesetzt
werden kann. Schließlich ist darauf hinzuweisen, daß auch das Lerninsel-Konzept
lediglich als eine Ergänzung zu anderen Weiterbildungsformen zu verstehen ist und
daher stets in Kombination mit weiteren Qualifizierungsmaßnahmen eingesetzt
werden sollte.

3.3.4. Zukunftswerkstatt

Das Instrument der Zukunftswerkstatt ist sicherlich eine der 'exotischsten' Weiterbildungsformen, die gegenwärtig zur Qualifizierung von Beschäftigten eingesetzt
werden. Die Idee der Zukunftswerkstatt wurde in den 70er Jahren entwickelt und
praktisch erprobt. Auslöser für ihre Entwicklung war die Erkenntnis der ökologischen Bewegung und der Friedensbewegung, daß sich die Einstellungen der Menschen radikal verändern müssen, um der Gefahr einer Zerstörung der Welt zu ent-
gehen. Das angestrebte Ziel der Zukunftswerkstatt wurde weniger in der Erhöhung
beruflicher Kompetenzen gesehen, sondern vielmehr in den nachstehenden 'be-
rufsfernen' Zielen: "die Förderung sozialer Phantasie, die Entdeckung neuer Wege
des Überlebens, die Wiederbelebung der Demokratie, die Verhinderung der Re-
signation".[150] "Darüber hinaus soll die Bereitschaft zur Übernahme von Verantwortung unter Thematisierung eigener wünschenswerter Zukunftsvorstellungen
gefördert werden."[151] Thematisch verfügt die Zukunftswerkstatt in der betrieblichen Weiterbildung deshalb über ein sehr begrenztes Einsatzgebiet. Allenfalls zur
Erhöhung einiger weniger außerfachlicher Kompetenzen wie z. B. Kreativität,
Denken in Zusammenhängen oder Problemerkennungs- und Problemlösungsfähigkeiten läßt sich dieses Qualifizierungsinstrument sinnvoll einsetzen. Von der zeitlichen und didaktischen Struktur zeichnet sich die Zukunftswerkstatt durch das folgende Aussehen aus:[152]
- Die **Vorbereitungsphase** dient der Auswahl des zu behandelnden Themas und
  der Teilnehmer, der Festlegung des Ortes und der Zeiten zur Abhaltung der Zukunftswerkstatt und der Beschaffung der erforderlichen Arbeitsunterlagen.

---

[150] Siebert (1997a), S. 191.
[151] Weber (1995), S. 27.
[152] Vgl. Weber (1995), S. 27; Siebert (1997a), S. 191f.

• In der **Kritikphase** äußern die Teilnehmer ihre Kritik an den bestehenden Verhältnissen, die sie thematisch mit der Zukunftswerkstatt abdecken wollen. Im Rahmen eines Brainstormings wird diese Kritik formuliert und anschließend systematisiert. Durch dieses Vorgehen wird das konkrete Problem, das es zu lösen gilt, näher bestimmt.

• In der **Phantasiephase** geht es um die Entwicklung von kreativen Lösungen. In dieser Phase werden verschiedene Kreativitätstechniken angewendet, die somit von den Teilnehmern erlernt werden. Aus Sicht der beruflichen Weiterbildung findet in dieser Phase der größte Qualifizierungseffekt statt. Die Phantasiephase endet mit der Dokumentation und Bewertung der entwickelten Lösungsvorschläge.

• Die **Verwirklichungsphase** ist die Phase, in der überschaubare Projekte geplant werden, um die anfangs festgestellten Mängel zu beheben. Es gilt, die Lösungsentwürfe mit der Realität zu vergleichen und geeignete Durchsetzungsstrategien zu entwickeln. Auch in dieser Phase können Qualifizierungseffekte erzielt werden, vor allem durch die praktische Anwendung von Konfliktlösungs- bzw. Problemlösungsstrategien und von Projektmanagementtechniken. Allerdings ist darauf hinzuweisen, daß in der Praxis nur die wenigsten Zukunftswerkstätten tatsächlich zur Durchführung eines Projektes führen.

• Die **Nachbereitungsphase** findet nach der Durchführung des Projektes statt und dient der gemeinsamen Auswertung von Erfolgen und Mißerfolgen.

Die kurze Darstellung der verschiedenen Phasen einer Zukunftswerkstatt deutet darauf hin, daß Zukunftswerkstätten sich nur für wenige Themen der beruflichen Weiterbildung eignen. Erschwerend kommt hinzu, daß die Lernenden einen überaus großen Planungsspielraum besitzen, wodurch der Ablauf des gesamten Prozesses für den Weiterbildner kaum vorhersehbar und planbar ist. Der Weiterbildner muß daher bei seiner Funktion als Moderator überaus flexibel reagieren können.[153] Insgesamt erweist sich die Zukunftswerkstatt als eine Weiterbildungsform, die in der betrieblichen Praxis fast überhaupt nicht eingesetzt wird. In absehbarer Zukunft wird sich an diesem Zustand auch wenig ändern, so daß eine weitere Auseinandersetzung mit diesem Konzept aus Sicht der beruflichen Weiterbildung wenig fruchtbar ist.

3.3.5. Job-Rotation-Programme

Der Qualifizierung durch Job-Rotation-Programme liegt die Überzeugung zugrunde, "daß Weiterbildung dort erfolgen soll, wo sie gebraucht wird, nämlich am Arbeitsplatz und unter Einbeziehung des Arbeitnehmers"[154]. Eine in der aktuellen

---

[153] Vgl. Weber (1995), S. 28.
[154] Ant (1997), S. 160.

Diskussion häufig angesprochene Variante besteht in den skandinavischen Job-Rotation-Modellen, die als **arbeitsmarktpolitische Maßnahme** konzipiert sind.[155] Bei diesen Modellen können die Beschäftigten eines Betriebes über einen längeren Zeitraum Qualifizierungsangebote in Anspruch nehmen. Ihre Arbeitsplätze werden für die Zeit der Weiterbildung von einem Arbeitssuchenden besetzt, der vom Arbeitsamt gestellt wird. Das Arbeitsamt bereitet den Arbeitssuchenden auf die ihn erwartenden Tätigkeiten vor und übernimmt zudem dessen Bezahlung, so daß für den Betrieb keine zusätzlichen Lohnkosten anfallen. Als Resultat dieser Maßnahme können sowohl die Beschäftigten des Betriebes als auch die - einen dauerhaften Arbeitsplatz suchenden - Stellvertreter ihre beruflichen Qualifikationen erhöhen. Für die arbeitssuchenden Stellvertreter ergibt sich der zusätzliche Vorteil, daß sie praktische Berufserfahrungen sammeln können und ihre Tätigkeit "als Sprungbrett für eine spätere feste Einstellung nutzen können."[156] Voraussetzung ist allerdings, daß die Stellvertreter bereits über Grundkenntnisse der auszuführenden Tätigkeiten verfügen müssen, weil sonst ihre Vorbereitung auf diese Tätigkeiten zu kosten- und zeitintensiv wird.

In Deutschland werden Job-Rotation-Programme zur Zeit noch hauptsächlich als Einführungsveranstaltungen für neue Mitarbeiter eingesetzt. Als solche dienen sie weniger dem Erwerb von fachlichen Kenntnissen, sondern haben vielmehr den Zweck, die Anfänger im Betrieb zu integrieren.[157] Dennoch läßt sich der betriebsinterne Arbeitsplatzwechsel auch für Qualifizierungzwecke einsetzen. Ausgangspunkt dieser Weiterbildungsform ist die Überzeugung, daß eine Kooperation unter den Beschäftigten nur erfolgen kann, wenn die beteiligten Personen wissen, was die jeweils anderen tun und welche Erwartungen sie an die Arbeit der anderen haben. Aus diesem Grund wird der **Arbeitsplatzwechsel** vor allem dann als Weiterbildungsform eingesetzt, wenn die Beschäftigten einer Arbeitsgruppe erfahren sollen, welche Tätigkeiten ihre Teammitglieder ausführen. Realisiert wird dieser Erfahrungsaustausch durch die planmäßige und angeleitete Erkundung anderer Arbeitsplätze bzw. durch Präsentationen und Demonstrationen der jeweiligen Arbeitsplatzinhaber. Ziel dieses Vorgehens ist es, durch die Übernahme wechselnder Arbeitsaufgaben "die Voraussetzungen für eine flexible Einsetzbarkeit der Beschäftigten" zu schaffen.[158] Ein Job-Rotation-Programm kann zwei grundsätzliche Ausgestaltungen annehmen:

- Die einzelnen Weiterbildungsteilnehmer nehmen für eine gewisse Zeit am Arbeitsplatz eines Kollegen Platz und beobachten den Kollegen bei dessen Arbeit. Anschließend üben sie Tätigkeiten am Arbeitsplatz des Kollegen aus. Bei dieser Variante ist jeweils ein Weiterbildungsteilnehmer für eine gewisse Zeit am Ar-

---

[155] Vgl. zu den nachstehenden Ausführungen Ant (1997), S. 160-163.
[156] Ant (1997), S. 162.
[157] Vgl. Demes/Georg (1998), S. 440.
[158] Vgl. Severing (1994), S. 132f.; Hortsch/Kersten (1996), S. 250; Demes/Georg (1998), S. 441f.

beitsplatz eines anderen Beschäftigten. Die zu qualifizierenden Mitarbeiter tauschen also tatsächlich ihren eigenen Arbeitsplatz gegen einen anderen und werden dort tätig. Diese **Methode des Arbeitsplatztausches** ist die ursprüngliche Konzeption eines Job-Rotation-Programms.
• Die Weiterbildungsteilnehmer besuchen als Gruppe verschiedene Arbeitsplätze. Dort demonstrieren die Arbeitsplatzinhaber bestimmte Tätigkeiten, die sie an ihrem Arbeitsplatz zu erfüllen haben. Diese Tätigkeiten können anschließend von den Weiterbildungsteilnehmern nachgemacht werden. Anders als bei der vorher genannten ursprünglichen Konzeption eines Job-Rotation-Programms verweilen die zu qualifizierenden Beschäftigten nur kurz an einem anderen Arbeitsplatz. Statt dessen wandern sie als Gruppe zu verschiedenen Arbeitsplatzinhabern, die sie bei deren Tätigkeiten beobachten. Der Schwerpunkt der Weiterbildung liegt bei dieser Form der Job-Rotation nicht auf dem Tätigwerden der Teilnehmer, sondern vielmehr auf der Beobachtung anderer Beschäftigter. Es handelt sich deshalb auch mehr um ein **punktuelles Erkunden** anderer Arbeitsplätze und weniger um einen tatsächlichen Tausch der Arbeitsplätze.

Unabhängig davon, ob es sich nur um die punktuelle Erkundung fremder Arbeitsplätze handelt oder ob die Methode des Arbeitsplatztausches angewendet wird, gilt es bei der Weiterbildung mit Hilfe des Konzeptes der Job-Rotation einige Aspekte zu beachten:[159]
• Ziel eines Arbeitsplatzwechsels aus Gründen der Weiterbildung ist eine breite Vermittlung von Fachkenntnissen und damit die universelle und flexible Einsetzbarkeit der Beschäftigten.
• Gegenwärtig findet die praktische Anwendung dieser Weiterbildungsform vor allem in der Einarbeitungsphase eines neuen Mitarbeiters statt. In der betrieblichen Weiterbildungspraxis finden Job-Rotation-Programme fast ausschließlich zur Vorbereitung auf neue Arbeitsaufgaben statt.
• Zur Erreichung dieses Zieles ist es notwendig, daß dem Lernenden ganz genaue Arbeitsaufträge mitgegeben werden, die er am Arbeitsplatz eines anderen Beschäftigten erfüllen soll. Erst die Lösung dieser Arbeits-Lern-Aufgaben führt über das arbeitsbezogene Erfahrungslernen zu einer Erhöhung der beruflichen Handlungskompetenzen.
• Wird der betriebsinterne Arbeitsplatzwechsel darüber hinaus auch für die Qualifizierung langjähriger Mitarbeiter verwendet, so bedarf es dafür einer aufwendigen Arbeitsorganisation, damit die laufenden betrieblichen Arbeitsprozesse störungsfrei stattfinden können.
• Unbedingt notwendig ist beim Einsatz des Konzepts der Job-Rotation eine enge Beratung zwischen dem Arbeitsplatzinhaber und demjenigen, der zur Weiterbildung an diesen Arbeitsplatz delegiert wird.

---

[159] Vgl. Severing (1994), S. 132f.; Demes/Georg (1998), S. 440-442; Dehnbostel/Markert (1999), S. 3f.

Insgesamt muß zum Konzept der Job-Rotation festgestellt werden, daß diese Weiterbildungsform nur in einem begrenzten Umfang zur beruflichen Qualifizierung im Betrieb verwendet wird. Zurückzuführen ist dies vor allem auf die organisatorischen Vorbereitungen, die mit dem Einsatz dieser Weiterbildungsform verknüpft sind. Hierzu zählen neben einer entsprechenden Vorbereitung der Arbeitsplatzinhaber auch organisatorische Änderungen im Arbeitsprozeß. Dies wird erforderlich, weil ein Arbeitsplatz während der Einarbeitung des zu schulenden Beschäftigten nicht in vollem Umfang für den betrieblichen Arbeitsprozeß zu verwenden ist. Zur Vermeidung von Störungen des gesamten betrieblichen Ablaufs sind entsprechende Vorkehrungen zu treffen. Gerade kleine und mittlere Betriebe verfügen in der Regel nicht über ein ausreichendes Maß an gleichförmigen Arbeitsplätzen, von denen sie einzelne für die Weiterbildung im Rahmen eines Job-Rotation-Programms einsetzen können.

3.3.6. Zusammenfassende Bemerkungen

Im Zuge der immer größeren Wertschätzung einer arbeitsortgebundenen Weiterbildung gewinnen die dezentralen Lernformen wie Qualitätszirkel, Arbeitsplatztausch, Lerninsel und Lernstatt immer mehr an Bedeutung. Zurückzuführen ist dies in erster Linie darauf, daß durch die Kombination von Arbeit und Qualifizierung eine didaktisch besonders effektive Erhöhung von beruflichen Handlungskompetenzen erfolgt. Wegen der relativ umfangreichen räumlichen, sachlichen und damit auch finanziellen Ressourcen, die mit der Einrichtung dezentraler Weiterbildungsmöglichkeiten verbunden sind, sind dezentrale Lernformen hauptsächlich in Großbetrieben anzutreffen. Dort erweisen sich die genannten Qualifizierungsformen dann als kostengünstige Instrumente zur Erhöhung der Kompetenzen der Beschäftigten.[160]

4. Selbständiges Lernen

Das Lernen gehört zu den Handlungsformen, bei denen sich der Mensch nicht vertreten lassen kann. Dieser Überzeugung folgend, basiert das Konzept des selbständigen Lernens auf dem nachstehenden Grundgedanken: "Selbständigkeit ist ein Wesensmerkmal des Lernens. Lernen erreicht erst dort seine »volle Form«, wo es selbstorganisiertes, selbstgesteuertes Lernen ist. Der Auf- und Ausbau einer Lernkultur zielt zugleich auf den Auf- und Ausbau einer Kultur zu mehr Selbständigkeit."[161] Zentrale Leitidee von Qualifizierungsmaßnahmen, die dieser Grundidee folgen, ist somit eine Weiterbildung, die auf der Selbständigkeit und der verant-

---

[160] Vgl. Dehnbostel/Markert (1999), S. 3f.
[161] Baumann (1998), S. 40.

wortlichen Mitgestaltung der Lernenden basiert. Bevor es zur Darstellung des selbstgesteuerten Lernens kommt, ist es allerdings erforderlich, einige grundsätzliche Ausführungen zum Lernen vorzustellen.

4.1. Grundsätzliches zum Thema 'Lernen'

Weiterbildung ist im wesentlichen ein Zuwachs an Fähigkeiten und Kenntnissen. Der Gewinn neuer Fähigkeiten und Kenntnisse bedeutet, daß die Weiterbildungsteilnehmer etwas dazugelernt haben. Deshalb hat Weiterbildung definitionsgemäß immer etwas mit Lernen zu tun. Dennoch sind Lernen und Weiterbildung nicht das gleiche. Zwei kurze Definitionen des Begriffs 'Lernen' können einen ersten Hinweis auf Unterschiede geben. *Peter Jarvis* definiert Lernen als "the process of transforming experience into knowledge, skills, attitudes, values, emotions and the senses".[162] Und der Definitionsansatz von *Reinmann-Rothmeier* und *Mandl* beschreibt das "Lernen im engeren Sinne" als einen Vorgang, bei dem "es darum geht, Informationen aufzunehmen, zu verarbeiten und mit dem bestehenden Vorwissen in Verbindung zu bringen"[163]. Lernen hat diesem Verständnis folgend stets etwas zu tun mit Denkleistungen und mit der Speicherkapazität bzw. der Funktionsfähigkeit des Gedächtnisses.[164] Beide Definitionen deuten zudem an, daß beim Lernen bekannte Erkenntnisse verbunden werden mit neuen Erkenntnissen. Diese Verbindung sorgt dafür, daß der Lernende neues Wissen produziert und dadurch seine Kompetenzen erweitert. Menschen können dabei grundsätzlich über verschiedene **Kanäle** lernen, vor allem über die folgenden:[165]

- Lernen durch Nachahmung
- Lernen durch Wiederholen
- Lernen durch Belehrung
- Lernen durch Verknüpfen und Strukturieren
- Lernen durch Verknüpfen mit anschaulichen Beispielen

Lernen bedeutet somit eine **Erweiterung des Wissens**. Lernen hat folglich etwas mit den kognitiven Fähigkeiten eines Menschen zu tun und damit, daß Lernende das, was sie lernen, mit ihren Sinnen aufnehmen, wahrnehmen und geistig verarbeiten. Anders als beim Üben liegt der Schwerpunkt beim Lernen somit auf den geistigen und weniger auf den manuellen Aktivitäten. Das Resultat des Lernens ist es, daß die Lernenden die bearbeiteten Inhalte verstehen und intellektuell beherrschen. Diese Schwerpunktverschiebung darf aber nicht darüber hinwegtäuschen, daß Lernen auch etwas mit Handlungen zu tun hat.

---

[162] Jarvis (1995), S. 214.
[163] Reinmann-Rothmeier/Mandl (1995b), S. 194.
[164] Vgl. Siebert (1997a), S. 24.
[165] Vgl. Höpfner (1991), S. 37; Bundesinstitut für Berufsbildung (1998), S. 50.

244

Angesichts der oben genannten Kanäle, über die Menschen lernen können, gibt es auch entsprechende Formen des Lernens. Sie unterscheiden sich hinsichtlich der Intensität, in der sie auf diese Kanäle zurückgreifen: das **Erfahrungslernen**, das **Beobachtungslernen**, das **analytisch-begriffliche Lernen** und das **experimentelle Lernen**.[166] Eine andere Unterteilung von Lernformen unterscheidet zwischen dem Erfahrungslernen und dem impliziten Lernen. Das **Erfahrungslernen** zeichnet sich durch aktive (Arbeits)Handlungen aus, wodurch Erfahrungen gemacht werden, aus denen wiederum gelernt wird. Auch wenn die Arbeitshandlungen nicht formell als Qualifizierungsmaßnahme organisiert sind, so erfolgt das Lernen im Rahmen des Erfahrungslernens mehr oder weniger geplant durch die Reflexion über die durchgeführten und erfahrenen Handlungen. Beim **impliziten Lernen** hingegen findet diese Reflexion nicht statt, so daß das Lernen eher unbewußt abläuft.[167] Schließlich ist zu berücksichtigen, daß Lernen nicht nur im Rahmen organisierter Prozesse erfolgt, sondern auch - und vielleicht sogar vor allem - durch die bloße Teilnahme an Prozessen, also durch das Sehen und Zuschauen im alltäglichen Zusammensein mit anderen Personen. Es handelt sich dabei um das **nichtintentionale Lernen**, um das Lernen "en passant" und somit um eine Lernform, die weder bewußt geplant noch beabsichtigt ist.[168]

Als Folge dieser verschiedenen Formen des Lernens gibt es eine Vielzahl von **Lernstrategien**, also von Vorgehensweisen, um neue Lerninhalte zu erarbeiten und zu behalten. Zu den wichtigsten zählen Lernen durch Zuhören, Lernen durch Lesen, Lernen durch Gespräche, Lernen durch planvolles Üben und Wiederholen, Lernen durch das Aufschreiben, Lernen durch Beobachten und Lernen durch Experimentieren.[169] Diese einführenden Bemerkungen machen deutlich, daß im Grunde genommen jede weiterbildende Maßnahme etwas mit Lernen zu tun hat. Im folgenden soll deshalb nur auf die Formen der Weiterbildung eingegangen werden, die sich ausdrücklich auf das Lernen im engeren Sinn beziehen.

4.2. Selbstgesteuertes Lernen

Das Konzept des selbstgesteuerten Lernens basiert auf der Idee, daß die Qualifizierung von Menschen von ihnen selbst organisiert und gesteuert werden sollte. Dieser Idee liegt "die Annahme zugrunde, daß Lernende fähig sein sollten, einen Lernprozeß - wann immer dies möglich ist - selbst zu gestalten."[170] Diesem Konzept folgend, ist das "Selbstlernen .. die systematische, selbstgesteuerte Aneignung eines Lerngegenstandes mit dem selbstgestellten Ziel einer Kompetenzerweite-

---

[166] Vgl. Siebert (1997a), S. 29f., der sich auf die Einteilung von David Kolb bezieht.
[167] Vgl. Dehnbostel/Markert (1999), S. 4.
[168] Vgl. Reischmann (1995), S. 203f.
[169] Vgl. Bönsch (1995), S. 491.
[170] Löffler (1994), S. 32.

245

rung."[171] Kern des Selbstlernens oder des Selbststudiums ist die selbständige Aneignung von Kenntnissen, Fähigkeiten und Fertigkeiten, wobei das Selbststudium allerdings von einem Weiterbildner organisiert werden sollte. Der Lernende soll den Lernprozeß so weit wie möglich selbst initiieren und anschließend den gesamten Lernprozeß selbständig durchführen. In zunehmendem Maße werden auch die Selbstkontrolle und die Selbstbewertung erreichter Weiterbildungsfortschritte zum selbständigen Lernen gezählt.[172] Die **Selbststeuerung** des Lernens bezieht sich insgesamt auf folgende Aspekte:

- Die **Vorbereitung** des Lernens, d. h. die Weiterbildungsteilnehmer legen die Lernziele selbständig fest, motivieren sich selbst und setzen den gesamten Lernprozeß eigenständig in Gang.
- Die **Organisation** und **Koordination** des Lernens, d. h. vor allem die Entscheidung, wann und wo gelernt wird, mit welchen Strategien gelernt wird, welche Hilfsmittel eingesetzt werden und ob mit anderen oder alleine gelernt wird.
- Die **Durchführung** des Lernens, d. h. vor allem aktive, selbständige Aneignung des Wissens und der Fertigkeiten.
- Die **Kontrolle** und **Bewertung** der eigenen Lernaktivitäten, d. h. die Überprüfung der Frage, ob die angestrebten Weiterbildungsziele bereits erreicht sind oder ob nach wie vor Defizite bestehen, die es durch weiteres Lernen zu beseitigen gilt.

Grundidee ist somit die Vorstellung, daß das neue Wissen durch eigene Aktivitäten des Lernenden aufgebaut wird, wobei Fakten und Zusammenhänge selbständig gesucht werden. Der Lernende erschließt sich den Lernstoff weitgehend selbständig durch seine Lernaktivitäten.[173] Neben diesen grundsätzlichen Eigenschaften des Selbstlernens kann zwischen verschiedenen Formen des selbstorganisierten Lernens unterschieden werden:[174]

- **Lehrkräfte stellen** bestimmte **Lernaufgaben**, die von den Weiterbildungsteilnehmern selbständig bearbeitet und gelöst werden. Die Weiterbildungsteilnehmer erhalten Lernmaterialien (Arbeitsblätter, Literaturauszüge, zusammengestellte Lernmaterialien in Form von Lehrbriefen etc.) und Arbeitsaufträge bzw. Übungsaufgaben. Die Lernenden arbeiten das zur Verfügung gestellte Lernmaterial durch und lösen die Übungsaufgaben. Anschließend stellen sie ihre Ergebnisse in Form einer Demonstration oder Präsentation vor.
- Selbstlernen als die **eigenständige Übung** von Kenntnissen, die vorher vermittelt wurden. Es handelt sich hierbei nicht um die selbständige Erarbeitung eines unbekannten Lehrstoffes, sondern um eine übungsorientierte Weiterbildung.

---

[171] Kirchenhöfer (1995), S. 98.
[172] Vgl. Höpfner (1991), S. 28, 33f.; Löffler (1994), S. 32; Zimmer (1995), S. 344; Hortsch/ Kersten (1996), S. 251.
[173] Vgl. Löffler (1994), S. 53, 60.
[174] Vgl. Kirchenhöfer (1995), S. 98-103.

- Die **vollkommen eigenständige Erarbeitung** eines neuen Wissensgebietes durch das Studium der dafür erforderlichen Fachliteratur, die weitgehend selbständig beschafft und ausgewählt werden muß. Damit liegt eine erarbeitende Weiterbildungsform vor, bei der die Lernenden sich das neue Wissen und Können selbständig erarbeiten, anstatt fremdvermittelte Fertigkeiten einzuüben.
- Das - später ausführlicher zu behandelnde - **computerunterstützte Lernen**, bei dem die eigenständige Erarbeitung von Kenntnissen und Fähigkeiten über den Einsatz von Computerprogrammen erfolgt.

Die kurze Beschreibung möglicher Varianten des selbstgesteuerten Lernens weist darauf hin, daß für den Einsatz dieser Weiterbildungsform eine geeignete Ausstattung der Lernenden mit entsprechenden **Lern- und Kommunikationsmedien** zwingend erforderlich ist. Nur wenn den Weiterbildungswilligen notwendige Hilfsmittel zur Verfügung gestellt werden, sind sie in der Lage, sich selbständig neues Wissen anzueignen. Zur Gestaltung der Lernumgebung gehören vor allem die nachstehenden Lernmedien:[175]

- Lehrbücher und Nachschlagewerke wie z. B. Fachlexika oder Handbücher, in denen die erforderlichen fachlichen Informationen enthalten sind.
- Betriebliche Anleitungen und Informationsschriften, die sich mit den Arbeitsprozessen im Betrieb und den dort eingesetzten technischen Arbeitsmitteln auseinandersetzen.
- Bedienungsanleitungen für die Maschinen und Geräte, die im Zusammenhang mit den zu erlernenden Kompetenzen eingesetzt werden.
- Anschauungsmaterialien wie beispielsweise Modelle und Musterwerkstücke, die von den Weiterbildungsteilnehmern untersucht und analysiert werden können.
- Videofilme, die als Trainingsvideos konzipiert sind und über Themen informieren.
- Methodische Hilfen wie z. B. Studienanleitungen, um die eigene Lernfähigkeit zu erhöhen und zu unterstützen.
- Besonders fortschrittlich ist die Verwendung von Simulationsmodellen, also von Modellen oder Computerprogrammen, die den gesamten Handlungsablauf und alle Wirkungszusammenhänge, die es zu erlernen gilt, simulieren.
- Da die Weiterbildungsteilnehmer auch beim selbstgesteuerten Lernen nicht vollkommen ohne die helfende Unterstützung von Dozenten und Fachexperten auskommen, ist es schließlich noch erforderlich, geeignete Kommunikationsmedien bereitzustellen, mit denen die Kontaktaufnahme zum Weiterbildner möglich wird.

---

[175] Vgl. Höpfner (1991), S. 61; Severing (1994), S. 138-141; Christ (1999), S. 11.

247

Das selbstorganisierte bzw. selbstgesteuerte Lernen verfügt über eine Vielzahl von **Vorteilen**, vor allem im Vergleich zur seminaristischen Form der Weiterbildung:[176]

• Durch den fließenden Übergang zwischen dem problemlösenden Arbeiten und dem Lernen werden Schlüsselqualifikationen wie die Problemlösefähigkeit, die Befähigung zur eigenständigen Entscheidungsfindung, kommunikative Fertigkeiten und der Umgang mit Informationen besonders effizient geschult.

• Die Weiterbildung ist unabhängig von einem bestimmten Standort und kann vor allem unabhängig von einer bestimmten Bildungseinrichtung durchgeführt werden (**örtliche bzw. institutionelle Unabhängigkeit**). Dies erlaubt die flächendeckende Versorgung mit Bildungsangeboten, was vor allem für ländliche Gebiete ein nicht zu unterschätzender Vorteil ist.

• Eine hohe **Flexibilität** hinsichtlich der **Lerninhalte**, die angesichts sich rasch ändernder Markt- und Produktionsbedingungen besonders wichtig ist. Sofern die geeigneten Lernmaterialien vorhanden sind, kann die Qualifizierungsmaßnahme ohne einen langen zeitlichen Vorlauf für Organisationszwecke umgehend beginnen.

• Dadurch, daß das selbstgesteuerte Lernen häufig am eigenen Arbeitsplatz stattfindet, erfolgt die Qualifizierung innerhalb der konkreten Arbeitssituationen. Die Weiterbildungsteilnehmer können somit **situationsbezogen** lernen, d. h. jeweils das lernen, was für die Erfüllung der eigenen Arbeitsaufgaben erforderlich ist. Die Teilnehmer müssen außerdem nicht mehr darauf warten, daß ein Kurs für Themen angeboten wird, bei denen sie einen Qualifizierungsbedarf verspüren.

• Eine hohe **Flexibilität** hinsichtlich der **Lerngeschwindigkeit**, der **Lernzeiten** und der **Lerndauer**. Dies erleichtert die Organisation im Zusammenhang mit Freistellungsproblemen. Außerdem eröffnet das zeitflexible Lernen die Möglichkeit, **situationsbezogen** zu lernen. Zur Flexibilität gehört insgesamt die Möglichkeit, dem persönlichen Lernstil entsprechend lernen zu können.

• Zur Flexibilität gehören weiterhin die unbegrenzten **Wiederholungsmöglichkeiten**. Die Weiterbildungsteilnehmer können erforderliche Wiederholungen jederzeit durchführen, was sich in der Regel positiv auf den Lernerfolg auswirkt.

• Selbstorganisiertes Lernen ist verbunden mit einer **Befreiung von Gruppenzwängen** und vom Gruppendruck. Dieser Vorteil wird besonders wichtig bei lernungewohnten Personen, die hinsichtlich der eigenen Lernfähigkeit sehr unsicher sind und befürchten, sich in der Gruppe mit anderen Weiterbildungsteilnehmern zu blamieren.

• Auch aus didaktischen Erwägungen eröffnen sich Vorteile. Hierzu zählt vor allem der Umstand, daß das Lernen in konkreten Arbeitssituationen und auf der Basis eigener Erfahrungen besonders nachhaltig ist. Hinzu kommt eine höhere

---

[176] Vgl. Skowronek (1984), S. 152; Löffler (1994), S. 33; Kirchenhöfer (1995), S. 98; Münk/ Lipsmeier (1997), S. 85; Kröll (1997), S. 209f.; Bundesministerium für Bildung, Wissenschaft, Forschung und Technologie (1998), S. 161-166; Felger/Leuschner/Reuther (1998), S. 37f.

Lernmotivation aufgrund der Möglichkeit, die eigene Qualifizierung selbstbestimmt und selbstverantwortet in die Hände zu nehmen. Insgesamt stärken die
Eigenverantwortlichkeit und das situationsbezogene Lernen die **Lerneffizienz**,
d. h. es ist mit **höheren Behaltensleistungen** zu rechnen.

- Ein weiterer didaktischer Vorteil der beruflichen Qualifikation mit Hilfe des
  selbstorganisierten Lernens liegt darin, daß diese Form der Weiterbildung in besonderem Maße die Eigenständigkeit und das innovative Handeln der Lernenden fördert. Damit werden zusätzlich zu den eigentlichen Weiterbildungsinhalten noch wichtige **Schlüsselqualifikationen** geschult.
- Für die Unternehmen bedeutet das selbstorganisierte Lernen der Mitarbeiter
  eine **Kostensenkung**, weil Seminargebühren, Reisekosten, Raumkosten etc.
  nicht mehr anfallen.

Die genannten Vorteile sind maßgeblich dafür verantwortlich, daß die aktuelle Praxis der beruflichen Weiterbildung in verstärktem Maße dazu übergeht, Qualifizierungsmaßnahmen nicht mehr als formal organisierte Veranstaltungen zu konzipieren, sondern statt dessen das selbstgesteuerte Lernen anzuwenden. Allerdings sind
beim selbstorganisierten Lernen auch **Probleme** und **Nachteile** festzustellen:[177]

- Die isolierte Lernsituation gefährdet infolge von **Vereinsamung** oder Resigna-
  tion den Lernerfolg. Im schlimmsten Fall kann es zum Abbruch einer weiterbildenden Maßnahme kommen.
- Die individuellen Lernerfahrungen, Lernstile und Vorkenntnisse können durch
  die vielfach **inflexiblen** und fremdentwickelten **Lernmaterialien** nicht ausreichend berücksichtigt werden. Insgesamt ist gegenwärtig die häufig nur **geringe
  Qualität** der Lern- bzw. **Übungsmaterialien** zu bemängeln.
- Auch die **geringe Anschaulichkeit** und der ebenfalls nur geringe Praxisbezug
  sind zu erwähnen, da diese beiden Aspekte die Lernerfolge negativ beeinträchti-
  gen.
- Die Kostenreduktion für die Unternehmen ist meist verbunden mit einer **Verlagerung der Weiterbildungskosten** auf die Mitarbeiter, was vor allem die hohen Kosten der Literaturbeschaffung betrifft.
- Das selbstorganisierte Lernen schließt **selten** mit **formalen Zertifikaten** ab, so
  daß es für einen beruflichen Aufstieg oder für Einkommenserhöhungen nur in
  begrenztem Maße verwertbar ist.
- Außerdem muß festgestellt werden, daß bei komplexen Weiterbildungsinhalten
  das Selbstlernen relativ viel Zeit für die Vorbereitung und die Koordination mit
  anderen Weiterbildungsteilnehmern und den begleitenden Dozenten in Anspruch
  nimmt.

---

[177] Vgl. Höpfner (1991), S. 45; Kirchenhöfer (1995), S. 99-101; Reinmann-Rothmeier/Mandl
(1995b), S. 194; Bootz/Ebmeyer (1995), S. 58; Münk/Lipsmeier (1997), S. 85;
Bundesministerium für Bildung, Wissenschaft, Forschung und Technologie (1998), S. 162;
Lorentz/Maurus (1998), S. 32f.

• Der sicherlich größte Problemkreis besteht aus den **hohen Anforderungen** an die Motivation, an die Befähigung zur Informationsverarbeitung und -beschaffung sowie an die Organisationsfähigkeit der Lernenden. Hierzu gehört auch die bei vielen Personen herrschende Unsicherheit bei der Zeitplanung, die für das selbstgesteuerte Lernen zwingend erforderlich ist.

Das selbstgesteuerte Lernen kann also nur dann erfolgreich verlaufen, wenn die Weiterbildungsteilnehmer bereits über ein **hohes Maß an Lernkompetenzen** verfügen. Hierzu zählen im einzelnen die folgenden Fähigkeiten:[178]

• Gemäß der Eigenständigkeit des Lernens müssen sich die Weiterbildungsteilnehmer immer wieder selbst zum Lernen aufraffen. Erforderlich ist deshalb an erster Stelle eine **hohe Lernmotivation** bzw. die Fähigkeit, sich über einen längeren Zeitraum selbst zur Qualifizierung und zum Lernen zu motivieren.

• Außerdem zeichnet sich diese Form der Weiterbildung - wie eingangs bereits erwähnt - durch ein hohes Maß an Selbstbestimmung aus. Gerade bei den erarbeitenden Qualifizierungsmaßnahmen müssen die Weiterbildungsteilnehmer in der Lage sein, sich **neues Wissen** und neue Fertigkeiten **selbständig anzueignen**.

• Die selbständige Wissensaneignung setzt wiederum die **Befähigung zur effektiven Nutzung der unterstützenden Medien**, also vor allem der Lernmaterialien, voraus. Erfahrungsgemäß sind diese und andere Fertigkeiten nur bei einem schon relativ hohen Qualifikationsniveau vorhanden, in besonderem Ausmaß bei Akademikern.

• Des weiteren verlangt das Selbstlernen die **Selbstkontrolle** der erarbeiteten Lerninhalte, um bestehende Wissenslücken selbständig zu füllen. Dies alles setzt wiederum die Selbststeuerungsfähigkeit voraus, die allerdings - ebenso wie das gesamte Selbstlernen - erlernbar ist.

• Insgesamt muß ein selbständig Lernender über geeignete Strategien des selbständigen Wissenserwerbs verfügen. Dies umfaßt vor allem die folgenden Fertigkeiten: Erkennen der eigenen Wissensdefizite, selbständige Zielsetzung, selbständige Ordnung der Lernprozesse, selbständige Fortbewegung zum Ziel, selbständige Kontrolle und gegebenenfalls Korrektur im Falle des Einschlagens eines falschen Weges. Notwendig dafür sind wiederum Energie, Ausdauer, Entschlußkraft, Verantwortlichkeit, Selbstkritik und Selbstbesinnung.

Die hohen Anforderungen, die das Selbstlernen an die Weiterbildungsteilnehmer stellt, werden besonders deutlich bei einem detaillierten Blick auf die einzelnen Phasen und Rahmenbedingungen, die zum selbstorganisierten Lernen zählen. Im einzelnen gehören zu einem vollständigen Lernprozeß die folgenden Stufen:[179]

---

[178] Vgl. Reinmann-Rothmeier/Mandl (1995b), S. 194; Bootz/Ebmeyer (1995), S. 58.
[179] Vgl. Keller (1993), S. 529f.; ähnlich auch Skowronek (1984), S. 152f.; Bönsch (1995), S. 492f.

250

- Die Phase der **Lernmotivation**. Hierzu zählen alle Maßnahmen, die der Erhöhung der Motivation zum Lernen dienen. Die wichtigsten dieser Maßnahmen sind eine Verbesserung der Selbststeuerung von Lernprozessen durch verschiedene Methoden der Selbstkontrolle, z. B. durch den Einsatz von Lerntagebüchern und Wochenplänen; die Zerlegung des globalen Lernziels in überschaubare und schrittweise bewältigbare Teilziele und die Verbesserung der Lernstimmung durch gemeinsames Lernen, also durch das später noch zu behandelnde Lernen im Team.
- Die Phase der **Lernorganisation** ähnelt von den zu erfüllenden Aufgaben her der Motivationsphase. Sie betrifft alle Maßnahmen, die der Vorbereitung von selbstgesteuerten Lernprozessen dienen. Zu solchen organisatorischen Vorarbeiten gehören das Aufstellen von festen Lernzeiten; eine kurz-, mittel- und langfristige Zeitplanung mit Hilfe eines Terminkalenders; die Einteilung des täglichen Lernpensums in Lern- und Mußezeiten sowie eine lernförderliche Gestaltung des Arbeitsplatzes. Das Aufstellen von Zeitplänen hinsichtlich des gesamten Lernprozesses sollte nach Möglichkeit einen längerfristigen Horizont erfassen und zudem Spielräume für eventuelle Abweichungen oder Unterbrechungen und Störungen berücksichtigen. Detaillierte Zeitpläne sollte dabei für jeweils eine Woche aufgestellt werden, d. h. der gesamte Lernstoff ist in eine größere Zahl von Einheiten aufzugliedern, um dann nach und nach erlernt zu werden.
- Mit der Phase der **Informationsbeschaffung** wird das Stadium mit einem vorbereitenden Charakter verlassen. Es kommt zur Informationsentnahme aus verschiedenen Medien wie Texten, Tabellen, Grafiken oder Karten; zum Gebrauch von Nachschlagewerken, Literaturverzeichnissen, Bibliotheken, Registern und Katalogen; zum Anfertigung von Mitschriften und Notizen und schließlich zur Weitergabe der gesammelten Informationen, z. B. durch Protokolle, Referate oder Facharbeiten.
- Die Phase der **Informationsverarbeitung** dient dem Verarbeiten und Verinnerlichen der gewonnenen Informationen. In dieser Phase findet ein aktives Textlernen durch Unterstreichungen, Herausschreiben, Strukturieren und Zusammenfassen statt. Die in der Phase der Informationsbeschaffung herangezogenen Texte werden jetzt intensiv durchgearbeitet. Hinzu kommt ein systematisches Wiederholungslernen, z. B. durch das Anfertigen von Lernkarteien oder Stichwortverzeichnissen. Zur Informationsverarbeitung kann auch das Lösen von Beispielsaufgaben gehören. Entscheidend ist dabei, daß der Inhalt eines Lernabschnitts wirklich beherrscht wird, bevor mit dem nächsten Lernabschnitt begonnen wird.
- Die Phase der **Konzentration** hat den Erhalt des Arbeits-Erholungs-Gleichgewichts zum Ziel. Erreicht werden kann dies unter anderem durch regelmäßige Lernpausen und Entspannungsübungen; durch die Beseitigung ablenkender Reize am Arbeitsplatz und durch die Anpassung der Lernzeiten an den individuellen Biorhythmus des Lernenden.

251

Im Zusammenhang mit diesen Phasen, vor allem mit den letzten drei Phasen, muß sich jeder Teilnehmer am selbstorganisierten Lernen eine Reihe von Fragen kritisch stellen, um mit Erfolg den Prozeß des Selbstlernens durchzuführen. Zu den wichtigsten Fragen zählen:[180]

- Wieviel Zeit steht mir zur konkreten Aufgabe zur Verfügung?
- Was weiß ich bereits?
- Welche Informationen benötige und suche ich?
- Welche Texte und Lernmaterialien lassen die erforderlichen Informationen erwarten?
- Wie kann ich beim Lesen und Durcharbeiten der Lernmaterialien am besten vorgehen?
- Welche Textstellen sind für die Schließung meiner Wissenslücken relevant?
- Was sind die Kerngedanken des Textes und wie lassen sich diese Kerngedanken am besten darstellen?
- Stimmt das Gelesene mit meinem Wissen und Erfahrungen überein?
- Verstehe ich alles, was ich lese; und wenn nicht: Warum verstehe ich einzelne Textausschnitte nicht?
- Welche Informationen fehlen mir nach dem Durcharbeiten eines Textes noch und wo kann ich die erforderlichen Informationen erhalten?

Die genannten Phasen eines vollständigen Lernprozesses sowie die mit diesen Phasen verknüpften Tätigkeiten, die ein Lernender zu erfüllen hat, stellen hohe Anforderungen an die lern- und weiterbildungswilligen Personen. Im Regelfall werden alle notwendigen Aspekte ohne die Hilfe eines qualifizierten Weiterbildners kaum bewältigt werden können. Lernen, auch wenn es selbstgesteuert durchgeführt werden soll, kommt deshalb selten ohne die Unterstützung eines **Lernhelfers** aus. Eine kompetente Lernberatung setzt sich dabei aus den folgenden Hilfen zusammen:[181]

- Die Vermittlung von Techniken zum planvollen Umgang mit der vorhandenen (Lern)Zeit.
- Die Vermittlung von Techniken zur Beschaffung von Informationen.
- Die Vermittlung von Techniken zur geistigen Verarbeitung von Informationen.
- Die Vermittlung von Techniken zur schriftlichen Aufbereitung von verarbeiteten Informationen.
- Die Vermittlung von Lerntechniken und Lernhilfen, z. B. durch die Verwendung von Eselsbrücken.
- Die Vermittlung von Wahrnehmungs- und Konzentrationsübungen.
- Motivationshilfen durch Lob und durch die Ermutigung, schwierige Lernphasen durchzustehen.

---

[180] In Anlehnung an Reinmann-Rothmeier/Mandl (1996), S. 193f.
[181] Vgl. Keller (1993), S. 532f.; Bönsch (1995), S. 490f., 494f.

- Die Vermittlung von zeitlichen, räumlichen und organisatorischen Rahmenbedingungen, die das Erlernen des Lernens begünstigen.
- Die Durchführung von gemeinsamen Abschlußsitzungen, um herauszufinden, ob die angestrebten Weiterbildungsziele erreicht wurden und welche Maßnahmen zur Schließung von nach wie vor bestehenden Qualifizierungslücken zu ergreifen sind.

Der Lernhelfer agiert in diesem Zusammenhang allerdings weniger als Wissensvermittler bzw. Unterweiser, sondern vielmehr als jemand, der den Qualifizierungsprozeß anderer organisierend, beratend und helfend begleitet. Die Vermittlung der angesprochenen Techniken basiert nicht auf Unterweisungen und Vorträgen, sondern auf moderierenden Tätigkeiten. Der Lernhelfer initiiert die selbstgesteuerten Lernprozesse. Das Verhältnis zwischen den Lernenden und dem sie begleitenden Lernhelfer läßt sich in einer Übersicht wie folgt darstellen:[182]

Lernhelfer, Lernbegleiter	Lernende
- schafft die materiellen und organisatorischen Bedingungen - wählt Ziele aus - stellt Lernaufgaben - stellt Planungshilfen bereit	- wirken bei der Auswahl von Handlungs- und Lernbedingungen mit - setzen sich mit den Zielsetzungen auseinander und erkennen Qualifikationsdefizite - wählen Lernaufgaben aus - planen die erforderlichen Lernhandlungen - führen 'im Kopf' Probehandlungen aus und optimieren daraufhin die eigene Planung der Lernhandlungen
- steht bereit für die Plankorrektur - stellt Hilfen zur Korrektur des Planungsvorgehens bereit - gibt Kontrollkriterien für das praktische Handeln an - stellt Hilfen für das gegenseitige Kontrollieren bereit	- überprüfen, ob der Lernbegleiter zur Korrektur des geplanten Vorgehens aufgesucht werden muß - diskutieren den Vorgehensplan gemeinsam mit dem Lernbegleiter - erarbeiten Kontrollkriterien für das eigene Vorgehen - entscheiden sich für eine kooperative Vorgehensweise
- steht bereit zur Unterstützung der Kontrolle - stellt handlungs- und lernbegleitende Informationen bereit - weist auf nicht beachtete Fehler hin	- kontrollieren sich selbständig oder gegenseitig - erarbeiten und verarbeiten zusätzliche Informationen - stellen Lern(teil)ziele kritisch in Frage und stellen neue Lernziele auf

---

[182] In Anlehnung an Höpfner (1991), S. 47.

- berät bei der Bewertung der durchgeführten Qualifizierungsmaßnahme - moderiert die Diskussion - weist auf nicht beachtete Fehler hin - führt eine zusammenfassende Bewertung durch	- bewerten das eigene Vorgehen und die erreichten Ergebnisse - führen Gruppendiskussionen zur Bewertung des Vorgehens und der erreichten Ergebnisse durch - unterbreiten Vorschläge für die Optimierung des Vorgehens - werten die begangenen Fehler aus

Die bisherigen Ausführungen dürften deutlich gemacht haben, daß der Einsatz des selbstgesteuerten Lernens erst möglich ist, wenn die dafür vorgesehenen Personen über eine entsprechende **Selbstlernfähigkeit** verfügen. Diese wird in der Regel erst vorliegen, wenn umfangreiche Schulungen durchgeführt wurden, die ihrerseits die Befähigung zum selbstgesteuerten Lernen herbeiführen. Wegen der genannten Anforderungen, die an selbständig Lernende gestellt werden, ist dies ein zeitintensives Unterfangen. Dennoch sollte nicht davor zurückgeschreckt werden, Ressourcen in die Herstellung der Selbstlernfähigkeit zu investieren. Mit der Förderung der Selbstlernfähigkeit werden nämlich zugleich eine Reihe von anderen Schlüsselqualifikationen gefördert. Eine Person, die in der Lage ist, selbständig zu lernen, kann z. B. die folgenden Tätigkeiten ausführen: Sie setzt sich ihre eigenen Lernziele und erkennt damit, wo Qualifikationsdefizite bestehen und was zu lernen ist, sie plant und steuert die notwendigen Lernschritte, sie führt die erforderlichen Lernschritte eigenständig aus, sie schätzt die eigenen Lernerfolge selbstkritisch ein und zieht aus dieser Einschätzung Schlußfolgerungen für die zukünftige Gestaltung der eigenen Weiterbildung. Es ist unmittelbar einsichtig, daß die Befähigung zu diesen Aktivitäten eine Reihe von Fähigkeiten einschließt, die zu den immer wichtiger werdenden Schlüsselqualifikationen gehören: Die Fähigkeit zum Analysieren und Lösen von Problemen, die Fähigkeit, Entscheidungen zu treffen und Maßnahmen zur Realisierung dieser Entscheidungen in Gang zu setzen, Fertigkeiten auf dem Gebiet des Selbst- und Zeitmanagements sowie schließlich die Befähigung zur kritischen Selbsteinschätzung. Vor allem die Problemlösungs- und Entscheidungsfähigkeiten sind eng verbunden mit der Befähigung zum selbständigen Lernen, denn es gilt: "Werden Lernende im Unterricht zu selbständigem, logischem und kritischem Denken befähigt, so ist es für sie auch zukünftig einfacher, grundlegende Prinzipien zu verstehen, um diese in anderen Bereichen erneut einsetzen zu können, also Problemsituationen zu meistern. Erst durch selbständiges Problemlösen können Lernende erkennen, wie Wissen »entwickelt« wird. Problemlösen ist eine Ausprägung selbständigen Lernens, und zwar in ihrer höchsten Form."[183]
Diese Ausführungen belegen, daß das selbstgesteuerte Lernen zwar über eine Vielzahl von Vorteilen verfügt, daß es aber gleichzeitig auch erhebliche personelle, sachliche und zeitliche Ressourcen beansprucht. Selbstgesteuertes Lernen ist alles

---

[183] Löffler (1994), S. 123; vgl. zu dieser Argumentation Löffler (1994), S. 115-123.

andere als ein 'Selbstläufer', bei dem die weiterbildungswilligen Personen mit einigen Texten ausgestattet werden und sich ansonsten selbst überlassen bleiben. Ohne die professionelle Lernhilfe eines Lern- oder Weiterbildungsberaters hat diese Methode zur beruflichen Qualifikation wenig Aussicht auf Erfolg. Wenn aber ein Lernhelfer zur Begleitung von ansonsten selbstgesteuerten Lernprozessen eingesetzt werden muß, so ist zu fragen, ob dieser Lernhelfer nur individuelle Beratungen durchführen sollte oder ganze Gruppen von Weiterbildungsteilnehmern beraten kann. Eng verbunden mit dieser Problematik ist die weitergehende Frage, ob das selbstgesteuerte Lernen besser individuell oder in der Gruppe erfolgt. Das selbstgesteuerte Lernen in der Gruppe gilt es daher im folgenden näher zu untersuchen.

4.3. Lernen im Team

Neben dem bisher behandelten individuellen selbstgesteuerten Lernen gibt es die Variante des selbstgesteuerten Lernens in der Gruppe. So wie beim individuellen selbstgesteuerten Lernen findet die Weiterbildung auch hier in der Form statt, daß vorbereitende, organisierende und koordinierende Lernaktivitäten primär von den Lernenden und nicht von einem Lehrer oder Weiterbildner durchgeführt werden. Die Idee, das Lernen nicht isoliert von anderen ablaufen zu lassen, sondern in der Gruppe mit weiteren Weiterbildungswilligen, basiert auf dem Grundsatz, daß die Menschen das meiste von anderen Menschen lernen. Bei fast allen Lernformen treten die Menschen in Kontakt mit anderen, so daß es zu sozialen Berührungen kommt. Lernen erweist sich dadurch als ein sozialer Prozeß, der als solcher am besten in der Gruppe stattfindet.[184] Die **Vorteile** des Lernens in der Gruppe sind außerordentlich umfangreich.[185]

- Lernende in der Gruppe können sich gegenseitig anregen und motivieren. Deshalb macht das Lernen in der Gruppe in der Regel mehr Spaß als das Lernen im 'stillen Kämmerlein' und **erhöht** dadurch die **Lernmotivation**. Die höhere Lernmotivation wirkt sich wiederum positiv auf den Lernerfolg aus, so daß eine **höhere Lerneffizienz** zu erwarten ist.
- Positiv ist zudem, daß sich die Gruppenmitglieder gegenseitig helfen können und damit wechselseitig ihr Wissen erweitern. So profitieren die Teilnehmer in besonderem Maße gegenseitig **vom Wissen** und Erfahrungsschatz **der anderen**. Schließlich ist zu bedenken, daß das Gruppenlernen häufig mit intensiven Diskussionen über die Inhalte der Weiterbildungsmaßnahme verbunden ist. Gerade durch die Diskussionen werden den teilnehmenden Personen bisher nicht

---

[184] Vgl. Reinmann-Rothmeier/Mandl (1995a), S. 65.
[185] Vgl. Tergan (1995), S. 131; Mandl/Gruber (1995), S. 171; Reinmann-Rothmeier/Mandl (1995a), S. 66-68; Reinmann-Rothmeier/Mandl (1995b), S. 194f., Kirchenhöfer (1995), S. 88; Hortsch/Kersten (1996), S. 251; Münk/Lipsmeier (1997), S. 85; Reinmann-Rothmeier/Mandl (1997a), S. 58.

255

beachtete Aspekte bewußt, wodurch das Wissen jedes Teilnehmers erweitert wird.

- Lernen in der Gruppe erhöht das Gefühl der Gruppenzusammengehörigkeit und hilft damit, Konflikte zu beseitigen. Dadurch werden zusätzlich zu den fachlichen Kenntnissen noch soziale Kompetenzen wie beispielsweise die Teamfähigkeit oder die Befähigung zur Konfliktlösung geschult, was dem Ziel einer möglichst breit gefächerten Handlungskompetenz der Beschäftigten entgegenkommt. **Außerfachliche Kompetenzen**, die für eine umfassende berufliche Qualifikation zwingend erforderlich sind, können den Lernenden in der Gruppe quasi nebenbei vermittelt werden. Darüber hinaus ist festzustellen, daß sich kommunikative und kooperative Kompetenzen definitionsgemäß stets auf andere Menschen beziehen und folglich am besten in der Gruppe erlernt und gefördert werden können.

Vor allem für die außerfachlichen Kompetenzen eignet sich das Lernen in der Gruppe besonders gut. Die Gemeinsamkeit der Lernaktivitäten und die Notwendigkeit zur Diskussion im Fall von divergierenden Ansichten sind außerordentlich förderlich für die Erhöhung der Team- und Kooperationsfähigkeit, der Konfliktfähigkeit, der Problemlösungs- und Entscheidungsfähigkeit sowie der kommunikativen bzw. rhetorischen Fertigkeiten.[186] Zur Schulung dieser und ähnlicher Kompetenzen ist das Lernen in der Gruppe deshalb empfehlenswert. Wie alle Weiterbildungsformen hat allerdings auch das Lernen im Team **Nachteile**, die zum Teil schwerwiegend sind. In diesem Zusammenhang sind vor allem die folgenden problematischen Aspekte zu erwähnen:[187]

- Ein wesentliches Problem, das gegenwärtig zur Zurückhaltung beim Einsatz dieses Instruments in der Weiterbildung beiträgt, ist der erforderliche **hohe Zeitaufwand** zur Vorbereitung und zur Lösung von Koordinationsschwierigkeiten, die mit dem Lernen in der Gruppe verbunden sind.
- Der Koordinationsaufwand wird durch den Umstand erhöht, daß die individuellen Vorkenntnisse, Erfahrungen und bisherigen Lernstile der Teilnehmer herausgefunden werden müssen, um eine **sinnvolle Lerngruppe** zu bilden.
- Erforderlich ist zudem die **gemeinsame Evaluation** der Weiterbildungsveranstaltung, die ebenfalls Zeit in Anspruch nimmt.
- Notwendig für den erfolgreichen Einsatz dieser Weiterbildungsform sind **pädagogische Führungskompetenzen** zur Konzipierung und Planung des Gruppenlernens sowie eine intensive soziale Beziehung zwischen dem Weiterbildner und den Weiterbildungsteilnehmern. Dies stellt hohe Anforderungen an das Weiterbildungspersonal, das entsprechend zu schulen ist.

---

[186] Vgl. Höpfner (1991), S. 60f,; Hesse/Garsffky/Hron (1995), S. 254.
[187] Vgl. Herpich/Krüger/Nagel (1992), S. 56f.; Kirchenhöfer (1995), S. 87f.; Bootz/Ebmeyer (1995), S. 47f.

256

- Durch eine geringe Lernmotivation einzelner Weiterbildungsteilnehmer wird die störungsfreie, kontinuierliche Zusammenarbeit gefährdet. Die Beseitigung von auftretenden **Störungen** verlangt klärende Gespräche, die gegebenenfalls sehr viel Zeit in Anspruch nehmen können.
- Zur Lösung von auftretenden Konflikten innerhalb der Lerngruppe ist ein **Moderator** erforderlich, der entweder ein Weiterbildungsteilnehmer sein kann oder ein Dozent, der dann als Kurs- oder Lerngruppenleiter fungiert. Ohne einen entsprechend vorgebildeten Moderator kann das Lernen im Team nicht erfolgreich durchgeführt werden.
- Schließlich stellt diese Form der Weiterbildung besondere Anforderungen an die **Räumlichkeiten**, die Unruhe verhindern müssen und die Möglichkeit zur Bildung von Kleingruppen aufweisen sollten.

Vor allem die Notwendigkeit zur Kooperation kann zu erheblichen **Abstimmungsproblemen** führen, denn die Teilnehmer müssen sich über den gesamten Weiterbildungsprozeß verständigen. Dies beginnt bei der gemeinsamen Planung des Vorgehens, setzt sich fort über die Verteilung von Aufträgen an die einzelnen Gruppenmitglieder sowie die anschließende Ausführung dieser Aufträge und endet bei der gemeinsamen Kontrolle des gesamten Vorgehens sowie bei der gemeinsamen Auswertung der erreichten Lernergebnisse.[188] Es ist unmittelbar einsichtig, daß derart umfangreiche Abstimmungen nur erfolgreich bewältigt werden können, wenn die einzelnen Gruppenmitglieder bereits über eine ausgeprägte Teamfähigkeit verfügen. Ein weiteres schwerwiegendes Problem, das mit dem Lernen in einer Gruppe verknüpft ist, sind die unterschiedlichen Lern- und Arbeitsgeschwindigkeiten der Weiterbildungsteilnehmer. Bei der Organisation des Lernens im Team sind daher - so wie auch bei der Planung und Vorbereitung des Projektlernens - die unterschiedlichen Lern- und Arbeitsgeschwindigkeiten zu berücksichtigen; als Faustregel gilt dabei, daß der Langsamste dreimal soviel Zeit benötigt wie der Schnellste. Bei der Zusammenstellung von Lerngruppen sind die folgenden Hinweise zu beachten:[189]

- Bei der Bildung von Lerngruppen sollten Größen gewählt werden, die zwischen **drei** und **fünf** Beschäftigten liegen.
- Wenn lernungewohnte bzw. weiterbildungsferne Personen durch ein selbstgesteuertes Lernen in der Gruppe qualifiziert werden sollen, ist darauf zu achten, daß die Lerngruppe möglichst homogen ist.
- Denkbar ist auch die Bildung einer Gruppe von leistungsschwachen Lernenden, die dann von einem oder mehreren leistungsstarken Lernenden geführt werden.

---

[188] Vgl. Höpfner (1991), S. 36.
[189] Vgl. Höpfner (1991), S. 36; Keller (1993), S. 531; Bundesinstitut für Berufsbildung (1998), S. 59; Bundesministerium für Bildung, Wissenschaft, Forschung und Technologie (1998), S. 162.

- Für die Herausbildung von sozialen Beziehungen ist es sinnvoll, die Lerngruppe über einen längeren Zeitraum hinaus beizubehalten.

Sind die genannten Probleme gelöst, so kann das Lernen in der Gruppe eine - sowohl aus didaktischen als auch aus ökonomischen Erwägungen - sehr effiziente Form der Weiterbildung sein. Besonders sinnvolle Anwendungsbereiche sind unter anderem das Erlernen von Sprachen, die Aneignung von Computerwissen und das Erlernen von Rechtsvorschriften.[190] Als **Beispiel** für den Einsatz des Lernens in der Gruppe kann der zu erlernende Umgang mit einem neuen Betriebssystem (Computer) genannt werden. Ein für die betriebliche Weiterbildungspraxis zu empfehlendes Vorgehen könnte darin bestehen, daß ein zu diesem Betriebssystem gehörendes Handbuch unter den Gruppenmitgliedern so aufgeteilt wird, daß jede Person einige Kapitel durcharbeitet und anschließend der Gruppe vorstellt. Die didaktischen und betriebswirtschaftlichen Vorteile einer derartigen Qualifizierungsmaßnahme verdeutlichen die positiven Aspekte dieser Weiterbildungsform:[191]

- Nicht jeder Mitarbeiter muß alle Kapitel des Handbuches durcharbeiten. Dies spart Zeit, Arbeit und Nerven für den einzelnen. Findet die entsprechende Weiterbildungsmaßnahme während der Arbeitszeit statt, so reduziert dies für den Arbeitgeber die Zeit, während der die Beschäftigten für den normalen Arbeitsprozeß ausfallen.
- Sofern die Teilnehmer in der Gruppe aus verschiedenen Abteilungen oder Bereichen stammen, lernt jeder einzelne infolge der stattfindenden Kommunikation die Abläufe der anderen Abteilungen besser kennen.
- Der Umstand, daß jeder einzelne einen Teil des Erlernten vorträgt, fördert zugleich Schlüsselqualifikationen wie z. B. die Präsentations- und Lehrfähigkeiten und rhetorische Fertigkeiten.
- Zugleich ermöglicht das gegenseitige Vortragen ein Lernen durch Lehren, was nach pädagogischen Erkenntnissen gerade für den Vortragenden besonders lernförderlich ist.

Das Lernens im Team ist insgesamt eine **effiziente Form der Weiterbildung**, wie beispielsweise das Bundesinstitut für Berufsbildung zutreffend feststellt, ohne dabei die **problematischen Aspekte** dieser Form der Weiterbildung zu übersehen: "In Teams lernen kann besonders intensiv sein, weil in der kleinen Gruppe eher Argumente ausgetauscht werden als in größeren Gruppen. Gleichzeitig besteht aber die Gefahr, daß sich nicht alle Teammitglieder gleichermaßen an der Arbeit beteiligen. Deshalb erfordert die Teamorganisation die besonders intensive Betreuung durch Ausbilderinnen und Ausbilder."[192] Erfolgreich kann diese Form zur beruflichen

---

[190] Vgl. Kirchenhöfer (1995), S. 88.
[191] Vgl. Reinmann-Rothmeier/Mandl (1995a), S. 66; Reinmann/Rothmeier/Mandl (1995b), S. 194f.
[192] Vgl. Bundesinstitut für Berufsbildung (1998), S. 59.

Qualifizierung also nur sein, wenn sie von einem Lernhelfer begleitet wird. Trotz der unbestrittenen Schwierigkeiten und Gefahren kann das grundsätzlich positive Urteil bezüglich des Lernens in der Gruppe lauten: "Selbstgesteuertes und kooperatives Lernen werden demnach dem Erwachsenen und seinen Möglichkeiten am besten gerecht und sind zugleich auch für die Erfordernisse der Arbeitswelt bestens geeignet."[193] Eine abschließende Einschätzung zur **zukünftigen Entwicklung** des selbstgesteuerten Lernens - sei es in der Gruppe oder in Form des individuellen selbstgesteuerten Lernens - läßt sich wie folgt formulieren: Selbst die Organisatoren von Weiterbildungsveranstaltungen rechnen bei der Planung der Veranstaltungen in zunehmendem Maße damit, daß die teilnehmenden Personen mehr oder weniger bereit und in der Lage sind, "sich auch selbständig Kenntnisse und Fertigkeiten anzueignen". "So gesehen dürfte selbstgesteuertes Lernen oder autodidaktisches Lernen bei vielen Menschen den weitaus größeren Teil ständiger Weiterbildung ausmachen, ohne daß dies in der Öffentlichkeit entsprechend wahrgenommen würde."[194]

3.4.2. Lernen durch lernwirksame Gespräche

Ausgangspunkt dieser Form der Weiterbildung ist die Tatsache, daß viele Schwierigkeiten und Probleme von Qualifizierungsmaßnahmen weniger auf einzelne Wissenslücken zurückzuführen sind als vielmehr auf Schwächen beim Transfer, also bei der praktischen Anwendung des Erlernten im täglichen Arbeitsleben. Zur Behebung dieser Problematik bietet sich der **Dialog** zwischen den Lernenden und dem Weiterbildner an, weil in Gesprächen kritische Rückfragen gestellt werden können, die sich mit der Anwendung der Weiterbildungsinhalte im Alltag beschäftigen. Lernen durch lernwirksame Gespräche kann zahlreiche Ausgestaltungen annehmen. Dazu gehören unter anderem Kontaktgespräche, Fördergespräche, Anerkennungsgespräche, Unterweisungsgespräche, Beurteilungsgespräche, Kritikgespräche, Gruppendiskussionen oder Lehrgespräche.[195] In Anbetracht des Facettenreichtums sollen hier nur die wichtigsten Formen der lernwirksamen Gespräche kurz vorgestellt werden.

Erste Formen des Lernens durch Gespräche sind **Mitarbeitergespräche** oder **Dienstberatungen.** Bei ihnen vollzieht sich das Lernen durch den Erfahrungsaustausch zwischen den teilnehmenden Personen sowie durch Informationsvermittlung und Problemlösungsverfahren. Ziel der Gespräche ist es vor allem, die relevanten Arbeitsaufgaben pädagogisch zu durchdringen und damit eine Vervollkommnung der Aufgabenerfüllung zu erreichen. Eine andere Form, die speziell für das Erlernen von Bürotätigkeiten eingesetzt wird, ist das **Unterweisungsgespräch.** Im Rah-

Reinmann-Rothmeier/Mandl (1995b), S. 194.
Vgl. Ihbe/Wehrmeister (1996), S. 163.
Vgl. Skowronek (1984), S. 151; Schlaffke (1992), S. 55.

men eines solchen Gesprächs werden durch ein gegenseitiges Erklären und durch die Ausführung bestimmter Tätigkeiten die Bürotätigkeiten erlernt. Neben diesen meist nur zwischen dem Weiterbildner und einem Lernenden geführten Gesprächen zum Zwecke der Weiterbildung gibt es das **Lehrgespräch** für die Unterrichtung von Gruppen. Am Beispiel des Lehrgesprächs soll die Grundstruktur von lernwirksamen Gesprächen vorgestellt werden.[196]

Bei Lehrgesprächen übernimmt der Dozent - ähnlich wie bei einem Lehrvortrag - die Führung des Gesprächs, allerdings nicht in Form eines Vortrages, sondern in Form von Fragen. Inhalte, Ziele und die einzelnen Schritte des Lernprozesses werden dabei vom Dozenten festgelegt. Der Weiterbildungsinhalt wird erarbeitet, indem die Weiterbildungsteilnehmer die Fragen beantworten und sich zum Zwecke der Beantwortung geistig mit dem Thema auseinandersetzen müssen. Die eigenständige gedankliche Auseinandersetzung mit einem bestimmten Thema stellt dann die Basis für die systematische Herausarbeitung von Sachzusammenhängen dar, die letztlich das Verständnis für die Lehrinhalte vertieft.[197] Ein Lehrgespräch läßt sich dabei in verschiedene **Phasen** unterteilen:[198]

• Der Einstieg: Der Weiterbildner weckt das Interesse der Gesprächsteilnehmer und versucht, diese zum Nachdenken anzuregen. Dies geschieht durch Impulse, vor allem in Form von Fragen, die überraschen und zum Widerspruch reizen sollen. Wichtig ist in der Einstiegsphase, daß die Vorkenntnisse der Weiterbildungsteilnehmer berücksichtigt werden und die Fragen bzw. Impulse auf deren Vorwissen abgestimmt werden.

• Die Erschließung des Themas: Hierzu ist es besonders hilfreich, wenn Fragen der Weiterbildungsteilnehmer aufgegriffen werden können. Derartige Fragen signalisieren Interesse und deuten auf Wissenslücken hin, die im Laufe des Gesprächs geschlossen werden müssen. Im Rahmen des Gesprächs erarbeiten der Weiterbildner und die Lernenden gemeinsam ein bestimmtes Thema, wobei die Argumente und Überlegungen der Weiterbildungsteilnehmer in den gesamten Lernprozeß einfließen. Ein solches Vorgehen dient zudem der Förderung des Denkens in Zusammenhängen und des Analysierens und Lösens von Problemen.

• Die Erörterung der Fragen und Antworten: In dieser Phase geht es um die Aufbereitung und Diskussion der wesentlichen Inhalte des vorangegangenen Gesprächs. Zur Aufbereitung gehören auch die Übertragbarkeit des Erlernten und der Ausblick auf ähnliche Fragestellungen. Wichtig ist zudem die Visualisierung des gesamten Gesprächsverlaufes auf Folien, Tafel, Wandzeitung oder anderen Hilfsmitteln.

• Zusammenfassung und Kontrolle des Gesprächsinhalts: Der Weiterbildner vergewissert sich in der abschließenden Phase, ob und was die Teilnehmer vom In-

---

[196] Vgl. Schlaffke (1992), S. 55; Hortsch/Kersten (1996), S. 250; Döring/Ritter-Mamczek (1997), S. 82.

[197] Vgl. Seyd (1994), S. 183; Döring/Ritter-Mamczek (1997), S. 65; Terhart (997), S. 130.

[198] Vgl. Seyd (1994), S. 183f.; Siebert (1997a), S. 185f.

halt des Lehrgesprächs behalten haben. Somit können eventuelle Fehleinschätzungen seitens der Weiterbildungsteilnehmer korrigiert werden. Außerdem sollten zum Abschluß des Gesprächs ergänzende Hinweise für die zukünftige Auseinandersetzung mit der behandelten Thematik gegeben werden.

Die vom Lehrenden gestellten Fragen können enge/geschlossene Fragen sein, bei denen die Antwort kurz ausfällt und in der Regel nur eine Antwort richtig ist. Darüber hinaus sind auch weite/offene Fragen möglich. Bei ihnen gibt es zahlreiche Antworten, die alle richtig sein können. Hinsichtlich der **Formulierung von 'guten' Fragen** sollten die nachstehenden Hinweise berücksichtigt werden:[199]

- Eine Frage sollte immer mit einem Fragewort beginnen, damit der Angesprochene sie klar als eine Frage, mit der er sich auseinandersetzen soll, erkennt.
- Es sollte nur eine Frage gestellt werden, d. h. Kettenfragen sind zu vermeiden.
- In einer Gruppe sollte eine Frage stets an alle Teilnehmer gestellt werden, allerdings nur von einer Person beantwortet werden.
- Fragen sollten nicht mit umfangreichen Erklärungen angereichert werden, weil dies die eigentliche Frage leicht verschüttet.
- Suggestivfragen sollten nicht gestellt werden, da sie die Antwort bereits vorab festlegen und den Befragten nicht zum eigenen Nachdenken anregen.
- Ebenso sollten Ja-Nein-Fragen vermieden werden, weil bei deren Beantwortung eine Begründung durch den Befragten unterbleibt. Ohne den Zwang zur Begründung entfällt eine intensive gedankliche Auseinandersetzung mit der Frage, so daß der erhoffte Lernerfolg häufig ausbleibt.
- Die Fragen sollten die Weiterbildungsteilnehmer weder über- noch unterfordern. Deshalb dürfen die gestellten Fragen weder vollkommen unbekannte Informationen noch sattsam bekannte Sachverhalte erfragen.

Nicht nur die richtige Fragetechnik ist entscheidend für den Erfolg eines Lehrgesprächs, sondern auch die angemessene **Reaktion auf die Antworten** der Weiterbildungsteilnehmer. Zunächst einmal ist den Angesprochenen ausreichend Zeit einzuräumen, damit sie über den geschilderten Sachverhalt nachdenken können. Auch für die Antwort selbst gilt dieser Grundsatz, damit die Weiterbildungsteilnehmer nicht auf kurze Antworten ohne weitere Begründungen festgelegt werden. Fällt die gegebene Antwort richtig aus, so ist die Richtigkeit zu bestätigen und gegebenenfalls zu loben. Schwieriger ist hingegen der Umgang mit falschen Antworten. Entscheidend ist hierbei, dem Angesprochenen nicht einfach die richtige Antwort zu präsentieren und ihn somit aus der 'Pflicht zur Antwortfindung' zu entlassen. Statt dessen ist die Frage - notfalls mit zusätzlichen Denkhilfen - an den Lernenden zurückzugeben, um ihm erneut die Möglichkeit zur Auseinandersetzung mit der behandelten Problematik zu geben. Dies erhöht nicht nur den Lernerfolg - eigenständig erarbeitete Inhalte prägen sich besser ein als Inhalte, die vorgetragen und vom

---

[199] Vgl. Seyd (1994), S. 183-186, 197.

Zuhörenden passiv aufgenommen werden -, sondern wirkt sich zudem positiv auf die Lernmotivation aus. Notwendig ist dabei die Motivation der Lernenden, so daß diese sich aktiv in den Dialog einbringen und Eigenbeiträge leisten. Wichtig ist schließlich, daß falsche Antworten nicht schriftlich festgehalten werden, weil sich eine schriftlich fixierte (falsche) Antwort in der Regel besser und dauerhafter einprägt als die anschließend nur mündlich vorgetragene (richtige) Antwort.[200] Weitere Aspekte, die es bei der Durchführung von Lehrgesprächen zu beachten gilt, sind die folgenden:[201]

• Der Raum, in dem ein Lehrgespräch stattfindet, sollte möglichst störungsfrei sein. Derart ruhige Orte liegen in der Regel abseits von Büro- und Produktionsräumen.

• Von der zeitlichen Ausgestaltung her ist es wichtig, großzügig bei der eingeplanten Zeit zu sein. Sowohl der Weiterbildner als auch die Weiterbildungsteilnehmer müssen genügend Zeit erhalten, um nachzudenken, Fragen zu stellen und Erklärungen zu liefern. Zeitmangel führt zur Hetze, zu ungelösten Verständnisproblemen und letztlich zur Frustration, was den angestrebten Lernerfolg gefährdet.

• Ein anderer Zeitaspekt betrifft die Kontinuität von Lehrgesprächen. Lehrgespräche sollten nach Möglichkeit regelmäßig stattfinden, z. B. wöchentlich in einem Umfang von etwa einer Stunde.

• Wichtig für den Erfolg von Lehrgesprächen ist deren Leitung durch kompetente Weiterbildner. Sie müssen das Führen von Lehrgesprächen erlernen und einüben, bevor sie diese Form der Qualifizierung in der Praxis einsetzen können. Hilfreich ist in diesem Zusammenhang der Rückgriff auf andere Kollegen des Weiterbildungspersonals, die das Verhalten während eines Lehrgesprächs beobachten und den Gesprächsleiter auf Schwächen hinweisen.

• Schließlich gehört zu einem erfolgreichen Lehrgespräch noch die Beachtung bestimmter didaktischer Regeln. Zu nennen ist hierzu das Gebot der Zurückhaltung des Dozenten, der eigene Positionen und Urteile verschweigen sollte, um damit den Lernenden zu einer eigenen Urteilsbildung kommen zu lassen und um eine lebhafte Diskussion zu erlauben. Gleichzeitig muß der Dozent auf den 'roten Faden' des Gesprächs achten und Abschweifungen vom Thema als solche kenntlich machen. Zudem muß er sich häufig vergewissern, ob er den Lernenden richtig verstanden hat. Wichtig ist ebenfalls eine schriftliche Fixierung des Gesprächsverlaufs, um Zwischenergebnisse und offene Fragen festzuhalten und dadurch den Lernerfolg zu erhöhen.

Inhaltlich eignet sich das Lehrgespräch für solche Themen, die ohne eine vorführende bzw. nachmachende Tätigkeit auskommen. Konkret dürfte dies in erster Linie bei der Einführung in neue Stoffgebiete der Fall sein. Zur Vermittlung neuer

---

[200] Vgl. Seyd (1994), S. 185f.; Terhart (1997), S. 130.
[201] Vgl. Seyd (1994), S. 183f.; Siebert (1997a), S. 185f.

Inhalte eignet sich zudem eine Mischung aus Gespräch und Vortrag, was als **gelenktes Unterrichtsgespräch** bezeichnet wird. Bei einem solchen Gespräch werden die zu vermittelnden Lehrinhalte vom Weiterbildner in Fragen gekleidet, deren Antworten die Teilnehmer finden müssen. Der Unterricht erweist sich damit als ein fragend-entwickelnder Unterricht. Vor allem aus Gründen der Lerneffektivität ist das gelenkte Unterrichtsgespräch, ebenso wie das Lehrgespräch, besonders positiv zu beurteilen, weil die Lösung der Fragen durch eigenes Nachdenken der Weiterbildungsteilnehmer zu einer hohen Behaltensquote führt. Lehrgespräche eignen sich darüber hinaus auch zur Vermittlung von Schlüsselqualifikationen wie beispielsweise dem Denken in Zusammenhängen und der Förderung der rhetorischen Fertigkeiten.[202]

Lehrgespräche können auch als **Gruppendiskussion** durchgeführt werden, als Rundtischgespräch zur Äußerung der Standpunkte aller Teilnehmer oder als Gespräch in anderen Gruppenformen. Ein wichtiger Vorteil der Gruppendiskussionen besteht darin, daß die Informationen und Kenntnisse aller Weiterbildungsteilnehmer genutzt werden können und dies den Lernprozeß positiv beeinflußt.[203] Diskussionen stellen allerdings relativ hohe Anforderungen an die teilnehmenden Personen. Diese müssen nicht nur über ein fundiertes Sachwissen verfügen, sondern zudem redegewandt argumentieren können. Diskussionsungeübte besitzen hingegen häufig Hemmungen, so daß sie sich an der laufenden Diskussion kaum oder gar nicht beteiligen. Aus diesem Grund sollten die Teilnehmer eine möglichst homogene Gruppe bilden und hinsichtlich ihrer fachlichen Vorkenntnisse und der rhetorischen Fähigkeiten über einen annähernd gleichen Stand verfügen. Um allen Lernenden ausreichende Gelegenheiten zum Meinungsaustausch einzuräumen, empfiehlt sich eine Gruppengröße, die sieben Teilnehmer nicht überschreitet. Damit eine Diskussion nicht vollkommen unsystematisch verläuft, bedarf es eines Weiterbildners, der als Diskussionsleiter bzw. Moderator tätig wird. In dieser Funktion steuert er den Gesprächsverlauf, liefert gegebenenfalls einen notwendigen Informationsinput und versucht zudem, der gesamten Diskussion eine Struktur zu geben. Entscheidend ist dabei, daß der Inhalt eines Lernabschnitts von allen Weiterbildungsteilnehmern wirklich beherrscht wird, bevor mit dem nächsten Lernabschnitt begonnen wird. Am Ende der Aussprache ist es Aufgabe des Moderators, die wichtigsten Resultate systematisch festzuhalten. Unterstützung kann er bei der letztgenannten Aufgabe durch Protokollanten erhalten, die den Diskussionsverlauf aufzeichnen. Sinnvoll kann schließlich auch noch eine abschließende Bewertung des gesamten Diskussionsverlaufs sein. Bei einer derartigen Bewertung gilt es vor allem, das Diskussionsverhalten der teilnehmenden Personen zu analysieren.[204] Wegen der hohen Anforderungen sowohl an die Weiterbildungsteilnehmer als auch

---

[202] Vgl. Seyd (1994), S. 183, 197; Siebert (1997a), S. 183f.
[203] Vgl. Kraak (1992), S. 113; Kirchenhöfer (1995), S. 85f.
[204] Vgl. Skowronek (1984), S. 151f.; Seyd (1994), S. 198f.

an den Weiterbildner, der primär moderierend und weniger wissensvermittelnd tätig wird, scheinen Diskussionen zur Erhöhung von Fachwissen und außerfachlichen Kompetenzen nur bedingt geeignet zu sein. Lediglich als Übung für rhetorische Fähigkeiten ist der Einsatz von Diskussionsgesprächen sinnvoll. Zur Vermittlung von fachlichem Wissen eignet sich eine Diskussion hingegen kaum. Im Zusammenhang mit der Vermittlung von Fachwissen und Fertigkeiten scheint die Diskussion nur für nachfolgende Bereiche ein sinnvolles Instrument zu sein:[205]

- Die Weiterbildungsteilnehmer erhalten einen ersten Überblick über die Vielfalt, Breite und Struktur des zu erlernenden Stoffes.

- Die Diskussion dient der Klärung der Interessen, Erfahrungen und Vorkenntnisse der Lernenden, wodurch die Berücksichtigung dieser individuellen Rahmenbedingungen ermöglicht wird.

- Die Lernenden erhalten in der Diskussion die Möglichkeit, die Erarbeitung des Weiterbildungsthemas eigenständig mitzuplanen.

4.4. Computergestütztes Lernen oder Computer-Based-Training (CBT)

Beim computergestützten Lernen handelt es sich um eine Form der Weiterbildung, die - wie der Name bereits deutlich macht - den Computer als Hilfsmittel einsetzt. Erste Versuche mit computerunterstützter Lernsoftware gibt es in Deutschland seit dem Beginn der 80er Jahre, allerdings fanden derartige Versuche zunächst nur in Großunternehmen statt. Das computergestützte Lernen arbeitet mit Lernprogrammen, bei denen der Lernende drei Arten von Informationen auf dem Bildschirm erhält: die Lerninhalte, die zu lösenden Aufgaben bzw. Probleme und schließlich Rückmeldungen zur Aufgabenlösung.[206] Das computerunterstützte Lernen zählt zum multimedialen Lernen. Der Begriff 'Multimedia' bezieht sich auf den Umstand, daß auf einem technischen Gerät verschiedene Medien (Texte, Töne, Bilder, Graphiken, Videos) gemeinsam präsentiert werden. Das Computer-Based-Training ist zudem interaktiv und dialogorientiert, was den Lernenden in eine aktive Rolle versetzt. Der Lernende arbeitet sich bei dieser Form der Weiterbildung durch das Programm durch, liest Texte und Informationen und bearbeitet Aufgaben, die den erlernten Stoff abfragen. Die entsprechenden Programme können entweder direkt vom Computer bereitgestellt werden durch Speichermedien (z. B. Festplatte oder CD-ROM) oder über Netzwerke (z. B. das Internet) eingespeist werden.[207] Bereits heute gibt es eine Vielzahl von Beispielen für Qualifizierungsmaßnahmen, die mit elektronischen Informations- und Kommunikationstechnologien operieren. Zu ihnen zählen unter anderem:[208]

---

[205] Vgl. Weber (1995), S. 19f.
[206] Vgl. Münk/Lipsmeier (1997), S. 86.
[207] Vgl. Aufenanger (1996), S. 450; Kuss (1996), S. 184f.; Hahne (1998), S. 35.
[208] Vgl. Peters (1997), S. 194-211.

- Das **Lernen mit Dateien**: Bei dieser Lernform speichern die Lernenden ausgewählte Informationen, um diese zu bearbeiten, sich einzuprägen oder mit ihnen zu üben bzw. sie anzuwenden. Die Lernenden bauen sich damit eine individuelle Datei der Informationen auf, die sie für ihre speziellen Weiterbildungsbedürfnisse benötigen.

- Das **Lernen mit Hypertexten**: Von einer Hypertext-Struktur wird gesprochen, wenn viele verschiedene Texte vorliegen, bei denen der Leser mit Hilfe von 'links' - ähnlich wie in einem Lexikon - von einem Schlagwort zum nächsten weitergeleitet wird. Der für die Weiterbildung relevante Text wird nicht wie ein Buch von der ersten bis zur letzten Seite bearbeitet. Statt dessen können - je nach Interesse, Vorkenntnissen oder Qualifikationsdefizit - stets die Informationen abgerufen und bearbeitet werden, die den Interessen und Bedürfnissen des individuellen Lernenden entsprechen.

- Das **Lernen mit Lehrprogrammen**: Bei Lehrprogrammen wird der zu schulende Lehrinhalt durch einen programmierten Unterricht am Computer vermittelt. Dem Lernenden wird eine gewisse Individualisierung ermöglicht, indem er Selbsttests über den gelernten Stoff durchführt und entsprechend den Testergebnissen unterschiedliche Verzweigungen des Gesamtprogramms in Anspruch nimmt. Ein Lehrprogramm arbeitet häufig mit akustischen Elementen oder sogar mit bewegten Bildsequenzen. Inhaltlich wurden Lehrprogramme hauptsächlich für die Bereiche der Informatik und der Elektrotechnik eingesetzt.

- Das **Lernen mit Simulationsprogrammen**:[209] Eine Simulation ist allgemein gefaßt das Arbeiten mit einem Modell, wobei ein Modell zu verstehen ist als die vereinfachte Abbildung eines ausgewählten Teils der Realität. Konkrete, in der Realität anzutreffende Vorgänge werden in einem Computerprogramm als Modell dargestellt (z. B. die Kalkulation von Preisen in Hinblick auf die Frage, wie sich die Absatzmenge am Markt und die Gewinnsituation bei verschiedenen Preisen entwickeln). Der Lernende kann verschiedene Einflußgrößen variieren, so daß er ein Gefühl für die Zusammenhänge erhält und schließlich realitätsbezogene Problemstellungen lösen kann.

- Das **Lernen mit Dateikursen**: Hierbei handelt es sich im wesentlichen um ein Vorgehen, bei dem bisher gedruckte Lehrinhalte aus Fernstudienkursen auf CD-ROM gespeichert und den Lernenden zur Verfügung gestellt werden. Die Texte werden aufbereitet, so daß eine leichtere Orientierung möglich ist, z. B. durch die Verwendung von Symbolen, die einzelne Arbeitshinweise geben. Außerdem werden die Texte mit zusätzlichen Darstellungsformen angereichert (Graphiken, eigenständige Tondateien mit Interviews oder Handlungsanleitungen, Videofilme und Videosequenzen, zusätzliche Softwaretools etc.), was zu einer qualitativ hochwertigen Darbietung des Stoffes führt.

- Das **Lernen durch Computer-Konferenzen**: Bei dieser Form des Unterrichts tauschen die Teilnehmer (Lernende und Dozent) über elektronische Medien ihre

---

[209] Vgl. zum Aspekt der Simulationsprogramme Wedekind (1985), S. 210-213.

schriftlichen Statements innerhalb der Lerngruppe aus. Der Informationsaustausch stellt einen Unterricht dar, bei dem der Dozent Lehrtexte an die Lernenden verteilt, die Lernenden diesen Text verarbeiten und mit Hilfe der schriftlichen Reaktionen über den Inhalt diskutieren. Die Computer-Konferenz ist letztlich nichts anderes als ein virtueller (Fern)Unterricht.

- Das **Lernen durch Audio- und Video-Konferenzen**: Auch hierbei geht es um eine Kommunikation zwischen räumlich voneinander getrennten Dozenten und Lernenden, die über den Einsatz elektronischer Medien stattfindet. Die Kommunikation kann ausschließlich durch die Übermittlung von Tönen erfolgen (Audio-Konferenz, z. B. in Form eines Telefongesprächs oder einer Telefon-Konferenzschaltung) oder durch die gemeinsame Übermittlung von Tönen und Bildern.

- Das **Lernen einer "knowledge building community"**: Hierbei handelt es sich um eine ganz spezielle Form des kooperativen Lernens, die ursprünglich aus dem Bereich der Forschungsprojekte stammt. Im Kern handelt es sich um die gemeinsame Erstellung einer zentralen Datei, die aus den Beiträgen aller beteiligten Forscher besteht. Die Beteiligten unterrichten sich gegenseitig mit Hilfe des Computers über ihre jeweiligen Forschungsfortschritte und lernen somit von den Beiträgen der anderen. Diese Form des computerunterstützten Lernens stellt ein außerordentlich anspruchsvolles Instrument der Weiterbildung dar, das höchste Anforderungen an die Beteiligten stellt. Geeignet ist es daher nur für einen kleinen Personenkreis und für die Schulung von methodischen Fähigkeiten wie z. B. Wissensselektion, Informationen zu neuem Wissen verknüpfen, Rücksichtnahme auf die Lernfortschritte der anderen.

Die drei letztgenannten Formen der computerunterstützten Weiterbildung werden im nachfolgenden Abschnitt zum Thema 'Fernstudium' behandelt. An dieser Stelle soll zunächst nur auf das computerunterstützte Lernen eingegangen werden, bei dem die Lernmaterialien lokal installiert sind - auf Diskette, CD-ROM oder Festplatte -, so daß das Lernen **Offline** erfolgt.[210] Diese Offline-Anwendungen sind auch die Formen des computerunterstützten Lernens, die in der gegenwärtigen betrieblichen Weiterbildung am häufigsten eingesetzt werden. Die Online-Weiterbildung, also das Teleteaching, Videokonferenzen oder auch das Lernen in der Telekooperation, wird zur Zeit in Deutschland nur in wenigen Ausnahmebeispielen durchgeführt.[211] Bei allen exemplarisch genannten Formen der multimedialen Weiterbildung gibt es grundsätzlich zwei Formen des computerunterstützten Lernens:[212]

---

[210] Vgl. Löffelmann (1998), S. 10; Ross (1998b), S. 22.
[211] Vgl. Albert (1998), S. 12.
[212] Vgl. Severing (1994), S. 144f.; Aufenanger (1996), S. 450; Münk/Lipsmeier (1997), S. 88.

1. **Tutoriell-sequentielle Programme**:
   Sie geben den Lernenden eine bestimmte Struktur des Lernens vor, so daß die Kapitel in einer vorgegebenen Reihenfolge abgearbeitet werden. Diese Programme führen den Lernenden sehr eng und lassen ihm nur wenig Freiraum bei der Gestaltung der Abfolge der Lerninhalte. Der Lernende arbeitet sich so durch das Programm, wie er es auch mit einem Buch machen würde.

2. **Hypertext-Programme**:
   Hypertext-Programme erlauben durch die Verwendung von Verbindungen ('links') einen freien Zugriff auf die Informationselemente. Der Lernende beurteilt selbst seinen jeweiligen Informationsbedarf sowie den eigenen Lernfortschritt und trifft damit alle relevanten Entscheidungen hinsichtlich des Lernens selbst. Dies setzt eine große Selbständigkeit und große Lerndisziplin voraus.

Computergestütztes Lernen kann sowohl mit Standard-Lernsoftware durchgeführt werden als auch mit speziellen Lernprogrammen, die auf die individuellen Anforderungen des Betriebes abgestimmt sind. Letzteres Vorgehen ist mit höheren Entwicklungskosten des Programms verbunden, weil ein individuelles Lernprogramm für einen Betrieb speziell entworfen werden muß. Insgesamt ergibt sich dadurch für kleine und mittlere Betriebe das Problem, daß sich die Entwicklung von multimedialen Lernprogrammen aus Absatzgründen "vor allem auf Großbetriebe und die Bereiche industrieller und kaufmännischer Berufe mit hohen Absolventenzahlen" beschränkt.[213]
Gegenwärtig wird das computerunterstützte Lernen hauptsächlich bei den folgenden **Themen** eingesetzt: EDV-Schulungen, branchen- und produktspezifische Schulungen und schließlich im Bereich des Fremdsprachenunterrichts. Eine Untersuchung des *Bundesinstituts für Berufsbildung in Berlin* (BIBB) zu den Inhalten der Standard-Lernsoftware zur Zeit um 1997/98 erfaßt 3.000 Programme. Die Untersuchung kommt zu dem Ergebnis, daß es in 50% aller analysierten Programme um den Umgang mit dem Computer geht. Weitere 20% behandeln die Grundlagen beruflicher Kompetenzen, vor allem im Bereich der technischen und kaufmännischen Fachgebiete. Schließlich beinhalten 10% der Lernsoftware Fremdsprachenkenntnisse.[214] Die Themen der vorhandenen Lernprogramme machen deutlich, daß das primäre Ziel des computerunterstützten Lernens darin besteht, objektive Informationen darzustellen und zu vermitteln. In der betrieblichen Praxis werden multimediale Lernformen vor allem im Zusammenhang mit fachspezifischem Wissen und zudem - wenn auch in geringerem Maße - zur Vermittlung von beruflichen Handlungskompetenzen verwendet. Für die Qualifizierung auf dem Gebiet der sozialen Kompetenzen sind computerunterstützte Lernformen hingegen wenig geeignet.[215] Im Rahmen einer Befragung von etwa 1.500 Ausbildungsbetrie-

---

[213] Vgl. Ross (1998a), S. 5-7; Hahne (1998), S. 34.
[214] Vgl. Ross (1998a), S. 5, Ross (1998b), S. 22; Niedermair (1998), S. 39.
[215] Vgl. Paschen (1996), S. 444; Albert (1998), S. 11, Hahne (1998), S. 36.

ben in Deutschland sah die Mehrheit der Befragten die Informations- und Kommunikationstechnologien als weniger oder nicht geeignet zur Vermittlung von Sozialkompetenzen an.[216]

Der Einsatz von Lernsoftware in der beruflichen Qualifizierung besitzt eine Reihe von Vorteilen, die diese Form der Weiterbildung sowohl aus Sicht der Betriebe als auch aus Sicht der Beschäftigten außerordentlich attraktiv erscheinen lassen.[217]

- Die **Flexibilisierung** der Lernorganisation, was besonders wichtig wird bei Fragen der Freistellung, der Flexibilisierung des Personaleinsatzes und der Unterbrechung der Produktion. Der einzelne Weiterbildungsteilnehmer kann unabhängig von zeitlichen, familiären oder geographischen Hindernissen bestimmen, wann, wo und wie er lernt.

- Die Dezentralisierung der Schulung und damit die **jederzeitige Abrufbarkeit von Schulungen**, also die Möglichkeit von individualisierten Lernprozessen. Dazu gehört die Möglichkeit, genau die Lernmodule abzurufen, die für den aktuellen Lernbedarf erforderlich sind. Verbunden damit sind die Individualisierung der Lernprozesse und eine Mobilisierung von bisher ungenutzten Lernpotentialen infolge der Initiierung von selbstgesteuerten, individualisierten Lernprozessen. Das Lernprogramm kann also **entsprechend** den **individuellen**, persönlichen **Lernvoraussetzungen** und **Lernstrategien** bearbeitet werden.

- Die Individualisierung der Weiterbildung sorgt zudem dafür, daß der einzelne Weiterbildungsteilnehmer keinem Konkurrenzdruck mehr ausgesetzt wird, was viele Personen - vor allem lernungewohnte - als einen Vorteil ansehen.

- Eine Folge der verstärkten Individualisierung ist die **Erhöhung** der **Lerneffektivität** und Lerneffizienz. So konnte beispielsweise durch den Einsatz multimedialer Lernprogramme in der Gabelstaplerausbildung die Durchfallquote bei theoretischen Prüfungen um 80% gesenkt werden.

- Der Stoff wird den individuellen Bedürfnissen, Fähigkeiten und Defiziten des Lernenden angepaßt; die Beschäftigten können sich die Zeit zum Lernen selbst einteilen. Dies **erhöht** in der Regel die **Lernmotivation**, also auch die Lernerfolge. Von diesen höheren Lernerfolgen profitieren wiederum die Unternehmen, da somit eine effektivere Nutzung der Ressource »Man-Power« ermöglicht wird.

- Obwohl eine höhere Flexibilität und Individualisierung der Weiterbildung stattfinden, bedeutet dies nicht den Verzicht auf die **Qualitätssicherung** der Qualifizierungsmaßnahmen. Der Einsatz von computergestützten weiterbildenden Maßnahmen sorgt über die Lernprogramme vielmehr für eine Standardisierung und damit auch eine möglichst gleichbleibende Qualität der Weiterbildung.

---

[216] Vgl. Albert/Wolf/Zinke (1998), S. 43.

[217] Vgl. zu den nachfolgenden Ausführungen Severing (1994), S. 143f.; Aufenanger (1996), S. 452-455; Münk/ Lipsmeier (1997), S. 87; BTQ Kassel/Mainz (1997), S. 2; Bundesministerium für Bildung, Wissenschaft, Forschung und Technologie (1998), S. 161f.; Löffelmann (1998), S. 7; Albert (1998), S. 11; Albert/Wolf/Zinke (1998), S. 43; Kraft (1998), S. 13-15; Hahne (1998), S. 35f.

268

- Aus Kostengründen besitzt das Computer-Based-Training den Vorteil einer **Reduzierung der Schulungszeit** und den **Wegfall von Reisekosten**, was zur Reduktion der Weiterbildungskosten führt. Zumindest langfristig erhoffen sich Betriebe aus dem Einsatz der modernen Informations- und Kommunikationstechnologien in der Weiterbildung eine **Senkung der Weiterbildungskosten**.
- Vor allem für Frauen, die wegen der Betreuung von Kindern ortsgebunden sind, ermöglicht das Tele-Learning die Teilnahme an Weiterbildungsmaßnahmen.
- Aus **pädagogischen Erwägungen** ist darauf hinzuweisen, daß der Einsatz verschiedener Medien (Bilder, Graphiken, Töne, Video etc.) positive Effekte auf das Behalten von Informationen und Texten hat und damit die Lernerfolge steigert. Unterstützt wird der positive Lerneffekt noch durch die Möglichkeit der Lernenden, aktiv auf die Steuerung des gesamten Informations- und Lernprozesses Einfluß zu nehmen. Außerdem werden durch das computerunterstützte Lernen vertiefte Erfahrungen mit dem Computer gesammelt, was die Fähigkeiten zur erfolgreichen Benutzung der EDV erhöht - auch wenn das zu schulende Thema keine EDV-bezogenen Inhalte abdeckt.

Insgesamt kann die aktuelle Diskussion um die Vorteile des computerunterstützten Lernens dahingehend zusammengefaßt werden, daß die Hauptvorteile aus den Kosteneinsparungen für die Unternehmen und aus einer erhöhten Motivation der Lernenden bestehen.[218] So ergab sich beispielsweise im Rahmen des Projektes "Multimedia in der Ausbildung von Gabelstaplerfahrern" bei der Volkswagen AG, daß "durch die mediengestützte Vermittlung des Theorieanteils eine Zeitersparnis von 30 % realisiert werden" konnte. Gleichzeitig sank die "Durchfallquote bei theoretischen Prüfungen .. um 80 %."[219] Deutlich wird der Nutzen, der sich aus dem Einsatz von Lernprogrammen ergibt, vor allem in den Fällen, in denen das computergestützte Lernen besonders vorteilhaft ist. Hierbei handelt es sich um Situationen, in denen der **Arbeitsplatz** bereits mit den erforderlichen Medien ausgestattet ist, die für das CBT notwendig sind (Computer, Maus, Lautsprecher etc.). Die Vorteile des CBT lassen sich dann wie folgt umschreiben:[220]

- Ein Wechsel zwischen den Arbeitsmedien und den Lernmedien ist nicht erforderlich. Dies führt zu Zeiteinsparungen und damit auch zu Kosteneinsparungen.
- Die große Praxisnähe und die unmittelbare Umsetzbarkeit des Erlernten sorgen für einen hohen Bezug zwischen dem aktuellen Lernbedarf, dem Erlernten und den praktischen Arbeitstätigkeiten. Gelernt werden die Dinge, die für die beruflichen Anforderungen nötig sind.
- Ergänzt wird dies durch die bedarfsaktuelle Bereitstellung von Informationen, die nicht gelernt und auch nicht behalten werden müssen, sondern nach der An-

---

[218] Vgl. Ross (1998a), S. 6.
[219] Vgl. Bundesministerium für Bildung, Wissenschaft, Forschung und Technologie (1998), S. 161.
[220] Vgl. Severing (1994), S. 146f.; Severing (1995), S. 231; Münk/Lipsmeier (1997), S. 87.

wendung wieder vergessen werden können. Beispiel dafür sind Detailinformationen zur Erstellung einer betriebsinternen Liste, die nur für die aktuelle Tätigkeit bekannt sein müssen.

Dennoch ist der Arbeitsplatz in der Regel kein geeigneter Lernplatz. Die berufliche Qualifizierung ist ein Prozeß, in dem es über einen längeren Zeitraum und ohne Störungen zur Aneignung von neuem Wissen und neuen Fähigkeiten kommen sollte. Das Lernen am eigenen Arbeitsplatz ist aber in der Regel über einen längeren Zeitraum nicht möglich, weil zu viele Ablenkungen ein konzentriertes Lernen erschweren oder sogar unmöglich machen. Aus diesem Grund ist es erforderlich, spezielle Lernplätze und **Selbstlernzentren** einzurichten, die eine störungsfreie Weiterbildung zulassen. Betriebliche (Selbst)Lernzentren dienen dem Ziel, ein selbstgesteuertes, computerunterstütztes Lernen zu erlauben, das mit einer Lernbetreuung verbunden ist.[221] Selbstverständlich ist diese Form des Lernens nicht frei von **Nachteilen**. Zu den gravierenden Problemkreisen des CBT zählenden die nachfolgend aufgeführten:[222]

• Ein besonders schwerwiegender Nachteil besteht in den hohen Betriebs- und Investitionskosten. Hierzu zählt vor allem die Anschaffung geeigneter Computer und Lernprogramme. Die **Entwicklung** spezieller Lernprogramme ist ebenfalls sehr **kostenintensiv** und aufwendig. Dies gilt auch für die notfalls erforderlichen Veränderungen der Lerninhalte, die infolge der rasanten Entwicklungen bei den zu schulenden Inhalten nötig sind. Hinzu kommen häufig **technische Probleme**, z. B. Fehler in der Software, die schon angesprochene rasche Veralterung der Software und Probleme bei der Wartung.

• Die Einführung von multimedialen Lernprogrammen erfordert in der Regel während der **Implementierung** eine **intensive personelle Betreuung**, die von kleinen und mittleren Betrieben häufig nicht erbracht werden kann.

• Als Folge der umfangreichen Tätigkeiten, die für die Erstellung von inhaltlich und pädagogisch guter Lernsoftware notwendig sind, zeichnet sich die gegenwärtig vorhandene **Standard-Lernsoftware** häufig durch ihre **mangelnde Qualität** aus. Verschärft wird diese Problematik durch einen weiteren Aspekt: Die hohe Technikgläubigkeit beim CBT führt Vielfach zur **Vernachlässigung didaktischer Bezüge**, so daß beim rein technokratischen Herangehen an die Entwicklung von Lernprogrammen didaktische Erwägungen auf der Strecke bleiben. Eine lerngerechte Aufbereitung der Inhalte ist allerdings zwingend erforderlich für die erfolgreiche Anwendung des computerunterstützten Lernens.

---

[221] Vgl. Kraft (1998), S. 15; Ross (1998b), S. 23; Behrendt (1998), S. 6.
[222] Vgl. zu den nachfolgenden Ausführungen Severing (1994), S. 150-153; Aufenanger (1996), S. 456; Kuss (1996), S. 185; Münk/Lipsmeier (1997), S. 87-89; BTQ Kassel/Mainz (1997), S. 2; Ross (1998a), S. 6; Niedermair (1998), S. 40; Löffelmann (1998), S. 9-11; Albert (1998), S. 11; Albert/Wolf/Zinke (1998), S. 43; Kraft (1998), S. 13f.; Hahne (1998), S. 34f.

- Ohne eine pädagogische Betreuung und Begleitung der Lernenden sind die beschriebenen Vorteile des computergestützten Lernens nicht realisierbar. Der Computer und entsprechende Lernprogramme sind spezifisch einsetzbare Formen der beruflichen Qualifikation, die hohe Anforderungen an die pädagogischen Fähigkeiten des weiterbildenden Personals stellen. Die fehlende Vorbereitung auf die geänderten Anforderungen an die Weiterbildner ist in vielen Betrieben eine wichtige Ursache für den derzeit noch geringen Verbreitungsgrad des computerunterstützten Lernens.

- Das von der Telearbeit bekannte Problem der **fehlenden sozialen Kontakte** ist ebenso beim computergestützten Lernen anzutreffen. Für die berufliche Weiterbildung kommt zur sozialen Isolation am Lernort erschwerend hinzu, daß die im sozialen Bereich angesiedelten Schlüsselqualifikationen durch multimediale Weiterbildungsmaßnahmen nicht vermittelt werden können, denn dabei fehlt der zwischenmenschliche Kontakt, der für die Förderung der sozialen Kontakte notwendig ist.

- Gerade für geringqualifizierte Personen ist das CBT kaum geeignet, denn bei diesen Personen sind die dafür **notwendigen Fertigkeiten** (Selbstdisziplin und Selbstmotivation, Befähigung zur Selbstorganisation des Lernens, Grundkenntnisse im Umgang mit Computern bzw. eine umfassende Medienkompetenz, hohe Lernkompetenzen etc.) häufig nicht im erforderlichen Ausmaß vorhanden. Auch die Angst vor dem Medium Computer spielt hier eine nicht zu unterschätzende Rolle. Selbst computererfahrene Personen sollten vor dem Beginn des computergestützten Lernens eine Einführung in die verwendeten Telekommunikationstechnologien erhalten.

- Zu beachten ist außerdem ein **datenschutztechnisches Problem**: Beim Tele-Learning überwacht das Programm gleichzeitig die Tätigkeiten des Lernenden sowie das, was er lernt und wie er lernt. Die Gefahr eines Mißbrauchs des Tele-Learnings zur Kontrolle und Überwachung kann daher nicht ausgeschlossen werden.

- Schließlich ist an den **Abbau von Arbeitsplätzen** zu denken, denn durch den Einsatz des CBT werden weniger Dozenten notwendig.

Die aufgezählten Probleme werden auch in den meisten Befragungen als entscheidende Hindernisse für den Einsatz des CBT in der betrieblichen Weiterbildung angegeben. Ursache für den Widerstand der Betriebe gegen die Verwendung computergestützter Weiterbildungsmaßnahmen sind in erster Regel die unzureichende persönliche Unterstützung und Betreuung der Lernenden sowie die mangelnde Qualität der Standard-Lernsoftware. Hinzu kommen gerade in kleinen und mittleren Unternehmen die hohen betriebsspezifischen Kosten für die Anschaffung und Nutzung von Computergeräten und Anschlüssen sowie die Kosten für das erforderliche Weiterbildungspersonal und dessen vorherige Schulung. Zu nennen sind weiterhin didaktische Probleme und mangelnde Informationen, wobei die derzeit bestehenden Informationsdefizite nach Ansicht der Experten ein besonders gravie-

271

rendes Hindernis für den Einsatz des CBT in der betrieblichen Weiterbildungspraxis darstellen.[223] Schließlich gilt es zu beachten, daß computergestützte Lernprogramme wegen der anfallenden Kosten für die Entwicklung bzw. Anschaffung der Software, für die Bereitstellung der erforderlichen Hardware und für die pädagogische Betreuung eine bestimmte Mindestzahl von Weiterbildungsteilnehmern voraussetzen, um vom Standpunkt einer **Kosten-Nutzen-Analyse** als sinnvoll angesehen werden können. Zur Zeit gelten dabei die folgenden Faustregeln:[224]

- Bei der Verwendung einfacher Lernsoftware lohnt sich der CBT-Einsatz - im Vergleich zur traditionellen Seminardurchführung -, wenn etwa 100 und mehr Teilnehmer zu schulen sind. Die Kosten für PC-Geräte, Lernsoftware und Lernbetreuung fallen dann geringer aus als die Kosten, die mit einem Seminar verbunden sind (Arbeitszeit, Transportwege, Seminargebühren inklusive Unterbringung).

- Bei aufwendigen multimedialen Lernprogrammen müssen etwa 800 bis 1.000 Teilnehmer vorliegen. Dies hängt vor allem mit den hohen Kosten der Entwicklung spezieller Lernprogramme zusammen sowie mit den erforderlichen Kopier- oder Gruppenlizenzen. Die Kosten können zur Zeit "bis um die 500 000 DM" betragen.

Die genannten Probleme dürften hauptverantwortlich sein für den Umstand, daß der Nutzungsgrad des multimedialen Lernens in der betrieblichen Praxis Deutschlands zur Zeit noch relativ gering ist. Befragungen aus dem Jahre 1997 deuten darauf hin, daß lediglich 10% der deutschen Unternehmen zu diesem Zeitpunkt das computerunterstützte Lernen in der Aus- und Weiterbildung einsetzen, wobei der Einsatzschwerpunkt bei der Weiterbildung liegt. Derzeit ist die Verwendung des CBT vor allem dann **sinnvoll**, wenn die folgenden Voraussetzungen gegeben sind:[225]

- **Große Teilnehmerzahlen**, die zu schulen sind, lassen den Einsatz computergestützter Weiterbildungsmaßnahmen vor dem Hintergrund einer Kosten-Nutzen-Analyse sinnvoll werden. So besteht für Großunternehmen die Möglichkeit, durch die Verwendung eines unternehmensinternen 'Intranets' computerunterstützte Lernmedien einzusetzen, die dann über das Intranet allen Beschäftigten zur Verfügung gestellt werden. Werden somit die entwickelten Lernprogramme bei einer großen Anzahl von Mitarbeitern zur Weiterbildung eingesetzt, so kann dies trotz der sehr hohen Anfangsinvestitionen zu einer kostengünstigen Qualifizierung führen. Ein bei der *Volkswagen AG* durchgeführtes Pilotprojekt mit dem Namen "Lernen im Netz" brachte deutliche Kostenvorteile mit sich, weil es gelang, "mit Hilfe einer intranetgestützten Lerntechnologie" mehr als 1.200 Mitar-

---

[223] Vgl. Ross (1998a), S. 6f.; Löffelmann (1998), S. 9-11.
[224] Vgl. Ross (1998a), S. 7; Ross (1998b), S. 24; Löffelmann (1998), S. 11.
[225] Vgl. Aufenanger (1996), S. 456; Kuss (1996), S. 185; Ross (1998a), S. 7; Ross (1998b), S. 22; Albert (1998), S. 11.

272

beiter zu qualifizieren.[226] Gerade für große Unternehmen sorgen das Intranet bzw. das Internet dafür, daß sich computerunterstützte Lernformen als eine kostengünstige Art der Qualifizierung erweisen können.

- **Relativ unkomplexe Lernstoffe** und relativ eng abgegrenzte Lerninhalte reduzieren entweder die Entwicklungskosten der betriebsspezifischen Lernprogramme, oder sie erlauben den Rückgriff auf Standard-Lernsoftware.
- Inhaltlich geht es um **Schulung**, die sich direkt mit der **Computerarbeit** beschäftigt, denn zu dieser Thematik liegen die meisten und günstigsten Programme vor. Auch für das Erlernen von **Fremdsprachen** gibt es bereits zahlreiche Computerprogramme, die qualitativ als hochwertig anzusehen sind und dabei zudem preisgünstig sind.
- Die Weiterbildungsteilnehmer verfügen bereits über eine gewisse **Medienkompetenz**, d. h. sie sind mit den Grundlagen der EDV vertraut, besitzen die Fähigkeit zum Umgang mit multimedialen Lernsystemen und verfügen über die Fähigkeit, aus der Vielzahl der angebotenen Informationen die relevanten herauszusuchen.
- Von entscheidender Bedeutung ist auf jeden Fall, daß die eingesetzten **Computerprogramme einfach zu handhaben** sind, d. h. daß auch computerunerfahrene Personen die Programme leicht starten und bedienen können.[227] Hier bestehen gegenwärtig allerdings noch Probleme bei der didaktischen Aufbereitung konventioneller Lernmaterialien.

Die genannten Voraussetzungen für einen erfolgversprechenden Einsatz des CBT deuten darauf hin, daß diese Lernform nur mit entsprechend vorgebildeten Personen durchgeführt werden kann. Ohne die erforderlichen Grundkenntnisse beim Umgang mit dem Computer und den Lernprogrammen, ohne die Fähigkeit zum selbstorganisierten Lernen und ohne ein Interesse am Umgang mit dem Computer kann nicht mit einem großen Lernerfolg gerechnet werden. Ebenso muß gewährleistet sein, daß die potentiellen Weiterbildungsteilnehmer in der Lage sind, die Texte der Lehrprogramme und des Internets zu verstehen. Dennoch lassen sich computergestützte Weiterbildungsmaßnahmen auch für eher 'schwache' Lernende sinnvoll einsetzen, wenn die verwendeten Lernprogramme hochstrukturiert sind und den Lernablauf damit sehr fest vorgeben. Lerngewohnte und EDV-erfahrene Personen können hingegen stärker von Lernprogrammen und Lernsystemen profitieren, die nur wenig strukturiert sind und dem Lernenden umfangreiche Möglichkeiten zum selbstorganisierten Lernen einräumen. Insgesamt deuten Untersuchungen darauf hin, daß fehlende Lernvoraussetzungen bei den Lernenden zum Teil durch eine entsprechende Ausprägung der eingesetzten Lernmedien ausgeglichen werden können. Durch eine adressatenspezifische Ausgestaltung der Lernsoftware können des-

---

[226] Vgl. van Berk (1998), S. 103.226 Vgl. van Berk (1998), S. 103.
[227] Vgl. Wedekind (1985), S. 210.

halb auch die Personen das CBT mit Gewinn verwenden, die nicht über die notwendigen Lernfähigkeiten verfügen.[228] Vom derzeitigen Stand kann zusammenfassend folgendes Fazit gezogen werden: Computergestützte Lernverfahren taugen noch nicht als Ersatz für die klassischen Lernverfahren, weil viele der heute geforderten Fertigkeiten wie das selbständige Arbeiten und Lernen oder auch soziale Kompetenzen nicht durch computergestützte Verfahren des Lernens vermittelt und geschult werden können. Computergestütztes Lernen stellt allerdings schon heute eine sinnvolle Ergänzung der bestehenden Weiterbildungsformen dar und sollte deshalb in die klassischen Formen der Weiterbildung eingebettet werden. Das CBT ist daher nicht als eine Konkurrenz zu traditionellen Lernverfahren einzustufen, sondern als eine Ergänzung, z. B. zur Vor- und Nachbereitung von Seminaren und Workshops oder zur Begleitung des arbeitsplatznahen Lernens. Zudem sollten Präsenzphasen bei jeder Form des computerunterstützten Lernens stattfinden, um den Weiterbildungsteilnehmern soziale Kontakte zu ermöglichen.[229] Insgesamt können für den zukünftigen Einsatz des computergestützten Lernens die folgenden Prognosen aufgestellt werden:[230]

*   Die **Kostengründe**, die heute noch ein großer Nachteil des CBT sind, werden in der Zukunft infolge der rasanten Entwicklungen auf dem Hard- und Softwarebereich nicht mehr so gravierend sein, was für die Ausweitung des Einsatzes von computergestützten Weiterbildungsmaßnahmen spricht.
*   Die entscheidenden betriebswirtschaftlichen Vorteile, also die per Saldo geringeren Bildungskosten und die Entlastung des Bildungspersonals, machen die neuen Informations- und Kommunikationstechnologien gerade für **kleinere und mittlere Betriebe** zu einer besonders attraktiven Weiterbildungsform.
*   **Einsatzgebiete** werden vor allem die folgenden sein: Lernprogramme zur Vermittlung fachlicher Kompetenzen, Datenbanken/Enzyklopädien zur Nutzung des weltweit vorhandenen Wissens, Simulationsprogramme zur Vermittlung von Entscheidungs- und Handlungsfähigkeiten und virtuelle Realitäten zur Schulung von Kreativität bzw. kreativem Denken.
*   Notwendig für die erfolgreiche Verwendung computergestützter Weiterbildungsmaßnahmen sind vor allem **pädagogisch hochentwickelte Angebote an Lernprogrammen** und ein **pädagogisch entsprechend vorbereitetes Weiterbildungspersonal**. Auch ist an den Einsatz von Lernberatern zu denken, die methodische Hinweise für den Umgang mit Lernsystemen geben und mitteilen, von wo benötigte Informationen bezogen werden können.

---

[228] Vgl. Aufenanger (1996), S. 454-456; Euler (1997), S. 449-453 sowie die bei Euler angegebenen Untersuchungen.

[229] Vgl. Severing (1994), S. 153f.; BTQ Kassel/Mainz (1997), S. 2; Littig (1998), S. 9f.; Löffelmann (1998), S. 10.

[230] Vgl. Aufenanger (1996), S. 459f.; Niedermair (1998), S. 41; Ross (1998a), S. 8f.; Albert (1998), S. 11.

274

- Erforderlich ist nicht zuletzt die Behebung der bestehenden Informations- und Erfahrungsdefizite, die gegenwärtig noch eine umfassende Einbindung von CBT in die betriebliche Weiterbildungsarbeit verhindern.

Dem folgenden Gesamturteil zur zukünftigen Bedeutung des CBT-Einsatzes in der beruflichen Weiterbildung kann daher uneingeschränkt zugestimmt werden: "Computergestütztes Lernen, Multimediales Lernen und Telelernen werden im kommenden Jahrzehnt die Welt des Lehrens und Lernens auch in der beruflichen Bildung weiter verändern."[231] Dies bestätigt eine Umfrage unter den 500 größten Unternehmen in Deutschland und Österreich aus dem Jahr 1998, die zum Aspekt des CBT in der betrieblichen Weiterbildung folgende Resultate herborbringt: Gegenwärtig nutzen erst 18,4% der Unternehmen CBT. Einen Einstieg in das CBT innerhalb der folgenden zwei Jahre planen 14,0%, so daß dann etwa ein Drittel der Unternehmen das Computer-Based-Training anwendet.[232]

4.5. Fernunterricht/Fernstudium

Unter dem Begriff 'Fernunterricht' werden Maßnahmen verstanden, bei denen der Lehrende und der Lernende ausschließlich oder überwiegend räumlich voneinander getrennt sind und bei denen der Lernerfolg durch den Lehrenden überwacht wird. Die Überwindung der räumlichen Trennung erfolgt mit Hilfe geeigneter Lernmedien, denen gegenüber dem Präsenzunterricht eine entscheidende Rolle zukommt. Das wichtigste Lernmaterial ist der **Lehrbrief**. Hierbei handelt es sich um schriftliche Materialien, die den zu vermittelnden Stoff enthalten[233] Zur Überwindung der räumlichen Distanz können entweder schriftliche Unterlagen durch die Post verschickt werden oder aber Datenbahnwege (E-mail, Online-Systeme) eingesetzt werden. Außerdem werden im Rahmen des Fernstudiums teilweise Video- und Tonkassetten sowie Filme verwendet. Der Fernunterricht nimmt eine Vielzahl von unterschiedlichen Ausgestaltungen an. Die derzeit wichtigsten Formen des Fernunterrichts sollen skizzenhaft vorgestellt werden.[234]

1. **Konventioneller** Fernunterricht: Bei der konventionellen Form des Fernunterrichts werden die Lerninhalte und Übungs- bzw. Kontrollaufgaben per Post verschickt. Die Lernenden erhalten schriftliche Studienbriefe, in denen der zu lernende Stoff enthalten ist. Außerdem müssen die Lernenden Übungsaufgaben lösen, um zu überprüfen, wie weit sie die Lerninhalte verstanden haben. Auch die

[231] Ross (1998a), S. 9.
[232] Vgl. Petrovic/Kailer/Scheff (1999), S. 63.
[233] Vgl. Severing (1995), S. 228, Fußnote 1; Münk/Lipsmeier (1997), S. 89f.; ZFU/BIBB (1998), S. 9.
[234] Vgl. Severing (1995), S. 229-231; Ihm (1996), S. 257f.; Kerres (1996), S. 248f.; Peters (1997), S. 199-211; Reinmann-Rothmeier/Mandl (1997a), S. 57f.; ZFU/BIBB (1998), S. 10.

beantworteten Aufgaben werden per Post an den Bildungsträger übersandt, der die Lösungen korrigiert und bewertet.

2. Fernunterricht mit **konventionellen Medien**, Lernende kommunizieren mit **Mail-Boxen zeitentkoppelt**: Die Lernmaterialien werden weiterhin konventionell erstellt und die schriftliche Unterlagen per Post versendet. Die Lernenden bearbeiten dann aber ihre Übungs- und Kontrollaufgaben auf dem Computer und verschicken ihre Lösungen über das Telefonnetz bzw. andere Datenbahnen an den Bildungsträger. Die Kommunikation mit dem Dozenten erfolgt dabei zeitversetzt, d. h. der Dozent sammelt alle eingehenden Lösungen und bearbeitet sie erst dann.

3. Fernunterricht mit **konventionellen Medien**, Lernende kommunizieren **zeitsynchron** mit dem Dozenten in der Lernzentrale: Alle Lernmaterialien werden weiterhin konventionell erstellt und versendet. Die Übungs- und Kontrollaufgaben werden auf dem Computer bearbeitet und über das Telefonnetz bzw. andere Datenbahnen an den Bildungsträger verschickt. Anders als bei der zuvor genannten Form des Fernunterrichts erfolgt die Kommunikation mit dem Dozenten aber zeitsynchron. Dies bedeutet, daß die Lernenden über den Computer direkt mit ihrem Dozenten in Kontakt treten können. Auftretende Fragen werden am Computer formuliert, über Datenbahnen an die Dozenten verschickt und von diesen sofort beantwortet. Der Vorteil besteht in der Beschleunigung der Antwortzeiten und in der Möglichkeit einer direkten Kommunikation, was die Isolation der Weiterbildungsteilnehmer überwindet oder zumindest reduziert.

4. Fernunterricht **per Datenübermittlung** von vorgefertigten Lerneinheiten: Die Verteilung der Lernmaterialien erfolgt bei dieser Form des Fernstudiums über die Datenkommunikation. Die Weiterbildungsteilnehmer erhalten ihre Lerninhalte über das Telefonnetz oder andere Datenbahnen und den daran angeschlossenen Computer. Hierzu ist allerdings eine Umstellung der Lernmaterialien erforderlich, denn die bisher schriftlichen Lernmaterialien müssen jetzt in "Computer-Based-Training-Module" umgewandelt werden, was mit hohen Kosten verbunden ist. Auch die Kosten der Datenübertragung steigen an. Dagegen ist an den positiven Umstand zu denken, daß durch den Einsatz verschiedener Lernmaterialien im computerunterstützten Fernunterricht (Texte, Bilder, Filmsequenzen, Graphiken) die methodisch-didaktische Qualität der Lernunterlagen erhöht wird. Dies wirkt sich in der Regel positiv auf die Lernmotivation und letztlich auch auf die erzielten Lernerfolge aus.

5. **Interaktiver** Fernunterricht mit einem **zeitsynchronen Lerner-Lehrer-Dialog**: Bei dem interaktiven Fernunterricht wird im wesentlichen der aus der Schule bekannte Präsenzunterricht mit einem Lehrer und mehreren Schülern über den Computer durchgeführt. Ein Lehrer kommuniziert mit Hilfe des Computers mit den Weiterbildungsteilnehmern, indem er Texte in seinen Computer eingibt und diese an alle Teilnehmer versendet. Der traditionelle Präsenzunterricht wird also mit Hilfe der Computer und der Datenübertragung nachgebildet, wodurch eine zeitgleiche schriftliche Kommunikation zwischen den Lernenden und dem Do-

zenten möglich ist. Zeitgleich bedeutet dabei, daß die Lernenden den Text ihres Lehrers in dem Augenblick auf ihrem Computer lesen können, in dem der Dozent diesen Text in seinen Computer eingibt. Das dadurch entstehende »virtuelle Klassenzimmer« wird z. B. mit Hilfe der Video-Konferenz ins Leben gerufen. Zu dieser Konzeption gibt es allerdings erst sehr wenige Pilotprojekte.

6. **Computer-Konferenzen**: Bei Computer-Konferenzen geht es im Kern um den Austausch von schriftlichen Mitteilungen zwischen Personen, die räumlich voneinander getrennt sind. Computer-Konferenzen haben daher eine große Ähnlichkeit mit dem eben beschriebenen interaktiven Fernunterricht. Für die Weiterbildung bestehen entsprechende Konferenzen aus den nachstehenden Elementen:

• Der Dozent gibt Lehrtexte für die Lerngruppenmitglieder ein.

• Die Lernenden arbeiten den Text durch und reagieren auf ihn in Form von Fragen, Kommentaren, Kritik oder Widerspruch.

• Die Gruppenmitglieder diskutieren untereinander - über den Computer und das alle Teilnehmer verbindende Netz der Computer - und können dadurch Probleme gemeinsam erarbeiten und lösen.

Im Grunde genommen handelt es sich bei Computer-Konferenzen um einen Unterricht, bei dem ein Lehrer Informationen und Kenntnisse vermittelt, die Schüler das Wissen aufnehmen, verinnerlichen, auf diese Wissensvermittlung reagieren und schließlich der Lehrer wiederum auf die Reaktionen der Schüler eingeht. Der mündliche Unterricht wird lediglich ersetzt durch das Medium des Computers. Und an die Stelle des Klassenraumes tritt das virtuelle Klassenzimmer, bei dem die Teilnehmer räumlich voneinander getrennt sind.

7. **Video-** und **Audio-Konferenzen**: Auch hierbei kommt es zur Kommunikation zwischen den Lernenden und den Lehrern, die mit Hilfe elektronischer Medien erfolgt. Sie kann verschiedene Formen annehmen:

• Eine Kommunikation über das **Telefon**, so daß **nur Töne** übermittelt werden. Der Einsatz von Telefonkonferenzen zum Zwecke der Weiterbildung erfolgt dertart, daß eine Vielzahl von Teilnehmern an einem Lehrgespräch partizipiert.

• Die Kommunikation über das **Telefon**, die durch die Übermittlung von **Bildern** - ebenfalls über die Telefonleitung - ergänzt wird. Eine solche 'Tele-Konferenz' benötigt den Einsatz von ISDN, Breitbandkabeln oder auch Satellitenübertragungen, um neben den Tönen die Bilder übertragen zu können.

• Die Übertragung einer Lehrveranstaltung durch das **Satellitenfernsehen**, wobei die Lernenden ihrerseits das Telefon benutzen, um mit dem Dozenten in Kontakt zu treten. So können sie Fragen stellen, Unklarheiten beseitigen und kritische Anmerkungen zum Unterricht einbringen. Der Unterrichtsstoff wird hingegen über das Satellitenfernsehen an alle Teilnehmer übertragen. Der Vorteil gegenüber einer Telefonkonferenz besteht darin, daß die Weiterbildungsteilnehmer den Lerninhalt auch über visuelle Reize vermittelt bekommen, was das Verständnis erleichtert und zu einer höheren Lerneffizienz führt.

- Eine Konferenz mit einer **reziproken Seh- und Hörverbindung**, so daß die Lernenden sich noch besser in den Unterricht einschalten können. Im Kern entsteht dadurch ein virtueller Klassenraum, bei dem ein Dozent den Stoff vermittelt und die Lernenden über große Entfernungen hinzugeschaltet werden. Vorteil dieses Verfahrens ist es, daß alle Beteiligten sich hierbei sehen können.

Gerade bei der zuletzt beschriebenen Form der Weiterbildung wird besonders deutlich, was das Fernstudium mit dem Computer- und Netzeinsatz ausmacht. Hierbei geht es im wesentlichen um die Verbindung mehrerer lernender Gruppen oder Einzelpersonen durch die modernen Informations- und Kommunikationstechnologien. Dadurch entsteht eine **virtuelle Klasse**, welche die Lernenden an den unterschiedlichsten Orten zu einer virtuellen Lehrveranstaltung zusammenfaßt, die von einer Lehrperson geleitet wird. Eingesetzt werden können neben dem Vortrag auch die Diskussion unter allen Weiterbildungsteilnehmern und die Vorführung von filmischen Darstellungen.

8. Die **"knowledge building community"**: Mit diesem Instrument liegt eine Lernform vor, die höchste Ansprüche an die Teilnehmer stellt. Die dabei bestehende Lerngruppe - auch 'Learning Community' genannt - ist "eine Gemeinschaft, in der die Lernenden in nahezu allen Fragen des Unterrichts selbst die Initiative ergreifen und die Verantwortung für ihr Handeln übernehmen. Das beginnt damit, daß die Unterrichtsziele nicht vorgegeben, sondern gemeinsam ausgehandelt werden. ... Ziel ist es, daß die Lernenden gemeinsam eine Wissensbasis entwickeln und beständig erweitern."[235] Die Teilnehmer lernen voneinander, indem sie an einer bestimmten gemeinsamen Aufgabe arbeiten, individuelle Wissensfortschritte erlangen und ihre Lernpartner über diese Fortschritte schriftlich - am Computer - informieren. Alle Beteiligten müssen aus den vorhandenen Informationen und den individuell angeeigneten Informationen neues Wissen schaffen und die restlichen Teilnehmer hiervon in Kenntnis setzen. Die hierfür erforderlichen Fähigkeiten sind unter anderem:

- Vorgefundenes Wissen muß dahingehend überprüft werden, ob es für die zu erfüllende Aufgabe tatsächlich relevant wird.
- Vorhandenes Wissen aus der gemeinsamen Datei muß mit dem individuellen Wissen verknüpft werden, um dadurch eine höhere Stufe des Wissens zu erreichen.
- Eigene Wissensfortschritte müssen so formuliert werden, daß auch andere Personen von diesen Erkenntnissen profitieren. Die Teilnehmer müssen deshalb über gewisse didaktische Grundfähigkeiten verfügen und in der Lage sein, komplizierte Sachverhalte verständlich zu formulieren.
- Der einzelne darf nicht nur auf die eigenen Lernfortschritte achten, sondern muß auch die Lernfortschritte der anderen im Auge behalten.

---

[235] Reinmann-Rothmeier/Mandl (1997a), S. 57f.

- Einsetzbar ist diese Form des gemeinsamen Lernens vor allem im Rahmen der Projektarbeit, bei der eine Gruppe von Personen gemeinsam und arbeitsteilig eine Aufgabe zu erfüllen hat.

Dies alles deutet darauf hin, daß es sich bei der vorgestellten Form des computerunterstützten Lernens um eine außerordentlich anspruchsvolle Aufgabe handelt, die nur von wenigen, bereits gut vorgebildeten Personen aufgegriffen werden sollte. Sind diese Voraussetzungen bei den Teilnehmern vorhanden, so kann die 'Learning Community' zur Förderung von Selbständigkeit und Verantwortung sehr gut eingesetzt werden.

Es gibt aber auch spezielle Modelle für den **Fernunterricht in der betrieblichen Weiterbildung**. Hierzu bieten sich vier grundsätzliche Konzeptionen an:[236]

- Ein Mitarbeiter wird aus eigenem Antrieb aktiv und belegt einen Fernlehrgang, der von einem Veranstalter auf dem freien Markt angeboten wird. Der Betrieb beteiligt sich an den Weiterbildungsbemühungen seines Mitarbeiters, indem er die Kosten mitträgt. Zu denken ist weiterhin daran, daß der Beschäftigte für den begleitenden Unterricht im Rahmen von Präsenzveranstaltungen freigestellt wird oder für das Selbststudium Zeitgutschriften von seinem Betrieb erhält.
- Der Betrieb kauft einen Fernlehrgang, der von einem Veranstalter auf dem freien Markt angeboten wird. Mitarbeiter des Betriebes können dann kostenlos an diesem Lehrgang teilnehmen. Die notwendige Begleitung des Fernlehrgangs durch Lernbegleiter und die Teilnahme an Präsenzveranstaltungen kann vom Betrieb organisiert und durchgeführt werden. Sollte das betriebliche Weiterbildungspersonal den Anforderungen, die eine solche Begleitung an sie stellt, nicht gewachsen sein, so muß der Betrieb auf entsprechende Angebote der externen Veranstalter zurückgreifen.
- Der Betrieb läßt von einem Fernlehrgänge-Veranstalter konzipieren, der den speziellen Anforderungen des Betriebes entspricht. Dieser entwickelt einen maßgeschneiderten Lehrgang und führt diesen samt den notwendigen Begleitmaßnahmen durch.
- Der Betrieb entwickelt selbst einen Fernlehrgang und sorgt für die Lehrgangsbegleitung. Hierzu bietet sich eine spezielle Form des computerunterstützten Fernstudiums an - das sogenannte **Internet Based Training**, bei dem die Qualifizierung mit Hilfe eines unternehmenseigenen Netzes erfolgt.[237]

Gerade die beiden letztgenannten Formen des Fernunterrichts in der betrieblichen Weiterbildung sind wegen der sehr hohen Kosten nur für Großbetriebe praktikabel. Und selbst die zweite hier vorgestellte Lösung kann aus Kostengründen von kleinen Betrieben nicht wahrgenommen werden. Der Fernunterricht, der ursprünglich nur durch die postalische Versendung von Studienbriefen und beantworteten

---

[236] Vgl. ZFU/BIBB (1998), S. 46f.
[237] Vgl. Volk (1999), S. 4-6.

279

Übungsaufgaben bestand, entwickelt sich als Folge des ständigen Fortschritts in der Informations- und Kommunikationstechnologien immer mehr zu einem computerunterstützten Fernunterricht. Somit bestehen zahlreiche Vorteile des Fernunterrichts aus den Aspekten, die bereits im Zusammenhang mit dem computerunterstützten Lernen genannt wurden. Im einzelnen können die folgenden **Vorteile** des Fernunterrichts angeführt werden:[238]

- Vom betriebswirtschaftlichen Standpunkt aus ist die **Reduktion der Freistellungskosten**, die nach Schätzungen etwa 70% der Weiterbildungskosten ausmachen, besonders positiv zu bewerten. Bei der *Deutschen Telekom AG* hat der Einsatz des Tele-Lernens seit 1995 den Anteil der seminaristischen Weiterbildung um etwa 70% reduziert und dadurch zu einer erheblichen Einsparung von Weiterbildungskosten geführt.
- Wichtig ist zudem die **Zeitersparnis**, die dadurch hervorgerufen wird, daß Informationen und Lernmaterialien nicht mehr postalisch, sondern durch Telematikdienste praktisch mit ihrer Einspeisung in das Netz abgerufen werden können. Zudem entfallen zeitraubende An- und Abfahrtsreisen zu einem Bildungsträger.
- Eine weitere **Kostenreduktion** kann dadurch erreicht werden, daß beim computerunterstützten Fernstudium die angebotenen Inhalte über das Computernetz einer beliebig großen Anzahl von Lernenden dargeboten werden können.
- Vorteilhaft ist weiterhin die Individualisierung der Weiterbildung, also die **Flexibilisierung** und Dezentralisierung, die eine Qualifizierung erlaubt, die sich nach dem Bedarf der einzelnen Mitarbeiter richtet. Vor allem die Dezentralisierung erlaubt es auch den Personengruppen, die sonst aus Gründen der räumlichen Distanz keine Möglichkeit zur Teilnahme an Qualifizierungsveranstaltungen haben, sich fortzubilden. Hinzu kommt, daß die Weiterbildungsteilnehmer ihr Lernverhalten und ihr Lerntempo den individuellen Anforderungen entsprechend selbst gestalten können. Der Fernunterricht eignet sich aus diesen Gründen besonders gut für die Qualifizierung von Personen, die sich neben der Arbeit weiterbilden wollen.
- Trotz der Dezentralisierung sorgt die Standardisierung der Weiterbildung dafür, daß die Qualität der Qualifizierungsprozesse einheitlich gesichert ist. Des weiteren ist zu begrüßen, daß die Qualität nicht mehr abhängig ist vom jeweiligen Dozenten. Auch dies erhöht die Chancen zur **Einhaltung eines einheitlichen Qualitätsstandards**.
- Aus **didaktischen Gründen** bietet das Tele-Lernen Vorteile, weil eine Intensivierung der Kommunikation zwischen den Lernenden und ihren Dozenten ermöglicht wird. Auftretende Verständnisprobleme können schnell gelöst werden, was zu einer höheren Lerneffizienz führt.

[238] Vgl. Severing (1995), S. 228; Ihm (1996), S. 257f.; Kerres (1996), S. 248-251; Peters (1997), S. 199-228; Münk/Lipsmeier (1997), S. 92f.; Löffelmann (1998), S. 7-11; ZFU/BIBB (1998), S. 13; Volk (1999), S. 5f.

280

- Schließlich ist zu beachten, daß durch diese Form der Weiterbildung der schnelle Zugriff auf die Informationen vieler Weiterbildungsträger ermöglicht wird, so daß jeweils die Auskünfte vom Lernenden abgerufen werden können, die zur Lösung eines anstehenden Spezialproblems notwendig sind. Zudem ist über das Internet der Rückgriff auf unbegrenzte Informationen aus anderen Gesellschaften, Kulturen etc. möglich. Diese Möglichkeit erweist sich vor allem für den ländlichen Raum als besonders positiv. Wenn differenzierte Bildungsangebote dort mangels ausreichender Teilnehmerzahlen nicht zustande kommen, können weiterbildungswillige Personen auf die Angebote des Internets zurückgreifen.

Insgesamt bietet der Fernunterricht - sowohl in seiner konventionellen als auch in seiner computerunterstützten Ausprägung - den Lernenden die Gelegenheit, ihr Lernen individuell zu gestalten, also entsprechend ihren persönlichen Interessen, Vorlieben und Befähigungen durchzuführen. Es kann davon ausgegangen werden, daß sich die Möglichkeit eines den individuellen Wünschen angepaßten Lernens positiv auf die Lernmotivation und den Lernerfolg auswirkt. Neben den genannten Vorteilen des Fernstudiums dürfen aber die unzweifelhaft bestehenden Probleme dieser Weiterbildungsform keinesfalls übersehen werden. Die beim Einsatz des Fernstudiums - konventionelle oder computerunterstützte Form - auftretenden Probleme sind größtenteils bereits aus den Ausführungen zum CBT bekannt. Zu den wichtigsten **Nachteilen** zählen die folgenden:[239]

- Der wohl größte Problemkreis aller Formen des Fernstudiums besteht aus dem Umstand, daß die Lernenden über umfangreiche **Vorkenntnisse und Fähigkeiten** verfügen müssen. Sie müssen die wesentlichen Entscheidungen über den exakten Ablauf des Lernens selbst treffen; Informationen aufsuchen und entscheiden, welche der Informationen wichtig sind und welche nicht (Selektion von Informationen). Zudem ist der sichere Umgang mit den neuen Informations- und Kommunikationstechnologien zwingend erforderlich. Auch die extrem hohen Leistungsanforderungen an die Selbstdisziplin, Arbeitsbelastung, Selbstmotivation und an eigenverantwortliche Lerntechniken haben zur Folge, daß der Fernunterricht für lernungeübte oder bildungsbenachteiligte Personen nicht geeignet ist.
- Negativ zu beurteilen ist weiterhin die soziale **Isolation der Teilnehmer**, die nur über das Computernetz oder einzelne Präsenzveranstaltungen miteinander verbunden sind, ohne einen direkten zwischenmenschlichen Kontakt aufbauen zu können. Hierzu zählt weiterhin die Gefahr, daß sich einzelne Teilnehmer unbemerkt aus der 'virtuellen' Veranstaltung verabschieden oder über längere Zeiträume nicht aktiv an ihr teilnehmen. Insgesamt ist die **Gefahr eines Abbruchs**

---

[239] Vgl. Kerres (1996), S. 249-251; Peters (1997), S. 196-213; Münk/Lipsmeier (1997), S. 92f.; Löffelmann (1998), S. 8-11; Kraft (1998), S. 13f.; ZFU/BIBB (1998), S. 13f.

281

der weiterbildenden Maßnahme wegen der fehlenden oder nur geringen zwischenmenschlichen Beziehungen sehr hoch.

- Die Adressatenschaft des Fernunterrichts ist in der Regel sehr heterogen, so daß es **schwierig** wird, alle **Vorkenntnisse, Interessen, Lernstile** etc. **zu berücksichtigen.** Eine den individuellen Anforderungen der Weiterbildungsteilnehmer entsprechende Präsentation der Lerninhalte ist daher ebenso wenig möglich wie die Rücksichtnahme auf die individuellen Vorkenntnisse. Insgesamt stellt die adressatengerechte Aufbereitung der Lehrinhalte **große Anforderungen an die Didaktik der Lehre.** Dieser Aspekt wird angesichts der Begeisterung für die rein technische Umsetzung der Lehre häufig vernachlässigt, was dazu führt, daß die Qualität der eingesetzten Lernmaterialien verbesserungswürdig ist.

- Eng verbunden mit dem Zwang zur didaktischen Aufbereitung von traditionellen Lernmaterialien für das Internet sind die dadurch anfallenden **hohen Entwicklungskosten.** Hinzu kommen die gegenwärtig noch relativ hohen Kosten für die Nutzung der Telekommunikationsdienste, die für den computerunterstützten Fernunterricht erforderlich sind.

Ein weiterer Nachteil des Fernstudiums liegt in dem relativ begrenzten Einsatzgebiet. Wegen des fehlenden zwischenmenschlichen Kontakts eignet sich diese Form der Weiterbildung kaum zur Vermittlung sozialer und kommunikativer Kompetenzen. Letztlich kann dieses Instrument nur für Lehrveranstaltungen eingesetzt werden, in denen es um die **Vermittlung von fachlichem Wissen** geht. Konkret eignet sich das Fernstudium vor allem für die Vermittlung folgender Lerninhalte: gewerblich-kaufmännisches Wissen, Kenntnisse der Betriebs- und Volkswirtschaftslehre, juristische Kenntnisse, mathematisch-naturwissenschaftliche Kenntnisse und Fremdsprachenkenntnisse. Dennoch kann das Fernstudium durch den hohen Selbstlernanteile neben dem berufsrelevanten Fachwissen auch wichtige Schlüsselqualifikationen fördern wie beispielsweise die Selbständigkeit, die Eigenverantwortlichkeit, kognitive Fähigkeiten und den effizienten Umgang mit großen, komplexen Informations- und Wissensmengen.[240] Für einen besseren Überblick über die Themenbereiche, die durch Fernstudiengänge abgedeckt werden, eignen sich die Zahlen aus dem Berufsbildungsbericht 1998.[241] Eine Befragung der Fernlehrinstitute zu den Teilnehmern an Fernstudiengängen erbrachte hinsichtlich der Themenbereiche, die belegt wurden, für das Jahr 1996 die folgenden Ergebnisse:

[240] Vgl. Reinmann-Rothmeier/Mandl (1997a), S. 60; Volk (1999), S. 5.
[241] Vgl. Bundesministerium für Bildung, Wissenschaft, Forschung und Technologie (1998), S. 158-160.

282

Themenbereich	Anzahl der Teilnehmer	Anteil an allen Teilnehmern
Sozialwissenschaften	4.083	3,1 %
Pädagogik/Psychologie	2.332	1,8 %
Geisteswissenschaften	5.103	3,9 %
Sprachen	12.518	9,5 %
Wirtschaft und kaufmännische Praxis	56.479	43,0 %
Mathematik, Naturwissenschaften und Technik	12.102	9,2 %
Freizeit, Gesundheit, Haushaltsführung	17.347	13,2 %
Schulische und sonstige Lehrgänge	8.405	6,4 %
Betriebswirte, Techniker, Übersetzer	13.056	9,9 %
Insgesamt	131.425	100 %

Sofern das Fernstudium bei den genannten Themen zum Einsatz kommt, verlangt dies eine entsprechende Vorbereitung der Weiterbildungsteilnehmer. Zwingend erforderlich für die erfolgreiche Verwendung des Fernstudiums in der beruflichen Weiterbildung ist die vorherige **Anleitung** der potentiellen Weiterbildungsteilnehmer **zum Selbststudium**. Nur wenn Fähigkeiten wie z. B. die selbständige Informationssuche und -verarbeitung, das selbstgesteuerte Lernen, Selbstdisziplin und Motivation vorhanden sind, kann eine weiterbildungswillige Person das Fernstudium in Angriff nehmen. Ohne diese Anleitung zum Selbststudium fehlen die Kompetenzen zur Steuerung und Regulation des eigenen Lernens. In diesem Fall steht zu befürchten, daß der Lernende von der Informationsvielfalt überfordert wird, die relevanten Informationen nicht auffindet, unökonomisch lernt - indem beispielsweise ein bereits beherrschtes Lernpensum unnötigerweise nochmals bearbeitet wird -, unmotiviert und unkonzentriert arbeitet und letztlich nicht die bestehenden Qualifikationsdefizite beheben kann.[242] Diese Erfordernisse verdeutlichen erneut, daß das Fernstudium eine Weiterbildungsform darstellt, die nur von einer relativ geringen Zahl von Beschäftigten erfolgreich verwendet werden kann. Und selbst dann sollte das Fernstudium - sei es nun in der konventionellen Form mit der Übersendung schriftlicher Studientexte oder in Form der computerunterstützten Lernform - lediglich eine Ergänzung der herkömmlichen Weiterbildung sein. So wie bei den Studiengängen der Fernuniversitäten, ist auch bei der Weiterbildung durch das Fernstudium stets an die Abhaltung von begleitenden **Präsenzveranstaltungen** zu denken. Diese Veranstaltungen können regelmäßig stattfinden (als Wochenend- oder Abendveranstaltungen) oder als Blockunterricht, der über den gesamten Lehrgang gleichmäßig verteilt wird oder am Ende des Lehrgangs abgehalten wird. In-

---

[242] Vgl. Mandl u. a. (1985), S. 179f.

haltlich werden in den Präsenzveranstaltungen vor allem die folgenden Aspekte behandelt:[243]

- Eine fachliche Ergänzung, bei der Unklarheiten beseitigt werden und erworbene Kenntnisse durch Wiederholungen und Übungen vertieft werden.
- Die Arbeit mit technischen Einrichtungen, die zu Hause nicht vorhanden sind (Sprachlabors bei Fremdsprachenlehrgängen, Übungen an computergesteuerten Maschinen oder die Bedienung von Großrechnern im Rahmen eines EDV-Kurses).
- Die Vorbereitung auf eine Prüfung unter prüfungsähnlichen Bedingungen.
- Der Kontakt mit anderen Lehrgangsteilnehmern, um die Motivation der Teilnehmer zu erhöhen und deren soziale Kompetenzen zu fördern.

Hinzu kommt in diesem Zusammenhang die Notwendigkeit, den Weiterbildungsteilnehmern erfahrene Lernbegleiter zur Seite zu stellen. Solche **Tele-Lernbegleiter** haben die Aufgabe, die Lernenden über die Nutzungsmöglichkeiten der neuen Informations- und Kommunikationstechnologien in der Weiterbildung zu informieren und die Weiterbildungsteilnehmer zudem in die entsprechende Nutzung einzuführen. Darüber hinaus ist ein Tele-Lernbegleiter Ansprechpartner für fachliche Fragen und Verständnisschwierigkeiten. Hinzu kommen beratende Aufgaben im Rahmen der Informationssuche, der Informationsselektion und der Hilfe bei der Erstellung individueller Lernpläne (Zeiten, Orte, Themen). Auch die Behebung von individuellen Lernschwierigkeiten gehört zum Aufgabenbereich des Lernbegleiters. Schließlich wird ein Lernbegleiter noch für die Lernerfolgskontrolle und die dabei anfallenden Korrekturdienste benötigt.[244] Diese außerordentlich anspruchsvollen Aufgaben machen es erforderlich, daß ein Tele-Lernbegleiter nicht nur über die Fähigkeiten verfügen muß, die von jedem in der beruflichen Weiterbildung Engagierten verlangt werden und bereits beschrieben wurden. Zusätzlich zu den schon genannten Anforderungen muß ein Tele-Lernbegleiter über die nachstehenden Fähigkeiten verfügen:[245]

- sicherer Umgang mit der eingesetzten Technik und Software
- sicherer Umgang mit den verwendeten Lernoberflächen
- Kenntnisse der EDV-Didaktik
- Vermittlung von Strategien zur Auswahl und Bewertung von Informationen und Wissen, also zum Wissensmanagement
- erste Tele-Lernerfahrungen im Rahmen der eigenen Fortbildung

Interessant ist in diesem Zusammenhang schließlich noch die Frage nach der **Dauer** von Qualifizierungsmaßnahmen, die über Fernstudiengänge erfolgen. Der Berufsbildungsbericht 1998 beinhaltet die folgenden Zahlen: Im Juli 1997 gab es 177 In-

---

[243] Vgl. Peters (1997), S. 211; ZFU/BIBB (1998), S. 20f.; Volk (1999), S. 5.
[244] Vgl. Kraft (1998), S. 15f.; ZFU/BIBB (1998), S. 18f.
[245] Vgl. Reinmann-Rothmeier/Mandl (1997a), S. 61-63; Löffelmann (1998), S. 9.

stitute, die insgesamt 1.283 Fernstudiengänge angeboten hatten. Hinsichtlich der zeitlichen Dauer dieser Lehrgänge ergab sich dazu die folgende Struktur, wobei die durchschnittliche Dauer 13 Monate pro Lehrgang betrug:[246]

Dauer des Fernstudienganges	Anzahl der Fernstudiengänge
weniger als 3 Monate	56
3 bis 6 Monate	446
7 bis 12 Monate	363
13 bis 24 Monate	304
25 bis 36 Monate	72
mehr als 36 Monate	42

Der Einsatz des computerunterstützten Fernstudiums ist insgesamt nur sinnvoll, wenn die folgenden **Rahmenbedingungen** gegeben sind:[247]

• Ein hochwertiger Lernplatz mit einer Multimediakonfiguration, der "mit umfangreichen Programmen wie Office 97, mit Browsern und Netmeeting mit Audio-Unterstützung umgehen" kann. Diese Anforderungen übertreffen zur Zeit die Leistungsfähigkeit der üblichen Bürorechner.

• PC-erfahrene Weiterbildungsteilnehmer mit hohen Kompetenzen hinsichtlich des Umgangs mit modernen Informations- und Kommunikationstechnologien, hinsichtlich der selbständigen Organisation des Lernens und mit einer hohen Selbstdisziplin und Lernmotivation.

• Qualifizierte Tele-Lernbegleiter, die als Lehrpersonal den Weiterbildungsteilnehmern jederzeit beratend zur Verfügung stehen.

Das **gemeinsame Fazit** zum computerunterstützten Lernen und zum (Tele-) Fernstudium lautet abschließend wie folgt: Beide Formen ermöglichen es den Lernenden, autonom zu lernen, also eine Lernform anzuwenden, die den persönlichen Vorkenntnissen, Interessen, Lernstilen und zeitlichen Lernmöglichkeiten entspricht. Verlangt wird von den Lernenden, daß sie in der Lage sind, relevante Informationen selbständig zu suchen, zu finden, zu beurteilen, zu verstehen und schließlich für die eigenen Qualifikationslücken sinnvoll anzuwenden.[248] Zudem wird der sichere Umgang mit den neuen Informations- und Kommunikationstechnologien vorausgesetzt, wobei gilt: "Das Lernen mit elektronischen Medien ist eine neue Technik, die auch erst gelernt werden muß. Für den Novizenbenutzer heißt dies, daß er eine Betreuung braucht, sonst muß das selbständige Lernen scheitern."[249] Der Einsatz des Fernunterrichts in der betrieblichen Weiterbildung sollte dabei stets von Prä-

---

[246] Vgl. Bundesministerium für Bildung, Wissenschaft, Forschung und Technologie (1998), S. 160.
[247] Vgl. Löffelmann (1998), S. 8-11; Kraft (1998), S. 13-15; Ross (1998b), S. 24f.
[248] Vgl. Peters (1997), S. 216.
[249] Behrendt (1998), S. 7.

senzveranstaltungen und von qualifizierten Lernbegleitern vor Ort begleitet werden. Bei alledem darf jedoch nicht übersehen werden, daß das Lernen mit den neuen Informations- und Kommunikationstechnologien die traditionellen Formen der Weiterbildung zwar ergänzen, aber keinesfalls vollständig ersetzen kann.[250]

5. Coaching und Mentoring

Das Coaching ist eine spezielle Form des Selbstlernens, bei dem der Weiterbildungsteilnehmer grundsätzlich selbstorganisiert lernt, dabei aber von einer speziell beauftragten Person begleitet und geführt wird. Ziel ist es, die Entwicklungsmöglichkeiten eines Mitarbeiters zu entdecken und diese Möglichkeiten im Rahmen des Arbeitsprozesses zu entfalten. **Inhaltlich** geht es beim Coaching neben der Förderung der Fachkompetenz auch um die Erhöhung der sozialen und methodischen Kompetenzen. Das Coaching orientiert sich somit an einer dreifachen Zielsetzung, wobei die Förderung der außerfachlichen Kompetenzen erst in der mittleren Frist anvisiert wird: "neben einer unmittelbaren Förderung des Inhaltswissens soll mittel- und langfristig die Lernfähigkeit, Lernbereitschaft, Selbständigkeit, Verantwortung und das kooperative Zusammenwirken gefördert werden."[251] Das Coaching zielt schwerpunktmäßig auf die Förderung der Schlüsselqualifikationen ab. Bei der zeitlichen Dimensionierung berücksichtigt diese Form der Weiterbildung die Tatsache, daß sich Schlüsselqualifikationen nicht in wenigen Tagen vermitteln lassen. Erforderlich ist vielmehr ein kontinuierlicher Qualifizierungsprozeß, der über viele Monate hinweg verschiedene methodische und soziale Kompetenzen fördert. Da zwischen der helfenden Person und dem betreuten Mitarbeiter eine relativ enge **persönliche Beziehung** besteht, stellt das Coaching sehr hohe Anforderungen an den Weiterbildner. Wichtige Voraussetzungen für eine erfolgreiche Weiterbildung durch das Coaching sind unter anderem:[252]

• eine vertrauensvolle Beziehung zwischen der helfenden Person (Coach) und dem "gecoachten" Mitarbeiter,

• eine gemeinsam geplante Vereinbarung über die zu erreichenden Ziele, also über die zu lösenden Aufgaben und die zu entwickelnden Kompetenzen,

• die gemeinsame Erarbeitung eines konkreten Handlungsprogrammes für den "gecoachten" Mitarbeiter und

• eine kontinuierliche Rückkopplung über die erreichten Lernfortschritte.

Ähnlich geartet ist der Einsatz von Mentoren in der betrieblichen Weiterbildung. **Mentoren** sind erfahrene Mitarbeiter eines Betriebes - zumeist Führungskräfte -, die einer heranwachsenden Führungsperson zur Unterstützung angeboten werden.

---

[250] Vgl. Reinmann-Rothmeier/Mandl (1997b), S. 105f.
[251] Reischmann (1991), S. 13.
[252] Vgl. hierzu Kirchhöfer (1995), S. 104f.

Ursprünglich wurde diese Form der Qualifizierung angewendet, um junge Projektleiter in schwierigen Situationen durch erfahrene Projektleiter zu unterstützen. Darüber hinaus wird auch die Einarbeitung neuer Mitarbeiter durch erfahrene Vorgesetzte mit dem Begriff **Mentoring** umschrieben.[253] Insgesamt gibt es verschiedene Varianten des unterstützten Selbstlernens, die sich hinsichtlich der zeitlichen Dauer, der helfenden Person oder auch der generellen Zielsetzung der unterstützenden Hilfe voneinander unterscheiden. Nur überblicksartig sollen drei dieser Arten vorgestellt werden.[254]

	Art der Hilfe		
	Instruktion	**Coaching**	**Mentoring**
helfende Person	ein Kollege oder Vorgesetzter mit dem entsprechenden Know-how	der direkte Vorgesetzte	Vorgesetzte mit langjähriger Berufserfahrung
Zielsetzung	eine konkret anstehende Arbeitsaufgabe, die gemäß eines vereinbarten Qualitätsstandards erledigt werden soll	längerfristige Arbeitsergebnisse sowie die Erweiterung der fachlichen, sozialen und methodischen Kompetenzen, um Aufgaben eigenverantwortlich wahrzunehmen	Ziel ist das sich weiterbildende Individuum, wobei auf Schwächen und Unstimmigkeiten im Verhalten des Individuums hingewiesen wird
Dauer	ein oder zwei Tage	mehrere Monate	über den gesamten Karriereweg
Ansatz des Helfens	erklären, zeigen und vormachen sowie auftretende Probleme lösen	ein gemeinsames Durcharbeiten von Problemen mit dem Ziel, neue Fähigkeiten auszuprobieren	der Mitarbeiter wird angeregt zu einem kritischen Überdenken des eigenen Verhaltens

Die vorgestellten Zielsetzungen und die beschriebenen Vorgehensweisen machen deutlich, daß das Coaching und das Mentoring sehr hohe Anforderungen an die helfende Person stellen. Ohne entsprechende kommunikative und soziale Kompetenzen sollten Vorgesetzte und Führungspersonen keinesfalls als Coach oder Mentor eingesetzt werden. Da die meisten der erforderlichen außerfachlichen Kompetenzen grundsätzlich erlern- und schulbar sind, ist bei dieser Form der Weiterbildung auch auf eine umfassende Schulung der Weiterbildner zu achten. Dabei läßt sich das Coaching auch zur Verbesserung der Weiterbildung im allgemeinen und zur pädagogischen Fortbildung des Weiterbildungspersonals im speziellen einsetzen. Bei dieser Form des Coachings wird der für die fachliche Weiterbildung zu-

---

[253] Vgl. o. N. (1992), S. 148; Böhm (1998), S. 101.
[254] Vgl. Kirchhöfer (1995), S. 105.

287

ständige Spezialist von einem Erwachsenenpädagogen gecoacht. Letzterer ist für die erwachsenenpädagogische Weiterqualifizierung der Fachspezialisten zuständig. Hierfür bereitet er den Fachspezialisten auf dessen Kursdurchführung vor, indem methodisch-didaktische Hinweise gegeben werden. Der Kurs wird dann in Anwesenheit des Erwachsenenpädagogen durchgeführt, wobei dieser häufig einzelne Sequenzen des Kurses übernimmt. Im Anschluß an den Kurs findet eine Nachbesprechung statt, die dem Fachspezialisten Hinweise für die Verbesserung seiner Schulungen gibt. Das so verstandene Coaching dient der "Optimierung von Weiterbildungsveranstaltungen pädagogisch weniger erfahrener Kursleiter" und "beabsichtigt die Verbesserung der Lernergebnisse der Teilnehmer und die Verbesserung der pädagogischen Fähigkeiten dieser Kursleiter."[255]

Eine weitere Form des Coachings besteht aus der schon beschriebenen Möglichkeit, die betriebliche Weiterbildung mit Hilfe der **Projektarbeit** durchzuführen und dabei die Gruppe der Weiterbildungteilnehmer von einem Coach zu begleiten. Der als Coach agierende Weiterbildner übernimmt unter anderem die folgenden Aufgaben:[256]

- Er gibt den erforderlichen fachlichen Input, also das notwendige Fachwissen. Dieser Input kann in Form eines Vortrages bzw. in Form von Erklärungen erfolgen oder durch die Bereitstellung von Lernmaterialien (Handbücher, Informationsbroschüren etc.), mit deren Hilfe die Weiterbildungsteilnehmer sich das Fachwissen selbständig erarbeiten.
- Er unterstützt die Gruppenprozesse, wird also organisierend und betreuend tätig.
- Er lenkt die notwendigen Prozesse der kritischen Analyse bzw. Kontrolle von einzelnen Vorgehensweisen und "reflektiert systematisch mit den Teammitgliedern, was zielführend war und was nicht."

Das Coaching als Form der Weiterbildung kann darüber hinaus auch für **ganz konkrete Qualifizierungszwecke** eingesetzt werden, die nicht der Förderung von Schlüsselqualifikationen im Rahmen der langfristigen Personalentwicklung dienen, sondern das Erlernen fachlicher Kompetenzen bezwecken. Bei der *Volkswagen AG* beispielsweise wird das Coaching zur Fortbildung im EDV-Bereich angewendet. Dort ersetzt die individuelle Beratung am Arbeitsplatz immer mehr die traditionelle Qualifizierung durch Seminare. Darüber hinaus setzt die *Volkswagen AG* das Konzept des individuellen Coachings zur Vermittlung von fachlichen, persönlichen und sozialen Kompetenzen bei Führungskräften ein. Die Coaching-Ziele werden im individuellen Kontakt zwischen dem ausgewählten Coach und dem gecoachten Manager ausgesucht und festgelegt sowie nach der Durchführung des Coaching-Prozesses hinsichtlich des Zielerreichungsgrades gemeinsam überprüft. Die bisheri-

---

[255] Reischmann (1991), S. 15f.
[256] Vgl. van Berk (1998), S. 102.

gen Erfahrungen lassen sich von den für die Weiterbildung bei *VW* verantwortlichen Personen wie folgt beschreiben: "Die Analyse der durchgeführten Coaching-Prozesse zeigt dabei ein überaus positives Bild. Kosten-Nutzen-Relation und Übertragbarkeit der Coaching-Inhalte in den Unternehmensalltag werden durchgehend als sehr gut und gut beurteilt."[257]

Insgesamt erweisen sich das Coaching und das Mentoring als langfristig angelegte Personalentwicklungskonzepte, die neben den fachlichen Kompetenzen vor allem die Förderung der Schlüsselqualifikationen zum Ziel haben. Die Langfristigkeit und die individuelle Betreuung eines Beschäftigten durch einen persönlichen Coach bzw. Mentor lassen einen besonders hohen Lernerfolg erwarten. Die große Zeit- und Personalintensität dieser Form der beruflichen Weiterbildung ist allerdings zugleich ihr schwerwiegender Nachteil. Kleine Betriebe verfügen in der Regel kaum über die personellen Ressourcen, die hierfür erforderlich sind. Und selbst große Betriebe werden derart aufwendige Qualifizierungsprozesse meistens nur für angehende Führungspersonen einsetzen.

---

[257] Vgl. van Berk (1998), S. 100-102.

Die lernförderliche Arbeitsorganisation

Die Frage nach einer lernförderlichen Arbeitsorganisation bzw. einer guten Lernumgebung ist vor allem bei den arbeitsplatznahen Weiterbildungsformen relevant. Aber auch für den Fall, daß eine weiterbildende Maßnahme fernab des eigenen Arbeitsplatzes stattfindet, muß die Arbeitsorganisation hinsichtlich ihres lernförderlichen Charakters untersucht werden, weil erst durch eine entsprechende Lernumgebung am Arbeitsplatz ein nachhaltiger Lernerfolg sichergestellt werden kann. Exemplarisch läßt sich diese Notwendigkeit wie folgt verdeutlichen: "Kooperationsfähigkeit oder Kreativität lassen sich z. B. in ausgeprägt hierarchisch strukturierten Institutionen kaum entfalten; Entscheidungsfähigkeit kann nicht herausgebildet werden, wenn es nichts zu entscheiden gibt. Das Erfassen von Zusammenhängen oder die Fähigkeit zu wirtschaftlichem Denken und Handeln lassen sich kaum entwickeln, wenn schematisiertes und routinehaftes Handeln wesentliches Merkmal der Arbeitstätigkeit ist."[1] Im folgenden sollen zunächst einige Ausführungen zur betrieblichen Gestaltung des arbeitsplatznahen Lernens vorgestellt werden, um anschließend auf die betriebliche Lernumgebung für alle Formen der beruflichen Qualifizierung einzugehen.

1. Die arbeitsorganisatorischen Bedingungen für das Lernen am Arbeitsplatz

Die Voraussetzungen, die für eine erfolgreiche arbeitsplatznahe Weiterbildung erfüllt sein müssen, umfassen nicht nur die Ausstattung des Arbeitsplatzes mit Lernmitteln und Weiterbildungspersonal, sondern auch die Struktur der zu vollbringenden Tätigkeiten, die Anforderungen an die Arbeitsplatzinhaber und die zeitlich-organisatorischen Rahmenbedingungen. In einer Übersicht von *Severing* lassen sich diese Anforderungen an die Ausgestaltung des Arbeitsplatzes wie folgt darstellen:[2]

Lernbedingungen am Arbeitsplatz		
Für das Lernen am Arbeitsplatz gilt	... als förderlich	... hinderlich
1. Anforderungen		
1.1. motorische Anforderungen	komplexe, sich ändernde Bewegungsanforderungen, die bewußt kontrolliert werden können	repetitive, einfache Tätigkeiten, die schematisch ablaufen

---

[1] Sonntag (1992), S. 184.
[2] Vgl. Severing (1994), 184f.

Lernbedingungen am Arbeitsplatz		
1.2. kognitive Anforderungen	hohe kognitive Ansprüche; Notwendigkeit, Handlungen zu planen und Teilziele zu koordinieren	einfache Tätigkeiten ohne kognitive Teilnahme, die ohne tieferes Verständnis bearbeitet werden können
2. Tätigkeitsstruktur, Umweltbedingungen		
2.1. Handlungsspielraum	Varianten der Arbeitserledigung sind freigestellt, selbständige Definition von Zielen, Aufgaben und Abläufen möglich	exakt einzuhaltende Arbeitsaufträge, von außen detailliert in Ablauf und Ergebnis festgelegt; hierarchische Positionsbestimmungen
2.2. Zeitabhängigkeit	freie Zeiteinteilung; keine engen Zeitvorgaben, Werkbank- oder Werkstattfertigung	vorgegebene Zeiteinteilung, enge Zeitvorgaben, kurze Arbeitstakte, Fließfertigung
2.3. Funktionsvielfalt	vielfältige, wechselnde Funktionen am Arbeitsplatz, eine Einheit von Planungs-, Ausführungs- und Kontrollaufgaben	eindimensionale Funktion in einer stark zergliederten Arbeitsteilung
2.4. Interaktionsfelder	kooperative Arbeit; kundennahe Arbeitsaufgaben; Kommunikationsmittel vorhanden	partialisierte Arbeit; kundenferne Aufgaben; isolierte Arbeitsplätze
2.5. Anforderungsstruktur	sequentielle Aufgabenerledigung	unstrukturierte Anforderungen, oft zu unterbrechende Arbeitserledigung
2.6. physische Arbeitsumgebung	ruhige, belastungsfreie Arbeitsplätze mit Rückzugsmöglichkeiten	belastende Arbeitsplätze, Lärm, kei-ne Rückzugsmöglichkeiten
3. Lernausstattung		
3.1. didaktische Potentiale am Arbeitsplatz	der Arbeitsprozeß ist nachvollziehbar und anschaulich; Rückmeldung der Ergebnisse	Arbeitsprozeß im Vollzug nicht transparent, sondern verborgen ablaufende Arbeitsprozesse
3.2. Lernmittel	Lern- und Informationsmittel sind am Arbeitsplatz verfügbar (Bücher, Arbeitshinweise, CBT etc.)	Lern- und Informationsmittel am Arbeitsplatz nicht verfügbar
3.3. Lehrpersonal	Trainer, Instruktoren und/oder pädagogisch inspirierte Führungskräfte sind ansprechbar	Lehrpersonal vom Arbeitsplatz aus nicht erreichbar
3.4.Lernortkombination	neben dem Arbeitsplatz sind andere, kooperierende Lernangebote vorhanden (Seminar, Übungswerkstatt etc.)	Arbeitsplatz ist der einzige verfügbare Lernort oder aber die anderen Lernangebote sind ohne Bezug zum Arbeitsplatz

Die abgebildete Übersicht behandelt zwar die Bedingungen, die am Arbeitsplatz vorherrschen müssen, damit das Lernen der Arbeitsplatzinhaber gefördert und unterstützt wird. Die alleinige Konzentration auf die Bedingungen am einzelnen Arbeitsplatz reichen allerdings noch nicht aus, um eine lernförderliche Umgebung zu schaffen. Erforderlich ist dafür die Berücksichtigung von Aspekten, die sich nicht nur auf den konkreten Arbeitsplatz beziehen, sondern über den einzelnen Arbeitsplatz hinausreichen und die gesamte Arbeitsorganisation erfassen.

2. Die lernförderliche Gestaltung betrieblicher Arbeitsabläufe

Wie eine lernförderliche Arbeitsorganisation ausgestaltet sein könnte, wurde anläßlich der Konferenz 'Innovation und Qualitätssicherung der beruflichen Bildung - Mitwirkung der betrieblichen Interessenvertretungen (BR, PR, JAV)' vom 28. bis zum 30.10.1998 in Magdeburg in einem Arbeitskreis erörtert.[3] Aus den Ausführungen zur Weiterbildungsmotivation und zur angemessenen Methode bei der beruflichen Qualifizierung ergaben sich insgesamt zehn Aspekte, die eine **lernförderliche Arbeitsorganisation** ausmachen. Zum Teil stimmen sie überein mit den Anforderungen, die an eine 'Lernende Organisation' gestellt werden:

1. **Ausreichende Zeit zur Weiterbildung**: Die nachteiligen Wirkungen, die sich als Folge von zu knapp bemessenen Zeiträumen ergeben, sind unter anderem schlechte Lernerfolge, kein Nachfragen im Fall von Verständnisproblemen, Ungeduld, Angst vor dem Versagen sowie Ungenauigkeiten beim Erlernen von Fertigkeiten und neuem Fachwissen.
2. **Ausreichende Informationen**: Änderungen beim Einsatz neuer Technologien und neuer Formen der Organisation müssen frühzeitig den Arbeitnehmervertretern und den Beschäftigten vor Ort mitgeteilt werden, damit eine ausreichende Zeit zur Vorbereitung auf diese Änderungen vorliegt.
3. **Schnittstellentransparenz**: Dies betrifft die Kenntnisse über die Arbeitsstellen, die unmittelbar vor und nach der eigenen Arbeitsstelle liegen. Es geht um Arbeitsstellen, die einem Beschäftigten direkt zuarbeiten und um Stellen, die direkt auf die Vorarbeiten des Beschäftigten angewiesen sind. Graphisch: läßt sich dies wie folgt darstellen:

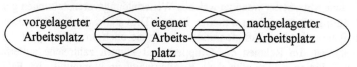

vorgelagerter Arbeitsplatz — eigener Arbeitsplatz — nachgelagerter Arbeitsplatz

---

[3] Es handelte sich um den Arbeitskreis 5 'Mit den Veränderungen lernen - die lernförderliche Gestaltung der Arbeitsorganisation als Qualitätsmerkmal betrieblicher Weiterbildung'. Vgl. ebenso Heimann (1999), S. 23 und Bartels/Habenicht (1999).

Erforderlich sind Kenntnisse über vor- und nachgelagerte Arbeitsplätze und deren Aufgaben, weil die bereichs- und abteilungsübergreifende Kooperation immer stärker zunimmt. Diese Kenntnisse helfen, die eigenen Aufgaben im Rahmen des betrieblichen Gesamtkonzepts besser zu verstehen. Realisieren läßt sich die Schnittstellentransparenz vor allem durch zwei Instrumente: erstens durch Stellenbeschreibungen, um die Aufgaben aller Arbeitsplätze für alle transparent zu machen, und zweitens durch die Beschreibung der Geschäfts- und Arbeitsprozesse, um jeden Arbeitsplatz in das betriebliche Gesamtkonzept einordnen zu können. Erreicht werden kann die Schnittstellentransparenz unter anderem durch die folgenden Maßnahmen:

- Jede Abteilung stellt ihre Aufgaben auf regelmäßigen Treffen den Mitarbeitern aller anderen Abteilungen vor.
- Es finden Exkursionen oder Hospitanzen statt, die dem Kennenlernen anderer Arbeitsplätze dienen.
- Durch eine Job-Rotation innerhalb des eigenen Betriebes - also durch einen kurzfristigen Arbeitsplatzwechsel - lernen die Beschäftigten die vor- und nachgelagerten Arbeitsplätze kennen.
- Die Durchführung von Projektarbeiten, an denen Beschäftigte aus verschiedenen Abteilungen teilnehmen. Dies erhöht die Schnittstellentransparenz und fördert zudem die Teamfähigkeit.

Problematisch ist allerdings, daß Exkursionen, Hospitanzen und das Verfahren der Job-Rotation nur in großen Betrieben durchgeführt werden können. Angesichts der geringen Personaldecke sind derartige Maßnahmen in kleinen und mittleren Betrieben nicht anwendbar.

4. **Partizipation**: Die aktive Beteiligung der Mitarbeiter an der Einführung neuer Technologien und neuer Organisationskonzepte läßt Vorfeldfehler schneller erkennen. Dadurch werden solche Fehler vermieden, was die Kosten einer Nachbesserung und Anpassung reduziert. Vor allem aber erhöht die aktive Mitgestaltung an betrieblichen Veränderungsprozessen die Weiterbildungsmotivation der Beschäftigten. Partizipation ist außerdem wichtig bei der Bestimmung des Qualifikationsbedarfs jeder einzelnen Person im Betrieb. Zu denken wäre in diesem Zusammenhang an die dezentrale Verteilung von Weiterbildungsbudgets, so daß die Betroffenen vor Ort mitbestimmen können, welche Mitarbeiter wann zu welchen Weiterbildungsveranstaltungen gehen.

5. **Bildung eigenverantwortlicher Teams**: Dies stärkt die bereits genannte Partizipation der Beschäftigten und erweitert sie noch um den Aspekt der Gruppenarbeit. Im Rahmen der Gruppenarbeit können zahlreiche außerfachliche Qualifikationen (Teamfähigkeit, Konfliktfähigkeit, kommunikative Fähigkeiten etc.) geschult werden.

6. **Anerkennung von Lernen**: Dieser Aspekt betrifft das betriebliche Weiterbildungsklima und den Stellenwert, den die Weiterbildung in einem Betrieb einnimmt. Hierzu gehören einerseits handfeste Aspekte wie die Frage, ob die Ko-

sten der Weiterbildung vom Betrieb getragen werden und ob Qualifizierungsveranstaltungen als Arbeitszeit eingestuft werden. Hierzu gehört andererseits
aber auch die Frage, wie die Teilnahme an einer weiterbildenden Maßnahme im
Betrieb bewertet wird: als eine Möglichkeit, sich vor der täglichen Arbeit zu
drücken, oder als die Anstrengung, sich für die gestiegenen Anforderungen des
Arbeitslebens fit zu machen. Gerade der zweite, weniger handfeste Aspekt ist
außerordentlich wichtig für die Motivation der Mitarbeiter, Weiterbildungsangebote tatsächlich in Anspruch zu nehmen.

7. **Selbständigkeit**: Selbständigkeit wird hier verstanden im Sinne von 'machen
dürfen', also im Sinne von vorhandenen Frei- und Spielräumen, die von den
Beschäftigten selbstbestimmt ausgefüllt werden können. Dies betrifft sowohl
die Arbeit als auch die Weiterbildung. Nur wenn die Beschäftigten den Eindruck haben, daß sie neu erlernte Fähigkeiten im täglichen Arbeitsleben anwenden dürfen, haben sie auch einen Anreiz, ihre Fähigkeiten auszuweiten und
zu erhöhen. Umgekehrt demotiviert die Erfahrung, daß die im Rahmen von
weiterbildenden Maßnahmen erlernten Fähigkeiten nicht angewendet werden
können.

8. **Konstruktive Kritik als Mitarbeiterpflicht**: Weiterbildung hat etwas mit
Defiziten - mit Qualifizierungsdefiziten - zu tun. Defizite müssen offengelegt
werden, und diese Offenlegung ist eine Kritik am Bestehenden. Deshalb ist es
wichtig, wie in einem Betrieb mit geäußerter Kritik umgegangen wird. Lern-
fördernd ist ein betriebliches Klima, in dem Kritik als der Ausgangspunkt für
notwendige Verbesserungen angesehen wird. Dazu gehört auch, daß die von
Mitarbeitern geäußerte Kritik von Vorgesetzten und Betriebsleitung ernst genommen wird und daß Kritik zu Verbesserungsmaßnahmen führt. Schließlich
darf auch das Eingestehen von eigenen Qualifizierungsdefiziten nicht als ein
Zeichen von Schwäche gedeutet werden, denn in einem solchen Klima fällt es
außerordentlich schwer, derartige Defizite zuzugeben. Statt dessen ist das
Offenlegen der eigenen Qualifizierungslücken als Basis für die Verbesserung
der eigenen Arbeitsfähigkeit anzusehen.

9. **Leistungs- und Lernmotivation**: Wichtig ist, daß die Beschäftigten für ihre
Weiterbildungsanstrengungen und die erhöhte Qualifikation eine Gegenleistung
erhalten. Konkret kann dies mit Hilfe von Prämien, Einmalzahlungen etc. geschehen.

10. **Vollständige Tätigkeiten**: Die für das moderne Berufsleben notwendigen
Qualifikationen können am besten erlernt werden, wenn die Beschäftigten über
einen Arbeitsplatz verfügen, an dem sie eine vollständige Tätigkeit ausüben
(Planung, Durchführung, Kontrolle). Schon durch die Ausübung derartiger
Tätigkeiten werden Schlüsselqualifikationen wie beispielsweise Problemlö-
sungs- und Entscheidungstechniken gefördert. Außerdem erhöht die Anwendung solcher Qualifikationen die Motivation, zusätzliche Schulungen wahrzu-
nehmen, bei denen es um die Förderung von methodischen und sozialen Kompetenzen geht.

Die Auswertungen verschiedener Modellversuche zur Kompetenzentwicklung bestätigen die Resultate der genannten Konferenz. So kommen *Heeg* und *Schidlo* bei ihrer Auswertung von verschiedenen betrieblichen Falluntersuchungen hinsichtlich des Zusammenhangs zwischen der Kompetenzentwicklung und der Gestaltung der Arbeitsorganisation zu folgenden Hypothesen:[4]

Die Entwicklung von beruflichen Handlungskompetenzen erfolgt am leichtesten und umfassendsten, wenn unter anderem die nachfolgenden Bedingungen erfüllt sind:

- durch die betriebliche Organisation der Arbeitsprozesse kommt es zu vollständigen Aufgaben
- die Selbstreflektion der Beteiligten wird möglich gemacht
- die Führungskräfte leben die Veränderungs- und Entwicklungsbereitschaft persönlich vor
- durch die betriebliche Organisation der Arbeitsprozesse kommt es zu autonomen Teileinheiten, die sowohl mit der Umwelt (Kunden, Lieferanten etc.) als auch mit anderen betrieblichen Teileinheiten in einem offenen und permanenten Informationsaustausch stehen; insgesamt herrscht eine offene Art und Weise der Kommunikation vor
- die Ziele, Regeln und Rahmenbedingungen von betrieblichen Veränderungsprozessen sind klar, transparent und verbindlich vereinbart
- es herrscht ein fehlertolerantes und vertrauensvolles Klima vor
- die Arbeitsorganisation baut auf der grundsätzlichen Wertschätzung des Individuums auf
- Qualifizierung erfolgt durch ein echtes Teamlernen in Form von Dialogen, durch die schwere Themen erarbeitet werden

Trotz einer groben Vorstellung von lernfördernden arbeitsorganisatorischen Strukturen ist es zweifelhaft, ob sich diese Strukturen in naher Zukunft tatsächlich in der betrieblichen Praxis durchsetzen werden. Die im Rahmen des *Bildungs-Delphis* zum Bereich der beruflichen Bildung durchgeführten Einschätzung der Experten, die bis in das Jahr 2020 reicht, ist in diesem Punkt eher skeptisch: "Daß die Arbeit der Zukunft so organisiert wird, daß sie unmittelbar am Arbeitsplatz Impulse zur Kompetenzerweiterung gibt, glaubt .. nur eine Minderheit."[5] Trotz dieser pessimistischen Prognose sollten die genannten Erwägungen so weit wie möglich bei der Ausgestaltung von Arbeitsplätzen berücksichtigt werden, weil dies eine Erhöhung der Lernerfolge unterstützt.

---

[4] Vgl. Heeg/Schidlo (1998), S. 185-187.
[5] Kuwan/Ulrich/Westkamp (1998), S. 7.

295

5. Die Evaluation von Weiterbildungsmaßnahmen

Die Kontrolle bzw. Bewertung einer abgeschlossenen Qualifizierungsmaßnahme stellt neben der Planung und Durchführung den dritten zentralen Aspekt der beruflichen Weiterbildung dar. Die Maßnahmen zur Messung des Erfolgs von durchgeführten Weiterbildungsmaßnahmen werden mit dem Begriff des 'Bildungscontrollings' umschrieben. Zur Klärung des Begriffs Controlling ist vorab die folgende Klarstellung angebracht: "Controlling bedeutet nicht, wie dies zunächst scheint, Kontrolle, sondern **Leitung** und **Steuerung**. Controlling als Führungsinstrument sollte in der Lage sein, die Planung zu unterstützen, Entscheidungen vorzubereiten und deren Realisierung zu steuern und zu überprüfen, um darauf weitere Planungsschritte folgen zu lassen ... Bildungscontrolling ist ein Führungsinstrument, das vor allem Informationen über die betrieblichen Abläufe darstellt und interpretiert."[1] **Ziel** des **Controllings** ist es, zukunftsorientiert zu handeln und dadurch steuernd in Abläufe und Prozesse eingreifen zu können, was sich graphisch wie folgt darstellen läßt:[2]

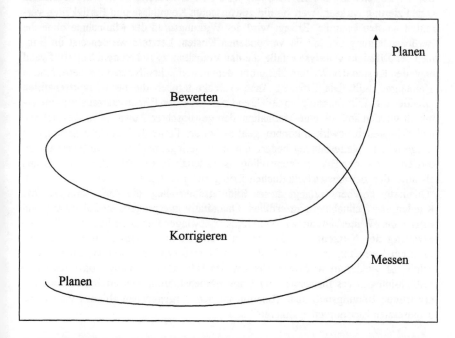

Andere Begriffe, die in diesem Zusammenhang genannt werden, lauten Erfolgskontrolle, Effizienzforschung, Wirkungskontrolle, Qualitätskontrolle, Bewertungs-

---

[1] Kortendieck (1998), S. 39f.
[2] In Anlehnung an Krekel/Beicht (1998), S. 22f.

forschung, Evaluation oder Begleitforschung.[3] Im folgenden soll allerdings stets von **Bildungscontrolling** die Rede sein. Ziele und Aufgaben dieser Form des Controllings lassen sich wie folgt zusammenfassen: Dem Wesen nach stellt das Bildungscontrolling einen **Vergleich** zwischen den angestrebten Zielen einer Weiterbildung - im Sinne eines Soll-Zustandes - und dem tatsächlich erreichten Zustand nach Ablauf der weiterbildenden Maßnahme (Ist-Zustand) dar.

| **Soll-Zustand** (Weiterbildungsziel vor Beginn der Maßnahme) | Erfolgskontrolle ←————→ | **Ist-Zustand** (Qualifikationsniveau nach der Maßnahme) |

Eine solche Erfolgsmessung orientiert sich an pädagogischen Kriterien bzw. Zielen und behandelt damit die Messung der Effektivität von Weiterbildungsmaßnahmen. Bei der Feststellung der **Effektivität** wird also untersucht, ob die durchgeführte Qualifizierung wirksam war, ob die gewünschten Kenntnisse und Fertigkeiten vermittelt werden konnten. Erfragt wird der Wirkungsgrad der Maßnahme ohne die Berücksichtigung der mit ihr verbundenen Kosten. Letztere werden erst im Rahmen der **Effizienz-Analyse** erfaßt, die das Verhältnis zwischen dem Mittelaufwand bzw. den Kosten der Weiterbildung und dem betrieblichen Nutzen der betreffenden Maßnahme mißt. Die Effizienz-Analyse deckt folglich die betriebswirtschaftlich orientierte Erfolgsmessung ab. Während mit Hilfe der Effektivitätsanalyse nur ermittelt werden soll, ob eine Maßnahme den gewünschten Zuwachs an Kenntnissen und Fähigkeiten bewirken konnte, geht es bei der Frage der Effizienz darum, den festgestellten Weiterbildungsbedarf mit dem geringstmöglichen Mitteleinsatz zu erreichen. Ziel des Bildungscontrollings ist es letztlich, sowohl den pädagogischen als auch den betriebswirtschaftlichen Erfolg sicherzustellen. Mit anderen Worten: "Qualitativ gesehen verlangt dieses Bildungscontrolling, die Anforderungen von Kunden und Teilnehmern zu erfüllen. Quantitativ interpretiert, sind Aufwand und Ertrag der Weiterbildung zu optimieren."[4] Zwingend erforderlich ist dabei die **Messung des Nutzens** von beruflichen Weiterbildungsmaßnahmen, denn nur so kann ein Verhältnis zwischen Kosten und Nutzen errechnet werden. Dieses Verhältnis ist wiederum wichtiges Element des Bildungscontrollings, das "als ganzheitlich-integratives Instrument der Unternehmensführung den erreichten und/oder erwarteten Bildungsnutzen in Relation zu den vorgegebenen Bildungszielen und eingesetzten Ressourcen evaluieren"[5] soll.

---

[3] Vgl. Becker/Korsmeier (1996), S. 334.
[4] Kortendieck (1998), S. 40.
[5] Becker (1993), S. 127.

Die bereits angesprochene entscheidende Aufgabe des Bildungscontrollings besteht darin, mit den herausgefundenen Erkenntnissen eine Entscheidungsgrundlage für die zukünftige optimale Gestaltung und Durchführung der Bildungsprozesse in einem Betrieb oder Unternehmen bereitzustellen. Das Bildungscontrolling wird also dafür genutzt, **regelnd** und **steuernd** in den **Ablauf der Weiterbildungsmaßnahme einzugreifen.**[6] Zu beachten ist in diesem Zusammenhang allerdings, daß die mit dem Bildungscontrolling angestrebte Qualitätssicherung in der Regel an ökonomisch definierten Maßstäben gemessen wird, nicht aber an pädagogisch-didaktisch orientierten Grundsätzen. Die maßgeblichen Größen, die zur Erfolgskontrolle des Bildungsprozesses herangezogen werden, sind vor allem Größen, die mit den folgenden Fragen in Verbindung stehen:[7]

- Wurde das Arbeitsverhalten der Teilnehmer verändert?
- Wurden die Unternehmensziele aktiv unterstützt?
- Wurde die Wettbewerbsfähigkeit des Unternehmens gefördert?
- Stimmt die Kosten-Nutzen-Relation?
- Stimmen die Lerninhalte mit den Qualifikationsdefiziten überein?
- Sind die Weiterbildungsmaßnahmen kundengerecht?

Alles in allem zeigt die exemplarische Aufführung der im Bildungscontrolling verwendeten Maßstäbe, daß sich die betriebliche Erfolgskontrolle von Weiterbildungsmaßnahmen in der Praxis vor allem an **betriebswirtschaftlichen Größen** orientiert. Pädagogisch-didaktische Grundsätze sind lediglich eines von vielen Elementen zur Beurteilung derartiger Maßnahmen, wobei die pädagogischen Erwägungen in der betrieblichen Praxis noch nicht einmal das entscheidende Beurteilungskriterium darstellen. Häufig haben **pädagogische Erfolgskriterien** auch gar keine Chance auf Berücksichtigung, weil die ökonomischen Kriterien als einziger Bewertungsmaßstab herangezogen werden. Die eigentliche Zielsetzung der Weiterbildung - die Erhöhung bzw. Anpassung der fachlichen, sozialen und kognitiven Kompetenzen an sich ändernde Qualifikationsanforderungen - wird dadurch allenfalls am Rande berührt.[8] Die Idealvorstellung zur Bewertung beruflicher Weiterbildungsmaßnahmen läßt sich hingegen wie folgt umschreiben: "Bei der Evaluation von Weiterbildung stehen hauptsächlich pädagogische Kriterien im Vordergrund".[9] Im folgenden soll sowohl auf die betriebswirtschaftliche Erfolgskontrolle von weiterbildenden Maßnahmen eingegangen werden als auch auf die pädagogisch-didaktischen Erwägungen, wobei auf ein Grundproblem im gesamten Bildungswesen hinzuweisen ist: "Die Kosten sind unmittelbar erfaßbar, hart und kurzfristig; der

---

6 Vgl. Rüdenauer (1995), S. 153f.; Wattenhofer (1996), S. 97.
7 Vgl. zu den nachstehenden Fragen Weiß (1995), S. 263.
8 Vgl. Weiß (1995), S. 263; Harteis (1997), S. 215; Friebel/Winter (1997), S. 258f.; Stahl (1997), S. 217.
9 Staudt/Meier (1998), S. 78.

Nutzen ist schwer belegbar, weich und langfristig."[10] Von der damit verbundenen Überbetonung betriebswirtschaftlicher (Kosten)Aspekte und der häufig anzutreffenden Vernachlässigung pädagogischer Nutzenelemente sind letztlich alle Versuche zur Erfolgskontrolle von Weiterbildungsmaßnahmen betroffen.

1. Betriebswirtschaftliche Erwägungen: Die Kosten-Nutzen-Analyse

1.1. Kostenberechnung

Ein nicht unerhebliches Problem bei der Kosten-Nutzen-Analyse zur betrieblichen Weiterbildung ist die exakte Erfassung der Kosten, die mit entsprechenden Maßnahmen verbunden sind. Erforderlich wird damit ein Verfahren, das alle Anstrengungen zur Qualifizierung von Mitarbeitern in die betriebliche Kostenrechnung einbindet und anfallende Kosten systematisch erfaßt. Die exakte Erfassung dieser Kosten steht dabei vor einer Vielzahl von Zurechnungsproblemen:

- Welche Maßnahmen sind als Weiterbildung zu definieren, so daß deren Kosten berücksichtigt werden müssen?
- Welche Kostenarten müssen in die Berechnung einfließen?
- In welcher Höhe sind die verschiedenen Kostenarten einbezogen worden?

Die genannten Probleme müssen möglichst genau gelöst werden, um die tatsächlich anfallenden Weiterbildungskosten in der richtigen Höhe zu erfassen. Wegen der vielfältigen Unsicherheiten, die im Zusammenhang mit den genannten Einzelfragen bestehen, kann es leicht zu Streitigkeiten hinsichtlich der genauen Höhe der Kosten kommen. Diese Gefahr besteht vor allem dann, wenn es Interessenkonflikte zwischen den Sozialpartnern gibt. Derartige Konflikte könnten beispielsweise folgende Ausprägungen annehmen:

- Ein Unternehmen, das gegenüber der Öffentlichkeit möglichst hohe Investitionen für den Bereich der betrieblichen Weiterbildung geltend machen möchte, hat ein Interesse an einem Nachweis von möglichst hohen Kosten. Hier besteht die Versuchung, auch weiterbildungsfremde Maßnahmen in die Berechnung der Qualifizierungskosten einfließen zu lassen oder unberechtigt hohe Kosten anzusetzen.
- Die gleiche Gefahr liegt vor, wenn ein Unternehmen aus Gründen der kurzfristigen Kosteneinsparung weiterbildende Maßnahmen reduzieren oder sogar vermeiden möchte. In diesem Fall wäre der Nachweis hoher Weiterbildungskosten ein Argument, um die Einschränkung betrieblicher Qualifizierungen zu rechtfertigen.
- Beschäftigte und Arbeitnehmervertreter könnten hingegen den Wunsch nach einer Ausweitung von Qualifizierungsmaßnahmen besitzen. Für sie ist deshalb

---

[10] Faulstich (1998), S. 14.

von Interesse, die Weiterbildungskosten möglichst gering anzusetzen, um die betriebliche Rentabilität der Weiterbildung belegen zu können.

Welche Maßnahmen sind als Weiterbildung zu definieren?

Grundsätzlich empfiehlt es sich, bei der Definition von Weiterbildungsmaßnahmen von einer weiten Konzeption des Begriffs 'Weiterbildung' auszugehen. Dies entspricht auch der Intention der Regelungen im Betriebsverfassungsgesetz (BetrVG), die sich mit der Weiterbildung auseinandersetzen. Unter dem Begriff der Berufsbildung versteht das BetrVG, das keine Legaldefinition dieses Terminus nennt, erstens die Berufsbildung im Sinne des § 1 Abs. 1 Berufsbildungsgesetz (BBiG), zweitens die berufliche Umschulung, die der Befähigung zu einer anderen beruflichen Tätigkeit dient, und drittens die hier interessierende berufliche Fortbildung, die dem Erhalt und der Erweiterung der beruflichen Kenntnisse sowie der Anpassung der beruflichen Kenntnisse an die technische Entwicklung dient. Zur beruflichen Fortbildung zählen dabei alle Maßnahmen, die einen Bezug zum Beruf aufweisen und einen Bildungscharakter besitzen, d. h. die systematisch Kenntnisse und Fähigkeiten vermitteln. Insbesondere gehören zur Berufsbildung im Sinne des BetrVG all jene Maßnahmen, die der Qualifikation für neue berufliche Aufgaben dienen sowie dem Erhalt von Qualifikationen zur Erhöhung der Arbeitsplatzsicherheit bzw. zur Vermeidung der Arbeitslosigkeit.[11] Abgrenzungsprobleme dürften vor allem bei der arbeitsplatznahen Weiterbildung auftreten. Hier besteht die Gefahr, daß eine saubere Trennung zwischen der eigentlichen Arbeit und der Weiterbildung nicht immer eindeutig festgelegt werden kann.

Welche Kostenarten müssen in die Berechnung einfließen?

Zur Lösung dieses Konfliktes und zur Vermeidung entsprechender Konflikte empfiehlt es sich, ein Kostenmodell aufzustellen, das alle Kostenfaktoren, die in der betrieblichen Weiterbildung anfallen, vollständig erfassen kann. Als Beispiel kann hier ein Modell des *Instituts der Deutschen Wirtschaft* vorgestellt werden. Ziel dieses Modells ist es, die gesamtwirtschaftlichen Kosten der beruflichen Weiterbildung zu erfassen. Wegen der umfangreichen Liste der zu berücksichtigenden Kosten bietet sich das Modell auch für den einzelnen Betrieb an. Konkret werden vom *Institut der Deutschen Wirtschaft* fünf grundlegende Kostenarten aufgezählt:[12]

---

[11] Vgl. Döbele-Berger/Martin (1991), S. 236; Hess/Schlochauer/Glaubitz (1993), § 96 BetrVG, Rn. 3f.; Däubler/Kittner/Klebe/Schneider (1994), § 96 BetrVG, Rn. 16; Fabricius/Kraft/ Wiese/ Kreutz (1995), § 96 BetrVG, Rn. 7; Fitting/Kaiser/Heither/Engels (1996), § 96 BetrVG, Rn. 12-15, 22.

[12] Vgl. die Darstellung bei Münk/Lipsmeier (1997), S. 60f.

1. Die Kosten des Weiterbildungspersonals		
1.1.	Die vollen Lohn- und Personalkosten der hauptamtlichen Weiterbildner in der Verwaltung und der Lehre	
1.2.	Die anteiligen Lohn- und Personalkosten der nebenamtlichen Weiterbildner in der Verwaltung und der Lehre (Führungskräfte, Mitarbeiter)	
2. Die Kosten der Lehrveranstaltung		
2.1.	Interne Lehrveranstaltungen (Planung, Durchführung und Verantwortung liegen bei dem Unternehmen)	
	Direkte Kosten	Honorare für interne und externe Dozenten Raumkosten und Raumnebenkosten Sachkosten (Maschinen, Labore etc.) Reisekosten
	Indirekte Kosten	Personalkosten als Folge der Ausfallzeiten von Weiterbildungsteilnehmern und von nebenamtlichen Dozenten für interne Veranstaltungen
2.2.	Externe Lehrveranstaltungen (Planung, Durchführung und Verantwortung liegen bei externen Weiterbildungsträgern)	
	Direkte Kosten	Teilnahmegebühren Prüfungsgebühren Reisekosten
	Indirekte Kosten	Personalkosten als Folge der Ausfallzeiten der Weiterbildungsteilnehmer
3. Die Kosten der Informationsveranstaltungen		
	Direkte Kosten	Honorare Raumkosten und Raumnebenkosten Sachkosten Reisekosten
	Indirekte Kosten	Kosten der Lohn- und Gehaltsfortzahlung
4. Die Kosten des Lernens am Arbeitsplatz		
	Kosten des organisierten Lernens und Einarbeitens	Anteilige Personalkosten der Teilnehmer Anteilige Personalkosten der Betreuer Sachkosten
	Kosten anderer Lernformen am Arbeitsplatz	Erfaßt nur die indirekten Kosten, da alle direkten Kosten bereits in anderen Positionen enthalten sind
5. Sonstige Weiterbildungskosten		
	Direkte Kosten	Beiträge an überbetriebliche Weiterbildungseinrichtungen Stipendien und Prämien Kosten der Betriebsräteweiterbildung gem. BetrVG
	Indirekte Kosten	Außerbetriebliche Prüfer- oder Dozententätigkeit Inanspruchnahme von Bildungsurlaub Weiterbildung des Betriebsrates

Mit der dargestellten Erfassungsmöglichkeit der verschiedenen Kostenarten kann es gelingen, mehr Objektivität in die Berechnung der Weiterbildungskosten zu bringen. Der Einsatz eines solchen Systems verringert zudem die Gefahr, bestimmte Kostenfaktoren zu vergessen.

In welcher Höhe sind die verschiedenen Kostenarten einbezogen worden?

Unproblematisch dürfte die Bestimmung der Höhe der direkten Kosten sein. Diese Kosten sind entweder durch Rechnungen von externen Institutionen (externe Dozenten; Seminargebühren für Weiterbildungsangebote von Volkshochschulen, Akademien und anderen Trägern der Weiterbildung oder auch die Reisekosten der Seminarteilnehmer) oder durch die im Betrieb anfallenden Kosten (Personalkosten der hauptamtlichen Weiterbildner, Sachkosten, Raumkosten) eindeutig bestimmt. Schwieriger kann im Einzelfall die genaue Angabe der indirekten Kosten ausfallen. Durch einen Rückgriff auf die beschriebenen fünf Kostenarten sollte allerdings auch dieses Problem lösbar sein.

1.2. Nutzenberechnung

Eine für die betriebliche Praxis wichtige Form der Erfolgskontrolle basiert auf der Berücksichtigung des **betrieblichen Nutzens** einer Weiterbildungsmaßnahme. Im Kern geht es dabei um die Frage, ob die Qualifizierungsmaßnahme die Wettbewerbsfähigkeit des Unternehmens erhöht hat und dem Unternehmen dadurch 'nutzt'. Konkret werden zur Beantwortung dieser Frage betriebswirtschaftliche Kennzahlen wie z. B. die Arbeitsproduktivität, die Produktqualität, die Fluktuationsrate, der Krankenstand bzw. die anfallenden Fehlzeiten, die Ausschußquote, der Materialverbrauch, Verkaufs- und Umsatzzahlen, die Reklamationsquote, die Anzahl der Patentanmeldungen oder der betrieblichen Verbesserungsvorschläge herangezogen. Vorteil des Rückgriffs auf die genannten Größen ist die Exaktheit der verwendeten Kriterien. Problematisch ist allerdings, daß es keine eindeutige kausale Beziehung zwischen der zu bewertenden Weiterbildungsmaßnahme und der jeweiligen betriebswirtschaftlichen Größe gibt. Jede betriebswirtschaftlichen Größe ist stets das Resultat zahlreicher Einflußfaktoren, so daß beispielsweise die Erhöhung der Verkaufszahlen nicht nur auf das Kommunikationstraining der Mitarbeiter zurückzuführen ist. Dennoch, und dies nimmt den genannten Einwand zumindest teilweise wieder zurück, ist es durchaus möglich, bei der Zunahme der Verkaufszahlen einzelne Einflußfaktoren besonders herauszuheben, zu denen selbstverständlich auch entsprechende Schulungsmaßnahmen der Beschäftigten zählen können.[13]

---

[13] Vgl. Wattenhofer (1996), S. 98; Weiß (1997), S. 106f.; Stahl (1997), S. 217; Weiß (1999), S. 28; Bundesministerium für Bildung, Wissenschaft, Forschung und Technologie (1999), S. 120, 164.

Eine spezielle Form der betriebswirtschaftlich orientierten Erfolgsmessung ist die Berechnung sogenannter 'Bildungsrenditen'. Erneut ergibt sich hier ein Zurechnungsproblem, so daß dieses Instrument als kaum praktikabel und zudem als äußerst unsicher einzustufen ist.[14] Ein weiteres Problem von Evaluationsverfahren, die auf dem ökonomischen Kalkül basieren, ist - neben der Vernachlässigung pädagogischer Aspekte sowie der fehlenden eindeutigen Zuordnung einzelner betrieblicher Maßnahmen zu den verschiedenen betriebswirtschaftlichen Erfolgsgrößen - der Zeithorizont bei einem derartigen Vorgehen. Bei der Berechnung von Bildungsrenditen fließen beispielsweise lediglich die Erträge der Weiterbildung ein, die bis zum Ende der Laufzeit des Investitionsvorhabens - betriebliche Weiterbildung wird von den Betrieben mehr und mehr als eine Investition angesehen - anfallen. Alle danach auftretenden Erträge bleiben unberücksichtigt. Dies erweist sich besonders deshalb als ein Problem, weil die betriebswirtschaftliche Perspektive häufig nur ein Jahr oder sogar noch kürzer ist. Gerade Weiterbildungsmaßnahmen, bei denen der Großteil der Erträge erst in der fernen Zukunft anfällt, erscheinen dann als eine ökonomisch wenig attraktive Handlungsalternative.[15] Die erwähnten Probleme, die sich aus der Verwendung der harten betriebswirtschaftlichen Kriterien ergeben, führen vielfach zu einer anderen Methode der Erfolgsmessung, bei der unter anderem die nachfolgenden **'weichen' Daten** herangezogen werden:

- Fragen nach der Verbesserung der Arbeitsmotivation
- Fragen nach der Arbeitszufriedenheit
- Fragen nach der Erhöhung der Leistungsbereitschaft
- Fragen nach der Verbesserung des Betriebsklimas
- Fragen nach der Kommunikation unter den Beschäftigten bzw. nach der gesamten Unternehmenskultur.

Beantwortet werden diese und ähnliche Fragen beispielsweise durch Mitarbeitergespräche, Befragungen oder Workshops. Vorteil dieser Instrumente ist die Integration der teilnehmenden Beschäftigten in die Bewertung und Kontrolle der erfolgten Qualifizierungsmaßnahme, so daß dieser Personenkreis zu Akteuren wird, die an der Erfolgskontrolle mitwirken. Nachteilig ist allerdings der hohe personelle und zeitliche Aufwand, der mit dieser Form der Evaluation verknüpft ist. Dieser Nachteil sorgt dafür, daß ein qualitativ orientiertes Bildungscontrolling in der Regel nur bei Projekten mit einer besonders hohen strategischen Bedeutung angewendet wird.[16]

Wie auch immer der Nutzen der Weiterbildung erfaßt wird - zum Vergleich mit den Kosten von weiterbildenden Maßnahmen ist es unbedingt erforderlich, den **Nutzen** solcher Maßnahmen **in Geldeinheiten** zu bewerten. Nur so ist festzustel-

---

[14] Vgl. Weiß (1997), S. 107.
[15] Vgl. Harteis (1997), S. 214; Weiß (1999), S. 29.
[16] Vgl. Weiß (1997), S. 107.

len, ob der Nutzen der Weiterbildung deren Kosten übersteigt und ob eine konkrete Veranstaltung zur Weiterbildung aus betriebswirtschaftlicher Sicht sinnvoll ist. Die exakte Messung des Nutzens ist sicherlich eine der schwierigsten Momente des Bildungscontrollings. Die exemplarische Darstellung einer möglichen Vorgehensweise hierzu soll ausreichen, um Möglichkeiten und Grenzen der geldmäßigen Nutzenmessung anzudeuten:[17]

- Unterstellt wird ein Seminar zum Thema Zeitmanagement, das bei jedem Seminarteilnehmer täglich eine Zeitersparnis von 12 Minuten erbringt.
- Dies erbringt pro Woche eine Arbeitsersparnis von einer Stunde, was pro Jahr bei 40 Arbeitswochen zu einer Zeitersparnis von 40 Stunden führt.
- Wird pro Arbeitsstunde (einschließlich der Lohnnebenkosten) von Kosten in Höhe von 75,- DM ausgegangen, so ergibt dies bei jedem Mitarbeiter eine Kosteneinsparung bzw. einen finanziellen Nutzen von 3.000,- DM.
- Werden insgesamt 25 Beschäftigte eines Unternehmens zu diesem Seminar geschickt, so kann das Unternehmen mit einem finanziellen Nutzen der weiterbildenden Maßnahme - pro Jahr - von 75.000,- DM rechnen.

Der in Geldeinheiten umgerechnete Nutzen in Höhe von 75.000,- DM wäre schließlich in Relation zu allen Kosten zu setzen, die im Zuge der Qualifizierungsmaßnahme anfielen. Zu berücksichtigen ist neben diesem Geldbetrag, daß als Ergebnis des Zeitmanagement-Seminars zu der quantitativen Zeitersparnis auch eine qualitative Komponente hinzukommt. Im Resultat kann die Teilnahme am hier interessierenden Seminar zu einer verbesserten Prozeßorganisation, einem höheren Zielerreichungsgrad und einer verbesserten Zusammenarbeit auf seiten der Teilnehmer führen. Diese und andere mögliche Konsequenzen aus der Seminarteilnahme führen zu einer produktiveren Zeitnutzung und sind zusätzlich zur Zeitersparnis zu berücksichtigen und entsprechend in Geldeinheiten umzurechnen. Die exemplarisch vorgestellte Berechnung des geldlichen Nutzens einer Qualifizierungsmaßnahme deutet an, daß dieser Nutzen beachtliche Dimensionen annehmen kann und damit die Kosten einer solchen Maßnahme sehr schnell übersteigen kann. Insgesamt zeigt sich, daß die Aufstellung einer Kosten-Nutzen-Relation bei der Bewertung von weiterbildenden Maßnahmen ein Instrument darstellt, das zur Schaffung von Transparenz unbedingt erforderlich ist. Verbunden damit ist aber die Gefahr, das Bildungscontrolling lediglich als Instrument der Kostensenkung zu verstehen. Eine solche Sichtweise greift zu kurz, denn der "Kern des Bildungscontrollings liegt .. weniger in der Schaffung von mehr Transparenz der Kosten, als vielmehr in der Verdeutlichung der Ziele und des Nutzens von Weiterbildung."[18] Gleichzeitig ist darauf hinzuweisen, daß die Senkung der Weiterbildungskosten für sich alleine genommen keinesfalls eine "effektivere und effizientere Gestaltung der

---

[17] Vgl. zum nachstehenden Beispiel Merk (1998), S. 284f.
[18] Krekel/Beicht (1998), S. 26.

Bildungsarbeit" garantiert.[19] Wichtig ist aus diesen Gründen die Erweiterung der in Geldeinheiten durchgeführten Kosten-Nutzen-Analyse um die Berücksichtigung des Lernerfolges.

2. Pädagogisch-didaktische Erwägungen: Der Lernerfolg

Die grundsätzlichen Zielrichtungen einer pädagogisch und didaktisch orientierten Erfolgsmessung von Qualifizierungsmaßnahmen wurden bereits grob umschrieben als Fragestellungen, die folgende Aspekte abdecken:

- Wurde das Arbeitsverhalten der Teilnehmer verändert?
- Stimmen die Lerninhalte mit den Qualifikationsdefiziten überein?

Dieses Vorgehen zur Bewertung von weiterbildenden Maßnahmen setzt somit beim Verhalten der Beschäftigten und deren Zufriedenheit mit einer durchgeführten Qualifizierungsmaßnahme an. Eine genauere Definition des 'Erfolgs' der Bildungsarbeit läßt sich dabei in verschiedene Ansätze unterteilen, die es hier kurz vorzustellen gilt. Nach *Weiß* lassen sich drei Erfolgskonzepte wie folgt unterscheiden:[20]

- Der **Seminarerfolg** bezieht sich auf die Kontrolle der Lernziele, also darauf, ob die angestrebten und vorgegebenen Lerninhalte tatsächlich geschult und vermittelt wurden.
- Der **Transfererfolg** prüft, ob sich eine Verbesserung der Arbeitsergebnisse eingestellt hat, ob also das vermittelte Wissen und die erlernten Fertigkeiten für die tägliche Arbeit von Nutzen sind.
- Der **Unternehmenserfolg** bezieht sich schließlich auf die Frage, ob die Wettbewerbsfähigkeit eines Unternehmens erhöht wurde, ob also auch das Unternehmen einen - in Geldeinheiten meßbaren - Nutzen von der durchgeführten Weiterbildungsveranstaltung hat.

Ähnlich ist eine von *Rüdenauer* vorgetragene Dreiteilung des Erfolgsbegriffs:[21]

- Der **Maßnahmenerfolg**, der mißt, wie die Teilnehmer die Weiterbildungsmaßnahme aufgenommen haben; es handelt sich hierbei um die subjektive Zufriedenheit der Schulungsteilnehmer.
- Der **Lernerfolg** überprüft, was die Bildungsteilnehmer gelernt haben.
- Der **Anwendungserfolg** bezieht sich dann auf die Frage, ob die Teilnehmer das Erlernte tatsächlich im alltäglichen Arbeitsleben anwenden. Aus Sicht der Unternehmen ist dabei lediglich die letzte Erfolgskonzeption von Bedeutung, denn nur diese Form des Erfolges ist von wirtschaftlicher Bedeutung.

---

[19] Vgl. Krekel/Beicht (1998), S. 26.
[20] Vgl. Weiß (1997), S. 104.
[21] Vgl. Rüdenauer (1995), S. 153.

305

Maisberger definiert das Bildungscontrolling ebenfalls als einen dreiphasigen Prozeß, den er wie folgt unterteilt:[22]
- Das **'Vorfeld-Controlling'**, das im wesentlichen die Bedarfsanalyse betrifft.
- Das **'Lernfeld-Controlling'**, welches den Lernerfolg der Weiterbildungsteilnehmer überprüft.
- Das **'Transfer-Controlling'**, mit dem untersucht wird, ob und in welchem Ausmaß die Teilnehmer von Weiterbildungsveranstaltungen das Erlernte am Arbeitsplatz anwenden.

Eine Vierteilung findet sich schließlich bei *Arnold* und *Krämer-Stürzl*:[23]
- Die **seminarorientierte** Erfolgskontrolle mißt die Zufriedenheit der Seminar- bzw. Weiterbildungsteilnehmer in Form einer 'Manöverkritik'. Diese erfolgt in der Regel mit Hilfe eines standardisierten Fragebogens, manchmal wird der Fragebogen durch mündliche Fragen ergänzt oder sogar ersetzt.
- Die **legitimationsorientierte** Erfolgskontrolle ähnelt der seminarorientierten Erfolgskontrolle, denn auch bei ihr geht es um die Zufriedenheit der teilnehmenden Personen. Im Unterschied zur erstgenannten Erfolgskonzeption erfolgt bei der legitimationsorientierten Erfolgskontrolle allerdings eine Verdichtung der Zufriedenheitswerte durch die Abfassung eines Berichts.
- Die dritte Form der Erfolgskontrolle wird als **transferorientiert** bezeichnet. Sie mißt den eigentlichen Erfolg einer Weiterbildungsmaßnahme, d. h. den Erfolg der Maßnahme am Arbeitsplatz. Konkret geht es um die Frage, ob und wie schnell das Erlernte am Arbeitsplatz umgesetzt und angewendet wird. Beantwortet wird diese Frage in der Regel durch Mitarbeitergespräche, also durch Gespräche zwischen dem Beschäftigten und dem Vorgesetzten bzw. dem zuständigen Linienmanager. Unterstützt werden derartige Gespräche durch Gesprächsleitfäden, Checklisten und Raster.
- Die vierte Form der Erfolgsmessung stellt schließlich die ausführlichste Erfolgskonzeption dar und wird als **entwicklungsorientierte** Erfolgsmessung bezeichnet. Hierbei handelt es sich um ein Vorgehen, das sich sehr weit von der Zufriedenheitsmessung der Bildungsteilnehmer entfernt und zudem den traditionellen Bewertungs- und Evaluierungszyklus "Bedarfsermittlung - Seminarangebot - Seminardurchführung - Erfolgskontrolle" durchbricht. Dieses Verfahren zur Erfolgsermittlung setzt vielmehr schon bei der Weiterbildungsbedarfsermittlung an. Deshalb werden den Beschäftigten von der Weiterbildungsabteilung auch keine vorgefertigten Seminarangebote mehr unterbreitet. Statt dessen setzt sich die Weiterbildungsabteilung mit den Beschäftigten eines Büros, einer Abteilung oder einer anderen betrieblichen Organisationseinheit zusammen und konstruiert zusammen mit den Mitarbeitern sowie deren Vorgesetzten ein maßgeschneidertes Seminarangebot. Ebenso wird die Frage der Zielerreichung nicht erst nach

---

[22] Vgl. dazu Becker/Korsmeier (1996), S. 334 sowie die dort angegebene Literatur.
[23] Vgl. Arnold/Krämer-Stürzl (1995), S. 135-137.

dem Abschluß der Qualifizierungsmaßnahme gestellt, sondern schon während der Durchführung des maßgeschneiderten Seminars selbst. Fragen der Erfolgs-feststellung sowie der Qualitätssicherung werden somit in den gesamten Bildungsprozeß integriert.[24]

Unabhängig davon, daß die pädagogisch orientierte Messung des Erfolges einer weiterbildenden Maßnahme mit erheblichen Meßproblemen verbunden ist, so spielt sie schon jetzt in der gegenwärtigen Bewertung von Weiterbildungsmaßnahmen eine immer größere Rolle. Vor allem in der amerikanischen Weiterbildungspraxis gilt: Im Mittelpunkt der Betrachtung von durchgeführten Schulungen stehen Aspekte des Transfererfolges und der Arbeitsplatzrelevanz. Diese Entwicklung wird sich aller Voraussicht nach auch in Deutschland mehr und mehr durchsetzen, so daß der folgenden These zugestimmt werden kann: "Künftig wird es also für alle Beteiligten noch wichtiger, den Grad des tatsächlichen Lerntransfers am konkreten Arbeitsplatz zu messen"[25].

Nach der grundsätzlichen Klärung der Ziele, die von einer pädagogisch angelegten Erfolgsmessung der Weiterbildung angestrebt werden, geht es nun um die Frage nach der Durchführung einer solchen Bewertung. Ein erster Schritt zur Lösung dieser Frage setzt bei der bereits behandelten Qualifikationsbedarfsanalyse an, denn wichtig für das Bildungscontrolling im Sinne einer Kontrolle, ob die Bildungsmaß-nahme das anvisierte Ziel erreicht hat oder nicht, ist eine eindeutige Definition der angestrebten Bildungsziele. Ohne eine **klar definierte Soll-Vorgabe** kann ein sinn-voller Soll-Ist-Vergleich nicht durchgeführt werden. Gerade hier ergeben sich in der Praxis erhebliche Schwierigkeiten, da eine exakte Vorgabe der zu erzielenden Weiterbildungserfolge häufig nicht möglich ist - vor allem, weil die genauen Tätig-keitsziele der zu schulenden Beschäftigten nicht immer eindeutig sind. Das offen-sichtliche Spannungsverhältnis zwischen ökonomischen und didaktischen Kriterien setzt sich also fort bei der Frage, wie viele Ressourcen in einem Unternehmen für die didaktische Qualitätssicherung und die Bestimmung der Weiterbildungsziele vorgehalten und eingesetzt werden.[26]
Praktisch kann die Festlegung der genauen Weiterbildungsziele z. B. durch ein Brainstorming erfolgen, an dem die Geschäftsführung, die Personalabteilung und eventuell die betreffenden Mitarbeiter und deren Vorgesetzte teilnehmen. Im Rah-men derartiger Gespräche sollten neben den Zielvorstellungen der Geschäftsleitung und der Personalabteilung auch die Erwartungen, Zielsetzungen und Vorkenntnisse der betroffenen Mitarbeiter herausgearbeitet werden.[27] Integraler Bestandteil eines

[24] Vgl. Arnold/Krämer-Stürzl (1995), S. 135-137.
[25] Orru (1998), S. 13.
[26] Vgl. Rüdenauer (1995), S. 153; Becker/Korsmeier (1996), S. 334; Wattenhofer (1996), S. 97; Euler (1997), S. 47.
[27] Vgl. dazu Becker/Korsmeier (1996), S. 335, die allerdings nicht die Vorgesetzten und Mitarbeiter erwähnen, sowie Wattenhofer (1996), S. 98.

erfolgreichen Bildungscontrollings ist also eine **umfassende Bedarfsanalyse**; denn ein erfolgreiches Bildungscontrolling "hängt insbesondere davon ab, wie konkret die Entscheidungsträger ihre Ziele formuliert haben."[28] Das Bildungscontrolling setzt deshalb schon in der Phase der Bedarfsermittlung ein und greift zudem auch während der Durchführung der qualifizierenden Einzelmaßnahme ein - besonders deutlich wird die Notwendigkeit dieses Vorgehens bei der bereits beschriebenen entwicklungsorientierten Erfolgskontrolle. Zu den konkreten Fragen, die vor, während und nach der Durchführung der Qualifizierungsmaßnahme gestellt und beantwortet werden müssen, zählen die nachstehenden Themenbereiche:[29]

- **Vor der Durchführung** der Weiterbildungsmaßnahme ist zu klären, welche Anforderungen bzw. Aufgaben in einem Unternehmen in Zukunft anfallen, d. h. welche Aufgaben bestehen bleiben und welche sich ändern werden. Ebenso ist zu untersuchen, wie sich die Aufgaben und Anforderungen konkret verändern werden und wie die Mitarbeiter - individuell oder abteilungsspezifisch - qualifiziert werden müssen, damit sie den neuen Aufgabenstellungen gewachsen sind. Hinzuzufügen ist in diesem Zusammenhang, daß die Zielvorstellungen hinsichtlich der Weiterbildung permanent dahingehend überprüft werden müssen, ob die Ziele und Anforderungen noch aktuell sind oder ob sie nicht durch den technologischen und/oder organisatorischen Wandel bereits überholt und damit veraltet sind.[30]

- **Während der Durchführung der Weiterbildungsmaßnahme** sind ebenfalls einige Aspekte durch das Bildungscontrolling zu prüfen. So ist zu überwachen, ob die Weiterbildungsmaßnahme planungsgemäß verläuft oder ob eventuelle Korrekturen erforderlich sind. Zu den korrigierbaren Elementen zählen unter anderem die Frage nach dem richtigen Medieneinsatz, nach dem Ergreifen der richtigen didaktischen und methodischen Maßnahmen sowie schließlich nach Umfang, Detailliertheit und Richtigkeit der gesamten Qualifizierungsmaßnahme.

- **Nach** dem **Abschluß** der Maßnahme gilt es zu prüfen, ob diese Maßnahme tatsächlich einen Beitrag zur angestrebten Zielerreichung leisten konnte, ob die erworbenen Kenntnisse und Fähigkeiten in der betrieblichen Praxis eingesetzt werden, ob der Nutzen den Kosten (inklusive des Zeitaufwands) entspricht und ob eventuell ein 'Nachrüsten' erforderlich ist.

Nachdem damit die Fragen aufgeworfen sind, die es durch das Bildungscontrolling zu klären gilt, ist in einem nächsten Schritt zu untersuchen, durch welche konkreten **Instrumente** die Beantwortung der klärungsbedürftigen Themenbereiche erfolgen soll. Zunächst kann das nachstehende Ergebnis einer Untersuchung zur Erfolgskontrolle externer Seminare einen ersten Überblick verschaffen:[31]

---

[28] Kortendieck (1998), S. 40.
[29] Vgl. zu den folgenden Fragen Arnold/Krämer-Stürzl (1995), S. 136f.
[30] Vgl. zu diesem Teilaspekt Wattenhofer (1996), S. 98.
[31] Vgl. Weiß (1997), S. 105.

308

Instrumente	häufig	manchmal	nie	ohne Angaben
Gespräche mit Teilnehmern nach Abschluß des Seminars	58,5 %	36,9 %	1,7 %	2,8 %
Teilnehmer-Fragebögen	35,8 %	24,4 %	28,4 %	11,4 %
Gespräche mit Vorgesetzten	30,7 %	44,9 %	14,8 %	9,7 %
Feedback im Rahmen von Maßnahmen zur Transfersicherung	11,9 %	43,8 %	30,7 %	13,6 %
Überprüfung einer Ergebnisvereinbarung	8,0 %	34,1 %	42,0 %	15,9 %
Kosten-Nutzen-Analyse	6,8 %	32,4 %	43,2 %	17,6 %
Messung der Arbeitsleistung	5,7 %	31,3 %	46,0 %	17,0 %
Auswertung von Test- und Prüfungsergebnissen	3,4 %	33,0 %	46,6 %	17,0 %

Die **Instrumente**, mit denen der Lernerfolg einer weiterbildenden Maßnahme überprüft werden kann, sind vielfältig. Folgende Überprüfungsmöglichkeiten sind dabei denkbar:[32]
- schriftliche Tests oder mündliche Einzelprüfungen, die benotet werden
- Gruppengespräche bzw. Diskussionen zum Thema der Weiterbildungsveranstaltung, die von den Dozenten beurteilt werden (ohne Noten)
- Weiterbildungsteilnehmer demonstrieren ihre Erkenntnisse in Form einer Vorführung oder der Präsentation ihrer Lösung für ein vom Dozenten gestelltes Problem
- Abschlußgespräche zwischen Dozenten und Weiterbildungsteilnehmern, in denen eine 'Manöverkritik' zur durchgeführten Schulung stattfindet
- Fragebögen/Beurteilungsbögen zur Zufriedenheit mit der Weiterbildungsveranstaltung
- Selbsteinschätzung der Weiterbildungsteilnehmer hinsichtlich ihres eigenen Lernfortschritts und der Möglichkeit, das erworbene Wissen und Können in ihrer praktischen Arbeit umzusetzen
- Beobachtungen der Weiterbildungsteilnehmer durch die Dozenten oder externe Fachleute
- Beurteilung der Arbeitsergebnisse am Arbeitsplatz durch Vorgesetzte oder Personalleiter

Jedes der hier genannten Instrumente verfügt über Vor- und Nachteile, auf die im folgenden eingegangen wird. Vorab ist auf zwei grundsätzliche Problemfelder hinzuweisen.

---
[32] Vgl. Bootz/Ebmeyer (1995), S. 107-109; Merk (1998), S. 242f., 374f.

309

Zum einen ist zu bedenken, daß jede Benotung von erbrachten Leistungen, also auch von Lernfortschritten, stets **subjektive Einflüsse** besitzt und folglich niemals objektiv sein kann. Besonders erschwerend kommt hinzu, daß eine Zunahme der Fähigkeiten bei den außerfachlichen Kompetenzen bzw. den Schlüsselqualifikationen **kaum meßbar** ist. Ob ein Mitarbeiter Fortschritte bei der Beherrschung eines bestimmten Textverarbeitungsprogramms macht, kann noch relativ eindeutig festgestellt werden. Fortschritte bei der Teamfähigkeit oder der Konfliktlösungskompetenz hingegen können nicht mehr objektiv gemessen werden. Zum anderen muß bei Leistungskontrollen im Anschluß an Weiterbildungsveranstaltungen berücksichtigt werden, daß Lernkontrollen dem **angstfreien Lernen** widersprechen.[33] Die Angst, bei einer abschließenden Prüfung zu versagen oder zumindest keine gute Prüfungsleistung erbringen zu können, lähmt die Lernenden und gefährdet damit den angestrebten Lernerfolg. Zur Herstellung einer angstfreien Lernumgebung empfiehlt es sich daher, auf Prüfungen in der schulischen Tradition zu verzichten. Ein weiteres Argument, das gegen den Einsatz von Tests zur Evaluation von weiterbildenden Maßnahmen spricht, ist der Umstand, daß es auch durch Tests nur in den seltensten Fällen gelingen kann, "die Effizienz neu erworbener Qualifikationen in der betrieblichen Praxis exakt zu messen".[34] Erfolgskontrollen in Form von Tests sind insgesamt nur bedingt in der Lage, den Erfolg einer Weiterbildungsmaßnahme zu messen. Dennoch ist eine Überprüfung des erreichten Qualifikationsniveaus, also die Messung des Lernerfolgs, erforderlich, um bestehende Lücken herauszufinden und durch geeignete Maßnahmen zu schließen. Die Sicherstellung des Lernerfolgs dient somit dem Ziel, den einzelnen Beschäftigten genau die beruflichen Qualifikationen zu vermitteln, die sie benötigen, aber über die sie noch nicht verfügen.[35] Ganz ohne eine Überprüfung des Lernerfolgs sollten weiterbildende Maßnahmen also nicht durchgeführt werden.

Wichtiges Element des Bildungscontrollings ist daher die Überprüfung des **Lernerfolgs**. Sie kann vor allem durch schriftliche oder fallorientierte Tests erfolgen. Letztere stellen die Weiterbildungsteilnehmer nach der Durchführung der weiterbildenden Maßnahme vor eine arbeitsbezogene Aufgabe, zu deren Erfüllung die erlernten Qualifikationen und Kompetenzen angewendet werden müssen. Die Bearbeitung der Aufgabe erfolgt im Idealfall unter der Aufsicht des Weiterbildungspersonals, das die Tätigkeiten bewertet und somit den Lernerfolg mißt.[36] Die Lernerfolgskontrolle dient aber nicht nur dem Betrieb. Sie ist auch für die Weiterbildungsteilnehmer wichtig, weil die stets mit bestimmten Erwartungen in eine Schulung hineingehen. Nur wenn sich die erwarteten Erfolge im Laufe der Weiterbildungsveranstaltung auch tatsächlich einstellen, wird dies die Lernmotivation positiv beeinflussen und den Lernenden zur Teilnahme an weiteren Qualifizierungsmaß-

[33] Vgl. Merk (1998), S. 243.
[34] Vgl. Siebert (1993), S. 51.
[35] Vgl. Bundesinstitut für Berufsbildung (1998), S. 51f.
[36] Vgl. Kaiser (1998), 200f.

310

nahmen bewegen können. Die Sicherstellung des Lernerfolges ist folglich notwendig, um die **Lernmotivation zu fördern**.[37] Praktisch kann diese Form der Bewertung mit Hilfe von Fragebögen oder fragebogen-geleiteten Auswertungsgesprächen erfolgen.[38]
Schließlich ist bei der Messung der Lernfortschritte noch ein weiterer Aspekt zu beachten: Wenn die Wirkung einer Weiterbildungsmaßnahme gemessen werden soll, dann ist es dafür zwingend erforderlich, den genauen **Kenntnisstand** eines Beschäftigten zu kennen, den dieser **vor der Teilnahme** an einer weiterbildenden Veranstaltung aufweist. Nur wenn durch Tests, Beobachtungen etc. festgestellt wird, über welche Qualifikationen ein Beschäftigten vor der Qualifizierungsmaßnahme verfügt, kann am Ende dieser Maßnahme auch beurteilt werden, wie sich sein Kenntnisstand verändert hat. Auch dies deutet auf die enorme Wichtigkeit einer richtigen Qualifikationsbedarfsanalyse hin.

Die Messung der **Teilnehmerzufriedenheit** erfolgt in der Regel am Ende eines Seminars, meist in Form eines **Teilnehmer-Fragebogens** oder auch eines **Gespräches** mit dem zuständigen Vorgesetzten. Problematisch an dieser Erfolgsmessung ist der große Stimmungseinfluß, der mit diesem Verfahren verbunden ist, denn die Zufriedenheit ist letztlich nicht mehr als eine momentane Stimmungswiedergabe. Hinzu kommt die Gefahr, daß eine den Lernaufwand minimierende "Kuschel- und Unterhaltungsdidaktik"[39] wahrscheinlich den größten Zuspruch ernten wird, was nicht Sinn der Weiterbildung sein kann. Dennoch eignet sich diese Form der Erfolgsmessung als Frühwarnsystem, da sie schnell auswertbare Informationen bereitstellt, die unverzichtbar für ein rasches Eingreifen in laufende Qualifizierungsprozesse sind. Aus diesem Grunde stellt die Teilnehmerzufriedenheit ein weit verbreitetes Instrument des Bildungscontrollings dar.[40]

Die **Transferkontrolle** ist schließlich ein Verfahren, bei dem geprüft wird, ob und wie das Erlernte in der konkreten Arbeitssituation eingesetzt und angewendet wird. Zur Durchführung der Transferkontrolle eignen sich beispielsweise die folgenden Kriterien: die Effizienz, mit der der Arbeitsplatzinhaber seine Aufgaben erfüllt, oder die Schnelligkeit, mit er das Erlernte bei der täglichen Arbeit anwendet. Dabei sollten neben den Erwartungen des Mitarbeiters auch die Zielvorstellungen und Erwartungen der betroffenen Abteilung bzw. Vorgesetzten berücksichtigt werden.[41] Problematisch ist an diesem Vorgehen, daß keine operationalisierbaren bzw. quantifizierbaren Größen für eine derartige Kontrolle vorhanden sind. Ob beispielsweise die zur Gruppenarbeit erforderlichen und im Rahmen einer Weiter-

---

[37] Vgl. Bundesinstitut für Berufsbildung (1998), S. 51.
[38] Vgl. Becker/Korsmeier (1996), S. 335.
[39] Arnold/Krämer-Stürzl (1995), S. 138.
[40] Vgl. Arnold/Krämer-Stürzl (1995), S. 138; Weiß (1997), S. 105.
[41] Vgl. Wattenhofer (1996), S. 99; Becker/Korsmeier (1996), S. 335 sowie die dort angegebene Litaratur.

bildungsmaßnahme geschulten sozialen und kommunikativen Kompetenzen in der praktischen Alltagsarbeit angewendet werden, ist eine Frage, für deren Beantwortung und Überprüfung keine objektiven Maßstäbe existieren, so daß eine solche Erfolgskontrolle letztendlich ein relativ willkürliches Unterfangen bleibt. Geeigneter als die Transferkontrolle sind daher Maßnahmen, die die Chancen zur Transfersicherung erhöhen. Zu derartigen Maßnahmen zählt unter anderem die bereits vor der Durchführung einer Weiterbildungsmaßnahme einsetzende konsequente Planung der Maßnahme in Hinblick auf die späteren Einsatzfelder der teilnehmenden Beschäftigten. Hinzu kommen der Einsatz praxisnaher und transferunterstützender Methoden der Weiterbildung sowie der Abbau von transferfeindlichen Arbeitsplatzbedingungen.[42]

Bei der Durchführung der angesprochenen oder auch anderer Bewertungsverfahren ist schließlich stets zu hinterfragen, wer eigentlich beurteilt werden soll und durch wen die Bewertung erfolgen soll. In der Praxis sind dabei die folgenden Kombinationen besonders häufig anzutreffen:[43]

• Teilnehmer beurteilen eine bestimmte Weiterbildungsveranstaltung
• Dozenten beurteilen den Lernerfolg der Weiterbildungsteilnehmer
• der finanzielle Träger, z. B. der Betrieb oder das Arbeitsamt, beurteilt die Qualität einer durchgeführten Weiterbildungsmaßnahme

Für jede dieser Kombinationen sind andere Fragestellungen und Kriterien relevant. Von den vielen Fragekatalogen, mit deren Hilfe Qualifizierungsveranstaltungen bewertet werden können, soll an dieser Stelle exemplarisch eine Kombination von Fragebögen vorgestellt werden, mit der die Weiterbildungsteilnehmer ein besuchtes Seminar beurteilen können. Bei dieser Kombination wird ein erster Fragebogen direkt nach Seminarabschluß ausgefüllt, während eine zweite Befragung etwa zwei bis acht Wochen nach dem Ende der Weiterbildungsveranstaltung erfolgt. Sie prüft, wie weit die Schulungsinhalte im täglichen Arbeitsleben praktisch verwendet werden können.[44]

---

[42] Vgl. Weiß (1997), S. 106. Hier deutet sich bereits an, daß Weiterbildungsmaßnahmen ohne eine entsprechende Veränderung der organisatorischen Bedingungen am Arbeitsplatz nur eine geringe Effektivität besitzen.
[43] Vgl. Bootz/Ebmeyer (1995), S. 106; Merk (1998), S. 242f.
[44] In Anlehnung an Kamps-Haller/Pöter (1996), S. 56 und Döring/Ritter-Mamczek (1997), S. 328f.

312

I. Erstbefragung der Teilnehmer zur Bewertung einer weiterbildenden Maßnahme

Fragen zum Inhalt und zur Gestaltung des Seminars

---

1. Der Inhalt des Seminars war

unangemessen und | 1 | 2 | 3 | 4 | 5 | 6 | 7 | angemessen und
unausgewogen   ausgewogen

---

2. Die Gliederung und die Aufbereitung waren

unübersichtlich | 1 | 2 | 3 | 4 | 5 | 6 | 7 | übersichtlich

---

3. Die Art der Unterrichtsgestaltung war für die Teilnehmer

uninteressant und | 1 | 2 | 3 | 4 | 5 | 6 | 7 | interessant und
langweilig   anregend

---

4. Die eingesetzten Hilfsmittel waren in qualitativer Sicht für das Lernen eine

Belastung | 1 | 2 | 3 | 4 | 5 | 6 | 7 | Bereicherung und
                                            Hilfe

---

5. Das Unterrichtstempo und die Gestaltung des Unterrichts waren

unangemessen | 1 | 2 | 3 | 4 | 5 | 6 | 7 | angemessen

---

6. Meine eigene aktive Beteiligung am Unterricht war

wenig möglich | 1 | 2 | 3 | 4 | 5 | 6 | 7 | häufig möglich

7. Eigene Erfahrungen konnten von den Teilnehmern wie folgt eingebracht werden

zu selten | 1 | 2 | 3 | 4 | 5 | 6 | 7 | genügend

Fragen zum Verhalten der Teilnehmer und des Dozenten

1. Der Umgang der Teilnehmer untereinander war

unfreundlich und | 1 | 2 | 3 | 4 | 5 | 6 | 7 | freundlich und
geringschätzend   wertschätzend

2. Das Verhalten der Teilnehmer untereinander war geprägt durch

Unsachlichkeit | 1 | 2 | 3 | 4 | 5 | 6 | 7 | Sachlichkeit

3. Das Verhalten des Dozenten gegenüber den Teilnehmern war geprägt durch

Geringschätzung | 1 | 2 | 3 | 4 | 5 | 6 | 7 | Wertschätzung
und Kälte   und Wärme

4. Das Verhalten des Dozenten gegenüber den Teilnehmern war geprägt durch

Unsachlichkeit | 1 | 2 | 3 | 4 | 5 | 6 | 7 | Sachlichkeit

5. Der Dozent schuf ein

unangenehmes | 1 | 2 | 3 | 4 | 5 | 6 | 7 | angenehmes
Lernklima   Lernklima

6. Das Sprachverhalten des Dozenten war

unverständlich | 1 | 2 | 3 | 4 | 5 | 6 | 7 | verständlich

7. Der Dozent ging auf Fragen, Einwände und Diskussionsbeiträge

nicht immer und | 1 | 2 | 3 | 4 | 5 | 6 | 7 | immer und
unangemessen ein   angemessen ein

Gesamteindruck

Das Seminar war für mich

wenig bereichernd | 1 | 2 | 3 | 4 | 5 | 6 | 7 | bereichernd
und wenig nützlich   und nützlich

II. Zweitbefragung der Teilnehmer zur Bewertung einer weiterbildenden Maßnahme

1. Wie beurteilen Sie den Lehrgang hinsichtlich der beruflichen bzw. fachlichen Verwertbarkeit?

• In welchem Umfang konnten die gelernten Inhalte in der täglichen Arbeit umgesetzt werden? (Bitte antworten Sie kurz in Stichworten)

_____

_____

_____

• War der Lehrgang für die Verbesserung der betrieblichen Arbeit sinnvoll?

_____

_____

_____

315

2. Welche Konsequenzen sind aus dieser Beurteilung zu ziehen ?

• Was sollte bei der Auswahl und der Teilnahme an ähnlichen Lehrgängen / Seminaren anders gemacht werden ?

• Welche Weiterbildungsbedarfe gibt es zur Zeit bei Ihnen, die durch eine Seminarteilnahme abgedeckt werden könnten ? (Bitte auch Vorschläge für Seminare angeben)

Dieses zweistufige Beispiel soll lediglich Anregungen für die Konstruktion eigener Fragebögen zur Bewertung von betrieblichen und außerbetrieblichen Weiterbildungsveranstaltungen geben. Die einzelnen Fragestellungen sollten stets an die konkreten weiterbildenden Maßnahmen angepaßt werden. Fragen nach dem Verhalten der Teilnehmer untereinander sind sinnvoll, wenn es sich bei der Qualifizierungsveranstaltung um eine betriebliche Maßnahme handelt. Die Antworten können dem Betrieb Hinweise auf Verbesserungen bei der Gruppenbildung geben, die bei der nächsten betrieblichen Weiterbildungsmaßnahme berücksichtigt werden können. Wird hingegen nur ein Beschäftigter aus dem Betrieb zu einem externen Seminar geschickt, bringen dessen Antworten für den Betrieb keine verwertbaren Erkenntnisse, wohl aber für den Weiterbildungsträger, der diese Veranstaltung durchführt.

Eine abschließende Bemerkung betrifft die Frage nach der Anzahl der Bewertungsstufen, die bei der Konstruktion von Fragebögen verwendet werden. Bei vorgegebenen, nur noch anzukreuzenden Antworten werden in der Regel 5, 6, oder - wie bei der oben vorgestellten Seminarbeurteilung - 7 Möglichkeiten einer Antwort angeboten. Wie viele Antwortmöglichkeiten bei der Entwicklung eines eigenen Fragebogens vorgegeben werden, ist letztlich eine Frage des Geschmacks. Zwei grundsätzliche Erwägungen sind bei dieser Entscheidung zu berücksichtigen:

• Eine erste Entscheidung betrifft die Frage, ob eine **gerade** oder eine **ungerade** Anzahl von **Antwortmöglichkeiten** gewählt werden soll. Diese Entscheidung hängt vor allem damit zusammen, ob die Befragten eindeutig Position beziehen sollen oder nicht. Es gibt Aspekte, zu denen Befragte keine eindeutige Antwort ankreuzen können oder möchten, sondern lieber eine neutrale Antwort angeben wollen. Damit verbunden ist allerdings die Gefahr, daß kaum verwertbare Ergebnisse gewonnen werden können, wenn von sehr vielen Personen lediglich

316

Anzahl von Antworten wird der Befragte hingegen gezwungen, sich zumindest tendenziell für eine der Antworten-Pole zu entscheiden (☐—☐—☐—☑—☐—☐ oder ☐—☐—☑—☐—☐—☐).

- Ist die Entscheidung zugunsten einer **ungeraden** Zahl möglicher Antworten gefallen, muß noch entschieden werden, ob 5 oder 7 Ankreuzmöglichkeiten vorgegeben werden. Für den betrieblichen Alltag sollte eine fünfstufige Bewertungsskala ausreichen. 7 Ankreuzmöglichkeiten werden meistens nur für wissenschaftliche Untersuchungen verwendet. Dies hängt damit zusammen, daß die Befragungsergebnisse bei vielen befragten Personen mit Hilfe eines Mittelwertes verdichtet werden. Hierzu werden den möglichen Ankreuzmöglichkeiten Zahlenwerte zugeordnet, so wie dies auch im oben genannten Beispiel der Fall ist. Aus allen ausgefüllten Fragebögen kann dann für jede Einzelfrage ein Mittelwert angegeben werden, der die durchschnittliche Zufriedenheit mit dem jeweiligen Aspekt widerspiegelt. Mittelwerte sollten allerdings erst gebildet werden, wenn mindestens 6 oder 7 Antwortausprägungen vorliegen, so daß dies die Entscheidung für 7 vorgegebene Ankreuzmöglichkeiten rechtfertigt.

3. Zusammenfassende Bemerkungen

Das Bildungscontrolling hat zum Ziel, Informationen über den betrieblichen Ablauf von Qualifizierungsprozessen der Beschäftigten bereitzustellen und die ablaufenden Qualifizierungsprozesse zu optimieren. Relevant sind in diesem Zusammenhang sowohl pädagogische als auch (betriebs-) wirtschaftliche Erfolgskriterien. Die pädagogischen Kriterien zielen maßgeblich auf den Lern- und Transfererfolg ab, während die wirtschaftlichen Kriterien die Kosten und den Ertrag von weiterbildenden Maßnahmen betreffen.[45] In der Weiterbildungspraxis dominieren gegenwärtig noch die wirtschaftlichen Kriterien. Eine im Sommer 1997 vom *Bundesinstitut für Berufsbildung* durchgeführte Umfrage, bei der etwa 1.000 Betriebe antworteten, ergab hinsichtlich der Elemente des Weiterbildungscontrollings die folgenden Antworten:[46]

---

[45] Vgl. Kortendieck (1998), S. 39f.
[46] In Anlehnung an Krekel/Beicht (1998), S. 24.

Instrumente	Betriebe nach Größenklassen (Beschäftigte)		
	1 bis 49	50 bis 499	500 und mehr
Kostenerfassung:			
Erfassung der Weiterbildungskosten	42 %	72 %	86 %
Planung:			
jährlicher Weiterbildungsplan	18 %	44 %	67 %
Ermittlung des Bedarfs	35 %	50 %	67 %
Bewertung:			
schriftliche Befragung der Teilnehmenden	8 %	22 %	57 %
Bewertung der Maßnahme während der Durchführung	22 %	30 %	46 %
Nutzenmessung:			
anhand objektiver Kriterien Nutzeneinschätzung (Kennzahlen)	21 %	15 %	8 %
Bewertung der Arbeitsleistung nach der Maßnahme	18 %	12 %	5 %
Transfersicherung	14 %	12 %	15 %

Es zeigt sich, daß Maßnahmen zur Erhöhung der Transparenz von Weiterbildungskosten weit verbreitet sind, während die Nutzeneinschätzung und die Sicherung des Transfers deutlich geringer ausfallen. Letzteres könnte vor allem an der Problematik liegen, die mit der konkreten Messung der Kriterien 'Nutzen' und 'Transfer' verbunden ist. Obwohl es eine Vielzahl von Instrumenten gibt, die für die Messung der Kriterien zur Verfügung stehen, sind alle hier vorgestellten Methoden und Instrumente nicht frei von Mängeln. Es dürfte deshalb einsichtig sein, daß es 'das' optimale Verfahren zur Evaluation von Qualifizierungsmaßnahmen nicht gibt. Eine Überprüfung des Erfolgs von Weiterbildungsmaßnahmen ist aus Sicht des Unternehmens trotz der damit zusammenhängenden Kosten allerdings unverzichtbar, denn nur so kann es gelingen, die Effizienz, Transparenz und Akzeptanz der Bildungsarbeit zu erhöhen. Damit ein hoher Standard in der Qualität der Weiterbildung gesichert werden kann, ist es zudem erforderlich, nicht erst nach der Durchführung mit derartigen Kontrollen zu beginnen. Erfolgversprechender ist vielmehr ein Vorgehen im Rahmen des Bildungscontrollings, bei dem bereits in der Phase der Planung - also bei der Bedarfsanalyse, der Festlegung der Weiterbildungsziele, der Planung des methodischen und inhaltlichen Vorgehens - mit begleitenden qualitätssichernden Maßnahmen begonnen wird und bei dem zusätzlich auch während der Durchführung der Qualifizierung kontrollierende Schritte einge-

318

leitet werden, um gegebenenfalls situationsabhängige, prozeßbegleitende Korrekturen durchzuführen.[47]

Idealerweise beginnt das Bildungscontrolling somit schon vor bzw. mit der Planung der durchzuführenden Weiterbildungsmaßnahmen und findet auch noch längere Zeit nach dem Abschluß dieser Maßnahme statt. Ein möglicher Fragenkatalog sollte zumindest die nachstehenden Aspekte abdecken:

Fragenkatalog

1. In der Phase **vor** der **Durchführung** der Weiterbildungsmaßnahme:

1.1. Welche Veränderungen sind am Arbeitsplatz zu erwarten?
- Welche technischen Veränderungen sind zu erwarten?
- Welche organisatorischen Veränderungen sind zu erwarten?
- Welche Arbeitsaufgaben werden bestehen bleiben, welche werden sich verändern?

1.2. Wie werden diese Veränderungen am Arbeitsplatz die Anforderungen an den Arbeitsplatzinhaber verändern?
- Was muß der Arbeitsplatzinhaber gegenwärtig im fachlichen Bereich können?
- Was muß der Arbeitsplatzinhaber gegenwärtig im überfachlichen Bereich können?
- Was muß der Arbeitsplatzinhaber zukünftig im fachlichen Bereich können?
- Was muß der Arbeitsplatzinhaber zukünftig im überfachlichen Bereich können?
- Welche Qualifikationsdefizite bestehen im fachlichen Bereich?
- Welche Qualifikationsdefizite bestehen im überfachlichen Bereich?

1.3. Was soll der Arbeitsplatzinhaber im Rahmen der anstehenden Weiterbildungsmaßnahme konkret lernen (Bildungsziel)? Was also soll der Teilnehmer nach dem Besuch der Weiterbildungsveranstaltung wissen und können?

1.4. Welche unternehmerischen Ziele werden mit der Weiterbildungsmaßnahme angestrebt? Dies können betriebswirtschaftliche Ziele sein (Kostenreduktion, Qualitätsverbesserung, Umsatzerhöhung etc.) oder auch 'weiche'

[47] Vgl. Arnold/Krämer-Stürzl (1995), S. 139; Weiß (1997), S. 107f.

319

Größen betreffen (verbesserte Unternehmenskultur, besseres Betriebs-
klima, höhere Arbeitszufriedenheit etc.)

1.5. Planung der Weiterbildungsmaßnahme:
  • Welche inhaltlichen Aspekte sind von der Weiterbildungsmaßnahme ab-
    zudecken?
  • Welche methodischen Aspekte sind zu berücksichtigen?
  • Wie sieht der zeitlicher Plan der Weiterbildungsmaßnahme aus?

2. In der Phase **während** der **Durchführung** der Weiterbildungsmaßnahme:

2.1. Wird die Maßnahme so wie geplant durchgeführt?
  • Werden die geplanten Inhalte vermittelt?
  • Werden die geplanten methodischen und didaktischen Instrumente ein-
    gesetzt?
  • Wird der Zeitplan eingehalten?
  • Können die Weiterbildungsteilnehmer der Maßnahme folgen?

2.2. Sind Korrekturen im Ablauf der Weiterbildungsmaßnahme erforderlich?
Wenn ja, welche?

3. In der Phase **nach** der **Durchführung** der Weiterbildungsmaßnahme:

3.1. Konnten die angestrebten Ziele erreicht werden?
  • Sind die Weiterbildungsteilnehmer mit der Maßnahme zufrieden?
  • Werden die unternehmerischen Ziele erreicht - sowohl die harten be-
    triebswirtschaftlichen als auch die 'weichen' Ziele?
  • Entspricht der Nutzen der Maßnahme den anfallenden Kosten?

3.2. Sind die vermittelten Kenntnisse für die tägliche Arbeit verwendbar?

3.3. Welche Maßnahmen sind zur Verbesserung zukünftiger Weiterbildungsmaßnahmen erforderlich?

Daß trotz des aufwendigen Verfahrens der Trend in der europäischen betrieblichen
Weiterbildung dahin geht, verstärkt auf die **Selbstevaluation** der Weiterbildungs-

320

teilnehmer zu setzen, hat verschiedene Gründe. Erstens können die Teilnehmer von Weiterbildungsveranstaltungen selbst am besten beurteilen, ob und in welchem Ausmaß die Veranstaltung ihre eigene Qualifikation erhöhen und sie damit auf die geänderten Anforderungen des Arbeitslebens vorbereiten konnte. Zweitens deuten die vorgestellten arbeitsorganisatorischen Entwicklungen darauf hin, daß Unternehmen in zunehmendem Maße auf die Partizipation und Selbstverantwortung der Beschäftigten setzen. Es ist nur konsequent, dies auch bei der Weiterbildung der Mitarbeiter zum leitenden Prinzip zu machen.[48]

Insgesamt gilt es daher festzuhalten, daß die erwünschte hohe Qualität der betrieblichen bzw. der beruflichen Weiterbildung nur zu gewährleisten ist, wenn **umfangreiche Maßnahmen** zur Qualitätssicherung und Erfolgskontrolle unternommen werden, die den Prozeß der Weiterbildung schon in der Phase der Planung begleiten und nicht erst nach dem Ablauf einer Schulungsmaßnahme greifen.[49] Die größten Probleme bei einer solchen Bewertung bestehen aus der "Nicht-Zurechenbarkeit der Effekte auf die Maßnahmen".[50] Erschwerend kommt hinzu, daß immer noch zu wenig Wert auf die fundierte Bedarfsanalyse gelegt wird, so daß dort die größten Defizite bestehen. Insgesamt erweist sich die Evaluation von Weiterbildungsmaßnahmen derzeit allerdings noch als ein Feld, das viele Fragen offenläßt und keine Patentlösungen anbieten kann.[51]

---

48 Vgl. Stahl (1997), S. 218.
49 Vgl. Stahl (1997), S. 218; Harteis (1997), S. 215.
50 Staudt/Meier (1998), S. 78.
51 Vgl. Timpe/Schindler (1992), S. 16; Staudt/Meier (1998), S. 78.

321

Literaturverzeichnis

Abts, Dietmar, / Mülder, Wilhelm, (1996), Grundkurs Wirtschaftsinformatik, Braunschweig / Wiesbaden.

Albert, Klaus, (1998), Die IuK-Technologien in der betrieblichen Aus- und Weiterbildung - Ergebnisse einer Untersuchung, in: Wirtschaft und Berufserziehung, 50. Jahrgang, Heft 10, S. 10 - 12.

Albert, Klaus, / Wolf, Brigitte, / Zinke, Gert, (1998), Nutzung von Multimedia und Netzen für die betriebliche Berufsbildung - Ergebnisse einer Befragung, in: Berufsbildung in Wissenschaft und Praxis, 27. Jahrgang, Heft 2, S. 40 - 43.

Alex, Laszló, (1997), Qualifizierungsfelder im Strukturwandel, in: Reinhold Weiß (Hrsg.), Aus- und Weiterbildung für die Dienstleistungsgesellschaft, Köln, S. 84 - 99.

Alt, Christel, (1995), Berufliche Weiterbildung als Faktor im Prozeß der Regionalentwicklung, in: Ekkehard Nuissl (Hrsg.), Standortfaktor Weiterbildung, Bad Heilbrunn, S. 50 - 75.

Ant, Marc, (1997), Jobrotation - Ein neues Zeitmodell zur Bekämpfung der Arbeitslosigkeit ? in: Grundlagen der Weiterbildung, 8. Jahrgang, S. 160 - 163.

Apgar, Mahlon, (1998), Die Arbeitsplätze der Zukunft, in: Harvard Business Manager, 20. Jahrgang, Heft 6, S. 53 - 68.

Arbeitsgruppe Alternative Wirtschaftspolitik, (1997), Memorandum '97: Beschäftigungspolitik und gerechte Einkommensverteilung gegen soziale Zerstörung, Köln.

Arnold, Eva, u. a., (1998), Selbstbestimmt lehren lernen, in: Das Hochschulwesen, 46. Jahrgang, S. 147 - 152.

Arnold, Rolf, / Krämer-Stürzl, Antje, (1995), Neuere Tendenzen in der Weiterbildung, illustriert am Beispiel der betrieblichen Weiterbildung, in: Grundlagen der Weiterbildung, 6. Jahrgang, S. 134 - 139.

Aufenanger, Stefan, (1996), Die neuen Medien und die Pädagogik, in: Bildung und Erziehung, 49. Jahrgang, S. 449 - 460.

Bachmann, Wolfgang, (1995), Personalmanagement: Nur Freiheit macht Mitarbeiter verantwortlich, in: Bankinformation und Genossenschaftsforum, Heft 7, S. 34f.

Bader, Reinhard, (1992), Verbindung von Aus- und Weiterbildung - Aspekte für Modellversuche in der beruflichen Bildung, in: Neue Technologien und berufliche Bildung, hrsg. vom Bundesinstitut für Berufsbildung, Berlin, S. 235 - 254.

Baethge, Martin, (1994), Arbeit 2000, in: Gewerkschaftliche Monatshefte, 45. Jahrgang, S. 711 - 725.

Baethge, Martin, / Oberbeck, Herbert, (1986), Zukunft der Angestellten - Neue Technologien und berufliche Perspektiven in Büro und Verwaltung heute, Frankfurt am Main/New York.

Bahl-Benker, Angelika, (1991), Qualifizierung und Beteiligung beim Einsatz neuer Bürotechniken aus gewerkschaftlicher Sicht, in: Hans-Jörg Bullinger (Hrsg.), Handbuch des Informationsmanagements im Unternehmen, Bd. II, München, S. 1227 - 1253.

Bardeleben, Richard von, u. a. (1996), Individuelle Kosten und individueller Nutzen beruflicher Weiterbildung, Berichte zur beruflichen Bildung - Heft 201, hrsg. vom Bundesinstitut für Berufsbildung, Bielefeld.

Bardeleben, Richard von, / Herget, Hermann, (1997), Nachlese zur Fachtagung "Nutzen der beruflichen Bildung", in: Berufsbildung in Wissenschaft und Praxis, 26. Jahrgang, Heft 6, S. 49 - 53.

Bartels, Ralf, / Habenicht, Thomas, (1999), Neue Technologien und lernförderliche Arbeitsgestaltung: Anforderungen aus Sicht der Arbeitnehmervertreter - Anforderungen an Arbeitnehmervertreter, in: Tagungsband zur Fachtagung "Neue Technologien und beruflicher Weiterbildungsbedarf" am 27. April 1999 in Kiel, hrsg. vom DAG-Forum Schleswig-Holstein e.V., Kiel.

Barthel, Karl-Wolfgang, (1998a), Nicht aneinander vorbeireden, in: Der Ausbilder, 46. Jahrgang, Heft 05/98, S. 15 - 19.

Barthel, Karl-Wolfgang, (1998b), Einübung von Verantwortung, in: Der Ausbilder, 46. Jahrgang, Heft 08/98, S. 7 - 13.

Barthel, Karl-Wolfgang, (1998c), Wie Ausbildung zum Erlebnis wird, in: Der Ausbilder, 46. Jahrgang, Heft 09/98, S. 15 - 20.

Barthel, Karl-Wolfgang, (1999), Ausbilder als Weiterbildner, in: Der Ausbilder, 47. Jahrgang, Heft 01/99, S. 11 - 16.

Bartmann, Dieter, / Wörner, Gerald, (1997), Erfolgsfaktoren für die Präsenz im Internet, in: Die Bank - Zeitschrift für Bankpolitik und Bankpraxis, S. 222 - 226.

Baumann, Rainer, (1998), Was kann Schule zur Förderung von Selbständigkeit beitragen ? in: Vorbereitung von Absolventen des Schulwesens auf eine selbständige Tätigkeit, Heft 65 der Materialien zur Bildungsplanung und zur Forschungsförderung, hrsg. von der Bund-Länder-Kommission für Bildungsplanung und Forschungsförderung, Bonn, S. 38 - 48.

Bausch, Thomas, (1998), Ausbildung zur unternehmerischen Selbständigkeit: Entwicklungsperspektiven für Absolventen des dualen Systems?, in: Berufsbildung in Wissenschaft und Praxis, 27. Jahrgang, Heft 6, S. 9 - 13.

Bea, Franz Xaver, (1997), Globalisierung, in: Wirtschaftswissenschaftliches Studium, 26. Jahrgang, S. 419 - 421.

Beck, Klaus, (1998), Verschüttet vom Faktenberg? - Neue Wege in der Berufsbildung, in: forschung - Mitteilungen der DFG, Heft 4/98, S. 7 - 9.

Becker, Jenny, / Korsmeier, Susanne, (1996), Tendenzen im Bildungscontrolling, in: Grundlagen der Weiterbildung, 7. Jahrgang, S. 334 - 336.

Becker, Jörg, / Salamanca, Daniel, (1997), Globalisierung, elektronische Netze und der Export der Arbeit, in: Aus Politik und Zeitgeschichte - Beilage zur Wochenzeitung Das Parlament, B 42/97, S. 31 - 38.

323

Becker, Manfred, (1993), Personalentwicklung. Die personalwirtschaftliche Herausforderung der Zukunft, Bad Homburg.

Beckers, Hans Joachim, (1998), Wie es Euch gefällt - was die Parteiprogramme zur Bildung versprechen, in: Wirtschaft und Berufserziehung, 50. Jahrgang, Heft 8, S. 7 - 12.

Behrendt, Erich, (1998), Innovation in der betrieblichen Berufsbildung: Die neuen Medien zwischen Flop und Top, in: der Ausbilder, 46. Jahrgang, Heft 10/98, S. 4 - 8.

Bender, Walter, (1996), Schöne neue Arbeitswelt? Über die ökonomische Funktion und die pädagogische Bedeutung der Gruppenarbeit, in: Klaus Ahlheim / Walter Bender (Hrsg.), Lernziel Konkurrenz?, Opladen, S. 113 - 123.

Berger, Roland, (1997), Spiegel-Gespräch: Ein heilsamer Schock, in: Der Spiegel, Nr. 9 vom 24.02.97, S. 110 - 114.

Bergmann, Bärbel, (1992), Empirische Forschungen zu arbeitsbezogenen Qualifizierungsprozessen aus psychologischer Sicht, in: Qualifizierung und betrieblicher Strukturwandel: Probleme der empirischen Forschung in den fünf neuen Bundesländern - Erfahrungen und Perspektiven, hrsg. von der Arbeitsgemeinschaft Betriebliche Weiterbildungsforschung e. V., Bochum, Studien aus der betrieblichen Weiterbildungsforschung Nr. 3, Hochheim, S. 65 - 86.

Bergmann, Bärbel, (1998), Individuelle Kompetenzentwicklung durch Lernen im Prozeß der Arbeit, in: Kompetenzentwicklung für den wirtschaftlichen Wandel, QUEM-report Nr. 55, Berlin, S. 27 - 43.

Bergmann, Bärbel, / Skell, Wolfgang, (1996), Lernen im Prozeß der Arbeit, Forschungsergebnisse, in: Aspekte der beruflichen Bildung in der ehemaligen DDR, hrsg. von der Arbeitsgemeinschaft Qualifikations-Entwicklungs-Management Berlin, Münster/New York, S. 201 - 244.

Bickenbach, Frank, / Soltwedel, Rüdiger, (1996), Freiräume schaffen - Motivation stärken - Potentiale fördern, Kieler Diskussionsbeiträge 267, Kiel.

Blanke, Peter, (1998), Kommunikation am Arbeitsplatz, in: nbeb-Magazin, 1/98, hrsg. vom Niedersächsischen Bund für freie Erwachsenenbildung e.V., S. 8f.

Bockshecker, Walter, / Klotzbücher, Manuela, (1997), Ausbildungsberuf Versicherungskaufmann/-frau - Zukunftsgerichtete Flexibilität und Qualitätssicherung, in: Reinhold Weiß (Hrsg.), Aus- und Weiterbildung für die Dienstleistungsgesellschaft, Köln, S. 136 - 145.

Böhm, Ingeborg, (1998), Kompetenzentwicklung als Kernelement prozeßhafter Unternehmensentwicklung, in: Kompetenzentwicklung für den wirtschaftlichen Wandel, QUEM-report Nr. 55, Berlin, S. 97 - 116.

Bönsch, Manfred, (1995), Das Lernen lernen - ein alternatives Curriculum, in: Pädagogik und Schulalltag, 50. Jahrgang, S. 488 - 495.

Bönsch, Manfred, (1999), Reflexion und Handeln in der Arbeitsweltpädagogik, in: Wirtschaft und Berufserziehung, 51. Jahrgang, Heft 2, S. 12 - 20.

Bösenberg, Walther A., (1978), Unternehmerische Perspektiven zur wissenschaftlichen Ingenieursausbildung, in: IBM Nachrichten, Heft 239, wiederabgedruckt in: Technik und Gesellschaft: Wachstum in Freiheit und Verantwortung, hrsg. von IBM Deutschland, Stuttgart, 1978, S.79 - 89, zitiert nach letzterem Wiederabdruck.

Bootz, Ingeborg, / Ebmeyer, Klaus-U., (1995), Von der beruflichen Weiterbildung zur Kompetenzentwicklung, QUEM-report Nr. 40, Berlin.

Brater, Michael, (1992), Zwischen Anspruch und Wirklichkeit - Die Auswirkungen veränderter Rahmenbedingungen auf soziale Stellung, Funktion und Qualifizierungskonzepte für das Ausbildungspersonal in der Industrie, in: Neue Technologien und berufliche Bildung, hrsg. vom Bundesinstitut für Berufsbildung, Berlin, S. 210 - 227.

Briefs, Ulrich, (1999), Ökologische Produktion und Neue Medien - Produkte der Zukunft auf dem Gebiet der Informations- und Kommunikationstechniken, hrsg. von der Friedrich-Ebert-Stiftung, Bonn.

Brokmann-Nooren, Christiane, (1995), Die Rolle der Weiterbildung in der regionalen Struktur- und Beschäftigungspolitik, in: Ekkehard Nuissl (Hrsg.), Standortfaktor Weiterbildung, Bad Heilbrunn, S. 194 - 208.

Brüggemann, Wilfried, (1996), Weiterbildung wird notwendiger, in: Grundlagen der Weiterbildung, 7. Jahrgang, S. 121f.

BTQ Kassel Mainz, (1997a), BTQ-Info 3/97.

BTQ Kassel Mainz, (1997b), BTQ-Info 4/97.

Bullinger, Hans-Jörg, u. a., (1995), Das virtuelle Unternehmen - Konzept, Stand, Aussichten, in: Gewerkschaftliche Monatshefte, 46. Jahrgang, S. 378 - 386.

Bund, Martina, (1997), Forschung und Entwicklung in der virtuellen Unternehmung, in: Wissenschaftsmanagement, 3. Jahrgang, S. 247 - 253.

Bundesinstitut für Berufsbildung (Hrsg.), (1998), Handlungsorientierte Ausbildung der Ausbilder, Bielefeld.

Bundesministerium für Bildung, Wissenschaft, Forschung und Technologie (Hrsg.), (1998), Berufsbildungsbericht 1998, Bonn.

Bundesministerium für Bildung, Wissenschaft, Forschung und Technologie (Hrsg.), (1999), Berufsbildungsbericht 1999, Bonn.

Bundesministerium für Forschung und Technologie, (Hrsg.), (1993), Deutscher Delphi-Bericht zur Entwicklung von Wissenschaft und Technik, Bonn.

Burchard, Ulrich, (1997), Kompetenz-Netzwerk versus Universalbank, in: Die Bank - Zeitschrift für Bankpolitik und Bankpraxis, S. 4 - 7.

Bußmann, Nicole, (1998), Erfolgsrezept Sozialkompetenz, in: Manager Seminare, Nr. 32, Juli 98, S. 88 - 95.

Campos, Manuel, (1998), Die Verhinderung von Ausländerdiskriminierung und Förderung der Chancengleichheit am Arbeitsplatz, in: Arbeitsrecht im Betrieb, 19. Jahrgang, S. 14 - 18.

Christ, Michael, (1999), Die Euro-Qualifizierungsstrategie der Deutschen Bank, in: Wirtschaft und Berufserziehung, 51. Jahrgang, Heft 1, S. 11f.

325

Clemens, Sylvia, (1999), Karrierestart in der Weiterbildung, in: Wirtschaft & Weiterbildung, 11. Jahrgang, Heft 01/99, S. 30 - 38.

Däubler, Wolfgang (Hrsg.), (1994), Betriebsverfassungsgesetz mit Wahlordnung und Gesetz über den Sozialplan im Konkurs- und Vergleichsverfahren: Kommentar für die Praxis, 4., überarbeitete und erweiterte Aufl., Köln.

DAG-Bundesvorstand, (1991), Frauen und Technik: Computer am Arbeitsplatz, DAG-Hausdruck 03/91, Hamburg.

Davids, Sabine, (1999), Qualifizierungspotentiale von jungen Erwerbstätigen ohne Berufsabschluß - ein Aufgabenfeld für die Personalentwicklung? in: Berufsbildung in Wissenschaft und Praxis, 28. Jahrgang, Heft 3, S. 18 - 22.

Dehnbostel, Peter, (1998), Lerninseln - eine Synthese von intentionalem und erfahrungsorientiertem Lernen, in: Grundlagen der Weiterbildung, 9. Jahrgang, S. 277 - 280.

Dehnbostel, Peter, / Hecker, Oskar, / Walter-Lezius, Hans-Joachim, (1992), Technologie- und Qualifikationsannahmen im Modellversuchsbereich "Neue Technologien in der beruflichen Bildung", in: Neue Technologien und berufliche Bildung, hrsg. vom Bundesinstitut für Berufsbildung, Berlin, S. 11 - 32.

Dehnbostel, Peter, / Markert, Werner, (1999), Neue Lernwege - eine Synthese von intentionalem und Erfahrungslernen?, in: Berufsbildung in Wissenschaft und Praxis, 28. Jahrgang, Heft 2, S. 3 - 7.

Dehnbostel, Peter, / Walter-Lezius, Hans-Joachim, (1992), Didaktische Ansätze zur Untersuchung des Modellversuchsbereiches "Neue Technologien in der beruflichen Bildung", in: Neue Technologien und berufliche Bildung, hrsg. vom Bundesinstitut für Berufsbildung, Berlin, S. 175 -192.

Demes, Helmut, / Georg, Walter, (1997), Berufliche Qualifizierung und Qualifikationsverwertung in Japan, in: Bildung und Erziehung, 50. Jahrgang, S. 431 - 450.

Derenbach, Rolf, (1995), Standortfaktor berufliche Bildung, in: Ekkehard Nuissl (Hrsg.), Standortfaktor Weiterbildung, Bad Heilbrunn, S. 110 125.

Dewe, Bernd, / Sander, Uwe, (1996), Medienkompetenz und Erwachsenenbildung, in: Antje von Rein (Hrsg.), Medienkompetenz als Schlüsselbegriff, Bad Heilbrunn, S. 125 - 142.

Dietzen, Agnes, (1999), Überfachliche Qualifikationen - eine Hauptanforderung in Stellenanzeigen, in: Berufsbildung in Wissenschaft und Praxis, 28. Jahrgang, Heft 3, S. 13 - 17.

Dilts, Robert, (1997), Erwachsene lernen anders, in: Weiterbildung Hamburg e. V. (Hrsg.), 1001 Mal lernen, 23. Jahrgang, Ausgabe '97/98, S. 26f.

Döbele-Berger, Claudia, / Martin, Peter, (1991), Handlungsmöglichkeiten des Betriebsrats bei der Gestaltung von Arbeit und EDV-Techniken, 5. Aufl., Saarbrücken.

Döring, Klaus W., / Ritter-Mamczek, Bettina, (1997), Lehren und Trainieren in der Weiterbildung, 6., vollst. neubearb. Aufl., Weinheim.

Donalies, Manfred, / Hübner-Berger, Malte, (1991), Kommentar zum Gesetz über die Mitbestimmung der Personalräte (Mitbestimmungsgesetz Schleswig-Holstein - MBG Schl.-H.), 1. Nachlieferung Mai 1996, Wiesbaden.

Dostal, Werner, (1995), Die Informatisierung der Arbeitswelt - Multimedia, offene Arbeitsformen und Telearbeit, in: Mitteilungen aus der Arbeitsmarkt- und Berufsforschung, 28. Jahrgang, S. 527 - 543.

Dostal, Werner, (1997), Neue Ausbildungsberufe im Arbeitsmarkt, in: Reinhold Weiß (Hrsg.), Aus- und Weiterbildung für die Dienstleistungsgesellschaft, Köln, S. 40 - 62.

Dostal, Werner, (1998), Förderung der unternehmerischen Selbständigkeit unter dem Aspekt der Beschäftigungsperspektiven von Absolventen des Bildungssystems, in: Vorbereitung von Absolventen des Schulwesens auf eine selbständige Tätigkeit, Heft 65 der Materialien zur Bildungsplanung und zur Forschungsförderung, hrsg. von der Bund-Länder-Kommission für Bildungsplanung und Forschungsförderung, Bonn, S. 9 - 29.

Dostal, Werner, (1999), Zukunft der Arbeit - Arbeit ohne Arbeitsplätze ?, Vortrag in der Hermann Ehlers Akademie Kiel am 11. Mai 1999, Kiel.

Drews, Ursula, (1998), Anders lernen - Warum ?, in: Pädagogik, 50. Jahrgang, Heft 7-8, S. 6f.

Dunstheimer, Leohnhard, / Lechner, Franz, (1996), Leistung leben - mit Qualität gewinnen - Die Einführung des TQM: Ein Praxisbericht, in: Bankinformation und Genossenschaftswesen, Heft 4, S. 57 - 60.

Durstberger, Herbert, / Baade, Reinhard, (1997), Personalentwicklung - strategischer Erfolgsfaktor für Banken, in: Die Bank - Zeitschrift für Bankpolitik und Bankpraxis, S. 146 - 149.

Ehmann, Christoph, (1995), Regionale Berufsbildungspolitik für die Arbeit von morgen, in: Ekkehard Nuissl (Hrsg.), Standortfaktor Weiterbildung, Bad Heilbrunn, S. 126 - 134.

Elter, Vera-Carina, (1997), Total Quality Management (TQM), in: Das Wirtschaftsstudium, 26. Jahrgang, S. 207 - 210.

Enderle, Wolfgang, (1995), Bildungscontrolling: Die fünf Phasen der Wertschöpfungskette Bildung, in: Bankinformation und Genossenschaftswesen, Heft 7, S. 29 - 33.

Endres, Egon / Wehner, Theo, (1993), Es gibt keine Stunde Null bei der Einführung der Gruppenarbeit, in: Gewerkschaftliche Monatshefte, 44. Jahrgang, S. 631 - 644.

Esser, Axel, (1999), Wie oft muß der Betriebsrat das Rad neu erfinden ? - Probleme mit der Bildungswilligkeit von Betriebsratsmitgliedern, in: Arbeitsrecht im Betrieb, 20. Jahrgang, S. 63 - 67.

Euler, Dieter, (1997), Didaktik einer sozio-informationstechnischen Bildung, 2. unveränderte Aufl., Köln.

Fabian, Barbara, (1998), Bildung und Beschäftigung im Zeichen der Neuorientierung, in: Wirtschaft und Berufserziehung, 50. Jahrgang, S. 23 - 25.

Fabricius, Fritz u. a., (1995), Betriebsverfassungsgesetz: Gemeinschaftskommentar, Bd. 2, §§ 74 - 132 mit Kommentierung des BetrVG 1952 und des Sozialplangesetzes, 5. Aufl., Neuwied/Kriftel/Berlin.

Faulstich, Peter, (1997), Lernen kann man immer, in: Weiterbildung Hamburg e. V. (Hrsg.), 1001 Mal lernen, 23. Jahrgang, Ausgabe '97/98, S. 22f.

Faulstich, Peter, (1998), Recht ohne Beteiligte?, in: nbeb-Magazin, 2/98, hrsg. vom Niedersächsischen Bund für freie Erwachsenenbildung e.V., S. 12 - 15.

Fehn, Rainer, / Thode, Eric, (1997), Globalisierung der Märkte - Verarmen die gering qualifizierten Arbeitnehmer?, in: Wirtschaftswissenschaftliches Studium, 26. Jahrgang, S. 397 - 404.

Felger, Susanne, / Leuschner, Hans, / Reuther, Ursula, (1998), Betriebs- und Personalräte als Partner bei der Gestaltung des Wandels, in: Personalführung, 31. Jahrgang, Heft 10, S. 30 - 38.

Felger, Susanne, / Paul-Kohlhoff, Angela, (1998), Mitbestimmung durch kompetente Betriebs- und Personalräte, in: Kompetenzentwicklung für den wirtschaftlichen Wandel, QUEM-report Nr. 55, Berlin, S. 81 - 96.

Feuchthofen, Jörg E., (1998a), "Bildung muß das Mega-Thema werden", in: Wirtschaft und Berufserziehung, 50. Jahrgang, Heft 1, S. 8 - 12.

Feuchthofen, Jörg E., (1998b), Qualifikationsbedarf - Kopf oder Zahl?, in: Wirtschaft und Berufserziehung, 50. Jahrgang, Heft 8, S. 2f.

Fischer, Ulrich, (1994), top-Siemens: Betriebsräte sind gefordert, hrsg. vom Bundesvorstand der DAG - Ressort Industrie, Hamburg / Oldenburg.

Fischer, Ulrich, / Wötzel, Uwe, (1998), Managementstrategien im Zeitalter der Globalisierung - Eine Arbeitshilfe für Betriebsräte, hrsg. vom Bundesvorstand der DAG - Ressort Wirtschaftspolitik, Hamburg / Oldenburg.

Fitting, Karl, / Kaiser, Heinrich, / Heither, Friedrich, / Engels, Gerd, (1996), Betriebsverfassungsgesetz - Handkommentar, 18., neubearbeitete Aufl., München.

Flecker, Jörg, / Krenn, Manfred, / Riesenecker-Caba, Thomas, (1997), Innovationspolitik und Mitbestimmung, hrsg. von der Bundesarbeitskammer Wien, Wien.

Frese, Michael, u. a., (1999), Visionen begeisternd vermitteln, in: Wirtschaft & Weiterbildung, 11. Jahrgang, Heft 01/99, S. 22f.

Friebel, Harry, / Winter, Renate, (1995), Betriebliche Weiterbildung in der Automobilindustrie: »Learning Company«?, in: Grundlagen der Weiterbildung, 6. Jahrgang, S. 234 - 243.

Friebel, Harry, / Winter, Renate, (1997), Kooperation oder Konfrontation der Betriebsparteien auf dem Weg zum lernenden Unternehmen?, in: Grundlagen der Weiterbildung, 8. Jahrgang, S. 257 - 261.

Friedrich, Horst, / Michael, Wiedemeyer, (1994), Arbeitslosigkeit - ein Dauerproblem im vereinten Deutschland?, 2. aktualisierte Aufl., Opladen.

328

Friedrich, Helmut Felix, / Ballstaedt, Steffen-Peter, (1995), Förderung von Lernprozessen und Lernstrategien, in: Grundlagen der Weiterbildung, 6. Jahrgang,
S. 207 - 211.

Frieling, Ekkehart, (1992), Gestaltung von neuen Arbeitsstrukturen in der Automobilindustrie - Zielsetzung, Aufgaben, Probleme, in: Qualifizierung und betrieblicher Strukturwandel: Probleme der empirischen Forschung in den fünf
neuen Bundesländern - Erfahrungen und Perspektiven, hrsg. von der Arbeitsgemeinschaft Betriebliche Weiterbildungsforschung e. V., Bochum, Studien aus
der betrieblichen Weiterbildungsforschung Nr. 3, Hochheim, S. 47 - 61.

Frieling, Ekkehart, / Ferenszkiewicz, Dorothea, (1998), Initiatoren für die Personalentwicklung in lernenden Organisationen, in: Personalführung, 31. Jahrgang,
Heft 10, S. 40 - 46.

Fröhlich, Michael, (1997), Die Anfänge des Bildungs- und Wissensmanagements
im Internet am Gymnasium Neubiberg, in: Lernen für die Zukunft - Lernen in
der Zukunft, hrsg. von Siegfried Höfling und Heinz Mandl, München, S. 122 -
130.

Gärtner, Petra, u. a., (1996), Qualifizierungsstrategien aus der Sicht von Arbeit-
nehmervertretungen, QUEM-report (Schriften zur beruflichen Weiterbildung),
Heft 45, Berlin.

Gallenberger, Wolfgang, (1998), Berufliche Weiterbildungsteilnahme - (k)eine
Frage des Alterns?!, in: Berufsbildung in Wissenschaft und Praxis, 27. Jahrgang,
Heft 1, S. 20 - 25.

Gardini, Marco A., (1995), Revolution, Modeerscheinung, Managementkonzept? -
Eine kritische Betrachtung zum TQM, in: Grundlagen der Weiterbildung, 6.
Jahrgang, S. 140 - 142.

Gattol, Ernst, (1998), Supervision, in: Grundlagen der Weiterbildung, 9. Jahrgang,
S. 176f.

Gehrer, Elisabeth, (1996), Leben ist Lernen - Über die Bedingungen der Lernge-
sellschaft, in: Grundlagen der Weiterbildung, 7. Jahrgang, S. 300 - 302.

Geißler, Karlheinz A., (1996), Erwachsenenbildung in der Moderne - moderne
Erwachsenenbildung, in: Klaus Ahlheim / Walter Bender (Hrsg.), Lernziel Konkurrenz?, Opladen, S. 19 - 37.

Gerds, Peter, (1992), Zum Verständnis Arbeit, Technik und Bildung in gestal-
tungsorientierter Perspektive, in: Neue Technologien und berufliche Bildung,
hrsg. vom Bundesinstitut für Berufsbildung, Berlin, S. 33 - 46.

Giarini, Orio, / Liedtke, Patrick M., (1998), Wie wir arbeiten werden, 3. Aufl.,
Hamburg.

Glißmann, Wilfried, / Peters, Klaus, (1997), Business Reengineering, Cultural
Change - Die neue Organisation der Arbeit und die Frage der Solidarität, in: Ar-
beit im Multimedia-Zeitalter, hrsg. von Kurt van Haaren und Detlef Hensche,
Hamburg, S. 187 - 196.

329

Glowalla, Ulrich, / Häfle, Gudrun, (1995), Einsatz elektronischer Medien: Befunde, Probleme und Perspektiven, in: Ludwig J. Issing und Paul Klimsa (Hrsg.), Information und Lernen mit Multimedia, Weinheim, S. 415 - 434.

Goldberg, Walter, (1977), Herausforderungen in Chancen wandeln - Die Bedeutung von Sozialinnovationen für das Management, in: IBM Nachrichten, Heft 238, wiederabgedruckt in: Technik und Gesellschaft: Wachstum in Freiheit und Verantwortung, hrsg. von IBM Deutschland, Stuttgart, 1978, S. 139 - 148, zitiert nach letzterem Wiederabdruck.

Goltz, Jutta, / Schwarz, Anne, / Stauber, Barbara, (1999), Erfolgskriterien für die Teilhabe von Frauen an beruflicher Weiterbildung, in: Grundlagen der Weiterbildung, 10. Jahrgang, S. 15 - 17.

Graumann, Carl Friedrich, (1977), Können - Wissen - Wollen. Gedanken zum Thema »Wachstum in Verantwortung«, Vortrag, gehalten auf dem DV-Kongreß der IBM Deutschland am 2. Mai 1977 in Istanbul, in: Technik und Gesellschaft: Wachstum in Freiheit und Verantwortung, hrsg. von IBM Deutschland, Stuttgart, 1978, S. 149 - 156.

Greimel, Bettina, (1999), Das didaktische Potential von Unternehmenssimulationen, in: Wirtschaftswissenschaftliches Studium, 28. Jahrgang, S. 156 - 160.

Gutwald, Carl-Maria, (1998), SHE-Methode - Schlüsselqualifizierendes Handlungsorientiertes Erarbeiten, in: Der Ausbilder, 46. Jahrgang, Heft 11/98, S. 13 - 16.

Härtel, Peter, (1995), Bildungsanforderungen in Wirtschaft und Industrie, in: Grundlagen der Weiterbildung, 6. Jahrgang, S. 99 - 102.

Hahne, Klaus, (1998), Multimedia - Perspektiven für eine arbeitsorientierte Aus- und Weiterbildung im Handwerk, in: Berufsbildung in Wissenschaft und Praxis, 27. Jahrgang, Heft 6, S. 34 - 39.

Hankel, Martin, / Müller, Karlheinz, / Schaarschuch, Andreas, (1994), Transferorientierte Fachdidaktik zur Qualifizierung im Bereich neuer Technologien, in: Berufsbildung in Wissenschaft und Praxis, 23. Jahrgang, Heft 3, S. 28 - 33.

Hansen, Hans Robert, (1996), Wirtschaftsinformatik I, 7., völlig neubearbeitete und stark erweiterte Aufl., Stuttgart.

Hardwig, Thomas, (1998), Bedingungen für die Konstituierung von Vorhaben zur Kompetenzentwicklung, in: Kompetenzentwicklung für den wirtschaftlichen Wandel, QUEM-report Nr. 55, Berlin, S. 136 - 154.

Harteis, Christian, (1997), Qualität in der Weiterbildung?, in: Grundlagen der Weiterbildung, 8. Jahrgang, S. 214f.

Heeg, Franz Josef, / Schidlo, Manfred, (1998), Kompetenzentwicklung und technisch-organisatorische Änderungen - eine systematische Sicht, in: Kompetenzentwicklung für den wirtschaftlichen Wandel, QUEM-report Nr. 55, Berlin, S. 1155 - 187.

Heid, Helmut, (1996), Standort-Faktor Bildung, in: Klaus Ahlheim / Walter Bender (Hrsg.), Lernziel Konkurrenz?, Opladen, S. 75 - 84.

Heidack, Clemens, (1995), Qualifikation und Qualität - Effektivität der kooperativen Selbstqualifikation als geistig-soziale Wertschöpfung, in: Arbeitsstrukturen im Umbruch, hrsg. von Clemens Heidack, München/Mering, S. 87-124.

Heimann, Klaus, (1999), Kompetenzentwicklung als strategische Herausforderung für Betriebsräte, hrsg. vom Vorstand der IG Metall, Frankfurt am Main.

Hemkes, Barbara, / Hardersen, Sven, / Pfeiffer, Jörg, (1999), Mitarbeiterqualifizierung - ein Ansatz zur aktiven Gestaltung betrieblicher Umweltpolitik, in: Gewerkschaftliche Bildungspolitik, Heft 5/6, S. 19 - 23.

Hensel, Rolf, / Link, Christiane, (1998), Schulen im Wandel und Praktisches Lernen, in: Die Deutsche Schule, 90. Jahrgang, S. 442 - 452.

Hentze, Henner, / Müller, Klaus-Dieter, / Schlicksupp, Helmut, (1989), Praxis der Managementtechniken, München/Wien.

Hepp, Gerd, (1989), Wertsynthese - Eine Antwort der politischen Bildung auf den Wertwandel, in: Aus Politik und Zeitgeschichte, B 46/89, S. 15 - 23.

Herholtz, Peter, (1998), Call Center - Ein Handlungsfeld für Betriebs- und Personalräte, hrsg. von der BTQ Hamburg, Hamburg.

Herpich, Martin, / Krüger, Detlev, / Nagel, Alfred, (1992), Technikeinsatz, Organisationsgestaltung und Qualifizierung - Ergebnisse aus betrieblichen Fallstudien, in: Neue Technologien und berufliche Bildung, hrsg. vom Bundesinstitut für Berufsbildung, Berlin, S. 47 - 85.

Herz, Gerhard, (1992), Der Markt, die Arbeit, die Technik, die Organisation, die Qualifikation - Konsequenzen aus der Veränderung des Marktgeschehens für den Wirkungszusammenhang von Technik, Organisation und Qualifikation, in: Neue Technologien und berufliche Bildung, hrsg. vom Bundesinstitut für Berufsbildung, Berlin, S. 86 - 97.

Herzog, Roman, (1996), Von der Notwendigkeit lebenslangen Lernens, in: Außerschulische Bildung, 27. Jahrgang, S. 457 - 459.

Hesse, Friedrich W, / Grasoffky, Bärbel, / Hron, Aemilian, (1995), Interface-Design für computerunterstütztes kooperatives Lernen, in: Ludwig J. Issing und Paul Klimsa (Hrsg.), Information und Lernen mit Multimedia, Weinheim, S. 253 - 267.

Heuser, Uwe Jean, (1997), Abenteuer Arbeit, in: Die Zeit, 52. Jahrgang, Nr. 8, S. 15f..

Hickel, Rudolf, (1995), Arbeitsloses Wirtschaftswachstum, in: Wolfgang Belitz (Hrsg.), Wege aus der Arbeitslosigkeit, Reinbek, S. 46 - 65.

Hildebrandt, Erny, (1998), Frauengerechte Weiterbildung eröffnet neue Zugänge zur EDV, in: Wirtschaft und Berufserziehung, 50. Jahrgang, Heft 12, S. 11 - 14.

Hillebrand, Annette, / Lange, Bernd-Peter, (1996), Medienkompetenz als gesellschaftliche Aufgabe der Zukunft, in: Antje von Rein (Hrsg.), Medienkompetenz als Schlüsselbegriff, Bad Heilbrunn, S. 24 - 41.

Hölterhoff, Dieter, (1998), Einführender Vortrag zum Thema 'Berufliche Bildung', in: Vorbereitung von Absolventen des Schulwesens auf eine selbständige Tätigkeit, Heft 65 der Materialien zur Bildungsplanung und zur Forschungsförderung, hrsg. von der Bund-Länder-Kommission für Bildungsplanung und Forschungsförderung, Bonn, S. 65 - 68.

Höpfner, Hans-Dieter, (1991), Entwicklung selbständigen Handelns in der beruflichen Aus- und Weiterbildung, Berlin/Bonn.

Hoffmann, Christa, (1998), Erfahrungen mit dem Qualitätszirkelkonzept im Bildungswerk der DAG, in: nbeb-Magazin, 2/98, hrsg. vom Niedersächsischen Bund für freie Erwachsenenbildung e.V., S. 37 - 38.

Holst, Elke / Schupp, Jürgen, (Bearbeiter), (1994), Ist Teilzeit der richtige Weg? Arbeitszeitpräferenzen in West- und Ostdeutschland, in: Wochenbericht des DIW Nr. 35, S. 618 - 626.

Hortsch, Hanno, / Kersten, Steffen, (1996), Lernen im Prozeß der Arbeit, Forschungsergebnisse, in: Aspekte der beruflichen Bildung in der ehemaligen DDR, hrsg. von der Arbeitsgemeinschaft Qualifikations-Entwicklungs-Management Berlin, Münster/New York, S. 245 - 281.

Hübner, Norbert, (1997), Innovation braucht Moderation, in: Weiterbildung Hamburg e. V. (Hrsg.), 1001 Mal lernen, 23. Jahrgang, Ausgabe '97/98, S. 14f.

Ihbe, Wolfgang, / Wehrmeister, Frank, (1996), Autodidaktisches Lernen in der beruflichen Weiterbildung, in: Aspekte der beruflichen Bildung in der ehemaligen DDR, hrsg. von der Arbeitsgemeinschaft Qualifikations-Entwicklungs-Management Berlin, Münster/New York, S. 163 - 199.

Ihm, Erwin, (1996), Neue Medien - Neues Lernen am Beispiel der Deutschen Telekom,. in: Grundlagen der Weiterbildung, 7. Jahrgang, S. 256 - 258.

Issing, Ludwig J., (1995) Instruktionsdesign für Multimedia, in: Ludwig J. Issing und Paul Klimsa (Hrsg.), Information und Lernen mit Multimedia, Weinheim, S. 195 - 220.

Jäger, Wolfgang, (1997), Experteninterview, in: Bank Magazin, Heft 5, S. 32.

Jarvis, Peter, (1995), Learning in a Changing Society, in: Grundlagen der Weiterbildung, 6. Jahrgang, S. 214f.

Jüchter, Heinz Theodor, (1995), Qualität zieht Leute an - Zum Standortfaktor Weiterbildung in größeren Städten, in: Ekkehard Nuissl (Hrsg.), Standortfaktor Weiterbildung, Bad Heilbrunn, S. 102 - 109.

Kaiser, Armin, / Kaiser, Ruth, (1995), Latentes Lernen in der Erwachsenenbildung, in: Grundlagen der Weiterbildung, 6. Jahrgang, S. 205 - 207.

Kaiser, Armin, (1998), Carte de compétence: Wie lassen sich Kompetenzen feststellen ?, in: Grundlagen der Weiterbildung, 9. Jahrgang, S. 199 - 201.

Kamps-Haller, Karla, / Pöter, Bernhard, (1996), Technikinduzierter Weiterbildungsbedarf - Weiterbildung kompetent mitgestalten, Weiterbildungsberatungsstelle BTQ Kassel Mainz, 2. überarbeitete Aufl., Kassel.

Kau, Winand, (1995), Technischer Fortschritt und Berufsbildung - zum Deutschen Delphi-Bericht der Entwicklung von Wissenschaft und Technik, in: Berufsbildung in Wissenschaft und Praxis, 24. Jahrgang, Heft 1, S. 8 - 15.

Keil-Slawik, Reinhard, (1997), Multimedia und Lernen, in: Lernen für den Wandel - Wandel im Lernen, 2. Zukunftsforum Kompetenzentwicklung, QUEM-report (Schriften zur beruflichen Weiterbildung), Heft 50, Berlin, S. 50 - 64.

Keller, Gustav, (1993), Das Lernen lehren - das Lernen lernen, in: Pädagogik und Schulalltag, 48. Jahrgang, S. 529 -535.

Kern, Horst, (1974), Die Bedeutung der Arbeitsbedingungen in den Streiks 1973, in: O. Jacobi (Hrsg.), Gewerkschaften und Klassenkampf - Kritisches Jahrbuch 1974, Frankfurt, wiederabgedruckt in: Horst Kern, Kampf um Arbeitsbedingungen - Materialien zur »Humanisierung der Arbeit«, Frankfurt am Main, 1979, S. 121 - 141, zitiert nach letzterem Wiederabdruck.

Kern, Horst, (1975), Der Kampf um die Arbeitsorganisation - Unterschiedliche Wege gewerkschaftlicher Politik, in: O. Jacobi (Hrsg.), Gewerkschaften und Klassenkampf - Kritisches Jahrbuch 1975, Frankfurt, wiederabgedruckt in: Horst Kern, Kampf um Arbeitsbedingungen - Materialien zur »Humanisierung der Arbeit«, Frankfurt am Main, 1979, S. 167 - 192, zitiert nach letzterem Wiederabdruck.

Kern, Horst, (1976), Elastischere Produktionsorganisation oder humane Arbeitsbedingungen? Konträre Interessen bei der »Humanisierung der Arbeit«, Vortrag auf der IG-Metall-Tagung 'Krise und Reform in der Industriegesellschaft' im Mai 1976, wiederabgedruckt in: Horst Kern, Kampf um Arbeitsbedingungen - Materialien zur »Humanisierung der Arbeit«, Frankfurt am Main, 1979, S. 193 - 209, zitiert nach letzterem Wiederabdruck.

Kern, Horst, (1978), Grenzen der Arbeitsteilung? Methodische und empirische Gesichtspunkte zum Verhalten der Arbeiter gegenüber der Arbeit, Antrittsvorlesung an der Universität Göttingen, gehalten im Januar 1978, wiederabgedruckt in: Horst Kern, Kampf um Arbeitsbedingungen - Materialien zur »Humanisierung der Arbeit«, Frankfurt am Main, 1979, S. 61 - 75, zitiert nach letzterem Wiederabdruck.

Kern, Horst, / Kern, Bärbel, (1975), Krise des Taylorismus? Bemerkungen zur »Humanisierung der Arbeit«, in: M. Osterland (Hrsg.), Arbeitssituation, Lebenslage und Konfliktpotential, Festschrift für M. E. Graf zu Solms-Roedelheim, Frankfurt/Köln, wiederabgedruckt in: Horst Kern, Kampf um Arbeitsbedingungen - Materialien zur »Humanisierung der Arbeit«, Frankfurt am Main, 1979, S. 25 - 60, zitiert nach letzterem Wiederabdruck.

Kern, Horst, / Schauer, Helmut, (1978), Rationalisierung und Besitzstandssicherung in der Metallindustrie, in: Gewerkschaftliche Monatshefte, wiederabgedruckt in: Horst Kern, Kampf um Arbeitsbedingungen - Materialien zur »Humanisierung der Arbeit«, Frankfurt am Main, 1979, S. 143 - 163, zitiert nach letzterem Wiederabdruck.

Kern, Horst, / Schumann, Michael, (1971), Zum politischen Verhaltenspotential der Arbeiterklasse, verfaßt im Juli 1971, wiederabgedruckt in: Horst Kern, Kampf um Arbeitsbedingungen - Materialien zur »Humanisierung der Arbeit«, Frankfurt am Main, 1979, S. 79 - 106, zitiert nach letzterem Wiederabdruck.

Kern, Horst / Schumann, Michael, (1984), Das Ende der Arbeitsteilung?, München.

Kern, Peter, (1998), Die Arbeitswelt im Wandel - Arbeit im 3. Jahrtausend -: Veränderungen und Verlagerungen von Arbeit, insbesondere bei Angestelltentätigkeiten, in: Die Arbeitswelt im Wandel, hrsg. von der AIN/TAB im DAG-Landesverband Baden-Württemberg, Stuttgart, S. 3 - 24.

Kerres, Michael, (1996), Zur Organisation des Tele-Lernens in der Weiterbildung, in: Grundlagen der Weiterbildung, 7. Jahrgang, S. 247 - 251.

Kintzelé, Jeff, (1996), Neue Tendenzen in der Weiterbildung im Bankenwesen, in: Grundlagen der Weiterbildung, 7. Jahrgang, S. 259 - 262.

Kirchhöfer, Dieter, (1995), Neue Formen des Lehrens und Lernens in der außerbetrieblichen Weiterbildung, QUEM-report Nr. 37, Berlin.

Klaffke, Thomas, (1998), Freie Vorhaben. Von der freien Arbeit zum Projekt, in: Pädagogik, 50. Jahrgang, Heft 7-8, S. 13 - 16.

Klauder, Wolfgang, (1994), Zukunft der Arbeit, in: Gewerkschaftliche Monatshefte, 45. Jahrgang, S. 764 - 775.

Kloas, Peter-Werner, (1995), Qualifizierung in Beschäftigung - neue Ansätze zur beruflichen Integration von Problemgruppen des Arbeitsmarktes, in: Berufsbildung in Wissenschaft und Praxis, 24. Jahrgang, Heft 2, S. 3 - 10.

Knigge-Illner, Helga, (1998), Prüfungsangst bewältigen. Konzept eines Workshops zur Examensvorbereitung, in: Das Hochschulwesen, 46. Jahrgang, S. 163 - 171.

Kolb, Heinrich L., (1997), Berufsausbildung im Dienstleistungssektor - Anforderungen an Politik und Wirtschaft, in: Reinhold Weiß (Hrsg.), Aus- und Weiterbildung für die Dienstleistungsgesellschaft, Köln, S. 338 - 348.

Kortendieck, Georg, (1998), Bildungscontrolling in der Erwachsenenbildung, in: nbeb-Magazin, 2/98, hrsg. vom Niedersächsischen Bund für freie Erwachsenenbildung e.V., S. 39 - 42.

Kraak, Ralf, (1992), Auch der kleine Betrieb braucht die Weiterbildung "am Arbeitsplatz" - Übergreifende Erfahrungen aus der Weiterbildung für Klein- und Mittelbetriebe für die wirtschaftliche Nutzung neuer Technologien, in: Neue Technologien und berufliche Bildung, hrsg. vom Bundesinstitut für Berufsbildung, Berlin, S. 98 - 118.

Kraft, Susanne, (1998), Lernen mit dem Computer?, in: Wirtschaft und Berufserziehung, 50. Jahrgang, Heft 10, S. 13 - 16.

Krekel, Elisabeth M., / Beicht, Ursula, (1998), Welchen Stellenwert hat Bildungscontrolling in der betrieblichen Weiterbildung? in: Berufsbildung in Wissenschaft und Praxis, 27. Jahrgang, Heft 2, S. 22 - 26.

Kröll, Martin, (1997), Kompetenzentwicklung als Schlüsselproblem des Innovationsmanagements, in: Grundlagen der Weiterbildung, 8. Jahrgang, S. 205 - 210.

334

Krogh, George von, / Durisin, Boris, (1997), Zukunftssicherung durch firmenunabhängiges Wissen, in: Grundlagen der Weiterbildung, 8. Jahrgang, S. 252 - 254.

Krüger, Horst, (1997), Ausbildung für neue Berufe, in: Arbeit im Multimedia-Zeitalter, hrsg. von Kurt van Haaren und Detlef Hensche, Hamburg, S. 59 - 62.

Krüger, Wolfgang, (1997), Was tut sich auf der »Baustelle Bank«?, in: Bank Magazin, Heft 5, S. 30 - 32.

Krug, Peter, (1998), Weiterbildung: Perspektive 2000, in: Grundlagen der Weiterbildung, 9. Jahrgang, S. 97f.

Kruse, Wilfried, (1997), Der »Lebensberuf« ist out - Interview mit Wilfried Kruse, in: Erziehung und Wissenschaft - Allgemeine Lehrerzeitung, 49. Jahrgang, Heft 4, S. 8 - 12.

Kühlwetter, Karin, (1998), Multimedia - Qualifikationen und Kompetenzen, hrsg. von der Hans-Böckler-Stiftung, Düsseldorf.

Kuhn, Karl, (1996), Neue Produktionskonzepte, Gruppenarbeit und Arbeitsschutz, in: WSI-Mitteilungen, 49. Jahrgang, S. 105 - 110.

Kunz, Gunnar, (1998), Zukunftssicherung der Weiterbildung. Anforderungen aus dem Blickwinkel der Organisationsentwicklung, in: Grundlagen der Weiterbildung, 9. Jahrgang, S. 110 - 112.

Kuss, Werner, (1996), Neue Wege in der Erwachsenenbildung, in: Grundlagen der Weiterbildung, 7. Jahrgang, S. 183 - 185.

Kuwan, Helmut, u. a., (1996), Berichtssystem Weiterbildung VI. Integrierter Gesamtbericht zur Weiterbildungssituation in Deutschland, hrsg. vom Bundesministerium für Bildung, Wissenschaft, Forschung und Technologie, Bonn.

Kuwan, Helmut, / Ulrich, Joachim Gerd, / Westkamp, Heinz, (1998), Die Entwicklung des Berufsbildungssystems bis zum Jahr 2020, in: Berufsbildung in Wissenschaft und Praxis, 27. Jahrgang, Heft 6, S. 3 - 9.

Lafontaine, Oskar, (1988), Die Gesellschaft der Zukunft, Hamburg.

Lafontaine, Oskar, / Müller, Christa, (1998), Keine Angst vor der Globalisierung, Bonn.

Laur-Ernst, Ute, (1998), "Informelles Lernen" in der Arbeitswelt - Thema einer Reihe deutsch-amerikanischer Workshops, in: Berufsbildung in Wissenschaft und Praxis, 27. Jahrgang, Heft 4, S. 44 - 47.

Lecher, Wolfgang, (1995), Globalisierung und direkte Partizipation, in: Gewerkschaftliche Monatshefte, 46. Jahrgang, S. 75 - 84.

Leminsky, Gerhard, (1996), Das ungenutzte Reformpotential der Mitbestimmung, in: Gewerkschaftliche Monatshefte, 47. Jahrgang, S. 47 - 53.

Lennartz, Dagmar, (1997), Neue Strukturmodelle für berufliche Aus- und Weiterbildung, in: Berufsbildung in Wissenschaft und Praxis, 26. Jahrgang, Heft 6, S. 13 - 19.

Lichtblau, Karl, (1998), Qualifizierung und Strukturwandel, in: Der Ausbilder, 46. Jahrgang, Heft 11/98, S. 4 - 7.

Littig, Peter, (1998), Chancen und offene Fragen, in: Wirtschaft und Berufserziehung, 50. Jahrgang, Nr. 6, S. 8 - 12.

Löffelmann, Otto, (1998), Vom Kursleiter zum Telelern-Begleiter, in: Der Ausbilder, 46. Jahrgang, Heft 9, S. 7 - 12.

Löffler, Jürgen, (1994), Selbständigkeit als Prinzip der Qualifizierung - Dargestellt am Beispiel der Druckindustrie, von der Philosophischen Fakultät der Rheinisch-Westfälischen Technischen Hochschule Aachen zur Erlangung des akademischen Grades eines Doktors der Philosophie genehmigte Dissertation, Aachen.

Lorentz, Ellen, / Maurus, Anna, (1998), Praxisintegrierte modulare Weiterbildung für Unternehmer- und Meisterfrauen - Modellversuch erprobt neuen Weg des Lernens, in: Berufsbildung in Wissenschaft und Praxis, 27. Jahrgang, Heft 6, S. 28 - 33.

Lück, Wolfgang, (1996), Lernziel: Zukunftsfähigkeit, in: Klaus Ahlheim / Walter Bender (Hrsg.), Lernziel Konkurrenz?, Opladen, S. 39 - 48.

Lullies, Veronika, (1991), Die Organisation von Anwenderqualifizierung für den Einsatz neuer Bürotechniken, in: Hans-Jörg Bullinger (Hrsg.), Handbuch des Informationsmanagements im Unternehmen, Bd. II, München, S. 1171 - 1203.

Mandl, Heinz, / Gruber, Hans, / Renkl, Alexander, (1995), Situiertes Lernen in multimedialen Lernumgebungen, in: Ludwig J. Issing und Paul Klimsa (Hrsg.), Information und Lernen mit Multimedia, Weinheim, S. 167 - 178.

Mandl, Heinz, / Reinmann-Rothmeier, Gabi, (1997), Wissensmanagement - Folge 1, in: Süddeutsche Zeitung, 53. Jahrgang, Nr. 68, S. V1/1.

Mandl, Heinz u. a., (1985), Wissensvermittlung durch ein computerunterstütztes Rückmeldungssystem, in: Lernen im Dialog mit dem Computer, hrsg. von Heinz Mandl und Peter Michael Fischer, München/Wien/Baltimore, S. 179 - 190.

Mattauch, Christine, (1997), Ein verharzter Betrieb wird raffiniert, in: Die Zeit, 52. Jahrgang, Nr. 14, S. 35.

Matthies, Hildegard, (1994), Arbeit 2000, Reinbek.

McKinsey und Company, (1994), Teilen und Gewinnen - Das Potential der flexiblen Arbeitszeitverkürzung, München.

Meisel, Klaus, (1989), Bildungsmöglichkeiten in EDV-Anwenderkursen. Umsetzung in Kurspraxis und Mitarbeiterfortbildung, in: Hans-Joachim Petsch u. a., Allgemeinbildung und Computer, Bad Heilbrunn, S. 95 - 109.

Menzler-Trott, Eckart, (1997), Call Center: Reorganisation tut Not, in: Computer Fachwissen, Heft 11, S. 9 - 14.

Mertens, Dieter, (1977), Schlüsselqualifikationen, in: Horst Siebert (Hrsg.), Begründungen gegenwärtiger Erwachsenenbildung, Braunschweig, S. 99ff.

Mertens, Peter, u. a., (1996), Grundzüge der Wirtschaftsinformatik, Berlin u. a.

Merk, Richard, (1998), Weiterbildungsmanagement, 2., überarbeitete Aufl., Neuwied/Kriftel/Berlin.

Miller, Tilly, (1995), Systemisch Denken - zielgerichtet Handeln und Problemlösen, in: Grundlagen der Weiterbildung, 6. Jahrgang, S. 197 - 200.

Moegling, Klaus, / Schramm, Jörg, (1998), Wir bauen eine Windanlage. Ein einjähriges Schulprojekt am Gymnasium, in: Pädagogik, 50. Jahrgang, Heft 7-8, S. 8 - 12.

Morschheuser, Petra, (1998), Call Center, in: Wirtschaftswissenschaftliches Studium, 27. Jahrgang, S. 477 - 479.

Mosdorf, Siegmar, (1996), Wer zu spät kommt, den bestrafen die Märkte, in: Politische Ökologie, 49, November/Dezember, S. 22 - 24.

Müller, Burkhard, (1995), Vermittlung von Methodenkompetenz für kaufmännisch-administrative Tätigkeiten, München/Mering.

Müller, Karlheinz, (1997a), Neue Ausbildungsberufe in der Informations- und Kommunikationstechnik, in: Berufsbildung in Wissenschaft und Praxis, 26. Jahrgang, Heft 1, S. 8 - 11.

Müller, Karlheinz, (1997b), Die neuen IT-Berufe - ein zukunftsorientiertes Berufskonzept zur Sicherung anspruchsvoller Dienstleistungen im Bereich der Informations- und Telekommunikationstechnik, in: Reinhold Weiß (Hrsg.), Aus- und Weiterbildung für die Dienstleistungsgesellschaft, Köln, S. 178 - 186.

Müller, Kurt R., (1998), Erfahrung und Reflexion:»Fallarbeit« als Erwachsenenbildungskonzept, in: Grundlagen der Weiterbildung, 9. Jahrgang, S. 273 - 277.

Müller, Stefan, / Lohmann, Florian, (1994), Arbeitsklima am wichtigsten für Arbeitsplatz, in: Wirtschaftswissenschaftliches Studium, 23. Jahrgang, S. 533f.

Müller-Breitkreuz, Monika, (1997), Berufliche Qualifizierung von älteren Arbeitnehmern - Ein Beratungsleitfaden für Betriebs- und Personalräte, hrsg. vom DAG-Forum Schleswig-Holstein e.V., Kiel.

Müller-Jentsch, Walther, / Sperling, Hans-Joachim, (1996), Reorganisation der Arbeit als Herausforderung für Betriebsräte und Gewerkschaften, in: Gewerkschaftliche Monatshefte, 47. Jahrgang, S. 41 - 47.

Münk, Dieter, / Lipsmeier, Antonius, (1997), Berufliche Weiterbildung: Grundlagen und Perspektiven im nationalen und internationalen Kontext, Baltmannsweiler.

Nenninger, Peter, (o. J.), Analyse des Weiterbildungsbedarfs im Bereich der Qualitätssicherung in Schleswig-Holstein - Eine empirische Studie, Kiel.

Neubauer, Walter, (1995), Bedingungen der Arbeitsmotivation: Forschungstrends und Befunde, in: Arbeitsstrukturen im Umbruch, hrsg. von Clemens Heidack, München/Mering, S. 73-86.

Niedermair, Gerhard, (1998), Computer Based Training in österreichischen Unternehmen, in: Berufsbildung in Wissenschaft und Praxis, 27. Jahrgang, Heft 3, S. 38 - 41.

Nienhüser, Werner, / Rodehuth, Maria, (1995), Technischer Wandel und betriebliche Bildungsentscheidungen, in: Grundlagen der Weiterbildung, 6. Jahrgang, S. 110 - 113.

Nuissl, Ekkehard, (1995), Weiterbildung am Standort, in: Ekkehard Nuissl (Hrsg.), Standortfaktor Weiterbildung, Bad Heilbrunn, S. 9 - 15.

Ochs, Christiane, (1995), Weiterbildungszeit - Arbeitszeit oder Freizeit?, in: Gewerkschaftliche Bildungspolitik, 46. Jahrgang, S. 139 - 142.

o. N. (1992), Kommentierte Literatur/Rezensionen: Coaching, in: Grundlagen der Weiterbildung, 3. Jahrgang, S. 148.

Oppermann, Thomas, (1998), Hat die Weiterbildung noch Perspektiven?, in: nbeb-Magazin, 2/98, hrsg. vom Niedersächsischen Bund für freie Erwachsenenbildung e.V., S. 1 -2.

Orru, Andreas, (1998), Qualitätspolitik, Qualitätsziele und Qualitätsprogramme im Management von Bildungsunternehmen, in: Wirtschaft und Berufserziehung, 50. Jahrgang, Heft 8, S. 13 - 16.

Overbeck, Egon, (1977), Auf dem Weg ins nächste Jahrzehnt - Innovation eröffnet neue Möglichkeiten für Industrie und Wirtschaft, in: IBM Nachrichten, Heft 236, wiederabgedruckt in: Technik und Gesellschaft: Wachstum in Freiheit und Verantwortung, hrsg. von IBM Deutschland, Stuttgart, 1978, S. 123 - 130, zitiert nach letzterem Wiederabdruck.

Palass, Brigitta, / Preissner, Anne, / Ricker, Jochen, (1997), Total digital, in: Manager-Magazin, 27. Jahrgang, Heft 3, S. 117 - 135 und S. 146 - 150.

Paschen, Harm, (1996), Zur Pädagogik des Computers, in: Bildung und Erziehung, 49. Jahrgang, S. 439 - 448.

Peter, Gabriele, (1996), Erforderlichkeit von Betriebsräteschulungen nach § 37 Abs. 6 BetrVG, in: Arbeitsrecht im Betrieb, 17. Jahrgang, S. 467 - 480.

Peter, Gabriele, (1997), Betriebsräteseminare nach § 37 Abs. 7 BetrVG, in: Arbeitsrecht im Betrieb, 18. Jahrgang, S. 223 - 227.

Peters, Otto, (1997), Didaktik des Fernstudiums, Neuwied/Kriftel/Berlin.

Petrovic, Otto, / Kailer, Norbert, / Scheff, Josef, (1999), Neue Technologien und Kompetenzentwicklung - Lernformen, Einsatzdefizite und -potentiale in Unternehmen und Universitäten, in: Grundlagen der Weiterbildung, 10. Jahrgang, S. 62 - 64.

Pirsching, Manfred, (1995), Bildungsnischen im einundzwanzigsten Jahrhundert, in: Grundlagen der Weiterbildung, 6. Jahrgang, S. 232f.

Podlech, Adalbert, (1976), Die Herausforderungen der Öffentlichen Verwaltung durch die Informationstechnik, in: IBM Nachrichten, Heft 229, wiederabgedruckt in: Technik und Gesellschaft: Wachstum in Freiheit und Verantwortung, hrsg. von IBM Deutschland, Stuttgart, 1978, S. 102 - 111, zitiert nach letzterem Wiederabdruck.

Pohl, Karl-Heinz, / Schönfeld, Michael, (1995), DIN ISO 9000ff. - Eine Norm für Qualität in der Weiterbildung?, in: Außerschulische Bildung, 26. Jahrgang, S. 259 - 262.

Pohl, Reinhard, / Volz, Joachim, (Bearbeiter), (1997), Die Niederlande: Beschäftigungspolitisches Vorbild?, in: DIW-Wochenbericht, 64. Jahrgang, S. 259 - 263.

Pongartz, Hans J., (1998), Ausbilder und Pädagogik, in: Wirtschafts und Berufserziehung, 50. Jahrgang, Nr. 7, S. 21 - 24.

Proß, Gerald, (1998), Betriebliche Weiterbildung im Wandel, in: nbeb-Magazin, 1/98, hrsg. vom Niedersächsischen Bund für freie Erwachsenenbildung e.V., S. 16f.

Randow, Gero von, (1997), Mensch - Maschine - Kultur, in: Die Zeit, Nr. 14, S. 33f.

Rein, Antje von, (1996), Medienkompetenz - Schlüsselbegriff für die Informationsgesellschaft, in: Antje von Rein (Hrsg.), Medienkompetenz als Schlüsselbegriff, Bad Heilbrunn, S. 11 - 23.

Reinmann-Rothmeier, Gabi, / Mandl, Heinz, (1995a), Kooperation: Lernen im Team, in: Grundlagen der Weiterbildung, 6. Jahrgang, S. 65 - 68.

Reinmann-Rothmeier, Gabi, / Mandl, Heinz, (1995b), Lernen als Erwachsener, in: Grundlagen der Weiterbildung, 6. Jahrgang, S. 193 - 196.

Reinmann-Rothmeier, Gabi, / Mandl, Heinz, (1996), Selbstlernfähigkeit - eine Schlüsselqualifikation, in: Grundlagen der Weiterbildung, 7. Jahrgang, S. 192 - 194.

Reinmann-Rothmeier, Gabi, / Mandl, Heinz, (1997a), Wissensmanagement in der Bildung, in: Lernen für die Zukunft - Lernen in der Zukunft, hrsg. von Siegfried Höfling und Heinz Mandl, München, S. 56 - 66.

Reinmann-Rothmeier, Gabi, / Mandl, Heinz, (1997b), Kompetenzen für das Leben in einer Wissensgesellschaft, in: Lernen für die Zukunft - Lernen in der Zukunft, hrsg. von Siegfried Höfling und Heinz Mandl, München, S. 97 - 107.

Reinschmidt, Dieter, (1998), Einführender Vortrag zum Thema 'Berufliche Weiterbildung', in: Vorbereitung von Absolventen des Schulwesens auf eine selbständige Tätigkeit, Heft 65 der Materialien zur Bildungsplanung und zur Forschungsförderung, hrsg. von der Bund-Länder-Kommission für Bildungsplanung und Forschungsförderung, Bonn, S. 90 - 93.

Reischmann, Jost, (1991), »Das bißchen Pädagogik kommt doch von selbst ...« - Optimierte betriebliche Weiterbildung durch Coaching, in: Grundlagen der Weiterbildung, 2. Jahrgang, S. 11 - 17.

Reischmann, Jost, (1995), Lernen »en passant« - die vergessene Dimension, in: Grundlagen der Weiterbildung, 6. Jahrgang, S. 200 - 204.

Reischmann, Jost, (1998), Andragogisch-didaktische Überlegungen zwischen Wissen und Können, in: Grundlagen der Weiterbildung, 9. Jahrgang, S. 267 - 271.

Reutter, Gerhard, (1995), Marktorientierung - Regionalorientierung: Wer orientiert was an wem? in: Ekkehard Nuissl (Hrsg.), Standortfaktor Weiterbildung, Bad Heilbrunn, S. 182 - 193.

Rifkin, Jeremy, (1996), Das Ende der Arbeit und ihre Zukunft, 4. Aufl., Frankfurt a. M./New York.

Rohde, Gerhard, (1997), Outsourcing - Reichweite und Grenzen einer multinationalen Strategie, in: Arbeit im Multimedia-Zeitalter, hrsg. von Kurt van Haaren und Detlef Hensche, Hamburg, S. 197 - 205.

Ross, Ernst, (1998a), Zur Nutzung des Computerunterstützten und Multimedialen Lernens in der beruflichen Bildung - eine Bestands- und Momentaufnahme, in: Berufsbildung in Wissenschaft und Praxis, 27. Jahrgang, Heft 2, S. 3 - 9.

Ross, Ernst, (1998b), Computerunterstütztes und Multimediales Lernen in der beruflichen Bildung - Situation, Entwicklung und Perspektiven, in: Wirtschaft und Berufserziehung, 50. Jahrgang, Heft 10, S. 20 - 26.

Rottluff, Joachim, (1992), Selbständig lernen - Arbeiten mit Leittexten, Weinheim/Basel.

Rüdenauer, Manfred R. A., (1995), Elemente eines effektiven Weiterbildungs-Controlling, in: Grundlagen der Weiterbildung, 6. Jahrgang, S. 152 - 155.

Satzer, Rolf, (1999), Qualifizierung als Handlungsfeld für Beschäftigte - Beteiligungsstrategien bei der Ermittlung des Qualifizierungsbedarfs, in: Arbeitsrecht im Betrieb, 20. Jahrgang, S. 129 - 137.

Sauter, Werner, (1991), Notwendigkeit eines mehrphasigen Dozententrainings aus der Sicht der Wirtschaft - betriebliche Notwendigkeit aus der Sicht von Banken, in: Erwachsenenbildung konkret, hersg. von Diethelm Wahl u. a., Weinheim, S. 6 - 19.

Schäfer, Günter J., (1995), Lean Banking, 2., überarbeitete Aufl., hrsg. vor BTQ Kassel Mainz - Beratungsstelle der DAG für Technologienfolgen und Qualifizierung im Bildungswerk der DAG im Lande Hessen e. V., Kassel.

Schierbaum, Bruno, (1997), Automatic Call Distribution, in: Computer Fachwissen, Heft 11, S. 4 - 8.

Schlaffke, Winfried, (1992), Arbeitsorientiertes Lernen - lernorientiertes Arbeiten - Lernförderlichkeit von Arbeitssystemen, in: Perspektiven beruflich-betrieblicher Weiterbildungsforschung, hrsg. von der Arbeitsgemeinschaft Betriebliche Weiterbildungsforschung e. V., Bochum, Studien aus der betrieblichen Weiterbildungsforschung Nr. 2, Hochheim, S. 51 - 60.

Schlaffke, Winfried, (1995), Standortfaktor Weiterbildung: Offene Märkte und Wettbewerb, in: Ekkehard Nuissl (Hrsg.), Standortfaktor Weiterbildung, Bad Heilbrunn, S. 33 - 49.

Schlaffke, Winfried, / Weiß, Reinhold, (1991), Lernförderung am Arbeitsplatz, in: Wirtschaft und Berufserziehung, 43. Jahrgang, S. 134 - 141.

Schlegel, Jürgen, (1998), Vorbereitung auf berufliche Selbständigkeit, in: Vorbereitung von Absolventen des Schulwesens auf eine selbständige Tätigkeit, Heft 65 der Materialien zur Bildungsplanung und zur Forschungsförderung, hrsg. von der Bund-Länder-Kommission für Bildungsplanung und Forschungsförderung, Bonn, S. 30 - 37.

340

Schleten, Andreas, (1998), Aufgaben der Berufsschule, in: Wirtschaft und Berufserziehung, 50. Jahrgang, Heft 9, S. 13 - 16.

Schmidt, Hermann, (1995), Qualifikationsbedarf durch Innovationen in der Ausund Weiterbildung sichern, in: Berufsbildung in Wissenschaft und Praxis, 24. Jahrgang, Heft 5, S. 1f.

Schmidt, Hermann, (1997), Schlüssel Qualifikation, in: Weiterbildung Hamburg e. V. (Hrsg.), 1001 Mal lernen, 23. Jahrgang, Ausgabe '97/98, S. 16f.

Schneider, Bernd Jürgen, (1995), Standortfaktor Volkshochschule, in: Ekkehard Nuissl (Hrsg.), Standortfaktor Weiterbildung, Bad Heilbrunn, S. 135 - 156.

Schneider, Norbert, (1996), Der Erwerb von Medienkompetenz - eine Aufgabe der Kulturpolitik, in: Antje von Rein (Hrsg.), Medienkompetenz als Schlüsselbegriff, Bad Heilbrunn, S. 42 - 50.

Scholz, Christian, (1995), Als Parkplatz nicht geeignet, in: Uni-Magazin, 19. Jahrgang, S. 28 - 31.

Schreuder, Siegfried, (1998), Reflexion von Praxissituationen zur Kompetenzentwicklung, in: Kompetenzentwicklung für den wirtschaftlichen Wandel, QUEMreport Nr. 55, Berlin, S. 188 - 204.

Schütte, Stephanie, (1999), Lernende Organisation bei Bosch, in: Wirtschaft & Weiterbildung, 11. Jahrgang, Heft 01/99, S. 61 - 63.

Schütte, Volker, (1996), ArByte auf der Autobahn, in: Politische Ökologie, 49, November/Dezember, S. 25 - 28.

Schulte, Dieter, (1994), Arbeitsgesellschaft am Ende? Herausforderungen aus der Sicht des DGB, in: Gewerkschaftliche Monatshefte, 45. Jahrgang, S. 757 - 763.

Schultz-Wild, Lore, (1997), Erfolg ist möglich, in: Weiterbildung Hamburg e. V. (Hrsg.), 1001 Mal lernen, 23. Jahrgang, Ausgabe '97/98, S. 8f.

Schumann, Michael, u. a., (1994), Trendreport Rationalisierung, Berlin.

Schusser, Walter H., (1995), Mitarbeiter - Unternehmen im Unternehmen, in: Arbeitsstrukturen im Umbruch, hrsg. von Clemens Heidack, München/Mering, S. 125-131.

Schwarz, Volker, / Rother, Gabriele, (1997), Arbeitszeitgestaltung in den neuen und alten Bundesländern unter mikropolitischer Betrachtung - Eine Analyse von Betriebsvereinbarungen, Betriebswirtschaftliche Diskussionsbeiträge der Martin-Luther-Universität Halle-Wittenberg, Wirtschaftswissenschaftliche Fakultät, Beitrag 97/12, Halle.

Schwarzer, Bettina, / Krcmar, Helmut, (1996), Wirtschaftsinformatik, Stuttgart.

Schweer, Martin K. W., (1995), Berufliche Weiterbildung heute, in: Internationales Jahrbuch der Erwachsenenbildung, Bd. 23, S. 158 - 168.

Schweer, Martin K. W., (1996), Erwachsenenbildung auf dem Weg ins zweite Jahrtausend, in: Internationales Jahrbuch der Erwachsenenbildung, Bd. 24, S. 241 - 252.

Severing, Eckart, (1994), Arbeitsplatznahe Weiterbildung - Betriebspädagogische Konzepte und betriebliche Strategien, Neuwied.

341

Severing, Eckart, (1995), Interaktive Medien des Fernunterrichts für Betriebe, in: Grundlagen der Weiterbildung, 6. Jahrgang, S. 228 - 231.

Seyd, Wolfgang, (1994), Berufsbildung: handelnd lernen - lernend handeln, Hamburg.

Siebert, Horst, (1984), Erwachsenenpädagogische Didaktik, in: Enzyklopädie Erziehungswissenschaften, Bd. 11: Erwachsenenbildung, hrsg. von Enno Schmitz und Hans Tietgens, Stuttgart, S. 171 - 184.

Siebert, Horst, (1993), Theorien für die Bildungspraxis, Heilbrunn/Obb.

Siebert, Horst, (1997a), Didaktisches Handeln in der Erwachsenenbildung, 2. Aufl., Neuwied/Kriftel/Berlin.

Siebert, Horst, (1997b), Wissenserwerb aus konstruktivistischer Sicht, in: Grundlagen der Weiterbildung, 8. Jahrgang, S. 255 - 257.

Siegers, Josef, (1997), Wettbewerb zwischen Aus- und Weiterbildung, in: Reinhold Weiß (Hrsg.), Aus- und Weiterbildung für die Dienstleistungsgesellschaft, Köln, S. 349 - 362.

Sika, Hans-Eberhard, (1991), Projektorientierter Unterricht, in: Pädagogik und Schulalltag, 46. Jahrgang, S. 328 -338.

Skowronek, Helmut, (1984), Psychologie des Erwachsenenlernens, in: Enzyklopädie Erziehungswissenschaften, Bd. 11: Erwachsenenbildung, hrsg. von Enno Schmitz und Hans Tietgens, Stuttgart, S. 143 - 159.

Sommerfeld, Luci, (1998), Entwicklung von Qualitätsstandards für die Durchführung von Bildungsurlaubsveranstaltungen in Wattenmeer-Nationalparken mit begleitendem Qualitätszirkel im Sinne einer nachhaltigen Umweltbildung - Projektdarstellung, in: nbeb-Magazin, 2/98, hrsg. vom Niedersächsischen Bund für freie Erwachsenenbildung e.V., S. 35.

Sonntag, Karlheinz, (1992), Zum Wirkungszusammenhang von Technik, Arbeitsorganisation und Qualifikation - Implikationen für die Berufsbildungsforschung, in: Neue Technologien und berufliche Bildung, hrsg. vom Bundesinstitut für Berufsbildung, Berlin, S. 138 - 150.

Stahl, Thomas, (1997), Innerbetriebliche Weiterbildung: Trends in europäischen Unternehmen, in: Grundlagen der Weiterbildung, 8. Jahrgang, S. 216 - 218.

Stalder, Béatrice, (1995), Frauenspezifische Weiterbildung im Betrieb, in: Grundlagen der Weiterbildung, 6. Jahrgang, S. 169f.

Stark, Gerhard, (1998), Qualitätssicherung, Personal- und Organisationsentwicklung in Einrichtungen der beruflichen Weiterbildung, in: Berufsbildung in Wissenschaft und Praxis, 27. Jahrgang, Heft 2, S. 27 - 33.

Staudt, Erich, / Meier, Andreas J., (1998), Wechselwirkungen zwischen Kompetenzentwicklung und individueller Entwicklung, Unternehmens- und Regionalentwicklung, in: Kompetenzentwicklung für den wirtschaftlichen Wandel, QUEM-report Nr. 55, Berlin, S. 68 - 80.

Stockmann, Rita , / Bardeleben, Richard von, (1993), Berufliche Weiterbildung - Tips für Klein- und Mittelbetriebe, Berlin/Bonn.

342

Stooß, Friedemann, (1997), Zukunft der Berufe, in: Weiterbildung Hamburg e. V. (Hrsg.), 1001 Mal lernen, 23. Jahrgang, Ausgabe '97/98, S. 18 - 20.

Strauß, Jürgen, (1997), Chancen und Risiken älterer Arbeitnehmer bei Gruppenarbeit - erste Erfahrungen aus einem LEONARDO-Projekt, in: Berufsbildung in Wissenschaft und Praxis, 26. Jahrgang, Heft 6, S. 26 - 31.

Strittmatter, Peter, / Mauel, Dirk, (1995), Einzelmedium, Medienverbund und Multimedia, in: Ludwig J. Issing und Paul Klimsa (Hrsg.), Information und Lernen mit Multimedia, Weinheim, S. 47 - 61.

Tergan, Olaf-Sigmar, (1995), Hypertext und Hypermedia: Konzeptionen, Lernmöglichkeiten, Lernprobleme, in: Ludwig J. Issing und Paul Klimsa (Hrsg.), Information und Lernen mit Multimedia, Weinheim, S.123 - 137.

Terhart, Ewald, (1997), Lehr-Lern-Methoden - Eine Einführung in Probleme der methodischen Organisation von Lehren und Lernen, 2., überarb. Aufl., Weinheim/München.

Tessaring, Manfred, (1994), Langfristige Tendenzen des Arbeitskräftebedarfs nach Tätigkeiten und Qualifikationen in den alten Bundesländern bis zum Jahre 2010, in: Mitteilungen aus der Arbeitsmarkt- und Berufsforschung, 27. Jahrgang, S. 5 - 19.

Then, Werner, (1994), Die Evolution in der Arbeitswelt, Bonn/Fribourg/Ostrava.

Tietgens, Hans, (1989), Von den Schlüsselqualifikationen zur Erschließungskompetenz, in: Hans-Joachim Petsch u. a., Allgemeinbildung und Computer, Bad Heilbrunn, S. 34 - 43.

Timpe, Klaus-Peter, / Schindler, Raimund, (1992), Probleme empirischer Qualifikationsforschung bei der Einführung moderner Informationstechnologien, in: Qualifizierung und betrieblicher Strukturwandel: Probleme der empirischen Forschung in den fünf neuen Bundesländern - Erfahrungen und Perspektiven, hrsg. von der Arbeitsgemeinschaft Betriebliche Weiterbildungsforschung e. V., Bochum, Studien aus der betrieblichen Weiterbildungsforschung Nr. 3, Hochheim, S. 9 - 17.

van Berk, Birgit, (1998), Management von Wissen und Weiterbildung: Zwischen »Double Loop-« und »Action-Learning«, in: Grundlagen der Weiterbildung, 9. Jahrgang, S. 100 - 103.

Voigt, Wilfried, (1996), Einige streitbare Sätze zur Didaktik der beruflichen Erwachsenenbildung, in: Klaus Ahlheim / Walter Bender (Hrsg.), Lernziel Konkurrenz?, Opladen, S. 99 - 111.

Vojta, Jens, (1997), Berufliche Bildung reformieren statt ruinieren, in: Reinhold Weiß (Hrsg.), Aus- und Weiterbildung für die Dienstleistungsgesellschaft, Köln, S. 381 - 389.

Volk, Hartmut, (1999), Mit dem Begriff 'Internet Based Training' sollten Sie sich vertraut machen, in: Der Ausbilder, 47. Jahrgang, Heft 05/99, S. 4 - 7.

343

Walkhoff, Henner, (1997), Chancen der Telekommunikation für die Sparkassen-organisation, in: Sparkasse, 114. Jahrgang, S. 332 - 334.

Walter, Norbert, (1995), Die Tarifautonomie frißt ihre Kinder, in: Wolfgang Belitz (Hrsg.), Wege aus der Arbeitslosigkeit, Reinbek, S. 33 - 45.

Walther, Richard, (1997), Die Stärkung der Innovationsfähigkeit in der Berufsbildung, in: Grundlagen der Weiterbildung, 8. Jahrgang, Heft 1, S. 10 - 13.

Walwei, Ulrich, (1995), Beschäftigungswunder durch Förderung der Teilzeitarbeit? - Das niederländische Modell im europäischen Kontext, in: Arbeit und Sozialpolitik, Heft 3/4, 49. Jahrgang, S. 13 - 24.

Wattenhofer, Herbert, (1996), Betriebliches Bildungscontrolling in der Praxis, in: Grundlagen der Weiterbildung, 7. Jahrgang, S. 97 - 99.

Weber, Birgit, (1995), Handlungsorientierte Methoden, in: Handlungsorientierte Methoden in der Ökonomie, hrsg. von Bodo Steinmann und Birgit Weber, Neusäß, S. 17 - 45.

Wedekind, Joachim, (1985), Einsatz von Mikrocomputern für Simulationszwecke im Unterricht, in: Lernen im Dialog mit dem Computer, hrsg. von Heinz Mandl und Peter Michael Fischer, München/Wien/Baltimore, S. 210 - 217.

Weilnböck-Buck, Ingeborg, (1992), Von der Ausführung zur Gestaltung: Ausbilderweiterbildung im Zeichen eines neuen Paradigmenwechsels in der Berufsausbildung, in: Neue Technologien und berufliche Bildung, hrsg. vom Bundesinstitut für Berufsbildung, Berlin, S. 202 - 209.

Weiß, Reinhold, (1995), Qualität der Weiterbildung: Anforderungen an externe Anbieter, in: Außerschulische Bildung, 26. Jahrgang, S. 263 - 266.

Weiß, Reinhold, (1997), Methoden und Faktoren der Erfolgsmessung in der betrieblichen Weiterbildung, in: Grundlagen der Weiterbildung, 8. Jahrgang, Heft 3, S. 104 - 108.

Weiß, Reinhold, (1999), Kompetenzentwicklung als strategische Herausforderung - aus Wirtschaftssicht, Diskussionspapier für den internationalen Fachkongreß 'Kompetenz für Europa: Wandel durch Lernen - Lernen im Wandel' vom 21. bis 23. April 1999 in Berlin, Köln.

Wilff, Heimfried, (1997), Bedarf an neuen Ausbildungsberufen?, in: Reinhold Weiß (Hrsg.), Aus- und Weiterbildung für die Dienstleistungsgesellschaft, Köln, S. 63 - 83.

Wilke, Gerhard, (1990), Arbeitslosigkeit: Diagnosen und Therapien, Bonn.

Wurst, Wilhelm, (1995), Kreditwirtschaft im Wandel: Vom Mitarbeiter zum Mitunternehmer, in: Bankinformation und Genossenschaftsforum, Heft 7, S. 26 - 28.

Zedler, Reinhard, (1998a), Veränderung der Anforderungsprofile im Beruf und ihre Auswirkungen auf Berufsausbildung und Weiterbildung für Blinde und stark Sehbehinderte, in: Wirtschaft und Berufserziehung, 50. Jahrgang, Heft 12, S. 17 - 22.

344

Zedler, Reinhard, (1998b), Existenzgründung: Aufgabe der Berufsbildung, in: Der Ausbilder, 46. Jahrgang, Heft 12/98, S. 11 - 14.

Zemak, Heinz, (1978), Entwurf und Verantwortung, in: IBM Nachrichten, Heft 241, wiederabgedruckt in: Technik und Gesellschaft: Wachstum in Freiheit und Verantwortung, hrsg. von IBM Deutschland, Stuttgart, 1978, S. 90 - 101, zitiert nach letzterem Wiederabdruck.

Zempelin, Hans Günther, (1975), Unternehmen und Unternehmer in der Gesellschaft im Wandel, in: IBM Nachrichten, Heft 228, wiederabgedruckt in: Technik und Gesellschaft: Wachstum in Freiheit und Verantwortung, hrsg. von IBM Deutschland, Stuttgart, 1978, S.38 - 47, zitiert nach letzterem Wiederabdruck.

ZFU/BIBB, [Staatliche Zentralstelle für Fernunterricht (ZFU) / Bundesinstitut für Berufsbildung (BIBB)], (Hrsg.), (1998), Ratgeber für Fernunterricht '98, Köln/Berlin.

Zimmer, Gerhard, (1995), Mit Multimedia vom Fernunterricht zum Offenen Fernlernen, in: Ludwig J. Issing und Paul Klimsa (Hrsg.), Information und Lernen mit Multimedia, Weinheim, S. 337 - 352.

Stichwortverzeichnis